U0487265

李晓波资助翻译出版

中国人民大学中国公益创新研究院推荐教材　　非营利管理译丛

主编／康晓光　郭超

非营利世界：
市民社会与非营利部门的兴起

THE NONPROFIT WORLD:
CIVIL SOCIETY AND THE RISE OF
THE NONPROFIT SECTOR

〔美〕约翰·凯西（John Casey）／著
杨丽　游斐／译

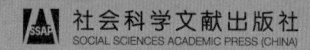

社会科学文献出版社
SOCIAL SCIENCES ACADEMIC PRESS (CHINA)

Copyright © 2016 by Lynne Rienner Publishers, Inc. This edition is published by arrangement with Lynne Rienner Publishers, Inc.

献给我的父母斯蒂芬·凯西和安吉·凯西。
他们是大屠杀的幸存者,以难民身份移居澳大利亚。
子女的成就彰显父母的勇气、坚韧和爱。

非营利管理译丛总序

为什么译书？

近几十年来，非营利部门的爆发性发展是一个世界性的现象，也是一个不可逆的全球大趋势。非营利部门在国内的发展，也可以说势头迅猛。特别是伴随着经济的持续增长、中产阶级的不断壮大、移动互联网日新月异的发展，这个领域的创新层出不穷。实践在发展，研究也在齐头并进，比较而言，非营利教育事业显得相对滞后，突出表现为稳定的价值观尚未形成，对概念的使用还很混乱，基础理论和研究工具还不完善，学科体系和教学体系远未成熟。

近年来，大学里与非营利部门相关的研究院、研究所、研究中心，如雨后春笋般涌现，但是大多名不副实，课程体系设计、教材编写、案例库建设、教师培育等硬碰硬的基础性工作并不尽如人意。学科基础教育工作，作为非营利研究与实践的转换枢纽，必须扎扎实实地开展。硬骨头总要有人来啃，这些重要的、必需的、紧迫的事总要有人来做。

万事开头难，发展非营利教育事业，首要问题是发掘一套好的教材。教材最好是由我们自己基于国内的理论与实践来编写，但是我们眼下既没有足够的知识创造与储备，也缺乏功底扎实的作者，在时间上也来不及。只能退而求其次，寻找捷径。捷径是什么？翻译！

如何选书？

对于我们的目标而言，把书选好非常重要，选书如果不成功，翻译得再好也是失败。因此，谁来选、如何选、选什么书，都必须要有通盘考虑。

本套译丛的书目选择工作由康晓光、郭超两位主编负责，按照以下程序和标准展开：首先，确定非营利管理专业的核心课程名录，并考虑各类课程的优先级；其次，在此基础上，确定五本为首批译丛书目；再次，选书的标准包括内容与课程需要的符合程度、再版次数、引用率、作者的学术地位和行业影响力；最后，还要有时效性，最好是在近五年内出版的。

  需要特别说明的是，我们还邀请了三位非营利研究领域的学界泰斗参与选书；这三位教授都为非营利领域的研究做出了杰出的贡献，也产生了世界性的影响。其中 Ram Cnaan，现为美国宾夕法尼亚大学宗教与社会政策研究中心主任，非营利组织与志愿行动研究协会（ARNOVA）前会长；Alan Abramson，美国乔治·梅森大学政府与国际事务学院教授，ARNOVA 前会长；David Horton Smith，美国波士顿学院社会学系荣休教授，ARNOVA 创始会长、《非营利与志愿部门季刊》（NVSQ）创刊主编，被公认为非营利及志愿服务研究领域的奠基人。三位资深教授的加盟，为本套译丛的权威性提供了强有力的支撑。

  选了什么书？

  按照上述原则和标准，我们筛选出五本书作为译丛的首批选项。

  《非营利世界：市民社会与非营利部门的兴起》在全球化背景和国别比较的视野下，侧重从整体层面考察非营利部门的情况，尽力为读者提供一个大的脉络和框架，帮助读者对第三部门及其与外部环境之间的关系有更加清晰的了解，有助于读者在国际国内政治经济及文化结构中建立第三部门的方位感。

  《非营利组织管理》从非营利部门自身出发，侧重探讨非营利部门内部的运行和管理逻辑，是对非营利部门研究的具体化，有助于读者在部门层面理解非营利组织的运作机制。该书理论与实践并重，书中大量的实际案例反映出作者强烈的行动取向。

  《实现卓越筹款》已经成为经典教材，出版过多个修订版。"筹款"承担了非营利部门的"供血"角色，作为非营利部门的"命脉"，具有特殊的重要性。这本书不仅仅从观念上化解和颠覆了诸多对"筹款"工作的传统误解，有助于确立筹款者和捐赠者正确的价值导向，而且还提供了一系列涉及筹款全流程的、行之有效的手册化操作建议，可以说是非营利部门发展到成熟阶段后所表现出来的研究与实践的专业化、精细化。

《创业型非营利组织》是一本由三位作者共同完成的著作,他们作为资深的研究者和实践者共同关注社会创新。近年来,"社会创新"越来越成为跨越中西的时髦词语,解决社会问题的各种创新形式被不断创造出来,这本书结合了大量经典案例,按照组织管理学的基本框架展开,试图从组织管理的角度探索这些社会创新背后的思考逻辑和行动方式,从而为研究者和实践者提供启发。

《有效合作之道:合作优势理论与实践》关注非营利组织的组织间合作,非营利组织本身就是社会合作的一种典型形式,而组织间的合作更进一步超越了单体的"各行其是"。如何为非营利组织之间的合作寻求理论基础,将已有的合作转化为经验和理论沉淀,并进一步促进和指引新的合作,以达成合作参与方自身以及共同目标,这是本书关注的焦点。

除了每一本书需要满足选择标准,聚焦各自的核心问题,从而发挥各自的优势之外,还必须有"整体性"的考虑,也就是它们合在一起能够有某种超越个体的系统性效果,最好在逻辑上可以涵盖非营利部门的重要方面,这也正是我们的期待。我们希望这五本书作为一个整体,既能够让读者对非营利部门有概要性、结构性的了解,还能对部门资源的获取、内部的运作、组织间合作,以及非营利部门的创新升级都有相当程度的理解。通过这几本书,不仅让读者获取一些片段化的知识碎片,而且在一定程度上建立起有系统、有结构的学科整体观感。真正细心的读者,完全能够顺着这几本教材提供的脉络"按图索骥",走进非营利的世界,探索其中的奥秘。

如何选译者?

译者在很大程度上决定了一本书翻译的成败。

什么是好的译者?从专业的角度来说,必须要足够懂非营利这一专业领域,英语要足够好,还要有足够的中文水准。这些条件固然重要,但更重要的是,译者必须足够投入、足够用心。在今天的大学考核体系里,译书可谓"劳而无功"。各个大学的业绩考核,教材不算数,翻译教材更不算数,功成名就者不愿伸手。所以,有研究或实践经验的优秀年轻学者是本套译丛译者的首选。

本套丛书的九位译者都有相当长的非营利领域研究或实践经历。杨丽、游斐、刘洋、王伊、董强在大学和研究院工作,付琳赟和那梅有多年的海内外非营利部门工作经验,崔世存和李博正在海外攻读非营利方向的博士学位。应当说,九位译者完全符合我们的预期,尤为重要的是,翻译这套丛书于他们并不是某种纯粹外在因素的驱动。他们都关心和了解这个领域,他们都在反思这个领域面临的问题,他们也在这个领域推动着实践。翻译工作充分激活、调动了他们自身所沉淀的思想,反过来翻译也促进了他们未来的思考和行动。

资助与出版

一般而言,现在由出版社所组织的翻译,给译者的稿费与译者的专业能力和时间上的付出极度不匹配,往往也由此挫伤了译者的积极性,进而影响翻译质量。值得庆幸的是,本套译丛的翻译和出版得到了中国公益创新研究院理事李晓波先生的慷慨资助,既为译者提供了合情合理的报酬,也为本套译丛的出版提供了质量保障。

在选择出版社方面,倒是没有费什么工夫。关于出版社,最关键的是两个方面,一个是要相互信任,另一个是要有处理版权贸易的能力。社会科学文献出版社是我们的最佳选择,中国公益创新研究院与社会科学文献出版社有着多年的成功合作经验。他们拥有专业、出色的编辑出版和版权贸易能力,本次译丛的顺利出版再次证明了这一点。在此特别感谢社会科学文献出版社王绯女士对本丛书出版工作的大力支持,感谢黄金平、高媛的高质量的编辑工作。本丛书的顺利出版,也离不开研究院工作人员舒萍、田凤君在书目筛选、译者招募和筛选、翻译进度把控、译著审阅、与出版社沟通等各个环节付出的努力。

写在最后

译丛付印之际,写下这个"总序",可谓五味杂陈,内心深处有一种强烈的不甘!

如我们开篇所言,"翻译"的确是学科建设尤其是教材建设的一条"捷径"。近代以来,广义的"翻译"一直是中国学习西方的必由之路,借此实现"后发优势",但是"东施效颦""邯郸学步"也是必须付出的代价。因此,有必要回答一个问题:"翻译"究竟只是一种阶段性的、权宜性的选择,还是唯一的、最佳的、最终的选择?

中国是一个文明古国,有自己的文化传承,当下又有与众不同的政治社会环境,所以,中国的非营利事业必然自有特色。尽管非营利事业有全球共性，但是中国特色也不容忽视，外部经验总有不适合中国的地方。再者，十几亿人口的中国，不能总是伸手向别人索取，也有义务对世界贡献自己的经验和反思。作为研究者，作为教师，作为专业研究机构的领导者，除了翻译外文教材，竟然无所作为，真是深感惭愧。

我们选择的教材出自基于资本主义制度的西方社会。在那里，个人主义、理性、效率、合作、公民社会、宪政体制……已经浑然一体。这样一个实现了高度整合的、庞大的文明类型，对中国的示范效应很大，我们必须取长补短，老老实实地学习其精髓。但与此同时，这个文明与今日的中国差异也很大，这种差异在未来也不会完全消失，至少在文化价值观维度上的差异将深刻而持久地存在。文化和价值观也是弥散化的，有生命力的文化会渗透式地影响到一个文明体的方方面面。具体到非营利部门，活着的文化必须落地，必须作用于组织、项目，对其发生真实而且强有力的影响。

因此，中国的非营利领域的实践在普遍特征之外必然呈现其特殊性，相应的理论也一定具有中国特色，作为本土的教材也应该有其特色。只有充分显现自身的文化特色，才是立身之本。中国自己未来编著的第三部门教材，应当确立自己的文化和价值观并探索与之相应的组织模式，在非营利部门的治理结构、组织结构、管理方式、激励机制、项目设计、项目运营方式、各类利益相关者的关系、法律形式、政府管理方式等诸多方面展现其作为"中国的"特殊所在，处理好西方经验与本土化的关系，以中华文化之"体"吸纳西方现代文明之"用"。

要做到上述这一切，要求我们必须开展有价值立场的"行动性研究"，处理好理论与实践的关系。理论不但要跟上实践，还要有能力推动实践。理论必须从实践中来，到实践中去。真正立足本土，面对现实，研究真问题，才可能对这块土地负责，对这块土地之上的人民负责，也对我们身处其中的时代负责。

希望我们能尽早写出自己的教材，而且这些教材也值得别人翻译和学习。

康晓光　郭　超
2019年9月9日于北京

译者序

翻译《非营利世界：市民社会与非营利部门的兴起》这本书，是一种缘分。这本书的英文原版，是作者约翰·凯西（John Casey）2018年1月在他的办公室和我首次见面时送的见面礼。约翰·凯西是我做富布赖特访问学者时的指导教授。在我到达纽约之前，我们不曾相见，只有几次愉快的邮件往来。第二次见面时，我们确定了定期见面安排，商定了这本书的中文翻译、译者和出版社，顺带提及印度拟出本书的印度语版本。第五次见面，他告诉我，已有中国机构联系 Kumarian Press，拟将本书翻译成中文，我们慨叹"英雄所见略同"。当时尚不知哪家机构想翻译，他准备发邮件询问 Kumarian Press 有关情况，推荐游斐和我来翻译。当看到康晓光在 ARNOVA-ASIA 微信群发布翻译招募公告时，我联系了康晓光，同时告知约翰·凯西已知翻译组织者是谁，并向约翰·凯西介绍中国人民大学中国公益创新研究院、康晓光和郭超。对郭超，约翰·凯西是熟悉的，只是之前不知郭超本科毕业于中国人民大学，现兼任母校中国公益创新研究院国际院长。感谢康晓光和郭超的信任，以及舒萍、田凤君的接力督促，感谢游斐竭尽全力的支持与协力，让我一年的富布赖特访学之旅更加充实，我们也如愿在返京前基本完成了翻译初稿。感谢社会科学文献出版社黄金平编辑认真细致的校改。

撰写《非营利世界》的作者约翰·凯西，其人兼具"world"（世界）和"cosmopolitan"（全球性）两种特性，乐于学习。2018年年底访学之旅结束前在他办公室的最后一次交流，我们讨论"world"和"cosmopolitan"的差别，他强调前者是一个地理概念，而后者是一种思维格局。约翰·凯西生于匈牙利，长于澳大利亚，本硕就读于悉尼大学，博士毕业于巴塞罗那大学，现为美国纽约市立大学巴鲁克分校公共和国际事务学院（Marxe School of Public and International Affairs, Baruch College, City University of New York）教授，非营利战略与管理中心（Center for Nonprofit Strategy and Management）学术主任。约翰·凯西在政府与非政府关系、移民政策、警务和大学教学等领域发表了大量文章。在从事学术生涯之前，他是一名公共部门官员和一个非营利组织的执行官，曾任纽约市市长办公室成人扫盲办主任，澳大利亚悉尼市地方社区服务协会（Local Community Service Association）移民服务发展官员（Migrant Service Development Officer）。他通晓六种语言，能自由使用英语和西班牙语，可以用加泰罗尼亚语、法语、匈牙利语和意大利语阅读。我讨教过他如何保持多种语言的能力，他的秘诀是坚持使用，至少坚持阅读。2018年他付费上匈牙利语课程，理由是匈牙利语本是自己的母语，但因离开匈牙利时年龄太小而不会，现在想习得这门语言以更好地了解自己的祖国。2018年，他也让我将康晓光的翻译招募公告发给他，借助翻译软件认真学习后，也和我讨论其中的内容。

这本书特点鲜明，脉络清晰。特点有三个。其一，将国内部门、国际部门这两个平行领域联系起来研究，将非营利部门演进放在国内公共事务、全球公共事务这样更广泛的背景中进行批判性分析。其二，不是仅仅关注少数大型的知名国际非营利组织，而是更加关注数以千计、工作领域不那么受人瞩目的小微国际非营利组织的工作。其三，应用专栏展示短小案例及非营利组织运营实例，在丰富论证的同时，也增加了阅读的趣味性。全书结构分明，共九章，可以分为四个部分。第一部分是引言（第一章），探讨全球化与非营利组织的关系，交代基本概念、理论框架与全书结构。第二部分（第二章至第五章）分析当代非营利组织运行所处的不同国家环境及其相互间的异同，重点比较研究全球各国的非营利部门。其中，第二章分析全球非营利部门的增长及不同国家使用的术语；第三章考察推动非营利部门增长的因素，分析决定不同国家国内非营利部门差异的因素；第四章介绍全球非营利部门的各类比较研究，检视出现的主要文化框架；第五章聚焦全球化思潮下，非营利部门的三个核心议题——"美国模式"的胜利、契约与协商关系以及社会企业。第三部分（第六章至第八章）重点探讨非营利工作的国际维度。其中，第六章探讨非营利部门的国际化；第七章讨论国际非营利组织的工作领域，重点介绍为国际人道援助和救济、全球议题倡导以及全球共同体而创设的非营利组织；第八章探讨国际非营利组织面临的管理难题与领导力挑战。第四部分（第九章）预测分析影响非营利部门未来发展的主要趋势。

　　翻译，是一个精读、与作者对话、进行语言转换的过程。本书对于我们，阅读时酣畅淋漓，对话时如沐春风，转换时却如履薄冰。每次转换，都很担心本意、信息与神韵的流失。实现"信、达、雅"，非一日之功，翻译是一项"没有最好，只有更好"的工作。每次阅读原著与译文，每次统校，都能发现或多或少的流失。受水平所限，出版后也定存诸多不准确、不贴切之处，恳请读者不吝批评指正（yangli2012@bnu.edu.cn）。

　　翻译本书，只是我们了解、研究非营利世界一个新的开始。约翰·凯西写作本书，源于他在纽约市立大学巴鲁克分校回应学生需求而开设的国际非营利组织课程。今年春季，我也将书中一些内容嫁接入北京师范大学的非营利组织管理课堂，或许我们可以基于约翰·凯西的这本书，以中国视角，创作一个 Chinese Version（中国版）？

　　是为序。

杨　丽
2019年3月
于北京师范大学

致　谢

本书源于我在纽约市立大学巴鲁克分校开设的国际非营利组织课程。引入该课程是因应学生的需求，建立在我自己从事全球非营利组织实务的专业知识之上。感谢一起努力的诸位同人，赐予我课程开发灵感，激发我对这一领域的兴趣。

特别值得一提的是弗莱德·雷恩（Fred Lane），遥想20世纪80年代，他是我的第一位非营利组织管理教授，后来成为同人和朋友。写这本书时，他给我发送资料、反馈意见和鼓劲激励，如涓涓细流，源源不断。

本书部分内容早前我以论文和专著章节方式发表过。诚挚感谢项目合作者的努力：第五章包括约翰·凯西（John Casey）、布朗温·道尔顿（Bronwen Dalton）、罗斯·麦维尔（Rose Melville）和珍妮·奥尼克斯（Jenny Onyx）写的文章《加强政府-非营利部门关系：国际经验与契约》，该文发表于《志愿部门评论》2010年第1期，第59~76页。第五章还包括约翰·凯西写的文章《社会企业混合性话语体系：深度解读时代思潮》，该文收入托马斯·莱昂斯（Thomas Lyons）主编的《社会创业精神》（普雷格出版社，2013）。第七章包括约翰·凯西写的文章《理解倡导：非营利组织政策制定入门》（工作论丛，纽约市立大学巴鲁克分校非营利战略与管理中心，2011）。第八章包括约翰·凯西写的文章《国际协作的全球领导力》，该文发表于《领导力研究》特刊2013年第7期，第70~75页，非营利协作专题。

本书结构受我早期著作《守护世界：国际和跨国警务实践》的启发。尽管警务与非营利组织通常分属不同的政策与制度领域，但二者却正以惊人相似的方式变得越来越全球化。本书关于全球化背景的一些概述改编自《守护世界》一书。

我与很多国家的非营利组织直接合作过，但并不涵盖本书论及的全部国家，因而本书部分内容是基于二手资料。我深深感谢无数的研究者、期刊工作者和实务工作者，感谢他们撰写所在国家的非营利组织，感谢他们开展比较研究。

多位同人阅读了各阶段草稿并提供了反馈意见。我要感谢卡尔·川门（Karl Trautmann）奉献的时间及其批判性洞见。我的巴鲁克分校同事做出了重要贡献，特别是克里斯蒂娜·芭芭拉（Cristina Balboa）、苏珊·查波（Susan Chambre）、爱丽丝·盖瓦-梅（Iris Geva-May）、杰克·克劳斯科普夫（Jack Krauskopf）和迈克尔·塞泽尔（Michael Seltzer）。还要感谢保罗·罗纳尔兹（Paul Ronalds）和简·迪利（Jane Dilley）。

感谢巴鲁克分校研究生助理们在项目期间提供的研究协助，他们是萨曼莎·阿道夫（Samantha Adolpe）、克里斯蒂娜·希门尼斯（Christina Jiménez）、玛格达勒娜·马祖雷克（Magdalena Mazurek）、罗汉·玛丽恩（Rohan Narine）和希瑟·舒尔茨（Heather Schultz）。

感谢我巴鲁克分校课堂上的学生们，为我提供了他们所就职组织的资讯，关于非营利部门活力机制的洞察，以及对书稿的各种批评。我要特别感谢玛丽亚·阿伦戈（Maria Arengo）提供使命学会（Mission Society）的有关信息，曼纽尔·卡斯特罗（Manuel Castro）关于同乡会的教益，以及宋阳（Yang Song）对书稿早期版本的关注。

若无伴侣支持，作者无以成书。就我而言，非常耐心的卡诺尔·迪利（Carol Dilley）给予我无与伦比的爱和支持。最后，她甚至对书稿进行了令人惊叹的编辑。

上述各位让这本书变得更好，但本书的任何不足和错误，均由我自己承担责任。

约翰·凯西

目　录

第一章　非营利世界 …………………………………………… 1
　　全球化与非营利组织 ………………………………………… 3
　　界定 …………………………………………………………… 5
　　非营利重要吗？ ……………………………………………… 8
　　理论框架 ……………………………………………………… 10
　　本书结构 ……………………………………………………… 11

第二章　非营利部门的兴起 …………………………………… 15
　　非营利组织的界定 …………………………………………… 22
　　非营利组织的角色和功能 …………………………………… 26
　　非营利组织的分类 …………………………………………… 29
　　第三部门 ……………………………………………………… 33
　　市民社会 ……………………………………………………… 35
　　术语 …………………………………………………………… 38
　　有一个非营利部门吗？ ……………………………………… 44

第三章　非营利部门的演进 …………………………………… 47
　　经济驱动因素 ………………………………………………… 49
　　社会和政治驱动因素 ………………………………………… 51
　　资源动员和新技术 …………………………………………… 54
　　非营利组织的政府资助 ……………………………………… 55
　　非营利组织的商业部门资助 ………………………………… 57

非营利组织的非营利部门资助 ·················· 61
　　新的非营利"文化" ···························· 63
　　志愿服务 ···································· 65
　　变化中的非营利部门性质 ······················ 68
　　非营利部门的各国差异 ························ 74

第四章　各国非营利部门的比较 ······················ 87
　　历史比较 ···································· 88
　　比较研究项目 ································ 91
　　非营利活动的其他指征 ························ 105
　　重新审视文化框架 ···························· 108
　　框架间的迁移 ································ 122

第五章　全球化的各种思潮 ·························· 124
　　"美国"模式的胜利？ ·························· 124
　　框架协议与协商关系 ·························· 136
　　社会企业 ···································· 144

第六章　非营利部门的国际化 ························ 157
　　国际非营利部门的兴起 ························ 159
　　国际增长的驱动因素 ·························· 167
　　国际术语 ···································· 171
　　国际非营利组织和全球市民社会 ················ 174
　　国际非营利组织的分类 ························ 179
　　最大的国际非营利组织 ························ 184
　　非营利组织"100强" ·························· 189
　　国内非营利组织的国际化 ······················ 190

第七章　国际非营利组织活动领域 ···················· 201
　　人道援助、救济和发展 ························ 203
　　全球倡导 ···································· 228

全球共同体 ………………………………………… 236

第八章　国际非营利组织的管理 ………………………… 245
　　全球领导力 ………………………………………… 249
　　治理和管理 ………………………………………… 253
　　与其他部门的非营利关系 ………………………… 265

第九章　发展趋势 ………………………………………… 282
　　大趋势 ……………………………………………… 285
　　保持合法性 ………………………………………… 287
　　南方的崛起 ………………………………………… 288
　　跨部门趋势 ………………………………………… 289

参考文献 …………………………………………………… 293

索　引 ……………………………………………………… 339

图表索引

表

表 2.1	非营利组织增长纪事	21
表 3.1	福利体制和非营利部门的作用	76
表 3.2	后现代福利体制和非营利部门的作用	77
表 4.1	非营利组织对 GDP 的贡献	96
表 5.1	世界各国的协商关系	142
表 6.1	按洲区分的人口和咨商地位	170
表 6.2	美国最大的国际援助和救济组织	186
表 6.3	2012 年捐赠基金超过 70 亿美元的基金会	188
表 7.1	2011 年援助发展中国家的净资金流	213
表 7.2	2012 财年美国国际开发署开发项目份额最大的合同方	215
表 7.3	倡导活动	230
表 7.4	倡导成效层次	234
表 8.1	国际非营利组织在各个具体领域的能力	246
表 8.2	简化的逻辑框架矩阵	261

图

图 2.1	美国登记注册的非营利组织	20
图 4.1	研究项目覆盖的国家和地区	92
图 4.2	非营利部门比较项目研究结果精选	94
图 4.3	塞拉利昂的市民社会钻石	98

图 4.4 各国市民社会组织可持续发展指数得分 …………… 100
图 4.5 地区捐赠指标的比较 …………………………………… 106
图 4.6 非营利部门的文化框架 ………………………………… 110
图 6.1 国际组织的增长 ………………………………………… 160
图 8.1 非政府组织管理关联维度 ……………………………… 245

第一章　非营利世界

几乎世界上每个国家都见证了其国内非营利部门的快速增长。20世纪90年代初，莱斯特·萨拉蒙（Lester Salamon，1994）谈及全球结社革命，重点关注非营利组织在每个国家的增长及其在各国服务提供和政策制定中发挥了越来越大的作用。然而，与之平行的国际维度的结社革命，也同样存在。以下几个例子阐释了当代非营利部门的发展。

- 安信永（Accion）于1961年由在美国学习法律的委内瑞拉裔毕业生发起成立，最初是委内瑞拉棚户区的草根发展倡议。目前，安信永已成为全球首屈一指的小额信贷组织之一。1971年，安信永的工作人员在巴西累西腓开始发放小额贷款，将其作为支持非正式企业发展的一项内容，随后延伸到整个拉丁美洲。1991年，为回应日益增长的收入不平等与失业问题，安信永在美国开展小额信贷项目。安信永于2000年、2005年分别在非洲和亚洲实施新项目。目前，安信永美国分支机构年收入2000万美元，用于支持美国和全球的贷款项目。
- 20世纪90年代中期，澳大利亚理事会——艺术资助与政策建议法定机构——的一名政策官员对其他国家如何解决文化政策议题开展比较研究，却发现没有一个信息交换机构或组织可以提供任何帮助，她深感沮丧。由此她提出了一个设想：发起成立一个国际非营利组织，总部设在澳大利亚理事会的悉尼办公室，将全球各地顶尖的艺术与文化机构聚集在一起。一个非营利组织——文化艺术国际联盟（International Federation of Arts Councils and Cultural Agencies）——因之于2000年成立。目前，该组织拥有74个国家的国家级会员。在许多国家，其会员机构是一个政府部门（文化部或类似部门），而在另一些国家，其会员机构却是准政府或非政府法人（如美国国家艺术基金会）。

- 棚屋/贫民窟居民国际（Shack/Slum Dwellers International）是一个城市贫民社区组织网络，网络成员遍及非洲、亚洲和拉丁美洲的37个国家。该网络于1996年发起，当时诸如印度和南非等国家的城市贫民联合会一致赞同，全球平台有助于地方倡议发展为消除贫困的替代方案，同时也可以对城市发展的全球议题产生国际影响。1999年，棚屋/贫民窟居民国际正式注册，秘书处设在南非。城市贫民基金国际（Urban Poor Fund International）是棚屋/贫民窟居民国际的附属机构，为会员国家城市贫困基金提供资金。2010年，该基金为16个国家的100多个项目提供了630万美元资金。

- 2011年6月，卡塔尔基金会（Qatar Foundation）成为西班牙FC巴塞罗那足球俱乐部的主要赞助商。卡塔尔基金会是一个非营利组织，于1995年由卡塔尔时任埃米尔发起成立，由其三个妻子中的第二任妻子谢赫·莫扎·宾特·纳赛尔·米斯奈德（Sheikha Mozah bint Nasser Al Misned）担任主席。卡塔尔基金会旨在支持和实施教育、科学研究、社区发展及推动国际文化和专业交流项目，为卡塔尔人民服务。

- 岘港之友（Friends of Danang）是宾夕法尼亚州匹兹堡的一个志愿者组织，旨在为越南岘港市内及其周边人道项目募集资金。该组织于1998年退伍军人节发起，大部分成员是参加过越南战争的美国退伍老兵。岘港之友是一个非法人社团，每年筹资5万美元，它与东西基金会（East Meets West）、越南儿童基金会（Vietnam Children's Fund）及匹兹堡地区扶轮社（Rotary Club）等诸多正式注册登记的组织合作，帮助越南岘港及其周边地区建立学校和医疗诊所。

迈克尔·奥尼尔（Michael O'Neill，2002）称美国为"非营利国家"，也许现在到谈论"非营利世界"的时候了。本书旨在帮助读者全面理解非营利世界的广度和深度，在这个非营利世界中，国内非营利组织、国际非营利组织正在经济公正、人权、环境和刑事公正等领域的政策制定中产生与日俱增的影响。在提供海外援助、能力建设项目中，它们成为不可或缺的合作伙伴，它们不仅管理每个领域专业人士间的国际合作，而且也管理更广泛的教育、文化和体育项目间的专业国际合作。随着工作范围的扩大，非营利组织面临组织、政治和经济等多方面的挑战。

全球化与非营利组织

自20世纪80年代后期以来，世界经历了新一轮全球化浪潮，这是经济政治一体化、新通信技术的广泛使用以及更便宜的交通运输共同作用的结果。当今全球的经济一体化程度是否确实是前所未有的，全球化的终极影响究竟是什么，依然广受争议，没有定论。尽管当今的全球化时代产生了令人叹为观止的变化毫无疑义，但我们必须牢记一点，21世纪的社会和结构深深植根于19世纪初至20世纪中叶的全球化动力，当时不断增长的工业化改变了工作关系和社会关系，而新发明的电报、铁路和蒸汽轮船意味着普罗大众可以更便捷地跨国通信和旅行（参见专栏6.3）。新近出版的一本从跨国视角探讨公益慈善的书，重点关注新制度形式的创设，以及"跨国创意如何轻松自如地影响其他国家决策"（Mendell，2011：405）。这个引述表明了21世纪的活力，但实际上该书作者关注的是19世纪中叶，以及公益慈善在诸如英、德、美等国城市精英中的勃兴。英、德、美等国是首批经历工业革命既带来财富也带来混乱的国家之一。

有学者断言，新的全球化标志着作为基本政治单位的国家的消亡。然而，也有学者指出，作为政治组织的国家，经历了早期的全球化进程却毫发无损，它将继续是最强大的主体。各国政府可能遭受来自全球市场力量和超国家、多边结构的压力，但与此同时，它因国家身份的持续力、对主权丧失的抵制，以及无法创设可以与各国政府一样有效、果断、问责的全球机构等而更加巩固（Bislev，2004）。同样，有关国家、地区乃至个人全球化的经济成本与收益的论断，也是针锋相对，各据其辞。尽管不断互联的世界对政治、经济的影响引发众多争议，但显而易见的是，当前的全球化浪潮导致了新的跨国流动和跨国网络，这些新的跨国流动和跨国网络整合的不仅是经济，还有政治和社会文化，而且产生了复杂的彼此相互依存的关系。这是一个更复杂也更互联的世界。经历了20世纪现在依然活着的人，目睹了人口爆炸以及各部门组织数量和规模的快速增长。与此同时，由新通信技术和更快捷更便宜的交通工具驱动的全球化，节约了时间，延伸了空间。对这些新现实的治理，涉及社会和政治平衡等深刻变革。

在众多工业化民主国家中，非营利部门的扩张，同时也造成了缩减国家规模和公共服务多样化的压力。全球化促进了为提供公共产品与服务、基于市场的新公共管理和治理方法的传播，这推动了国家紧缩开支及公共产品与服务的私有化，导致大量合同外包给非营利组织（Alcock and Kendall，2011；Anheier and Kendall，2001；Osborne and McLaughlin，2002；Pestoff and Brandsen，2010；Salamon，2002a）。

但是，无论非营利部门扩张的范围及其全球化多么令人印象深刻，它都无法与政府、政府间多边机构或跨国公司的范围和影响力相匹敌。世界宣明会（World Vision）是最大的国际人道援助非营利组织之一，全球年收入约26.7亿美元，拥有4万名员工（更多详情参见第六章中最大的国际非营利组织部分）。相比之下，跨国公司巨头沃尔玛、埃克森美孚年收入均超过4000亿美元。即使是私营安保公司杰富仕（G4S，前身为士瑞克），其全球年收入也超过100亿美元，拥有60多万名员工。与世界宣明会规模相当的非营利组织只是少数，但《福布斯》列出年收入超过25亿美元、公开交易的营利公司大约1700个（《福布斯》，2011），还有数百家私人公司、国有企业也拥有类似年收入规模。成千上万的政府组织和政府间组织，也让非营利组织的规模与能力黯然失色。以纽约市为例，纽约市年运营预算约700亿美元，相当于20家最大的国际人道援助非营利组织年预算的总和。

界定

本书对主要概念的深入分析贯穿全文，但在此引言部分简要介绍其用法。

非营利（Nonprofit）。这个术语常代表的组织是本书的重点，它是美国——这类组织的最大市场——目前的通用术语，也是当今最受广泛认可的国际术语之一。选择使用"非营利"这个术语的同时，我也完全明白不同国家广泛使用其他类似术语，而且有些国家的确更倾向于使用其他术语。第二章将分析"非营利"的界定参数、非营利组织的其他常用术语，以及由非营利组织构成的部门。"非营利"及其他语种中的相应术语几乎受到普遍认可，而且许多语种是完全借用英文词义。例如，在意大利，交易银行普罗西马银行（圣保罗银行集团的一部分）在其网站上描述"本银行是致力于宗教和世俗的非营利组织"。该描述使用了英文"非营利"一词，尽管"无营利目的"的译法在意大利也广泛使用。

因文体风格，单字拼写的"非营利（nonprofit）"，比使用连字符的"非营利（not-profit）"、"非营利（not-for-profit）"等形态替代词更受欢迎，因此，只有在直接引用、姓名、组织名称和出版物标题中，才使用连字符形式。

公共组织（Public organization）。指由政府直接控制的主体及政府间组织。而私人组织是独立于政府的。"私人"这个术语可以涵盖营利组织与非营利组织两种类型，但常见用法往往主要将其与营利联系在一起，并通常在这个意义上使用。本书的分析清楚地阐释了公共与私人、营利与非营利之间的差别可能被模糊，而且存在无数混合、杂交主体。但从逻辑与动力视角继续发现构成公共部门、营利部门、非营利部门各自特色的重要差别，以及这三个部门之间的差异，是本书理论框架的核心要素。

组织（Organization）。通常指具有独立法人资格的主体，但该术语有时也非正式地用来指为特定目的构成的非法人团体，或受较大组织资助自身没有正式法律身份的项目、计划。国际层面对组织的界定也非常复杂，因为现实是：公众认为是单一完整主体的组织，事实上可能是一个相互依存的复杂联合体或联合会组织，但法律上各自独立。它们可能共享同一全球品牌，采用共同的政策和干预策略，但从治理结构上，它们名义上是独立的，以符合当地的法律要求或强化当地利益相关者的所有权（详见第六章）。

部门（Sector）。指单个非营利组织的集合体，有利于组织自身进行身份识别，也有利于他人辨识这个经济和社会中的独立部分。单独使用时，"部门"指全部非营利组织（即该部门作为一个整体），而非营利部门的更小部分，指根据兴趣领域（如社会服务部门、教育部门）进行的组织区分，或指一个子部门、行业或领域（如健康子部门、非营利住房行业、社区发展领域）。

国际与全球（International and global）。常用来描述超越国界非营利组织的范围、影响力及其代理机构。诸如跨国、超国家和跨国界等其他术语也偶然出现，特别是引用作者和报告时。尽管对这些术语进行语法分析时，有赖于国家数量或是否涉及国家间、跨国关系，但该领域不同作者对这些术语的使用存在显著差异（Benessaieh，2011）。也许有人认为，一个国际性活动在其宣称环球（又添加一词）之前并不能获得全球地位，但实际上，人们提及组织的全球愿望时，并不幻想这些组织在全球所有国家甚或各大洲运营。"跨国"是一个替代术语，然而这里有语言方式的介入，该术语经常与营利公司一起使用，"跨国公司"标签常有贬义的言外之意，暗示贪婪。不使用"跨国非营利组织"没有词源理由，但对多数读者而言，只是觉得这个词不太对。一般而言，"国际"是首选术语，但其他术语如更适合强调或更适合上下文，也单独或联合使用（如"国际与全球"）。然而，当更侧重工作延伸到全球舞台的过程时，优先使用更常用的动词与名词形式的"全球化"，但动词与名词形式的"国际化"及"国际主义"也偶尔出现。

全球性（Cosmopolitan）。第八章用"全球性"来描述非营利组织在国际舞台上的领导力。选择这个术语是因为要与国家或地区层面的领导力分析相区分，重点分析领导者的思维方式，而不是组织物理空间的延伸。"全球性"也是一个刻意选择，有助于拯救一个词语的积极意义，这个词语不但拥有卓越而悠久的历史，而且用来阐释术语的潜在风险也是富有争议的。20世纪的大部分时间，特别是在纳粹德国和苏联共产主义时期，"全球性"通常作为贬义词，用于那些对国家或政权不忠，以及因种族、宗教、意识形态或世界观而被视为外来分子的人。反对者被贴上"全球叛徒"标签，而且这个词常被反犹太分子用作"犹太人"的代码词。然而，最近，对重视多样性、与不同国家和文化和谐相处的人而言，"全球性"已恢复为一个肯定性描述符。

国内（Domestic）。与"国际"相反，"国内"组织和部门主要指在一国境内运行。"国内"比"原住民""土著"等其他通用术语更常用，因为后面两个词常用来指殖民前的当地人口。在许多国家，"原住民非营利组织"仅仅指那些为原住民服务的组织。

国家（Country）。"国家"指享有主权、受限于国界的政治领土。"国家（state）"一词可与之互换使用，尽管在诸如美国等联邦体制国家避免使用以尽可能减少其与次国家层级州之间的混淆。同样，"国家（nation）"一般也避免使用，因为从技术上，它指享有共同文化的社区，不一定受政治边界的约束。然而，许多国家甚至是多文化国家，也将自己定义为一个国家（nation），该术语有时也会见缝插针地出现。"国家（nation）"的形容词"国家的（national）"优先使用，"国家（country）"没有相应的形容词，而"国家（state）"的形容词"国家的（statal）"不常用。偶尔使用"管辖"一词，如果主要强调领土的法律性质。

北方和西方（North and the West）。"北方"和"西方"用来指较富裕的工业化民主国家，而"南方"指较贫穷的发展中国家。这些术语依然以这种方式使用，尽管充分认识到它们不仅地理上不准确（如我在澳大利亚长大，一个地理位置处于东南部的工业化民主国家），而且含糊不清（无论用哪个经济指标来区分，依据诸如不同国家非营利部门规模，或非营利部门在官方发展援助表格中的排名等来衡量，总能辨识或高或低等异常现象）。然而，它们是被广泛接受的行话，也是有用的速记。全书也偶尔使用其他相关术语，如"低收入国家""中等收入国家""高收入国家"等世界银行及其他国际组织对经济进行分类的官方用语，或"援助捐助国""援助接受国"，尽管越来越多的诸如巴西、印度等中等收入国家既是援助捐助国也是援助接受国。

前文提及的每个术语，几乎均有争议，本书将对这些术语的界定、界限展开讨论。在对本书核心概念的象征性阐释中，可能引起混淆的是"自由"这个术语。在美国，现在用"自由"来界定革新的左翼意识形态，常有贬义意味。但古典自由主义宣扬小政府、国家独立，信仰更常与保守派相关联。在澳大利亚，两大政党中自由党更保守。"新自由主义"是一个当代迭代概念，常用来指通过市场复兴来限制、削减政府的保守思想的重新兴起，但很少有保守派用该术语进行自我识别，相反，更常见的是评论家以贬义口吻批评这种方式。让问题更加复杂化的是，文学中出现的各种合格的自由主义形式，解析了可能的意识形态范围："放任自由主义"用来描述市场享有自由公正的古典自由主义，而"福利自由主义"则被用来描述对重新配置资源、更多干预的支持。

非营利重要吗？

对非营利组织深感兴趣且痴迷其中的评论者与研究者，看到其他学科如此忽略、无视非营利主题，实在出乎意料。政治学解读国家空心化和政策利益竞争性，社会学分析集体行动和社会运动变迁，国际关系研究探讨非国家行为体不断扩展的作用，但是这些学科的文献通常很少或根本不提及非营利这一组织形式及其运作内驱动力机制。"非营利性"，对于组织化的利益、运动和行为体而言，显得无足轻重。

与之相反，本书聚焦"非营利性"。然而人们恰好会问：该用哪个框架来检视这类组织？用哪个框架真的重要吗？以童子军运动为例，享有盛名的童子军运动是世界最大的青年教育活动，涉及165个国家，拥有3亿青年会员，通过一个国内、国际非营利组织构成的网络而组织起来。世界童子军运动组织，总部设在日内瓦，其官网上描述自己为"服务于童子军运动的独立的、世界的、非营利的无党派组织"。童子军运动作为一种全球青年活动，有着丰富而复杂的历史：20世纪初始于英国，之后迅速扩展至世界各地。而且，童子军运动非常成功地适应了各大洲的不同社会（Vallory，2012）。童子军运动的法律-制度地位有何意义？童子军群体是非营利组织只是趣闻，一种迫于不同国家法人法的奇特规定做出的偶然选择，这是事实吗？

在大多数国家，非营利组织通过"两步走"来充分确立合法身份。第一步，依法酌情创设法人结构。第二步，向主管部门申请免税登记及其他有关税收优惠，包括获得赋予公共或社会福利提供组织的捐赠税前扣除资格等。这种描述其实非常模糊，因为各国法人结构多种多样，裁定组织享有优惠地位的主管部门也各不相同。在有些国家，注册和获得非营利地位的全部税收优惠相对容易和快捷；但在有些国家，几乎没有可能性。多数情况下，各种组织都采用这"两步走"流程。在英国，合法的非营利组织公司结构称为"有限责任担保公司"，包括社交俱乐部、会员制组织、住宅物业管理公司、体育协会、工人合作社、社会企业及其他非政府组织，不是所有这些组织形式都符合在慈善委员会登记为公益组织的条件（值得注意的是，根据当下提议，有限责任担保公司最终将以"有限责任慈善组织"替代）。

许多学者不愿将这一万花筒式的组织归为单独的类属，相应地，他们把非营利性视为偶然的法律上的小概率事件，而不是作为一个核心的运作与分析原则。但是，我在本书中提出，非营利性至关重要。事实正是如此，非营利是特定运动、利益主体和集体行动的组织形式选择。20世纪70年代以来，非营利组织快速增长，本质上与公共部门、市场组织竞争社会经济空间与关联性，非营利制度框架成为重要的操作概念。

童子军运动案例彰显了所涉议题。正式的童子军运动特意追求非政府性与非营利性。威权体制运用童子军的标识和架构，创设自己的青年运动，作为支配性政党组织的延伸，但是这从来都不是世界童子军运动组织的一部分，因为它们不符合独立于常设政府的标准。同样，诸如营利夏令营等商业类组织也提供许多类似活动，但不符合童子军地方合法性或全球地位的要求。

有人或许认为，事实上成为非营利组织仅仅是实现预期目的的行政手段，或者只是落实职能的一种便捷形式。或许一些读者感觉我过于关注非营利的微观和中观动力机制。但是，如果不了解这种组织形式存在的重要性，如果不了解应用这种制度选择的价值，更广阔的组织图景是不完整的。我不主张夸大非营利的作用，也无意于不加批判地吹捧。我无愧于我的规范性方法，致力于"做强"（尽管不一定"做大"）非营利部门，且保持高标准问责，同时运用批判性视角进行分析。非营利部门可以成为回应性服务的有效提供者，选民意见的清晰表达者，其他部门组织的忠实合作者,当然非营利部门也可能毫无成效,极其不具代表性,甚或是被操控的。

理论框架

本书以非营利性为中心,以非营利为主要分析单元,全书分析与评论置于两个重要中观理论框架的交叉点,我致力于将当代的实证研究与宏大的社会动力理论融合起来。

首先是三部门框架。社会三分法无处不在,它将社会划分为三个清晰的范畴、范围、领域或部门,其中渗透着西方式思维,并通过政治学、经济学和社会学的学科划分植根于学术界。本书中,三部门指公共部门(政府)、营利部门(商业)和非营利部门,这些术语也常用来区分政治、经济和社会三个范畴。尽管关于三部门的定义和边界的争论长期存在,但三者之间的相互关系是现代社会研究的核心要素(比如,经济效益与政治收益之间的关系,公共物品与私人物品之间的关系)。三个部门彼此区分,但也相互关联和重叠(Corry,2010),三部门之间关系是不断进化的,这始终贯穿于全书的分析之中。古典自由主义理论家强调公私界分,后结构主义者聚焦连续性和交叉影响,但我不必追随任一学派。作为"第三部门"——非营利部门的概念化,将在第二章深入探讨。

其次是制度框架,聚焦持续塑造非营利部门动力机制及其与公共部门、营利部门之间关系的结构和流程(DiMaggio and Powell,1983;Selznick,1996;S. R. Smith and Grønbjerg,2006)。这些结构和流程是"路径依赖的",因为它们是所在政体的政治、经济和社会历史遗产,但是衍生性组织本身当下也是行为体,追求自身利益,并决定未来关系走向。20世纪70年代全球结社革命以来,非营利部门早期扩张的市场和公民要件特征已经基本制度化(Anheier,2014;Saidel,2011;Salamon,2006)。非营利组织不仅仅是其他行为体让渡社会空间的被动参与者,相反,它们积极致力于重构身处其中的社会空间,重新界定自身的角色及关系。在本书中,我聚焦于制度化进程的标志性事件和驱动衍生性制度安排的逻辑。我在强调非营利组织游说和倡导作用的同时,突出强调非营利组织在社会化和创立集体身份中的作用。尽管前文可能暗示一种建构主义方法,但非营利组织工作分析也揭示结构主义—现实主义因素,因为非营利组织也寻求对其他行为体施加影响。为了重构身在其中的社会空间，它们运用一系列撬动手段。

在本书中，我经常引用非营利及相关社会科学文献，也偶尔提及重要的社会理论家和哲学家的标志性概念。这些理论家可能不是最先提出这些概念或创设这些术语的人，但围绕非营利组织进行学科讨论时，这些概念和术语与之密切相关。可以说，被西方非营利经典著作最常引用的有皮埃尔·布尔迪厄的社会和文化资本及惯习（行为模式），米歇尔·福柯的话语系统分析和政府性（治理艺术），安东尼奥·葛兰西的市民社会是一个促进或限制行动主义的冲突领域，尤尔根·哈贝马斯的公共领域与协商民主作用，以及马克斯·韦伯的国家权威和官僚体制。

我绝对没有写一本书来标榜自己是福柯追随者、葛兰西追随者或其他任何传统追随者的意思。适合之处借用被非营利学者广泛使用的理论术语，但我不对这些术语进行语法分析，也不参与有关这些术语应用于非营利部门的阐释或优点的争论。尽管许多非营利学者对这些开创性思想家的影响进行了详尽的理性分析（参见 Edwards，2011a；Reinalda，2011），但多数只是简单地将这些概念作为描述各种部门和各类组织动力机制的素描符号进行引用。本书在后一种意义上使用这些概念。

本书结构

我寻求提供一个将非营利部门演进放在国内公共事务、全球公共事务这样更广泛的背景中的分析，同时对非营利组织的工作进行批判性分析，既不夸大其重要性，也不会不加批判地宣称其影响力。

有关全球各国国内非营利部门及相互之间差异的文献十分丰富，且不断增多。国际事务中非营利组织的作用，以及非营利组织在诸如人道救助、环境议题等具体领域的影响力的文献也迅猛增长。然而，鲜有文献将国内非营利部门、国际非营利部门这两个平行领域联系起来研究。有关国际非营利组织的研究与著作，都倾向于关注围绕全球热点议题开展工作的少量大型知名组织，却忽视了数以千计的小型组织的工作，忽视了那些工作领域不那么受人瞩目的组织，诸如制定安全标准、促进业余爱好的国际对话或推动学生交流的组织。本书的目的是通过全面勾勒非营利组织走向全球舞台的轮廓，以帮助填补一些空白。通过这一广阔视角，我希望读者能够更好地理解世界各地非营利组织日益发挥作用的政策含义，以及非营利部门、非营利组织面临的挑战。

本书的前几章，我通过分析当代非营利组织运行所处的不同国家环境及其相互间的异同，重点比较研究全球各国的非营利部门。接着，我将重点转移到非营利性工作的国际维度。在最后一章中，我预测全球非营利部门未来的影响趋势。

具体而言，第二章分析全球非营利部门的增长及不同国家使用的术语。第三章考察推动非营利部门增长的因素，分析不同国家国内非营利部门差异的决定因素。第四章向读者介绍有关全球非营利部门的各类比较研究，检视出现的主要文化框架。第五章聚焦非营利部门三个核心议题的跨国家研究。第六章检视国际非营利性工作的不同方面，重点讨论先前的国内非营利组织日渐增多的跨境联系与运行。第七章重点介绍为国际人道援助和救济、全球议题倡导以及培养全球社区而创设的非营利组织。第八章探讨国际非营利组织面临的各不相同的管理难题与领导力挑战。第九章检视影响非营利部门未来发展的主要趋势。

在全书中，我用很多专栏展示短小案例及非营利组织运营的其他实例，它们来源广泛，有的基于我的个人经历。当来源于报道、新闻或个人见证时，有关调整尽量忠实于原文的"声音"。

本书反映了任何国际评论和比较研究科研写作中固有的语言、文化和制度偏见。我可以阅读英文和西班牙文，也可阅读一点加泰罗尼亚语、法语、匈牙利语和意大利语，并且一直与掌握海地克里奥尔语、法语、尼泊尔语、波兰语和塔加路族语的研究助理合作，因此，本书的资料来源于上述各种语言。然而，本书依然主要基于英文材料，特别是美国出版的英文材料。依据组织（定义与印度不同）数量，美国非营利部门可能不是最大的但毫无争议的是，基于在美国工作或在美国接受教育的庞大学术研究共同体，美国非营利部门的全球影响力最大，美国的出版物也最为丰富。

美国的监管体系提供非常方便获取的非营利部门最新数据，这极大地便利了有关非营利组织的研究和写作。没有其他国家可以提供如此深度的非营利部门信息,研究者和公众在任何地方都可以通过诸如城市研究所的国家慈善统计中心、导星(Guidestar)等美国组织随时便捷获取。其他英语语系工业化国家——澳大利亚、加拿大、英国和新西兰也拥有相对较大的非营利部门(参见第三章和第四章中的文化框架讨论),比较好的数据获取,以及积极的学术研究共同体,同时欧洲各地都有强大的研究共同体。相反,其他国家都只有粗略的数据和为数不多的研究者,而且已发表的研究,尤其是用英语发表的研究,仅限于很快过时的几篇影响深远的短文(参见第四章的国际比较研究部分)。

美国非营利部门发挥主导作用、引人注目的证据很多。2012年1月,瑞士杂志《全球期刊》(2012)首次发布全球"100强"非营利组织名录,其中1/3来自美国(详见第六章)。纽约的基金会中心最近发布其工作团队的第一份报告——《国际人权资助》(Lawrence and Dobson,2013)。研究人员与国际伙伴合作,共同识别了全球700多个人权资助者,其中93%来自美国,88%的公益慈善资金来自美国组织(请注意,公益慈善资金总额的46%花在美国境内,而在大多数欧洲国家,不是公益慈善组织而是政府为国内外人权事业提供资金)。总部位于纽约的两个资助方——福特基金会和开放社会基金会(参见专栏3.7),所捐金额占公益慈善人权资金总额的25%。

现实是,工业化民主国家的非营利组织主导了国际化,而发展中国家的非营利组织通常被视为富裕国家慷慨捐助的接收人。在本书中,我预设提供一个有关非营利部门的全球视角,但对不同洲、不同国家的覆盖是不均衡的。本书强烈的全球愿望,由数据获取的局限性以及美国与其他英语作者撰写的大量来源资料的偏见促成。就像美国范式主导非营利部门全球对话一样(参见第五章有关"美国模式"的讨论),书中的大部分分析都以美国作为出发点。

但是,写这本书也许最困难的挑战是抵制一般化的诱惑或倾向。全书强调非营利部门巨大的多样性。那当可能必须适用的组织包括工业化国家数十亿美元的医院、人道援助国际联合会、发展中国家的农村合作社、商品制造商国际协会、旅游舞蹈公司以及邻里志愿者团体时,如何对国内非营利部门或国际非营利部门做出论断?全书有多处,读者会想:

"但那肯定不适用于……?"可能不会，或仅仅是可能。大约 30 年前，密尔顿·埃斯曼和诺曼·托马斯·乌普夫（Milton Esman and Norman Thomas Uphoff，1984）在提到地方发展组织时指出，"几乎任何事情，人们可以说［他们］是对的——或错的——至少在某些地方某些场合是这样（1984：54）"，该论断同样适用于今天的非营利部门。全书将尽最大努力说明概念与论断的适用范围。

第二章 非营利部门的兴起

不为个人参与者直接谋取私利的集体社会行动，与人类文明本身一样古老，即使是最古老的社会，也很少有不记录志愿性宗教、文化、娱乐和慈善生活的纪事。当代主要的宗教都把对基于信仰的组织的工作的贡献和救济穷人的贡献作为其核心教义来传播。纵观许多有记录的历史，对社会下层的援助取决于宗教机构的慷慨，或富人寻求履行其宗教和公民责任、表明其地位或安抚群众的高尚义务。

教会与世俗国家之间的辩证法，对慈善事业和志愿组织的发展一直至关重要。16世纪初期，英格兰国王亨利八世在反对教皇权威的斗争中，终结了天主教会的权力并没收其财产。很多慈善事业转移至新成立的英格兰教会教区，但私人慈善机构也承担了部分慈善工作。随后，1597年、1601年的《英格兰济贫法》及1601年的《慈善用途法》，对国家、新教教会和私人慈善捐赠在慈善中的作用做了合理解释，并做了分类。1601年的《慈善用途法》序言是英格兰法律首次对慈善进行界定，这个界定400年间基本没有变化，直到2006年的《英国慈善法》出台。

随着人口的增长和现代民族国家中世俗社会的发展，18、19世纪开始出现协会、互益社团、行会、仁爱社团以及其他集体慈善事业的网络，以与信仰组织、新兴政府机构并肩开展慈善活动，促进教育、健康和文化，帮助那些遭受工业化蹂躏的人（Anheier, 2014; Davies, 2014; Edwards, 2009; Fishman, 2008; Hall, 1992）。这些早期拥有公共目的的私人协会是现在称之为非营利部门的根。工业革命和启蒙运动引发的巨大政治社会动荡，则是滋生这些协会的土壤。19世纪初期至中叶，随着规制慈善活动的法律不断发展完善、私营公司的新法律结构以及当代税收体系的出现，这些协会开始展示当代非营利组织具有的许多结构和组织特征。本土的集体组织在每个国家都有悠久的历史，但新的结社方式恰逢殖民化高峰期，因此欧洲大国将其新兴的制度模板传播到世界各地（参见 Davies，2014）。

许多早期组织至今仍在运营，尽管稍有调整。2012 年，纽约市传教协会庆祝成立 200 周年。该协会成立于 1812 年，时为纽约宗教集团协会，向移民和贫穷的纽约人派发新教宣传资料，但很快也以食物、衣服和租房援助等形式提供救济。纽约宗教集团协会（尽管直到 1866 年才正式更名为纽约城市传教和集团协会，之后于 1913 年简称为纽约市传教协会）后来加入曾于 1830 年到 1831 年访问纽约的大卫·纳斯密斯（David Nasmith）在苏格兰建立的福音派城市传教运动。整个 19 世纪到 20 世纪，该协会继续以信仰类救济福利组织运行，但越来越独立，引入许多服务创新，帮助启动新项目和协助拆分社会服务组织。20 世纪 90 年代，纽约市传教协会正式结束与基督教会的所有联系，成为一个完全世俗的组织（但显然，在行政监督中，其作为宗教机构获得的税收优惠待遇保持了很多年）。1988 年，第一届城市传教运动世界会议在澳大利亚召开，由悉尼城市传教协会（是现更名为澳大利亚教会的一部分）主持。2012 年的城市传教运动世界会议在乌干达金贾举行。虽然世界各地很多传道会都公开宣称成为世俗组织，但依然有很多继续保持其信仰身份。

同样，圣文森特德保罗协会 1833 年成立于法国巴黎，为贫民窟的赤贫居民服务。随着在意大利（1842 年）、比利时（1842 年）、美国（1846 年）和澳大利亚（1854 年）相继成立国际分支机构，该会迅速扩展到法国其他地区及国外。圣文森特德保罗协会是一个天主教组织，与教会僧侣统治集团有"密切关系"，但它是一个正式的自治组织。在有些国家，圣文森特德保罗协会寻求创设一个更明确的独立身份：澳大利亚分支机构最近更名为"威尼"（澳大利亚对圣文森特德保罗的常见昵称）。

城市传教运动和圣文森特德保罗协会的例子表明，长期以来，国际维度一直是非营利部门的一部分。诸如 19 世纪 30 年代成立于英国的英国及外国反奴隶制协会、原住民保护协会，19 世纪 60 年代成立于瑞士的红十字国际委员会等组织,是全球人道援助与倡导组织的早期典范(Davies,2014;Schechter,2010)。红十字会可能依然是最著名的国际人道网络(为什么红十字会被描述为一个网络而不是一个组织,参见专栏6.10)。反奴隶制协会和原住民保护协会今天也通过其承继组织——反奴隶制国际(参见专栏2.1)继续存在。

专栏2.1 反奴隶制国际

反奴隶制协会是两个相关英国组织——废除奴隶贸易委员会、英国统治区域减缓和逐步废除奴隶制协会的共同名称。二者均成立于18世纪80年代,旨在反对英国及其殖民地的奴隶制。当该目标随着英国殖民地所有奴隶的解放而于1838年正式实现时,一个承继组织于1839年成立,旨在全世界范围废除奴隶制。其正式名称为英国及外国反奴隶制协会。

原住民保护协会由英国贵格会信徒和其他废奴主义者于1837年成立,以保护受欧洲殖民列强影响的原住民的健康、福祉和权利。

1909年,英国及外国反奴隶制协会和原住民保护协会合并,形成国际反奴隶制协会。20世纪90年代,"协会"一词从名称中删除,变成反奴隶制国际。该会总部设在伦敦,反对包括强迫劳动、童工和性交易等各种形式的奴隶制遗毒。目前该组织年度预算为300万美元。

资料来源:参见 Anti-Slavery Society International, http://www.antislavery.org/english/what_we_do/antislavery_international_today/antislavery_international_pdf_documents.aspx。

尽管世俗、独立的非营利组织历史悠久,但数量相对较少,在由市场、国家或宗教机构主导的社会中被认为有点边缘化,直到最近才有所改观。在更多的国家中心主义政权和威权体制中,独立的非营利组织被怀疑和被敌视,政府动用了相当可观的资源来限制结社自由,剥夺超出统治政权所允许的狭小范围之外的任何独立的公民行动。

然而,世界上几乎每个国家均经历了非营利组织活动和影响力的指数级增长（Salamon，1994；Salamon and Anheier，1997）。非营利组织已成为政策制定、推动公民行动及提供新的准公共服务的核心。除了数量更多，现代非营利组织——或许"后现代"（Colás，2002）是更好的描述——与早期深深植根于宗教慈善、政治运动或草根集体自愿行动的迭代组织相比，显然其分支机构更加世俗化、无党派化，服务提供与政策制定抱负更加普世化，组织运营更加专业化、商业化。

许多具有历史意义的单个非营利组织的历史叙事弧可以喻指整个非营利部门：切断传统根源，以前完全自愿的活动大幅增加并专业化，以前的边缘成为主流。现代非营利部门虽然建立在几个世纪以来的集体努力和慈善工作基础之上，但其当前的规模、活动及突出特点，使它在数量和质量上均与以往不同。

非营利组织当前环境比较优越，人们很容易忘记在20世纪的大部分时间里，非营利部门被压制，完全被忽视，甚至在民主国家也是如此[参见厄尔曼（Ullman，1998）讨论法国20世纪80年代前的非营利组织边缘化问题]。现在，非营利组织似乎不再是"贫穷的表兄弟"，相反，它们被认为是日益增多的用于设计和提供公共物品的多边扩散进程的重要行为体，一同参与的有其他私营及混合组织，包括营利公司和国有企业。这是它们以现代形式出现两个世纪以来的第一次，一个世界范围的政治和社会共识似乎已经形成——世俗的、独立的非营利组织是社会的有益元素，它们的成长应该受到鼓励（Hall，1992）。通常，阿拉伯世界被视为该共识的一个例外。伊斯兰开发银行（覆盖阿拉伯世界和其他伊斯兰国家）多年来一直在其发展报告中强调与非营利组织建立伙伴关系的重要性（Islamic Development Bank，2005）。

在工业化民主国家，独立结社活动拥有较悠久的历史，非营利部门已经扩大成为公共物品和公共服务发展与提供中不可或缺的嵌入要素。在发展中国家及威权或一党制国家，非营利部门作为一个新生部门更公开地抵制之前的诸多限制，倡导开放公民参与空间，经常与之前摒弃它们的当局合作，尽管有些政府可能会继续将其限制在有限的批准活动范围内。在大多数国家，非营利组织已经成为国民经济活动的重要组成部分，所有迹象表明，全世界上几乎每个国家的非营利部门都在增长（Salamon，2010）。专栏2.2强调一位伊朗非营利创业家的工作。

> **专栏 2.2　伊朗非营利组织的女性首席执行官**
>
> 赛义德·戈兹（Saideh Ghods），伊朗慈善家和作家，一位非营利组织创业家和首席执行官。很少有评论员能将伊朗与独立的非营利部门很快联系起来，戈兹所在地区的女性高管更是凤毛麟角。她还在领导人有冲突的国家间成功创设慈善联系。
>
> 1991 年，在女儿被诊断患有癌症，看到现有治疗体系的缺点之后，戈兹成立了一家专注于儿童癌症治疗的非营利组织马哈克（Mahak）。马哈克现在年营业额达 5000 万美元，经营一家自己的医院，开展癌症预防项目。它与伊朗政府密切合作，但资金一直全部来自捐赠。
>
> 戈兹与伊朗侨民合作，还创立了国际儿童癌症协会，这是一家在美国注册、旨在降低发展中国家贫困儿童癌症死亡率的非营利组织。该组织是美国国务院批准向伊朗提供慈善资金的第一家美国非营利组织。
>
> 戈兹还帮助建立伊朗乳腺癌协会，以及一家环境非营利组织——伊朗绿色前线。
>
> 资料来源：国际儿童癌症协会，http://iscc-charity.org。

非营利组织活动增多是一种自发现象——社会行动、行动主义和公民参与等自下而上的增长。然而，这也是政府有意自上而下制定与推行发展政策的结果，通过这些发展政策，政府将非营利组织视为实现其自身目标的工具，营利企业寻求展示其坚持履行企业社会责任的形象，以及不断增长的非营利部门自身旨在保持并扩大其活动。在支持扩大非营利活动的讨论议题上，没有一种意识形态占主导地位。保守派认为平衡国家权力及引入市场力量参与公共服务提供的非政府倡议是关键源头。进步人士认为它们是草根行动主义的具体化，有助于确保社会服务有效提供给最需要的人。

说起来有点自相矛盾，非营利部门增长的特征源于两个因素：一是通过削减政府部门来缩减政府（即政府部门因外包而规模较小）；二是通过增加第三方代理来扩张政府（即更多更大型的非营利组织根据政府要求提供服务）。这被认为是福利国家的丧钟和救赎（Ullman，1998）。非营利组织为诸如不信任政府机构、渴望独立行动舞台等情绪——这些情绪并不为政治右翼或者左翼所垄断——提供了组织形式。随着信任政府能提供服务和创变的能力减少，非营利组织被视作为解决社会问题提供了一种替代路径。2008年全球经济危机之后，非营利组织的资金和财政优势有所减少，敦促其展示影响力的压力不断增加。然而，非营利组织继续在各不相同的有关治理的阐释，以及在提供公共产品和服务的未来战略中发挥核心作用。

非营利部门极富多样性，从运营类似营利公司，与政府、企业关系密切的营收几十亿美元的大型主流专业化机构，到以小额预算提供服务或从边缘推动系统性变革的经济拮据、无全职员工、全由志愿者构成的小型组织，涵盖了一切。非营利组织，既包括BRAC（前身是孟加拉国农村发展委员会，参见专栏6.7），世界最大的非营利组织之一，在14个国家开展业务，拥有超过10万名员工，也包括寻求改善其社区或为会员提供社交娱乐场所、全部由当地志愿者构成的组织，以及提供当地服务的由会员拥有的小型合作社。

关于非营利部门的增长，没有明确的全球数据，因为不存在单一的综合统计国际资料库（参见第四章关于国际非营利组织数据来源的讨论），但许多国家层面的研究记录了各国的数字和特点。图2.1表明了美国注册非营利组织的增长。

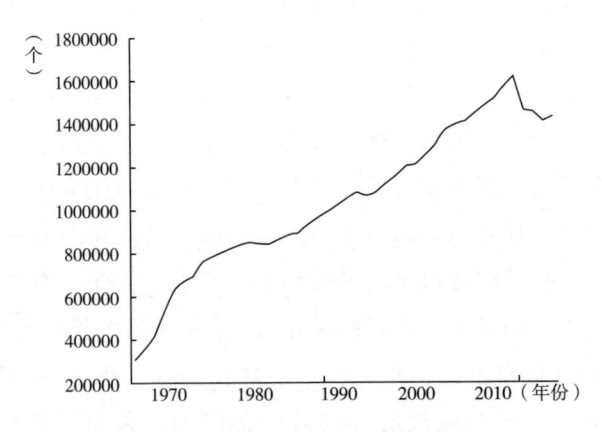

图2.1 美国登记注册的非营利组织

资料来源：2014年美国国家慈善统计中心。

注：2010年至2013年间，约有20万个组织（占总数的12%）因法规变化而失去非营利组织地位。被注销的组织要么不再活跃，要么成为国家级非营利组织的当地分支机构。

如图 2.1 所示，增长并非恒定——在任何国家，激增与骤减反映了政治转型、经济周期以及不断变化的法律法规的短期影响——但上升趋势是世界各地的常态。表 2.1 提供了许多国家与地区非营利组织增长的例子。

尽管人们普遍认为非营利组织重要性的提升一直具有积极意义，但它们没有受到普遍欢迎或接受，人们可以发现非营利部门增长受到阻碍的许多实例。表 2.1 中引用的国际非营利法律中心（ICNL，2014）的非洲非营利组织报告也指出，虽然非洲有些政府已经颁布实施支持非营利组织的法律法规，但其他政府施行严格限制其运营的法律（Salamon and Toepler，1997；参见 Salamon，2002b）。有些政府和精英可能害怕非营利组织的兴起，认为它们是对其统治权的一种潜在威胁，而其他政府和精英推动以国家为中心的政策制定与服务提供模式，这种模式限制了向非营利组织提供运营空间。广泛、跨部门、信仰各异的评论人士对非营利组织提供它们承诺的服务或产品表示怀疑，或者对其运营结果持批评态度。

表 2.1 非营利组织增长纪事

印度	1990 年以后成立的［非营利组织］数量增长了很多倍，这种增长模式多年来在印度各邦几乎相同。1970 年，注册社团只有 144000 个，而在 1971 年至 1980 年间，注册数量为 179000 个，1981 年至 1990 年间，注册数量为 552000 个，1991 年至 2000 年间，注册数量为 1122000 个，而 2000 年之后登记的数量多达 1135000 个（印度政府，2009）
韩国	自 1987 年 6 月民主运动以来，利益集团政治活动飙升，［非营利组织］已经成为通过私人倡议履行公共职能的重要政治行为体（H.-R. Kim，2003）
撒哈拉以南非洲	在后独立时期，倡导型组织、发展型组织和人权组织在非洲出现。此外，［非营利组织］作为服务提供者，发挥日益重要的作用。实际上，有些评论人士将非营利组织的增长描述为"非洲结社生活的爆发"（国际非营利法律中心，2014）
西班牙加泰罗尼亚	在过去的几十年中，非营利部门经历了漫长的增长期，这使非营利组织数量、规模及其社会影响力大幅增加（TercerSector.net，2011）
沙特阿拉伯	沙特阿拉伯社会看到公民权利的需求空前增加。结果，已经实施的许多市民社会合作倡议纷纷成立致力于公共事务议题的独立的非营利组织。为了回应这些合作倡议，沙特阿拉伯颁布实施了解决这些组织注册和监督问题的立法（国际非营利法律中心，2011a）

随着非营利组织重要性的日益增加，与非营利部门相关议题的研究和教学也增加了（Mirabella et al.，2007；R. Taylor，2010）。虽然自20世纪初以来，各国都在教授有关非营利组织管理的个别课程，但非营利研究的第一个完整学位课程，直到20世纪80年代初才建立。然而，从那时起，它们在全球快速增长。1971年，志愿行动学者协会（后来成为非营利组织和志愿行动研究协会）成立于美国，在随后的几十年里，全球许多国家均成立了类似的非营利学者全国性组织（D. H. Smith，2014）。1978年，第一届国际大会由国际志愿行动和志愿协会研究组织（1983年解散）主持召开。随后，1994年，新的第三部门研究国际学会召开第一次大会，以促进该领域研究和教学的全球对话，直到今天该学会依然是这方面的主要的国际协会。目前，美国约有200所高校提供非营利管理研究生学位（Mirabella，2014），其他国家也有许多类似的学位项目。目前世界各地正在建立许多新的教育和研究中心，专栏2.3中描述了其中一个。

专栏2.3　香港大学的ExCEL3

2012年5月，香港大学启动跨学科ExCEL3项目，旨在对市民社会研究进行科研和教学能力建设，帮助香港第三部门进行能力建设。根据其网站，"该项目旨在培养创新和创业精神，加强第三部门的领导力、管理、治理和组织能力建设，搭建慈善家、基金会、机构投资者、非政府组织、学术界共同参与的平台。"该项目由香港赛马会赞助。

资料来源：ExCEL3，Excellence in Capacity-Building on Entrepreneurship and Leadership for the Third-Sector，and Hong Kong Jockey Club，http：//www.socsc.hku.hk/ExCEL3/vision_and_misson/。

非营利组织的界定

最广为接受的非营利组织和非营利部门的定义，是结合结构和功能特点来描述其采用的组织形式及从事的活动。约翰·霍普金斯大学非营利部门比较项目使用以下五个标准来界定非营利组织，该界定后来由联合国为创建可比较的国别非营利组织调查目的而采用。

- 组织性：组织运作具有一定的结构和规律性，包括确定的目标和活动，无论其是不是正式组建或合法注册。
- 私人性：不属于政府部门，虽然可能获得政府的财政支持，履行政府合同。
- 自治性：组织必须按照自己的流程控制自己的事务。
- 非利润分配性：不产生个人商业收益，因此产生的任何盈余必须再投资于组织的基本使命。
- 非强制性：会员资格以及时间和金钱的贡献都是自愿的，不是法律要求或强制的（Salamon and Anheier，1997；United Nations，2003）。

相关方法是关注非营利组织与其他部门组织的不同之处。非营利组织与政府机构、营利组织不同，原因在于其独特的产品功能（专注于公共产品与福利，而不是利润最大化）、治理结构（由会员或由平民构成的理事会进行治理的自治实体）、收入来源（收入既有慈善捐款、政府资助和补贴，也有经营收入）、员工（包括志愿者的重要贡献）以及其法律和税收待遇（大多数国家都有特定的非营利组织法律形式，赋予非营利组织许多免税待遇，激励捐赠者）（Salamon，2010）。因为既不是政府部门，也不是营利组织，非营利组织也被视为可能兼具政府和营利组织之所长：将政府的公共利益、责任和广阔视角，与营利组织的商业效率和知识有机融合（Etzioni，1973）。

非营利部门的所有特征都有引发界定争议的灰色区域。例如，虽然第一条标准认为所有非营利组织都具有"组织性"，但有些非营利组织可能不是正式的法人组织或没有合法注册。然而，在什么情况下非法人团体应该被视为非营利组织及非营利部门的一部分，或者如何记录、测量其贡献，并不明确。这种区别在非营利组织正式注册困难、注册费用昂贵或可能导致威权政府不必要的审查等社会中，是一种特别的挑战。在这些情况下，即使是最有组织的团体也没有注册，或者可能选择营利组织来展示自己。即使在工业化民主国家，非营利部门也有许多非正式组织成分。澳大利亚生产力委员会在2010年的一份报告中估计，该国（2100万人口）非营利部门的60万个组织中，约有44万个是小型非法人组织，只有16万个组织拥有法人治理结构（Australian Productivity Commission，2010）。

如果组织是在政府倡议下成立、理事会中有政府代表、大部分资金来自政府补贴抑或在决定其行动范围的严苛指南下开展工作，这个组织是否具有私人性、自治性？在许多威权国家，由执政政权创建、受官方认可的非营利组织网络通常被称为官办非政府组织（GONGO），在国际舞台上，它们代表那些国家的非营利部门。在民主国家，政府也创设或资助以非营利法人结构形式创建各种执行机构，来提供公共物品和服务。在英国，它们通常被称为准非政府组织（QUANGOs），有评论人士称其为制造出来的组织（Hodgson，2004）。但即使组织是独立创设的，但其收入与合法性严重依赖政府资助，也引发关于独立含义的复杂辩论。2011年，受非营利基金会资助，英国创立志愿部门独立小组，旨在分析这场复杂辩论，制定涵盖"目的、声音和行动"的独立晴雨表。2008年成立，旨在明确反对政府对非营利部门进行控制的倡导团体——英国国家独立行动委员会，已经采取立场，在其早期提交给独立小组的报告中声称非营利组织已经失去其独立性，因为它们被历届政府工具化，各组织明白其生存取决于对工具化目的的适应性（Wiggins，2011）。独立小组的首批报告之一，对许多通过政府合同提供服务的非营利组织做了总结："害怕挑战政府或地方当局，以防止可能的报复"（Panel on the Independence of the Voluntary Sector，2012：20），证实了这种观点。私人慈善赞助也引发类似辩论，许多非营利组织被指控看其最慷慨捐助者的脸色行事，甚至该组织就是为了传播其资助者的思想而创设的。专栏2.4突出强调了对英国政府资助的非营利组织政治作用的批评。

与营利公司不同，非营利组织不得分配利润，且个人股东不能从盈余中分红，但它们依然可以产生可观的收入，个人可以通过服务获得工资和其他报酬。它们也可以提供某种合作形式、互益协会或轮流信贷"俱乐部"，如南非的储蓄互助会（stokvel）、西非及加勒比地区的苏苏（su su）（主要是成员轮流掌管资金的非正式辛迪加）。诸如会计师协会或商业改善区域（business improvement district）等专业协会和贸易协会，在大多数国家/地区都是非营利组织，虽然这些组织本身可能不分配盈余，但是创设这些组织的具体宗旨就是提升会员的经济收入。

专栏2.4 伪慈善和袜子傀儡

非营利组织在诸多方面被质疑，受到强烈反对。但也许最致命的攻击来自对其政治作用的反对，特别是如果该组织接收来自政府的资金。一个名为伪慈善的英国网站对其工作界定如下："任何一个注册的英国慈善组织，如果其收入超过10%——且/或超过100万英镑——来自政府，同时也游说政府，那我们将该组织界定为伪慈善组织。游说可以采取呼吁新政策、修订法律或增加（它们自己的）资金等形式。这些组织中，有些花费大量时间游说国家减少我们的自由，不是所有慈善组织都清晰地列出其从国家收到的金额。当一个'独立'慈善组织采取政治立场或试图在政策问题上动摇公众舆论时，我们认为您有权知道它们是获得公众的慷慨资助，还是获得国家的慷慨资助。我们认为您有权知道您正在聆听一个真正的草根慈善机构，还是被一个'人造草皮'游说团体喂食公共关系。本网站的存在是为了帮助您自己决定这些活动家真正为谁工作。"英国自由市场智库经济事务研究所坚持认为，国家资助、游说政府的非营利组织创设了一个"袜子傀儡"版本的市民社会，创造了基层支持的错觉，但没有得到一般公众的广泛支持，因为它们游说扩大政府、提高税收、加强监管、建立新机构监督实施新的法律。

资料来源：参见 Fake Charities，http://www.devilskitchen.me.uk/2012/06/at-last-comprehensive-report-on-fake.html，emphasis in original；Institute of Economic Affairs，http://www.iea.org.uk/publications/research/sock-puppets-how-the-government-lobbies-itself-and-why。

不同形式的会员组织扭曲了非营利组织的非义务性或非强制性，包括限制会员利益的合作社、互助协会和商业协会，也包括控制行业准入的职业协会。同样，许多教育和社会服务类非营利组织要求隶属关系或会员资格，以获得它们提供的全部福利和服务。在有些国家，人们因宗教、种族或居留权等而被强制属于相应组织。

尽管试图界定非营利组织具有规范和神圣不可侵犯的特征，但它们并不总是利他主义或免于剥削的。新纳粹和恐怖主义团体也可能是非营利组织，任何组织都可以成为选择其进行剥削的寻租个人或团体的牺牲品。贫穷社区中臭名昭著的"贫穷大佬"通过控制所在社区非营利组织的资金来积累财富，生活得很舒适。虽然组织的渎职行为，或"非营利组织投机者"千方百计地利用各种诡计甚至从看似高贵的组织中汲取过多利益等，在非营利部门的讨论中受到的关注相对较少，但这构成非营利组织的"阴暗面"（D. H. Smith, 2008）。

当分析非营利部门许多组织的工作时，甚至非营利组织假定存在的"帮助穷人"的使命也令人质疑。在美国，帕斯奎尔·华萨特-马塞利（Pascuale Joassart-Marcelli, 2012）指出，大多数注册非营利组织都参与便利设施供应，如精英文化和教育机构，而这很不相称地使中高收入社区受益。在许多发展中国家，这种偏见甚至更为明显，因为非营利法律形式用于为精英社区提供单独的私人服务。

非营利组织的角色和功能

非营利组织介乎政府和市场之间，既不关注票箱也不追求利润。拉尔夫·克雷默（Ralph Kramer, 1981）提出了非营利组织的四个关键角色或功能：服务提供者、创新者、价值守护者和倡导者。

非营利组织的服务提供者角色通常最受关注，这有助于我们理解非营利部门发展壮大的原因，同时也是为了试图提高非营利组织的管理效能。非营利组织的工作集中在政府和企业不愿意或不能提供的公共产品和服务方面，或因需求太多样化政府和企业无法充分回应的公共产品和服务方面。非营利服务一般提供侧重于生活质量问题——福利、健康、教育、文化、环境和休闲——而其他领域依然主要是国家的责任——国防、公共秩序和外交关系（虽然即使在这些领域外包也不断增加）——或者有营利部门的更强大参与——基础设施、能源和通信。支持非营利组织提供服务的人士声称非营利组织对用户需求更敏感，通过为民众在公共产品和服务治理中提供一席之地，从而能以更有效更创新的方式回应民众。

非营利组织可以成为开发新项目、提供新服务的创新者，因为它们没有选民或股东施加的限制。如果非营利组织的存在理由是需要弥补"超额需求"和"合同失灵"，那么它们必须以创新的方式来应对其他部门的不足之处。莱斯特·萨拉蒙（Salamon, 1995）指出，非营利部门常常第一个组织新的集体产品，之后如果寻求将该产品惠及更广泛的公众，政府部门会认为是自己的责任，或者如果认为有市场，商业部门会将这些产品商业化。

通过其社会和公民行动，非营利组织被视为价值守护者，自身体现民主制度的基本原则，同时培养他人，包括利他主义、社会融合、自助、合作、多元化和参与。

非营利组织以专家、批评者、监督者和举报人等身份参与政治协商过程，代表集体利益进行倡导，协助推动或抵制社会变革。非营利组织可以是寻求为民众赋权、促进政治参与的团结网络的基本组成部分。非营利组织引导普通渠道以外的需求，作为民主制度中补充选举周期的持续对话的一部分，或是在威权政权中持有异议。

这四个功能相互交织。在提供服务的过程中，非营利组织可以创新，培养民主价值观，在政策进程中表明自己。虽然许多非营利组织坚称自己是"非政治性的"，实际上所有组织都承担一些政策功能，即使只是对期待的变革进行建模。相反，通过传统服务提供模式，它们使干预战略、资金分配现状永久化（Minkoff, 1994）。

然而，毫无疑问，与倡导、公民参与及文化表达等表达功能相比，服务、创业和创新功能争议较少。虽然很多政府都有非营利组织不干预服务提供的历史偏好，更富政治性的表达功能受到最严格的审查监督，受处罚和禁止活动之间常常界限分明。虽然公民参与和倡导可能是上述各类非营利组织工作的核心，但政府和政治精英往往对这些活动持谨慎态度，而掌管着钱袋子的，不管是公共的还是私人的，通常关注服务提供更直接的结果。许多国家的公共资金排斥任何政治活动，许多私人捐助者常常不愿意处理因努力影响政治结果和公共政策而带来的争议和审查。服务功能和表达功能的分离，不管是对具体活动进行类型化分析，还是区别非政治组织和政治组织，在讨论非营利部门时都是一条关键的断层线。

如前文所述，非营利组织的高尚性也受到高度质疑。如果根据人文价值和目标来先验地界定，则非营利组织的角色描述是同义反复。更宽泛的界定允许人们承认许多非营利组织对宣扬民主或利他价值观兴趣不大。这不仅指诸如新纳粹或具有明确排他性的宗教激进主义团体等明显反民主的组织，而且也指所有寻求狭隘利益的非营利组织，它们可能被认为代表社区更广泛的利益。此外，非营利组织常常也同样有政府和企业存在的缺陷，商业公司之间的市场竞争往往同样反映在同领域的非营利组织之间（H.-R. Kim，2003）。在一些服务领域，一小撮组织垄断政府资助、沟通和咨商渠道，花相当多的精力以用于保持其支配性市场地位。

此外，尽管非营利组织提供服务通常具有有效、回应及时的特征，但很少有研究表明它们比政府机构或商业实体更有效、更有回应性（Anheier，2014）。许多非营利组织通过偏低薪酬、培训不充分的员工和志愿者提供二流服务。其他分析人士质疑非营利组织是否实际具有创新能力。克雷默（Kramer，1981）质疑，创新是不是非营利组织与生俱来的能力。他暗示政府组织经常通过向非营利组织兜售想法来规避官僚限制，以便非营利组织游说官员们允许它去提供原由政府部门提供的服务。

有的批评来自激进左翼，他们视非营利组织为对资本主义危机进行后工业调整的一部分，将非营利组织的主要作用界定为通过为"厚脸皮和不安分"人士提供一个安全、不怎么引发冲突的出口来巩固统治阶级的统治权（Roelofs，1987；2006）。里基·阿祖格和娜塔莉·韦布（Rikki Abzug and Natalie Webb，1996）通过追溯美国为预防欧洲社会主义意识形态的蔓延，专门创立以使精英特权永久化、减少市场经济负外部性的组织的历史，同样认为非营利组织在促进资本主义方面发挥了有意识的作用。对阿祖格和韦布来说，历史上，美国非营利组织服务于消除资本主义混乱、成为新营利事业的保姆，现在，它们在移植全球资本主义方面正在发挥着类似的促进作用。

伴随着保姆的女性意象而来的，是对非营利部门性别维度的批评。非营利部门是一个女性占员工大多数的部门，特别是在社会服务、教育、卫生和艺术领域。照护使命在文化上被定义为"女性的工作"，因此是可以或应该自愿或以低成本完成的工作（Abzug and Webb，1996；Odendahl and O'Neill，1994）。然而，女性也没有必然地领导非营利部门，非营利部门的管理层也反映了在政府组织和营利组织中由男性主导的官僚层级现象（Gibelman，2000；另请参见关于非营利部门女性就业的专栏3.9）。

这类激进批评当然不限于美国，其他国家的评论人士也声称，非营利部门的兴起将当前精英统治的潜在威胁转移到巩固慈善安全网措施、削弱结构性改革尝试的"非改革主义者改革"。在发展中国家，批判性分析认为，非营利组织——通常界定为资产阶级的、精英的非政府组织——或低效率无效果，或是新殖民主义和新自由主义的邪恶工具，或两者兼具（参见第七章关于发展批评的讨论）。然而，即使是看似有限的动员空间，是否事实上为政治体系中深刻的结构性变革开辟了可能性，尚处于持续争论中（Bond，2008）。

非营利组织的分类

有研究者把非营利组织区分为会员服务型非营利组织（如自助或互助）和公共服务型非营利组织（Anheier，2005；2014），而其他研究者则关注服务功能（直接提供健康、教育或福利服务）和表达功能（文化表达、利益代表或倡导）的差异（J. Douglas，1987；Salamon and Sokolowski，2010）。有的分类关注非营利组织是不是主要的服务提供者、服务提供者的二级协会，还是服务提供者的三级协会。有的分类主要基于非营利组织的主要收入来自公益慈善、服务合同或企业性商业活动来区分（Hansmann，1980；1987）。

然而，为了让非营利部门囊括可能的全部组织，出现了基于组织的子部门功能或聚焦领域创造分类体系的趋势。约翰·霍普金斯大学非营利部门比较项目（Salamon，1999；Salamon and Anheier，1997；United Nations，2003）以现有国家分类为基础，创建了非营利组织国际分类体系。联合国目前使用这种分类。

- 第一组：文化和娱乐
- 第二组：教育和研究
- 第三组：健康
- 第四组：社会服务
- 第五组：环境
- 第六组：发展和住房
- 第七组：法律、倡导和政治
- 第八组：公益慈善中介和志愿促进
- 第九组：国际活动

- 第十组：宗教
- 第十一组：专业协会与联盟
- 第十二组：其他

这种分类日渐成为国际标准，虽然许多国家继续使用其立法或法规中的早期分类，如美国的国家免税实体（NTEE）和墨西哥的免税捐赠组织分类法。所有这些分类法在应用时都存在问题：有些非营利组织不易符合任何一个类别的标准，而有些组织跨越多个部门开展工作。例如，国际环境倡导组织绿色和平，可归入非营利组织国际分类体系的第五组、第七组，或两者均列入。如果一个联盟提供培训项目，那么它可以归类为第二组和第十一组。尽管有这些缺点——不对任何一种分类优于另一种分类的优点展开讨论——这种分类至少起到为非营利部门提供全面概览的作用。

值得注意的是，宗教机构、工会和政党常常被排除在非营利部门的讨论之外（尽管它们是独立的、自愿的、不分配利润的），特别是当它们从事宗教崇拜、代表工人权利、追求政治权力等核心活动时。但是，当它们通过其自身现有结构或附属组织从事更广泛的活动时，通常被认为是非营利组织的一部分。救世军（The Salvation Army）是一个特别有趣的宗教组织例子，该组织也是全球最大的社会援助组织之一。救世军目前在全球124个国家运营，在许多国家，它也是该国最大的国内社会服务组织之一。

同样，许多不同类型的组织都向工人及其社区提供教育服务。专栏2.5介绍了代表这些组织的国际联合会，表明了按结构和活动分类的复杂性，不管是国内组织还是国际组织均是如此。

专栏2.5　国际工人教育协会联合会

国际工人教育协会联合会（IFWEA）是负责工人教育发展的国际组织。会员组织包括各国工会、国际工会、独立的工人教育协会、非政府组织，以及为世界各地工人及其生活的社区提供成人教育机会的基金会。

国际工人教育协会联合会于1945年由英国工人教育协会成立，建立在几十年的双边接触和20世纪20年代拟重建已屈服于欧洲兴起的法西斯主义的国际联合会却未能如愿的许多尝试基础之上。这个新的联合会的目标是支持欧洲战后工人教育的重建。后来扩大了影响范围，但会员资格继续受到冷战时期的限制。自苏联解体以来，扩展到世界各地，目前在大约65个国家有100多家分支机构。国际工人教育协会联合会的兼职秘书处最初设在伦敦，但后来于2007年搬到南非的开普敦，由隶属于南非工会的非营利组织——劳工研究服务主持秘书处工作。

国际工人教育协会联合会的许多会员组织在非常困难的条件下开展工作，特别是在工人权利经常受到侵犯或威胁的地方。在这些情形下，国际工人教育协会联合会对面临镇压或攻击的会员请求支持予以回应。这种团结协调是国际工人教育协会联合会职责的重要组成部分。国际工人教育协会联合会，与国际工会运动中的伙伴组织及与劳工相关的发展机构一起，在会聚全球北方和南方的劳工组织、启动发展项目、在工会与劳工非政府组织之间建立新的伙伴关系等方面发挥着重要作用。

资料来源：参见 International Federation of Workers' Education Associations, http://www.ifwea.org/about-ifwea/ifwea-s-origins-history/。

在任何国家中非营利部门均存在各种或真实或感觉的薄弱环节，使非营利组织的分类更加复杂。最常见的分歧存在于较大的专业的、商业化非营利组织与较小的主要由志愿者构成的社区非营利组织之间。多数国家的许多子部门，均是由无数小微非营利组织构成巨大基数，由一小撮庞然大物流转非营利部门的大部分资金。以美国为例，约80%的注册非营利组织年收入低于10万美元，用于支付至少一名全职员工、房屋租金和运营资金，绝大多数非营利组织都低于这个数，仅靠兼职员工或志愿者运营。在规模的另一端是年收入数十亿美元的非营利组织，包括精英大学、大型医院集团以及诸如善意行业（Goodwill Industries）和美国红十字会等巨型慈善组织。

在任何国家，无论使用什么收入门槛来界定"活着"的运营中的非营利组织（在许多国家，组织年收入10万美元，被认为是富裕的），现实是大多数注册非营利组织年收入均低于10万美元，只能依靠兼职员工来运营，开展次要活动。在每个国家，少数领先的非营利组织管理着非营利部门绝大多数经济活动，这经常引发对控制筹资、控制与非营利部门相关政策发展的非营利富豪或寡头集团的担忧。这些大型组织往往主导关于非营利部门的讨论，拥有积极、持续参与政策讨论资源的也是这些组织。在任何一个国家，非营利部门的人口金字塔形状更像一个未翻转的图钉，薄尖峰代表具有相当经济和社会影响力的少数大型组织，与基数很大具有合法身份但全职员工很少（如果有的话）的小型组织保持平衡。

正式非营利组织世界之外，是一个更大的由非正式社团、非法人组织和在其他组织的合法财政资助下运作的项目构成的宇宙，有时它们被认为是非营利部门的草根前线。这个非正式部门包括多种多样的群体，从与邻居共同努力改善当地设施、完善主要作为会员社交渠道且也捐出一些产品给当地慈善机构的当地缝纫圈，到创设一个互助资金池以支持创业活动的种姓、家族或血缘关系网络。

对非法人组织数量的估计充其量是推测性的。如前文所述，澳大利亚生产力委员会（2010）估计，非法人组织的数量是法人组织的三倍，但该委员会承认，对不选择法人形式存在的组织，可以获得的信息很少，因此应谨慎对待任何估计。即使在注册组织数量相当可信的美国，迈克尔·奥尼尔（Michael O'Neill，2002）指出，讨论非正式组织时，"没有人真正知道究竟有多少"。大卫·霍顿·史密斯（David Horton Smith，1997）认为，非正式组织是观察者往往注意不到的"暗物质"，即使它们总体的经济和社会影响力可能比正式非营利组织构成的非营利部门更大。随着新组织不断创设和旧组织的消亡，非营利部门也有一定的涡度。政策研究和制定的重点往往集中于较大型组织，但较小型组织经常在监管之外，且不稳定地坚持生存，实际上它们可能正在做出与非营利部门集体目标同样重要的贡献，特别是在非营利部门刚刚兴起、规模较小，因统治精英警惕任何独立的公民组织而有点被围追堵截的那些国家。

尽管规模、政治和经济影响力差异至关重要，但许多其他分界线将非营利部门分隔开。各行业子部门之间差异明显，有些互相之间共同点可能很少（当地体育联盟与促进文化认同的组织之间有共同利益吗？）。但最重要的也许是"局内人"和"局外人"的分野——享受决策者、富人和有影响力的人的政治和财政支持的组织，与那些对之毫无兴趣的组织之间的分野（Grant，1995）。

第三部门

不同的第三部门概念来自区分政府与非政府、营利与非营利的分析。按惯例，政府被确定为第一部门，商业为第二部门，非营利组织为第三部门。这三个部门通常也被区分为"王子、商人和公民"（Najam，1996）。

虽然"第三部门"术语的当代应用可以追溯到20世纪60年代和70年代社会学家和组织理论家的著作，特别是阿马泰·埃齐奥尼（Amatai Etzioni，1967；1973），但它作为非营利组织的总称受到广泛认可，主要是《美国私人慈善事业和公共需求委员会报告》使用该词的结果（参见Filer Commission，1975）。该委员会通过"用否定词"来界定第三部门：

> 它不是政府——也就是说，构成该部门的组织没有政府的权力和权威，尽管有些组织可能对成员有强大的影响力，有些甚至可能执行政府的某些职能……另一方面，[第三部门]不是商业。第三部门组织的存在不是为了营利，特别是享受税收豁免的组织禁止营利，尽管该部门边界附近，许多群体确实主要服务于其成员的经济利益（Filer Commission，1975：31）。

有学者认为，除了这三个正式的机构部门之外，还有一个由家庭中、朋友间、社区里等更多非正式关系构成的第四部门（Offe，2000；Streek and Schmitter，1986；Van Til，2008），而且，有关各部门的排序及层级也有争议。沃尔夫冈·斯特里克和菲利普·施密特（Wolfgang Streek and Philippe Schmitter，1986）认为，社区一直是传统的三大部门之一，而"社团"的兴起正在成为新的第四部门。传统的三大部门可以与理想的社会模式联系起来——科层控制的国家、分散竞争的市场和自发团结的社区——现在凭借新兴社团，正在增加一种新的组织合作模式。斯特里克和施密特认为，工业化民主社会的历史主要由两个时期组成：一是19世纪市场向已有社区的扩张；二是20世纪国家对市场经济的干预。在这两个时期，各种独立社团均被视为自由市场和民主国家发展的障碍。这种根据非营利部门实际或潜在引发其他部门功能失调的讨论框架倾向，一直继续主导着争辩。

独特的寻求平衡其他社会力量的结社秩序概念，不是当代政治思想或政治实践的产物。早期的社会主义理论家，如克劳德·昂利·圣西门（Claude Henri de Saint-Simon）19世纪30年代提出"社团主义"（associationism）思想来替代资本主义和对抗，埃米尔·涂尔干（Émile Durkheim）19世纪晚期提到"有机团结"（主要是职业群体，也有其他公民组织）及其在抑制个人激情和压制官僚主义过度行为方面的作用。第三部门概念基于悠久的三分理论传统，但目前话语体系根据与国家和市场的非营利关系进行了重新界定。体现第三部门特色的关系形式，不是政府和官僚机构的权威和等级制度，也不是商业部门的市场力量驱动，但它以更加平衡的方式发挥作用，主要是使命驱动（Khagram，Riker and Sikkink，2002）。

有关各部门的视觉表达是由代表机构领域的三个有重叠的圆圈构成的简单维恩图——政府/国家（第一部门）、市场（第二部门）、非营利组织（第三部门）——偶尔用第四个圆圈代表家庭或社区。每个部门都有其规定的角色和逻辑。市场创造经济财富，提供私人物品。政府提供并监督诸如国防、基础设施、法律规则和社会服务等公共物品。社区和家庭提供身份、社交网络和支持。从历史角度来看，非营利组织一直帮助填补各部门的空隙，并指出各部门的失灵。持续寻求市场、集权国家、集体行动和社区王国之间平衡与妥协的框架，可以用来分析现代性的演变，因为它们在忠于人们、为人们谋福祉方面形成竞争关系。快速的全球部门变迁特征描述特别指出，19世纪的特点是私人营利公司的兴起及其逐渐占主导地位，20世纪是国家的勃兴，21世纪初是非营利部门和社会责任企业的扩张。

有关第三部门兴起及其在可能被认为是政府职能领域发挥越来越大作用的纪事，受地理国家与时间的限制，反映了政府和公益慈善事业相对规模和突出性的钟摆式变化。在20世纪70年代的美国，法勒委员会特别指出"在被认为是慈善活动的领域，政府发挥越来越大的作用"（Filer Commission，1975：16），甚至在更多以国家为中心的瑞典，也出现了类似的担忧，即政府招安社团，接管其职能（Boli，1992）。相反，在发展中国家，特别是政府没有充分履行职能的国家，包括非正式地方社团、国际非营利组织甚至武装民兵组织和犯罪团伙等在内的非国家组织，可能提供仅有的貌似正式社会制度的东西。

无论是识别为第三部门或第四部门，非营利组织都占据公共机构、私人市场以及家庭与社区结构间的定义边界。清晰的定义难以找到，试图寻找各部门间的清晰分界线，只会凸显划界挑战（如参见第五章的社会企业部门）。

市民社会

需要尽早澄清的另一个术语是"市民社会"，它作为非营利组织的通用概念，将在本书中经常出现。该术语可以追溯到古希腊和古罗马哲学家，他们认为，在政治共同体和文明社会中，良善公民共同塑造社会的本质，市民社会指社会中的城邦和非城邦要素（Götz，2010）。之后的时代，话语焦点转移到非国家社会结构，长期有关于非国家社会结构的"文明性"、市民社会（如协会、家庭和个人）与国家间关系性质的争论（Beng-Huat，2003；Muukkonen，2009；Van Til，2008）。通过哲学争辩、意识形态争端、武装反抗和非暴力抵抗，长期以来人们一直在权力一般集中于少数有选举权的男性精英团体（君主、贵族、神职人员、军人、富裕的土地所有者和商人）的社会中寻求界定公民的权利和义务，无论名义上是国家或民间。继续争取免于受统治者任意压迫的自由，以及结社与集会的自由，一直是建立独立的市民社会的核心议题。

与侧重于组织结构的第三部门概念不同，市民社会主要被视为市场、国家和家庭之间的"空间"或"领域"，人们在其中组织起来，非强制地追求他们的利益（Edwards，2009；Van Til，2008；Walzer，1998）。该空间的范围尚有争议，有评论人士将营利公司或家庭网络囊括于市民社会，尽管大多数评论人士将营利性活动和家庭关系排除在分析之外。市民社会的目标同样饱受争议，有人聚焦市民社会的角色是如何建立"良善"民主社会，而有人仅仅关注组织利益，不管目的如何（参见 Cheema，2010；Colás，2002；Eberly，2008；Edwards，2009；Florini，2000；Fowler，2012；Kaldor，2000；Walker and Thompson，2008 中的讨论）。

但是，要组织起来，人们需要组织。大多数有关市民社会概念领域的评论几乎总是立即与市民社会组织作用的讨论相混淆。与非营利组织类似,市民社会组织被界定为"私人志愿协会,从邻里委员会到利益群体和慈善企业"(Foley and Edwards,1996:38)。因此,对市民社会的分析普遍关注其组织在创建公民文化、促进民主态度和公民参与,以及形成政治行动和自组织的多元化基础等方面的作用。被想象为空间或系列组织的市民社会,被视为推动民主治理、促进专横政府变革的动力(Foley and Edwards,1996)。

市民社会与民主政治实践之间的关系,可以找到两种主要的推理。第一种认为市民社会组织创造社会资本,如公民学校教导民主文化、培养信任和公民参与(Putnam,1993)。第二种将市民社会组织看成是通过促进多元化来产生政治资本。同时,两种推理的支持者都承认,当"范围狭窄、内容沙文主义、形式陈旧并围绕同质化的冲动构建"时,市民社会组织可能妨碍民主巩固(Farouk,2011:93)。

20世纪80年代后期东欧国家的政治变革,使市民社会成为时尚,市民社会成为持不同政见运动和组织迅速发展的描述符,在向民主转型中发挥了关键作用。因此,该词现在更常用于新兴民主国家和发展中国家的语境。但强大的市民社会是民主的一种先验条件,还是民主的结果?迈克尔·沃泽尔(Michael Walzer,1992)提出"市民社会悖论"假设:强大的民主市民社会需要强大的民主国家。社会资本和政治资本之间可能是因果关系,而且是双向的,但它也可以是替代的(联合参与取代政治参与),甚至是独立的(一个人可以是关注自身特定利益社团的积极参与者,但对致力于提供更广泛公共物品或传统政治机构嗤之以鼻)。

在《市民社会的迷思》(Encarnación,2003)一书中,西班牙具有民主强大但市民社会薄弱的国家特征;相反,人们认为巴西民主薄弱,但市民社会强大(请注意,虽然这本书是新近出版的,但自那时以来,这两个国家的情况都有了显著变化,西班牙的市民社会和巴西的民主都在加强)。《探索市民社会:政治和文化背景》(Glasius,Lewis and Seckinelgin,2004)一书中,各位作者都认为西欧和美国都在重新发现市民社会;在非洲,市民社会被认为是新殖民主义的先锋;而在中东,它代表着解放的希望(这本书写于2011年动荡之前将近十年)。

第二章 非营利部门的兴起

在所谓的2011年"阿拉伯之春"期间,早期评论人士关注市民社会在建立和维持一个接一个地推翻政权运动方面的作用。但是随着这本书的出版,许多阿拉伯国家的局势演变清楚地表明,强大的市民社会组织所产生的派系之争可能是建立多元民主体制的障碍。"阿拉伯之春"及在前苏联共和国发生的早期"颜色革命"也表明,一个国家是如何迅速地从薄弱的市民社会(衡量指标表明组织受制于国家、正式会员少、脆弱)向强大的市民社会(愿意动员起来反对腐败或威权政权)转变的。

市民社会话语强调转型国家的政见不同,为质疑与其民主化角色相关的普遍积极、规范的启发式分析提供了基础。如果市民社会实际退出,那么什么会是非市民社会(Bob,2011)?(请注意,"公民"一词的形态学本身在这里有用,因为人们不能整齐划一地假设"非营利"或"非第三"部门。)在威权和转型国家,外部观察人士可能会称赞市民社会组织的行动,但国内当局肯定更多的是警惕,经常视它们为破坏国家稳定的分子,甚至是国家的敌人。威权政权积极致力于将市民社会行动限制在批准的狭窄范围内,良性行动——通常通过围绕公民组织而非民间组织的需求开展讨论,这些组织与国家合作创建有序社会,而不是从事对抗或竞争活动。正如詹姆斯·里希特和沃尔特·哈奇(James Richter and Walter Hatch,2013)所记载的那样,俄罗斯和中国推动市民社会更有效率、更有效果地提供公共物品。俄罗斯和中国都通过推动官办非政府组织(GONGO)网络来创设政权赞同的公民空间,来管理看似矛盾的市民社会,而且,它们有效利用广泛而全面的法规、收入控制、监督,以确保更多的独立组织不逾越可接受的界限。

即使在稳定、繁荣的民主国家,也可以质疑一些市民社会组织的派系自身利益是否正在创造不文明、不民主的动态。富裕和强大的人有更大的能力围绕自己的利益进行组织,因此资源更充足的派系往往可以拨专款让市民社会推动其议程,而不需要承担与其他民主进程相关的责任。

无论人们关注的是市民社会的哪种方法,它是否可以与非营利部门等同,很大程度上取决于所检视的政体的性质。非营利组织的概念当然没有捕捉到诸如20世纪80年代波兰的团结工会等持不同政见运动的全部本质,在讨论"阿拉伯之春"的武装民兵时,其作用甚至更小。使用市民社会这一术语来描述持不同政见者和战斗人员的行为，远远超出大多数人在谈到非营利组织时的想法。但是，一旦威权政权被推翻，或者它们为独立组织的运作开放空间，无论多么受限制，术语之间的关系就会变得更加复杂。甚至在穆阿迈尔·卡扎菲（Muammar Qaddafi）政权被完全清算之前，前反对派都将自己确立为新的合法政府，催生了许多新的非政府组织。很快就有关于利比亚非营利组织在解放区建立的报道，转型后的评论经常强调这些新的地方组织和国际非营利组织所发挥的关键作用（参见如 Applebaum，2012）。

在民主尚处萌芽阶段或仍处于不确定状态的国家，市民社会组织这一术语是一个有用的操作概念，有助于关注威权国家的异议。即使在民主得到巩固的国家，为强调组织的独立性，这个术语也可以继续使用，即使它们开始在结构化的、政府赞助的服务提供和政策对话中更多起着应对"权威"的作用，这使它们更像是已经巩固的民主国家的非营利部门。

对威权政权的异议和反对的关注，使这一术语充满了某种进步的光环。然而，对市民社会持保守态度的倾向正在重新出现，特别是在讲英语的工业化民主国家。2010年在英国赢得大选胜利的保守党—自由民主党联盟，通过其关于大社会的辩论认为，由国家承担的社会责任应该交给公民和私人部门。英国时任首相戴维·卡梅伦（David Cameron）特别指出，需要市民社会组织在提供公共物品和服务领域承担更多责任，更少的政府"干预"（即减少政府监督和资金支持），更多的志愿者和公益慈善支持。澳大利亚保守的自由党也表达了支持较小政府的类似观点（尽管澳大利亚自由党似乎故意避免提及英国大社会辩论）。这些保守派认为，个人主动性和市场力量是社会行动的驱动力，这种思维方式通常与新自由主义意识形态有关（参见第五章关于新自由主义和非营利部门美国化的讨论），他们特别选择市民社会的语言来表达这种意识形态。英国联合政府将工党政府内阁级第三部门办公室名称改为市民社会办公室，澳大利亚自由党明确表示赞同用市民社会一词来描述该部门，因为该部门在提供公共物品和服务方面应该发挥"更广泛的"作用（Andrews，2012）。

术语

如第一章所述，"非营利"（nonprofit）一词被选为本书使用的主要术语，因为它目前是大多数国家广泛认可的概念和描述符，无论是英语形式还是翻译为其他语言。所有国家都有为展示其活动产生公共利益或共同社会福利的组织设立的某种专门形式的组织准入或注册制度。这些组织可以产生收入，但不能分配任何盈余或利润，与股东不同，它们对成员进行某种形式的志愿管理，没有金钱利益（除非成员也是受薪雇员）。作为交换，这些组织通常会获得财政优惠，诸如免除某些税费、捐赠者有权从他们申报的应税收入中扣除一定比例的捐赠。虽然提供公共利益的非营利组织的一般概念是通用的，但对不分配限制的界定、免税程度、捐赠税收减免（或其他激励措施），以及获得这些减免的难易程度等，各国差别很大（参见第三章关于监管和制度环境部分）。

但"非营利"是一个相对较新的词，即使在美国，早期关于非营利部门的英语研究倾向于使用"志愿"这一术语（Robertson，1966；C. E. Smith and Freedman，1972；D. H. Smith，2012）。在新术语于20世纪70年代后期完全流行之前，很少有人使用集体概念的"非营利组织"——或下文将分析的其他术语——但提及人类服务组织、医院或文化组织时，都是单独的实体，几乎没有共同点（Frumkin，2005；Hall，1992）。随着组织数量和影响力的增加，人们越来越意识到它们构成一个目标和结构可与其他部门相媲美的组织部门。然而，专业人士和研究人员无法实现该部门的术语统一，取而代之的仍然是名副其实的术语和定义大杂烩。本章已经分析了"第三部门"和"市民社会"术语，但世界各地普遍使用许多其他术语，各国差别很大。此外，在认知词汇的使用和一般公共词汇之间经常可以发现差距。这个领域的专业人士很少没有被嘲笑过，"我知道一些似乎赚很多钱的非营利组织"，必须耐心地解释非营利组织不是指产生盈余收入的能力，而是对分配的限制。

在下文的术语概述中，我不是要界定它们，而是列出其使用参数，指出围绕它们的一些争论。它们传达了重叠的概念，这些概念可以根据不同的法律框架、与国家的分离程度、参与价值、管理风格以及它们所暗指的各种政治、经济和社会角色而有所不同。有些作者确定了一个层次结构，其中一些术语是诸如第三部门等最广泛术语的子集（参见，如Lewis，2007），而其他人则将它们视为大致相当的"概念家族"

（Muukkonen，2009）。在常用白话中，它们通常几乎可以互换使用，实际上创造了一组转喻，其中每个术语可以替代其他术语。术语的选择既取决于一个国家的习俗，也取决于任何纯粹的学术或语义界定所寻求表达的重点。每个术语都有自己的成见，意义的细微差别对于突出不同方法仍然很重要——如全书所证明的一样——，但在界定和使用方面也存在相当紊乱的情形。除了前文提及的"非营利组织""第三部门""市民社会"术语，最广泛用于描述该部门的其他术语列出如下。

"慈善"（charity）一词，强调通过提供服务和直接补贴与穷人和有需要的人一起工作，旨在使人们摆脱贫困或减轻困难。它是一个传统名称，通常是规制该部门立法中的一个关键界定（英国的1601年《慈善用途法》被广泛认为是全球许多"慈善法"的法律基础）。作为一个组织或活动的描述符，现在慈善这个词被认为有点过时并有贬损之义，因为它被认为描述的是一种更加家长式的援助形式，这种援助形式已被更多的当代发展和创业家方法所取代。然而，它依然是一种法律界定，在公共白话中仍然很常见。

"社区"（community）或"基于社区"（community-based）这两个术语，强调与公民和社区服务方面的联系。它是英国和加拿大对该部门的常见描述符，澳大利亚和新西兰也广泛应用。在美国，它主要用于指规模较小、更本地化的组织。

"非政府组织"（nongovernmental organization）一词，强调与政府的分离和独立。它的首字母缩略词"NGO"，可能是最广泛使用的用于描述在所有领域工作的非营利组织的通用简略表达式，尽管在许多国家，人们可以发现有将非政府组织等同于国际非营利组织（特别是人道援助和倡导组织）的倾向（参见第六章中对国际术语的讨论）。

"社会企业"（social enterprise），强调创业和务实的方法。这是一个相对较新的术语，自20世纪90年代末以来，非营利部门一直采用这个术语。虽然有些分析人士将社会企业界定为具有社会使命的私营商业企业（非营利部门之外也这样认为），但社会企业也越来越多地被用作非营利部门的描述符，以强调许多组织新的以商业为导向的管理方法（参见第五章关于社会企业的讨论）。

"志愿"（voluntary），强调组织参与的非强制性和自愿性，也反映了志愿者和私人自愿捐赠的广泛应用。以前在美国更常用，现仍被英国和加拿大广泛用做非营利部门的描述符。"志愿行动"是描述非营利部门活力的通用描述符。

任何试图充分描述任何国家的非营利组织和非营利部门的尝试，都需要涵盖尽可能多的基础。例如，英国出版物《第三部门》将自己描述为"每个需要知道志愿和非营利部门正在发生什么的领先出版物"，以"提供影响慈善机构、志愿组织和社会企业头条新闻公告"为座右铭开始其每日在线时事通讯（*Third Sector*，2013）。

这些术语之间的差异超出了纯粹的语义范畴，人们激励辩论如何最有效地传达非营利部门及其工作的良好形象。英国皇家国家盲人协会主席凯文·凯瑞（Kevin Carey）最近宣称，他希望该部门的组织不要再称自己为慈善机构，而是描述为社会企业，因为前者现在具有业余意味。他继续说，"我们并没有被认真对待，[因为]我们愚蠢的名字，像'非营利'，告诉你我们不是营利的，'第三部门'，说我们居于其他两个部门之下，'NGO'说我们不是政府，而'市民社会'，无论意味着什么"（如 Ainsworth，2011 年所述，第 1 页）。斯科特·赫雷尔、克里斯·沃赫斯特和丹尼斯·尼克森（Scott Hurrell, Chris Warhurst and Dennis Nickson，2011）发现，"志愿"标签是招募顶级专业人士进入苏格兰非营利部门的一个重要结构性障碍，因为它"让人联想穿着毛茸茸羊毛衫，编着保温茶壶套的玛波小姐志愿军形象"（第 350 页）。

除上述术语外，许多其他术语通常与非营利部门相关。"501（c）"和"501（c）（3）"是美国独有的术语，指国家《国内税收法典》中规制非营利组织税收状况的部分。美国非营利组织通常以书面和口头语言表明自己的税收代码地位（例如，我们是一个 501（c）（3）组织）。虽然仅适用于美国，但美国网站和文献的主导地位意味着这些术语对于美国之外的许多人来说也是熟悉的。501（c）组织有 28 个类别，但 501（c）（3）是最大的子类，它为慈善组织和基金会捐赠提供税收减免。另外两个大类是 501（c）（4）——公民联盟和社会福利组织，以及 501（c）（6）——行业协会和商会（对这些类别组织的捐款不能获得慈善捐赠税收减免，但可以作为商业或专业费用扣除）。

"社团"（association），是一群自愿共同努力实现共同目标的个人的通称。但是，它现在主要用于描述非营利部门汇集特定领域专业人士的会员类组织或代表诸如行业协会等其他会员组织的伞形组织。同时，它经常被其他语言翻译回英语来使用，在大陆法系国家中，它被用作仅具有营运资本（即没有捐赠；参见下一段关于"基金会"的内容）及基于会员直接民主治理模式的非营利组织的法定名称。

在美国和其他普通法国家，"基金会"（foundation）描述一个属于法律类别的实体，主要指由捐赠基金支持的资助型组织。在大陆法系国家，法律类别通常仅指捐赠的存在及通过理事会进行治理，基金会同样可以是资助或提供服务。在某些情况下，非技术型基金会非营利组织，仍然会出于历史原因或传达声望而在其名称中使用该术语。

"非国家"（nonstate），一个不受政府直接控制的所有组织的通用描述符，被视为一个中立术语，将非营利部门界定中不易涵括的工会、大学、专业协会，甚至个人轻松融入。有些作者只关注非营利、非国家行为体，而其他学者的关注也包括营利公司及其代表。

"公益"（philanthropy），为了产生公共利益而由私人提供金钱、时间或其他有价值物品等的通称，现在主要用于描述富有的个人和基金会捐赠，尽管其形容词"公益的"偶尔用来描述非营利组织和非营利部门。

"公共利益"（public benefit），提供社会或公共物品的通用术语，现在用来描述单个组织或部门被认为有点过时，但它通常作为赋予捐赠税收减免和激励措施法规中的关键操作概念出现。许多国家对声称拥有非营利地位的组织的目的和活动进行正式的"公共利益测试"。

"社会的"（social）是人类互动的通称，作为一个形容词具有"集体行善"的内涵。"社会组织（social organization）"和"社会部门（social sector）"这两个术语用作描述符，这个词也出现在诸如"社会企业"、"社会经济"（下文将有更多这类术语）等关键术语中。在一些欧洲语言中，通常使用等同于"社会利润组织"术语，有些人主张英语也采用该术语（例如，参见 Gaudiani，2007）。

"社会经济"（social economy），是介于私营营利性和公共部门之间、拥有集体或社会目的的经济活动的总称，例如合作社和其他互益金融协会。它主要用于欧洲大陆（即法语、德语和西班牙语），但它也经常被重新用于英语,不仅用于合作社的限制意义,还经常延伸到具有更广泛社会目的的所有经济活动,所以,该术语通常等同于第三部门。

"社会/学会/社团"(society),是一群拥有共同兴趣、习俗和规范的人的通称。除了用于"市民社会"等集体术语中之外,它还经常被组织(如癌症学会)或组织群(如"历史社团")用于有点古老的名称,而且,该术语通常与更多秘密活动(如"秘密社团")相关联。

正如单个非营利组织术语没有达成共识一样,关于哪些可以称之为代表非营利部门利益的协调机构或行业协会,也没有达成共识。不同国家的研究者使用诸如"伞形""二级""峰值""中介""元"等标签来描述这些组织,组织名称使用诸如"协会""理事会""联合会""网络""伙伴关系"等术语。

人们还可以识别其他各种相关术语,虽然没有广泛使用,但它们仍然偶尔出现在文献中,包括那些用于描述组织的术语,如"仁慈""草根""独立""非正式""社会福利""税收豁免",以及"公民部门""准政府""非法定部门""影子部门"等集体概念。偶尔有引入新术语的尝试。例如,罗杰·罗曼(Roger Lohmann,1992)认为,"共有"这一术语是集体资源的传统名称,也应该用来描述非营利部门,因为非营利组织体现了共有的基本特征,包括自由和非强制参与、共同目的和共享资源,以及参与者之间的公平感和互益性。大卫·霍顿·史密斯(David Horton Smith,2014)最近创造了"利他主义"和"志愿学"术语,指学术领域研究涉及利他主义和志愿主义所有行动形式的学科。当从特定学科视角研究非营利部门时,其他术语可能是首选,例如,社会学中的"社会运动组织",政治学中的"利益集团"。

所有这些术语的含义差异可能很大,但与此同时,术语通常更具象征性和文化性而非实质性。不同国家,不同组织和不同学科只不过有各自喜欢的行话而已。回顾英语国家与非营利部门相关机构的名称,表明了术语的复杂性。

在美国,代表非营利部门的两个最大的国家协会是全国非营利组织理事会和独立部门。学术协会是非营利组织和志愿行动研究会。主要的行业报纸是《慈善纪事》,2010年的一个联邦立法提案是《非营利部门和社区解决方案法案》，2009年国会研究服务局向美国国会提交的一个报告名为《非营利和慈善部门概览》。

在英国，代表非营利部门的国家协会是全国志愿组织理事会。2010年，新当选的联合政府成立市民社会办公室，取代之前工党政府的第三部门办公室，监管机构是慈善委员会。

鉴于加拿大的双语情况，非营利部门的术语更为复杂。2001年，加拿大的一个国家项目在英语区被称为志愿部门倡议，在法语区被称为志愿和社区部门倡议。主要的协调机构是非营利部门理事会或社区部门理事会。加拿大税务局通过慈善专委会和慈善机构专委会注册适格的组织。

在印度和尼泊尔，"非营利组织"和"非政府组织"术语主要用于指国际非营利组织或由当地资产阶级精英管理的服务组织，近年来，它们被赋予新殖民主义和剥削的负面含义。现在，许多地方组织普遍使用"权利持有者组织"术语，以表明它们更能代表本地的志愿行动。

随着关于非营利领域的讨论变得更加全球化，已经出现相当多的术语杂交现象。"第三部门"这个术语美国现在不常用，尽管该术语在开创性的法勒委员会报告中占据突出地位，但它已成为最受国际认可的非营利部门术语之一。例如，国际第三部门研究协会是来自世界各地非营利研究学者的领先协会，而"第三部门"的西班牙语翻译，则广泛用于讲西班牙语的国家。

在使用英语以外的语言时，需要理解翻译以及使用任何术语的文化细微差别所带来的挑战。波兰媒体通常将非营利组织称为"社会组织"，但因它与前共产主义政权对群众运动组织所使用的术语相同，故现在在非营利部门工作的人一般会避免使用"社会组织"（他们经常使用非营利组织这个英语外来词）。西班牙语将其翻译为"公民参与"，英语中使用类似术语，而在西班牙语国家，它在有关非营利部门的评论中是一个更为突出的概念，因为非营利组织现在促进政策制定和服务提供领域的参与，之前公民被威权政权排除在外。

有一个非营利部门吗？

前面几节概述的分界线和界定问题导致了一个逻辑疑问，即人们是否可以合法地声称存在一个可识别的非营利部门。正如彼得·哈尔

(Peter Hall，1992）指出的那样，现在为人所知的非营利部门被"发明"为一个集体概念仅仅始于 20 世纪 60 年代。即使是现在，当这个术语被广泛使用时，许多组织都会抵制分类，而且，发生相互依赖和混合如此之多，任何企图明确划分该部门的努力都注定要失败。充其量，将一个部门描述为边界模糊不清的"松散且宽松的怪物"的任何界定，都需要大量注解和说明（Corry，2010；Macmillan and Buckingham，2013）。那么存在一个非营利部门吗？也许纯粹的认识论答案必须是没有：一个部门毕竟应该由其边界来界定，而非营利部门，特别是当从国际和全球视角来检视时，具有几乎无法辨别的模糊、可渗透的边界。

与此同时，一些评论人士继续争辩认为，使非营利组织与其他组织区别开来的要素具有集体意义，确实可以将其视为一个独立的部门（Salamon，2010），尽管某些异常组织和混合组织是令人讨厌的例外，相关组织跨越边界协同工作。此外，人们必须认识到，非营利部门的存在是既成事实，因为当这个词被使用时，读者或听众本能地理解——或误解——它，这个词让人联想到一系列组织。借用伯特兰·罗素（Bertrand Russell）的概念，那是"亲知的知识"。虽然这种亲知可能与非营利部门其他概念不一致，但这个因素并不一定会剥夺其启发价值。

大多数界定焦虑来自非营利研究学科内部。如第一章所述，更广泛的理论探究对确定不同的第三个社会和经济活动领域，似乎有更少的疑虑。分离或连接这些部门的界限、连续性和条件性可能会受到质疑，但社会科学轻松假定三个不同部门的存在。

"非营利组织""第三部门""市民社会"这些术语，无论是指单个组织还是集体部门，目前都很流行，且存在一个几乎所有对话者都同意是非营利部门一部分的组织子集。正如美国组织理事会资料（Board Source，2012）所指出的那样，"非营利部门的想法可能是抽象的，但该部门在我们社会中的作用切实可见，容易被认可"（2012：11）。这一说法几乎适用于所有国家，毫无疑问，一个部门的存在正在各种政体的政治、行政、研究和大众话语中变得更为根深蒂固。

毫无疑问，这本书的读者已经接受了非营利部门这个词，因为从书名中，他们凭直觉理解它将是什么，做出深入研究这个主题的选择。也许我们应该寻找比"部门"更合适的概要术语——目前的建议包括

"域"（参见 Fowler，2012）、"生态学"（参见 Read，2012）、"生态系统"（参见 Edwards，2011b）和"空间"（参见 Kleiman，2011）。但是，避开熟悉术语进行的任何替代，可能不会降低界定的复杂性或解决界定问题。尽管明确界定非营利部门可能是不可能的，但读者心中无疑存在一个部门，探索其界限是他们义不容辞的责任。

第三章 非营利部门的演进

尽管缺乏关于非营利组织工作成果的证据，但当代社会已经"用脚投票"支持感知到的非营利部门的相对优势。20世纪70年代以来，非营利部门的大幅增长得到了政府、营利企业和普通民众的大力支持，他们都信任非营利组织，并为其提供资源。非营利组织数量急剧增加，并通过发展与政府和营利部门在制定政策和提供服务上的合作和竞争关系，扩大了自己的影响力。该增长也反映在个体非营利组织职责和职能的扩展上。现在管理纽约市中央公园的非营利组织的作用正不断扩大，详见专栏3.1。

专栏3.1 非营利组织接管中央公园的管理

纽约市中央公园是非营利组织和私人慈善如何承担以前被认为是政府资助和政府管理服务的象征。

到20世纪70年代，市营中央公园因持续的金融危机，资金消减而陷入极度困顿。住在公园附近的富裕市民决定采取行动，随之非营利组织中央公园保护协会于1980年成立，目的是恢复中央公园的昔日辉煌。中央公园保护协会成功地筹集资金，越来越多地承担起具体恢复工作和娱乐活动的管理。

1998年，中央公园保护协会和纽约市政签署了一项将中央公园管理从市公园和娱乐部转移到保护区的协议，随即双方确立了18年期的公私伙伴关系。2006年，该协议再续8年，再次确认了这一伙伴关系。根据协议，中央公园保护协会作为中央公园的官方管理者，负责中央公园的日常维护和运营。目前，80%的中央公园维护运营人员由中央公园保护协会聘用，在3740万美元的年度预算中，85%

是其通过筹资和投资收入提供的。

中央公园位于第五大道和中央公园西大道之间,毗邻纽约两个最昂贵的住宅区。在从这些邻居筹资方面,中央公园保护协会获得了引人注目的成功,其中包括2012年一位对冲基金经理人捐赠的1亿美元。中央公园保护协会筹款活动的成功,引起了对纽约市不同地区公园之间筹资不均等现象的担忧。在2013年纽约市市长选举中,候选人一度就中央公园是否应该将部分捐款转移到其他较贫困的邻近公园展开了辩论。

资料来源:参见 Central Park Conservancy, http://www.centralparknyc.org/about/。

为什么最近一段时期非营利部门会如此扩张呢?最广泛的背景是第二次世界大战后的人口生态。全球人口经历了指数式增长——从1950年的25亿增长到2013年的70亿——结果是,各种组织——无论是政府部门,营利组织还是非营利组织——的数量级和复杂性也都在蓬勃发展。20世纪60年代至80年代是一个被广泛引用的时期,其间许多流程和机构,甚至社会本身,都日益编程化和复杂化。在这几十年中,简单性和无罪性沦落的模因(meme)出现在工业化国家的广泛主题中:在此期间,诸如民权,消费者保护和信息自由等多个领域引入了新的立法;出现了新的业务流程,拥有工商管理硕士(MBA)文凭成为在许多企业工作的入门级资格;以前的业余体育变得专业化;随着"陌生人危险"成为一种更普遍的恐惧,父母们开始接送孩子上学。随着人口增长和经济扩张,所有部门的就业都在增长,但非营利部门的增长速度超过其他部门(Salamon, 2010; Salamon and Sokolowski, 2010)。因此,关键问题不仅仅是非营利部门的增长,而是其相对较大的增长和三个部门之间责任的重新平衡。

尽管大多数分析都侧重于政府与非营利部门之间的平衡,以及之前政府职能的外包,但非营利组织也在以前被认为是营利企业的专属领域取得了重大进展。许多非营利组织的商业风投和创业活动正在创造一系列零售和服务活动,这些活动直接与营利公司竞争。不久前,博物馆礼品店一直是小型的、受冷落的角落，对机构收入贡献不大；但现在，它们是闪闪发光的礼品"朝圣地"，常和遍布整个建筑的较小零售展台一起，占据着出口的显著位置。有些博物馆甚至在商场和其他零售中心建立了自营店，直接与营利商店竞争。在计算机方面，非营利组织Linux基金会培育与微软和苹果商业产品竞争的免费嵌入式软件发展。许多非营利组织参与者进入媒体行业，模糊了新闻业与行动主义之间的界限。根据其经营所在辖区内对此类商业活动的税务处理，可以直接由非营利组织本身或通过其营利子公司或附属公司提供。

如果国家拥有政治制度的合法性和权威，为什么国家与非营利组织分担责任呢？为什么商业部门通过直接资助和其他资源支持非营利组织，似乎将一些潜在的商业市场让给非营利组织呢？根据非营利组织文献，可以确定非营利部门增长的广泛的驱动因素和动因。

经济驱动因素

寻求解释非营利组织存在的经济理论，关注的是公共物品和私人物品的概念以及驱动其需求的各种"失灵"（Salamon, 1987；Steinberg, 2006）。私人物品可以在市场上买卖，通常由营利企业进行交易；公共产品是可供所有人使用的，因为它们是非排他性的（即它们使所有人受益）和非竞争性的（由一个人使用，并不直接产生竞争），因此它们通常由公共部门提供。（公共或私人）物品的公共和私人性质可以由经济市场决定，但它们也受到整个人口或特定亚人群的政治和社会考量的制约。政治讨价还价和社会期望可以认为某些物品，如教育和健康，应该比私人物品更具公共性；或者大多数私人物品，如食物和住房，应该作为公共物品提供给符合条件的人群，如穷人、老人或者那些在军队服役的人。主要的政治意识形态是关于社会产出是否应该通过私人或公共手段提供的关键。

当"市场失灵"（营利企业无意提供某种商品，或者没人相信营利企业可以通过公平和问责提供某种商品）和"政府失灵"（政府无法有效提供公共物品）任一或两者均出现时，非营利组织都会蓬勃发展。伯顿·魏斯布罗德（Burton Weisbrod，1977；1988）认为，由于政治和经济原因，国家提供的公共物品作为公民税收的交换，通常以普通公民为目标，这就为那些需求不一定与平均水平一致的人留下了生产公共物品的过度需求市场。这种差距既可以在有能力支付此类服务群体（例如将孩子送到私立学校者）的高端市场发现，也可以在边缘化群体的低端市场找到，这些边缘化群体必须组织替代物品。亨利·汉斯曼（Henry Hansmann，1980；1987）专注于"合同失灵"，认为消费者更喜欢非营利组织，因为政府不能为所有人提供服务，而营利企业则无法做出拒绝剥削的保证。对非营利服务的偏好，由信任非营利组织会提供回应性和非剥削性服务所驱动，相信非营利组织不会滥用信息不对称来促进自身利益。

如果非营利组织无法提供成果，也会面临失灵。莱斯特·萨拉蒙（Lester Salamon，1987）指出，非营利组织受到四个潜在失败的阻碍：供应不足（它们无法满足需求），特殊主义（它们的活动集中在有限选区），家长主义（它们设定的议程，终端用户很少参与），以及业余主义（它们没有能力有效地管理项目）。三个部门失灵观念和现实的转换平衡，推动着三个部门之间不断变化的相互关系。

与失灵理论相关的是"选择"理论。"理性选择""公共选择""社会选择"是这一理论框架的三种变体，它们探讨了为什么个体选择参与集体行动，以及其随后的社会和政治行为后果。广受认可的与非营利组织有关的选择话语之父是曼瑟尔·奥尔森（Mancur Olson），特别体现在其著作《集体行动的逻辑》（1965）之中。他的论点是，个体不会合作创造公共物品，因为存在一种结构性的反动力，使这种合作是非理性的。根据界定，任何通过集体行动获得的公共物品都将免费提供给所有人，任何一个人都没有动力将其个人资源用于该行动。那些不参与集体行动的人可以成为"搭便车者"并享受福利，因此个体的理性选择是通过扣缴捐款来最大限度地提高其净收益，或者至少最小化其不利。根据奥尔森式（Olsonian）的合理性，如果一个组织单纯仅仅依赖公共物品的价值来诱导成员捐款，那么就不会发生集体行动。

但是，奥尔森认识到强制和激励可以推动集体行动，而潜在的参与者也会对一些看似非常有额外理性的激励作出回应，例如公民义务、道德、团结和社会地位。参与集体行动不仅涉及成本，也涉及收益。纯粹的效用最大化，以自我为中心的经济行为体在现实世界中表现欠佳。尽管有搭便车的问题，但集体行动确实发生并且正在蓬勃发展（Rich，

第三章　非营利部门的演进

1988；Tarrow，1994），因为非营利组织似乎非常擅长选择游戏。

失灵和选择方程倾向于关注需求条件，但不一定解释供应方根据非营利原则进行的决策，其中人们可以选择在非营利组织和营利组织结构之间进行选择。如果这些组织有不得分配利润的限制，那么这些组织可以提供什么优势，从而为那些提供物品的人提供有限的物质回报呢？研究指出，意识形态或宗教使命是鼓励创建非营利组织的主要因素，但非营利组织可以通过获得经济优势进一步获益——包括减轻税收负担，志愿者劳动力奉献，以及获得政府补助和私人捐赠（Lyons，1993；Wolch，1990）。鉴于非营利组织的社会使命，它们为搭便车问题和其他可能的负外部性提供了可能的解决方案。

供应方动力机制中，同样重要的是20世纪下半叶的经济增长，这为推动非营利组织扩张创造了一个有利的资源池。第二次世界大战结束后，工业化国家财富空前积累，随后这些财富在几代人之间转移。其中，越来越多的财富被非营利组织所俘获，这不仅通过直接捐赠，而且通过增设一系列计划性公益赠予工具（如慈善遗赠、捐赠建议基金和家庭基金会）来实现（Center on Wealth and Philanthropy，2010）。任何国家向非营利组织转移财富的程度，取决于该国适宜的监管环境，但这种赠予活动越来越多地受到鼓励，而且随着许多发展中国家出现更强大的中产阶级，这一阶层的成员越来越多地为非营利部门做出贡献。

社会和政治驱动因素

社会学家和政治学家在政治和社会动态变化的背景下分析非营利部门的增长，这些背景包括20世纪60年代的公民权利和身份运动，福利国家危机，以及中产阶级增长。类似于前文讨论过的基于经济学的"失灵"方法，研究认为，"民主赤字"可以被描述为意识形态、诚信、代表性以及国际非营利组织情境下主权和范围等的混合性赤字（Clark，2008）。对这种赤字的回应既有多元价值观表达——组织是必要的，以便让人们听到一个人的声音——也有对组织效率的呼吁，这种呼吁导致了提供公共物品和服务的新公共管理、治理和第三方代理等方法的兴起，其中规定政府应该是掌舵者而不是划船者（Blair and Schroeder，1999；Denhardt and Denhardt，2003）。

社会学领域的分析者对新社会运动的兴起进行了理论化,以回应晚期资本主义和后工业社会带来的结构性冲突(Diani and Eyerman,1992)。三个相互关联的系统性动力机制得以确认:后工业主义、新的阶层和代表性危机(M. Wallace and Jenkins, 1995)。

第一,后工业主义使人们在时间和金钱方面拥有更多的自由。在工业化国家,绝大部分人口的物质需求已被满足,因此现在将注意力转向社会问题。同样,由于后工业社会提供的财富和闲暇时间增加,以及传统社会关系的崩溃和新技术的应用,后工业主义和文化主义诠释得以洞穿各类生活方式变迁带来的社会运动。

第二,出现了一种新的阶层体系。新的社会和政治分裂导致了社会活动的增加,这种分裂是由于阶级认同的破裂,特别是在职业阶层和知识工作者中。新形式的组织出现了,但不代表传统的阶级或宗教社会分野。

第三,代表性发生了危机。新社会运动活跃,被视为对传统利益调解和代表制度功能障碍的直接回应。政党和经济利益集团未能回应民众的要求并将这些要求纳入政治体系。这些新的社会运动,是被排斥的人在既定的政治体系中获取准入和影响,破坏寻求促进稳定的社团主义安排的工具。

关于新社会运动的文献很少关注组织形式,主要是谈论一般集体意义上的运动。与此同时,学者们开始认识到社会运动包括制度和非制度属性的混合,包括正式组织以及更宽松的集体行动形式和个人活动家(Baggot, 1995)。即使没有具体引用组织形式,也可以确定为实现社会运动目标而对组织需求的隐含认识。最常用的动员结构术语是社会运动组织。这些组织与非营利组织最为类似:根据定义,它们是非政府组织,当它们正式化其结构时,倾向于采用非营利组织使用的法律框架。正如西德尼·塔罗(Sidney Tarrow, 1994)指出的那样,这些组织是"利用现代国家提供的结构性机会的社会运动主体"(1994:21)。这些组织,将公众不断变化的价值观念和兴趣转化为潜在的变革力量。它们引导运动的能量,决定运动的目标和策略(Dalton and Keuchler, 1990)。

政治科学家普遍同意这种对更多基层行动主义兴起的分析,但工业化民主国家非营利部门的增长,更多地表现在自由主义派别之间的冲突方面。20世纪70年代以来，西方世界的福利自由主义正在丧失自由放任的自由主义根基，这一趋势在20世纪80年代末加速。更多以市场为导向的新自由主义意识形态的复苏，导致了福利国家的衰落及其许多职能的私有化。

与社会学类似，主流政治学文献往往很少关注组织形式。利益群体是最常用于该类组织结构的术语，但除非分析直接关注这些群体的制度层面，否则组织提供的法律结构、内部动态和服务配置几乎没有提及。然而，关于利益群体组织的文献，确实注意到20世纪70年代以来它们在不同国家的活动和规划的指数性增长——到20世纪90年代初被描述为"爆炸"（Dalton，1993；Knoke，1990；Richardson，1993）。随着西方人口教育、表达和繁荣的提升，随着知识和信息的普及，出现了新的政治参与形式，以及对政府和私营部门活动的监督。人们对传统政治感到失望，这种新型组织提供了比政党成员更有回报的政治参与方式。单一问题组织开始比政党政治的苍白世界更容易吸引年轻人，因此可以比政党或工会更好地争取政治活动市场中人口的支持和忠诚（Minkoff，1994；Richardson，1993）。

专注于非营利部门组织结构的学者倾向于采用多学科方法，将社会运动的社会学视角、利益群体的政治学分析与组织理论相结合，以解释非营利部门的增长并对该结果进行理论化提升。像彼得·德鲁克（Peter Drucker，1990；1994）这样的重要的组织理论学家，通过将兴起的知识工作者定位为关键的社会行动者，以及建议将非营利组织作为他们众多利益的首选组织形式，把社会动态和组织形式联系起来。

非营利部门兴起的政治学和社会学解析，很好地体现了以多元化和渐进性方式对动态趋势进行的框架分析。许多分析都是规范性的，表达了这些组织增长的合意性和必然性。然而，很少有可供引用的实证性证据来证实非营利组织能够实现它们的承诺（Anheier，2014；Pestoff and Brandsen，2010）。非营利组织既可能获得充足的筹款，管理良好，对社区需求敏感，对变化的情境更具回应性，但也可能会陷入资金短缺的困境，被迫在残酷的私人捐赠世界中寻求资助，同时由于工作人员未能训练有素以及不稳定的劳动合同而提供欠佳的服务。此外，非营利组织往往不像公共行政部门那样接受公众监督，而且它们推进多元化的能力可能是存疑的。正如保罗·迪马吉奥和赫尔穆特·安海尔（Paul DiMaggio and Helmut Anheier，1990）指出，"（非营利组织）是多元主义支持者和特权的保护者，民主和控制的工具，创新和麻痹的来源，国家的伙伴和竞争者"（1990：153）。例如，专栏3.2中说明了非营利慈善活动是如何为德国纳粹政权服务的。

资源动员和新技术

约翰·麦卡锡和迈耶·扎尔德（John McCarthy and Mayer Zald，1977）将社会运动组织活动的增加归因于资源有效利用的增加。他们的方法，即资源动员理论，假定政治不满和集体行动动机是所有社会固有的，但集体利益的实现，取决于获得和有效管理维持和扩大组织所必需资源的能力。随着现有组织和新兴组织调动更多的资源，非营利部门不断发展，20世纪最后几十年，非营利组织的潜在资源以及非营利组织确保和有效利用这些资源的能力都在增长。然而，调动资源的必要性会产生对资源提供者的依赖。沿用资源依赖理论，可以溯及由此产生的委托-代理关系如何对非营利组织施加外部控制的踪迹（Pfeffer and Salancik，1978）。

专栏3.2　纳粹党慈善运动

　　德国纳粹党的冬季援助或救济（Winterhilfswerk）是一项年度筹款活动，旨在为慈善工作提供资金。冬季援助或救济活动的口号是"无人挨饿或受冻"，从1933年到1945年，该活动在冬季为境况差的德国人提供食品、衣服、煤炭和其他物品。男青年协会——希特勒青年（Hitlerjugend）和女青年协会——德国女子协会（Bund Deutscher M.del），都非常积极地参与慈善募集活动。它们被称为"响尾蛇"，坚持不懈地确保所有善良的德国公民都献出他们的份额。捐赠者获得包括领章、小雕像、牌匾和希特勒演讲小册子等收藏品。活动的高潮是12月3日——全国团结日，届时德国的高级党政官员将走上街头，呼吁人们捐款。

　　鼓励邻居甚至家人向他们的街区领导报告那些未捐献者的姓名，以便街区领导能说服他们履行捐款义务。经常将顽固者的名字刊登在当地报纸上，以提醒他们的疏忽。

资料来源：参见 Mr. Boots Access Blog, http：//wurmhoudt.blogspot.com.au/2013/07/winterhilfswerk-winter-relief-for.html；Wikipedia, http：//en.wikipedia.org/wiki/Winter hilfswerk。

资源动员理论的当代版本侧重于新技术对资源方程的影响。技术大大降低了创建和维护组织的交易成本，且与组织和社会生活的所有其他领域一样，大大提高了非营利组织的所有活动和运营的生产率和覆盖面。随着准入门槛的降低，拥有网站的单个人实际上可以声称自己是一个组织。在国际舞台上，新型沟通技术消除了许多以前的跨境业务壁垒，促进了国际组织的增长。新技术对非营利组织的影响不宜过分夸大，而是同样适用于所有三个部门。但在公民行动、倡导和筹款的某些领域，新技术甚至可能通过减少对有关中介作用的需求而对现有的非营利组织构成某种威胁。

非营利组织的某些子部门在其获取和使用新技术方面的特点表现为落后曲线，受到它们依赖捐赠的上一代技术的限制。但是，维基百科（见专栏 6.5）、摩斯拉（见下文虚拟志愿者讨论）以及非营利性教育、艺术和健康机构等非营利组织实际上通常都在开发新技术及其应用。覆盖广泛的组织和个人网络，也致力于加强非营利组织使用新技术进行管理、筹款、沟通和组织的能力。谷歌和脸书等营利技术公司，为非营利组织提供应用程序和操作指南；非营利支持组织，如全球科技浓汤（Tech Soup Global），当前在 45 个国家开展业务，促进低成本获取技术产品和服务；希瑟·曼斯菲尔德（Heather Mansfield, 2012）等作者指导非营利部门如何使用"社交媒体促进社会公益"。

非营利组织的政府资助

自 20 世纪 70 年代以来，非营利组织的增长不仅来自政府不断发展的优先政策，也来自公民的组织意愿。公共部门的职能，越来越多地从商品和服务的生产和管理转向经济和社会活动的促进和管理，并且从集权化的官僚控制转向相对弱化的基于组织间关系的权威干预。早期的非营利组织概念作为一种对公共权力行使的干涉，已经让位于其增长受到广泛支持，作为一种通过公私伙伴关系提供公共物品和服务的治理方法不可分割的部分。无论是保守政府还是进步政府，都通过公共政策培育、让渡非营利组织提供服务，以及通过提供基础设施、技术援助、人员培训等，颁布有利于非营利组织创建、融资、保护的优惠法律和税收框架。最重要的是，政府通过将非营利组织纳入咨询机制和服务提供策略来合法化非营利组织的活动，因此实际上将它们奉为政府本身和用户之间的守门人。

政府通过支持现有的非营利组织发展和促进新的非营利组织创建，加强和扩大非营利部门提供以前由政府机构直接提供的项目。政府机构正在与大型非营利组织订立总包合同，其随后分包给其他非营利组织。实际上，总承包商承担了政府的合同管理和监督职责。而且正在创建越来越多的非营利组织，专注于直接支持仍受政府监管但面临削减的公共物品和服务的提供。正在建立的新非营利组织，通常被指定为组织"之友"，以便将私人捐款引导到公共服务领域，如学校、公园和文化机构。因此，政府与非营利组织之间的关系可以描述为资源彼此依赖、委托-代理和相互问责的混合物（L. D. Brown and Jagadananda，2010；Saidel，1991）。这些关系越来越多地被表述为协作（见第五章中关于协商关系的部分），但现实仍然是，在大多数互动领域，政府实际上是买方垄断，是非营利组织"销售"的唯一"买家"，由此导致购买者和提供者之间的权力不平等。

政府鼓励、帮助建设非营利部门，因为他们接受支持非营利组织比较优势的论点。鼓励使用现有非营利组织或培育创建新非营利组织，让政府能够运用非营利组织所享有的合法性，利用其显然代表的行政和经济效率。这样的做法还通过"定义"潜在的挑衅性组织，确保对非营利组织及其活动的一定程度的控制，使其成为国家资助的服务提供和咨询网络的一部分（Abzug and Webb，1996；Gundelach and Torpe，1996；Roelofs，2003）。

政府可以成为促进非营利部门扩张的催化剂，但也可以成为限制其活动的障碍。虽然生活在繁荣、民主的澳大利亚，克莱夫·汉密尔顿和莎拉·麦迪森（Clive Hamilton and Sarah Maddison，2007）用政府长臂比喻对非营利部门的接纳和限制。在其他国家，限制可能是直接压制。然而，即使在威权主义和单一政党社会中，国家资助的组织也可以跨越自上而下的层级制度和自下而上的本地需求的对立，产生令人惊讶的矛盾结果，既可以强化集权层级制度，又可以为论争提供空间（Read，2012）。

政府不仅在其境内推动非营利组织发展，而且还直接通过其自身的援助项目，以及政府间和多边机构项目，将其作为对外援助资金和国际议程的一部分。美国国际开发署（USAID）民主和治理项目寻求开发"政治上活跃的市民社会"（见第四章关于美国国际开发署市民社会组织可持续发展指数的讨论），而欧盟中东欧发展项目在苏联解体后数年里，为发展市民社会组织列支了大量资金，成为这些国家最终加入欧盟的关键因素。欧盟还一直继续着一个积极的世界市民社会能力建设项目，包括直接资助该类组织，如土耳其市民社会发展中心。土耳其是未来加入欧盟的候选国家。还包括开放政府伙伴关系的各种政府间倡议，旨在加强市民社会，在各部门之间发展更强有力的对话。

非营利组织也是许多国家文化大使和挖掘各国侨民资源的工具。法国法语联盟、德国歌德学院、意大利但丁学会和西班牙塞万提斯学院等使节组织都采用政府资助非营利组织型结构，它们管理全球附属地方组织网络，通常根据所在辖区的非营利法律和法规建立。官方侨民网络使用类似模式。例如，前进澳大利亚（Advance Australia）是一家总部位于美国的国际非营利组织，是在澳大利亚政府的支持下创建的（见专栏3.3）。

专栏3.3　前进澳大利亚

前进澳大利亚是一家总部位于纽约市的非营利组织，在香港、伦敦和旧金山设有办事处。该组织成立于2002年，旨在建立与居住在国外的100万澳大利亚人的联系，以提升澳大利亚和澳大利亚人在全球的机会，促进澳大利亚侨民对国内经济和文化生活的贡献。该组织会员遍布80个国家，人数超过20000人。澳大利亚政府通过外交和贸易部、州政府、全球企业合作伙伴及捐赠者为该组织提供支持。

资料来源：参见 Advance Australia, http://advance.org/faqs/。

非营利组织的商业部门资助

非营利部门的增长也受到商业部门的驱动，商业部门投入其活动的兴趣越来越高。支持者通过利他主义以及乐于回馈社区产生公司利润的正面视角来分析这种兴趣（Kiran and Sharma，2011；Van Huijstee and Glasbergen，2010）。批判性视角则聚焦于税收最小化的自身利益，与慈善事业相关品牌的营销性提升，以及非营利组织充当无花果叶或者虚假活动烟幕的作用（Neal，2008）。

大型企业和当地小企业通过货币捐赠、产品和服务等捐助、公益专业知识、公司员工志愿服务以及建立企业基金会等，为非营利组织做出贡献。这些贡献正式完成后，将作为企业社会责任或企业公民责任项目的一部分（其中还可能包括环境保护、劳动关系和企业治理等领域的商业责任实践）。20世纪80年代以前，企业基金会极其罕见（Hall，1992），但现在大多数大公司都将附属的非营利基金会视为其不可或缺的部分，附属的非营利基金会通常使用公司名称。这些基金会管理企业捐赠，在许多情况下实施自己的项目。专栏3.4阐述了一家全球新闻公司是如何创立一个非营利基金会，以构建其企业形象和价值的。

专栏3.4 汤姆森路透社基金会

汤姆森路透社（Thomson Reuters）基金会，是这家全球领先的新闻和信息提供商的慈善机构。根据其网站，该基金会"致力于通过可信资讯和免费法律援助为全球需要的人提供支持"。该基金会是一家在美国和英国注册的慈善机构，旨在撬动路透社的技能、价值和专业知识，以推进法治、救助罹灾者和提升新闻标准。该网站指出："基金会倡议代表更好的治理，更高的透明度，更有效的人道救济以及强劲的全球新闻。它们是我们员工和合作伙伴的行动号召。它们是路透社独立、诚信和非偏见信托原则的体现。"

资料来源：参见 Thomson Reuters Foundation，http：//www. trust. org。

另一方面是公益营销，通常也指代善因营销（cause-related）或市场化公益，即私人企业通过营销活动推进或支持非营利组织工作（Nickel and Eikenberry，2009）。最近的李维斯系列广告展示了年轻人"前去改变世界"时穿着该公司的牛仔裤，提供了如何直接捐赠给特定机构的信息（Levi's，2010）。李维斯的活动是"行善福报"的典型案例，有助于将品牌或产品定位于关注社会成效。这种活动通常涉及公司将一定比例的利润捐赠给特定慈善机构或鼓励消费者捐赠。这类主题越来越受欢迎的一个变种是"买一赠一"（也表述为 B1G1）的交易式赠与，即购买一个产品同等生成一个慈善捐赠物。少数情况下，产品本身就是筹款器，比如由演员保罗·纽曼（Paul Newman）创立的纽曼斯奥（Newman's Own），将公司食品销售利润全部捐赠给慈善机构。

同样重要的是体育明星和媒体人士等名人品牌，他们既可以担任非营利组织的发言人，也可以越来越多地创建自己的组织和项目。而且，根据不同的出发点，他们要么真正致力于利用自己的名声为慈善目的提供卓越支持，要么见利忘义地利用非营利组织建立自己的品牌。近年来，由海地出生的嘻哈艺术家怀克里夫·吉恩（Wyclef Jean）和流行艺术家麦当娜（Madonna）等"公益名人"（celanthropists）（最近创造的名人和公益人的合成词）经营的众多慈善机构卷入了他们分别在海地和马拉维创立的非营利组织工作的争议之中。

最后，社会企业话语的出现，即推进运用商业模式创造社会价值（尽管由此产生的组织最常使用非营利机构形式——见第五章），强化了企业可以且应该与非营利组织合作并促进之的观念。这种公益资本主义的兴起，是一种社会企业的形式，它涉及亲力亲为的富有捐赠者的"肌肉型慈善"（G. Jenkins，2011），促成了像维珍的理查德·布兰森（Richard Branson）和脸书的马克·扎克伯格（Mark Zuckerberg）这样的商界杰出人士作为公益事业的新公众面孔。

这类商界活动显著增加[参见例如尼克尔和艾肯伯里（Nickel and Eikenberry，2009）引用的公益营销研究的例子]。保罗·纽曼于 1999 年资助成立了鼓励企业公益委员会（CECP），该委员会从 2005 年起发布《数字赠与年度报告》（CECP，2014a），专注于美国公司；从 2013 年起发布《全球赠与年度报告》（CECP，2014b），关注其他地区。这两个系列文献既促进了企业公益，也凸显了国家间差异。有些国家，包括巴西、印度尼西亚和中国，规定把若干类别企业赠与作为特定经营许可的条件；其他国家，如俄罗斯，严格限制企业和个人的公益税收减免（见专栏 3.12）。麦肯锡全球调查显示，76% 的高管表示企业在履行社会责任方面的努力，增加了股东的长期价值（McKinsey and

Company, 2009)。

这些活动通常表现为双赢。但对于非营利部门而言，存在潜在的隐性成本，包括将重点转移到更有市场的事业和活动，以及降低公众认为通过消费可以履行社会义务的"美德门槛"（Buthe and Cheng, 2014; Eikenberry, 2009）。无论从什么角度看这种商业部门参与非营利组织的活动，毫无疑问，对于推进非营利部门的累积影响是相当大的。专栏3.5说明了一家企业的多样影响。

专栏 3.5　员工志愿者项目创建新非营利组织

通用磨坊（General Mills）是世界上最大的食品公司之一，拥有将军（Cheerios）、哈根达斯（Häagen-Dazs）和天然山谷（Nature Valley）等品牌。作为企业社会责任项目的一部分，该公司每年为公益慈善事业提供融资捐助，2010财年全球总计融资捐助约1亿美元。

通用磨坊还鼓励员工进行志愿服务。该公司的一小部分工程师和食品科学家创建的一个志愿者项目向马拉维的学校捐赠了包装食品。项目组织者认为，如果他们还向非洲的食品生产者提供其专业知识，而且愿意通过与其他大型食品公司的合作来扩展其工作，他们可以惠及更多人。意识到公司里的工人不愿参加通用磨坊的内部项目，他们创建了一个独立的非营利组织，即食品解决方案伙伴（Partners in Food Solutions）。

食品解决方案伙伴现在吸引了范围广泛的食品制造企业和农业企业、基金会和政府援助机构的资助，以及志愿者。它将大型跨国公司员工的技术和业务专业知识，与发展中国家的中小型食品生产厂和加工厂联系起来。目标是提高当地公司以可承受的价格生产高品质、富营养和安全的食品的能力，并增加为他们供应的小农生产的农作物的需求。

资料来源：参见 Partners in Food Solutions, http://partnersinfoodsolutions.com/; General Mills, http://www.generalmills.com/; Chronicle of Philanthropy, http://philanthropy.com/article/General-Mills-s-In-House/128326/。

非营利组织的非营利部门资助

非营利部门本身也推动了自身的增长。随着个体非营利组织的增长，它们经常通过本地和国际分支机构、附属机构和特许经营网络实施扩张战略（Oster, 1996）。同样重要的是，当非营利部门达到临界规模时，代表该部门进行倡导的中介和代表性组织就会出现。尽管这些组织的大部分倡导工作可能涉及推进它们所代表公众的政策利益，但是相当大的努力也聚焦于追求非营利组织本身的组织利益，这可能并不总是与委托人的利益相符。这种利益冲突对于非营利行业协会尤其如此，它们是专门为推进成员组织利益而创建的。而且在大多数辖区中，研究机构和其他组织都在推动公益事业，并宣扬一个强大的非营利部门的效益。

政府和企业资助以及非营利活动经济和社会空间的扩大迅即成为优先议程，同时减少对组织治理及其收入流的合规负担。专栏 3.6 描述了当非营利组织代表其组织利益进行倡导时，或许会将这些组织的利益置于更广泛的公共善之前，此时张力就产生了。

专栏 3.6　美国是否应减少慈善机构的税收减免？

为应对财政危机，巴拉克·奥巴马（Barack Obama）政府提议减少高收入者可以申请的慈善捐款减免额度。非营利行业组织努力游说以挫败任何此类企图。著名的非营利政策时事评论员帕布洛·艾森伯格（Pablo Eisenberg, 2011）不同意这些游说活动。他写道，"奥巴马总统一再努力限制富人的慈善税收减免，这引发了大型非营利组织及其贸易协会即使不是狂热也是强烈的反对。最近的骚动发生于总统建议限制所有逐项减免额度以支付他的工作账单之后，这一想法现在似乎寿终正寝了。但鉴于国家财政危机的性质，估计很快就会再次提出类似的措施"。

艾森伯格继续指出非营利组织立场的缺陷。"然而，这些非营利组织在对公益世界末日的预测中，它们似乎忽略了几个关键因素，包括现行税制的不公平。它们也不承认这种改变对慈善赠与的相对最小影响，以及大型捐赠者的极小部分捐赠能流向服务困难者的小型本地组织和慈善机构。"

最后，他指出了他所称的"非营利组织立场的虚伪性"。他说，"这些群体不是把国家利益和公共善放在第一位，而是追求狭隘的自身利益。现行税制有利于富有的美国人，在涉及慈善部分的逐项扣除时最为明显。富裕的美国人核销的35%的支出中，不仅涉及慈善赠与，还包括住房、医疗费和地方税的质押利息。与此同时，纳税等级较低的美国人只获得较少的核销，而那些没有逐项列支的纳税人，其慈善捐赠根本没有获得任何补贴。"

在国际舞台上，扩大和加强市民社会组织被视为对反对专制政权的支持以及巩固向民主过渡的关键因素。诸如索罗斯基金会（Soros Foundation）等组织在某些国家政权更迭期间积极支持该国非营利部门的增长（见专栏3.7），并与公民参与世界联盟（CIVICUS）和国际非营利法律中心（ICNL）等其他机构（见第四章）一道，继续积极推动更有利于全世界非营利组织的法律和政治环境。

专栏3.7 索罗斯基金会

由金融家乔治·索罗斯（George Soros）创立的索罗斯基金会，是支持非营利组织在民主转型期间发挥作用的最出名的资助者之一。索罗斯是一位出生于匈牙利的美国公民，他在20世纪70年代末开始他的公益事业，为南非开普敦大学的黑人学生和东欧的持不同政见者提供奖学金。1984年，他在布达佩斯建立了自己的第一个非美国注册的基金会，向市民社会组织分发复印机，打破该国共产党对信息的控制。索罗斯基金会还在中国设立了办事处……几年内关闭。

柏林墙倒塌后，索罗斯基金会在整个东欧和中亚都建立了办事处，以支持推进民主治理、人权和社会改革的努力。该基金会还在布达佩斯建立了中欧大学，作为该地区教学研究和政策分析的中心。1993年，索罗斯基金会更名为开放社会研究所，现在是一个遍及非洲、亚洲、拉丁美洲和中东的分支机构、办事处和半独立基金会的网络，成为全球扩张的一部分。2010年，该组织的名称改为开放社会基金会，以更好地反映其作为世界各地市民社会群体资助者的角色。当前年预算接近 10 亿美元。

资料来源：参见 Soros Foundation，http：//www.soros.org/about。

新的非营利"文化"

一种偏爱非营利组织的"文化"似乎正在出现。在许多国家，非营利组织比其他社会行为体和机构（如政府、工会、政党和商业组织）享有更多的公民信任、忠诚和兴趣。在全球范围内，爱德曼信任度调查报告（Edelman Trust Barometer，2012）显示，自 2008 年以来，非营利组织一直是全球最受信赖的机构，接受调查的 25 个国家中有 16 个国家的非营利组织比企业组织更受信赖（企业组织通常比政府组织更受信赖）。非营利结社形式，正越来越多地将许多以前由政党和工会占有的政治和社会空间拓展为自己的属地（见专栏 5.2 来自美国的例子）。对非营利组织的捐赠正在攀升，其中许多国家报告的免税赠与额显著增加（澳大利亚的有关数据，见 McGregor-Lowndes and Pelling，2013）。

这一新的文化标识被转化为对非营利部门工作或志愿服务的特殊兴趣，这在许多国家似乎是一种日益增长的职业和生活方式选择。世界各地的志愿服务率都有相对较好的记录（见第四章），而在这种文化转变下，劳动力市场表现的证据虽然较为零星却也越来越具有说服力。美国的全国性日报《今日美国》和"两党政策中心"的一项调查发现，推进社会积极变革的最佳方式是通过志愿组织和慈善机构，而不是经由政府，相信前者的人数是相信后者的两倍；而且，年轻人表达了一种为非营利组织工作远超为政府工作的强烈偏好（Page，2013）。还有大量其他报道提及，年轻人正表现出对非营利部门和营利公司社会责任部门"有目的工作"的更多兴趣（例子参见 Korn，2011）。正如彼得·德鲁克（Peter Drucker，1994）指出，20 世纪 90 年代的第三部门成为知识和服务经济出现的一个不可或缺的部分，并且是那些致力于寻求应对现代生活社会挑战的使命者选择的部门。《科伦纽约商务》（*Crain's New York Business*）2010 年刊登了一篇关于新一代他们称之为"公益青少年"（philanthroteens）的头版报道，引用了一位纽约注册的非营利组织首席执行官的话，该组织推进了青年社会行动,他指出"许多孩子创建他们自己的组织,为他们关心的事业采取行动,他们的关注正在飙升"(Kreinin Souccar, 2011)。

在许多国家,志愿服务和社会服务越来越多地列入高中和大学课程中（有时甚至成为高中毕业和大学入学的条件）,而且发达国家的高中毕业生在开始读大学之前都经历"学业间隙年"——一种正式教育的休假,其中通常包括国内的或国际的志愿服务时段。商学院报告,社会企业课程越来越受到青睐。社会企业的兴起及其对于财务性收益和社会善创造的双重承诺,通常呈现为一种针对许多非营利组织低薪问题的解决方案,同时践行着"你可以行善和赚钱兼得"（you can do good and do well）的箴言。

明显增加的是"生活方式"类非营利组织,这是个体创业者的个人项目,他们在过去可能已成为大型风投的参与者,但现在发现创建自己的非营利组织是可行的。同时,在"再生职业生涯"中也可以见证一种兴起,那些在经济上曾经获得成功,或者只是对他们的职业发展方向不满意的人,转向他们认为更适合其特定激情爱好和社会价值的一种非营利部门的职业生涯。非营利部门的扩张创造了一个更大的劳动力市场,这可以为职业转换者和公共组织、营利组织缩减人员提供潜在、诱人的选择。许多高级职业转换者将他们广泛的人脉融入现有组织或自己初创企业的成功职业生涯中。当美国前国务卿希拉里·克林顿离职时,她在多次采访中表示,她的目的是致力于公益、倡导和为克林顿基金会工作。专栏3.8提供了另一类例子,即日益普遍的前政府高官或商业领袖进入非营利组织行政职位的情况。

专栏3.8　政府前高官成为非营利组织的创始人兼首席执行官

西班牙前第一副首相玛丽亚·特蕾莎·费尔南德斯·德拉维加（María Teresa Fernández de la Vega）,2010年在社会党选举失败时失去了这份工作。此前,她作为律师、公务员和立法者,有着卓越的职业生涯,主要关注司法问题。

2012年,德拉维加作为非洲妇女基金会（Fundación Mujeres por África）的第一任总裁兼首席执行官重新出现在公共生活中,该基金会是一家位于马德里的新国际非营利组织,由西班牙一些大公司以及政治精英、体育精英和艺术精英提供支持。该基金会继续开展费尔南德斯·德拉维加作为政府部长时开始的工作；当时她组织了一系列关于非洲妇女的会议，汇集了来自欧洲和非洲的政府部长以及来自政界和商界的妇女，以解决性别平等和赋权问题。

资料来源：参见 El País，http：//sociedad. elpais. com/sociedad/2012/02/08/actualidad/1328711791_227111. html；Fundación Mujeres por África，http：//mujeresporafrica. es/content/presidenta-biograf%C3%Ada。

供给方面的压力持续增加，推动非营利部门的创建和发展，这可能与需求不一定一致。公益事业、志愿服务和对非营利组织的支持，已经从宗教要求或政治斗争中演变出来，现在更像是一种文化实践，甚至可能是一种时尚宣言。尽管一些分析者庆幸于人们对非营利部门的兴趣和支持达到新水平，但其他人对非营利部门组织数量爆炸式增长产生的影响感到痛惜。这些组织的创建通常更多的是为了响应创始人的职业生涯和生活方式选择，这种动机潜在地撕裂非营利部门，造成服务冗余和不必要的筹资竞争，并且可以使回应社会需求的一致性发展复杂化（Rosenman，2011）。在医疗保健和罹难服务等领域，旨在纪念已故的亲人的纪念性基金会和非营利组织的数量正在激增。这些组织与在同一领域工作的成熟组织争夺资源和政策关注。当该已故的亲人是知名人士时，新成立的组织通常可以迅速从现有组织中脱颖而出。

在国际舞台上，非营利组织的爆炸式增长引发了同样的担忧，即在开发志愿活动的新兴趣时，存在撕裂和欺诈的可能性。年轻人在学业间隙年的志愿活动以及成人、早期退休人员公益旅行的受欢迎程度在增加（见第七章），显然导致一些发展中国家的不法经营者创建反面的波将金村（Potemkin village）式非营利组织（通常是学校、孤儿院或就业项目），主要是为了向来自发达国家的游客提供短暂的人道经验并吸引捐赠。

志愿服务

非营利部门的一个最典型的特征是其志愿灵魂。志愿灵魂从不同侧面被界定为三个重叠维度之一：参与组织的非强制性、志愿性；由志愿、独立的理事会管理组织；志愿者参与运营和服务提供。

最后一个维度经历了对非营利部门兴趣增加、对其支持增多的最大影响。在最广义的术语中，志愿服务被界定为捐献时间和精力，奉献于共同善，而不期望物质回报（UN Volunteers，2011），但这些一般原则在每个社会中都受到文化、宗教规范及经济境况的微妙影响。在概念上，志愿服务将花在集体行动上的时间与用于个人和职业努力的时间分开，并将该集体行动贴上志愿服务的标签，这是一个更加工业化、城市化和世俗化社会的人工制品。尽管已经尝试为志愿服务研究制定国际标准（参见2011年全球志愿者测量项目；Salamon，2002b；以及第四章关于非营利部门测量的讨论），但比较研究通常首先注意到创造足够强大的定义以适用于不同文化和经济的挑战。

在工业化国家，志愿服务被视为一种建立积极的公民责任和社会资本以及提高服务能力的关键政策工具。随着该部门的增长和获得越来越多的政府、企业支持，以及公益文化成为许多社会的一个更为核心的特征，非营利组织被视为"回馈"的渠道，也被看作填补空闲时间、访朋问友和丰富履历的途径（Einolf and Chambré，2011）。从历史上看，在西方工业化民主国家，志愿服务的主要支柱是单职工家庭中的家庭主妇，但随着经济和人口结构变迁，女性更多地参与到活跃的劳动力队伍中，意味着这一人口统计已变得不那么重要了。相反，许多国家的志愿者供给现在包括以下类别：

- 活跃的老年人：人们的寿命更长，活动时间更长，且用一部分退休时间参加志愿活动。
- 不定期志愿者：更多的人似乎是志愿参加一次性或短期的高调活动，而没有对某个组织做出长期承诺。
- 服务性学习：中小学校和大学越来越多地将公民责任和志愿服务内容作为课程的一部分和毕业要求。
- 实习：许多进入或重新进入劳动力队伍的人，志愿在劳动力市场获得经验和立足点。其中许多活动都是"实习"，可能在非营利部门，也可能在商业公司。
- 企业志愿者：企业为员工提供机会，作为企业责任项目的一部分，或作为一种员工发展战略，创造更积极的企业环境。

- 相互义务要求：许多国家的福利改革、替代判决和专业认证项目，现在需要某种形式的社区服务或无偿工作（UN Volunteers，2011）。

根据定义，志愿服务是非强迫的、非义务的，但服务性学习、实习、企业志愿服务和相互义务要求都具有看似相反的概念要素，即有条件的或强迫的志愿服务。随着志愿者群体的人口统计和志愿服务动机的转变，利他主义与其他强迫或自利性志愿服务形式之间的界限越来越模糊。利他主义如何与驱动志愿服务的多重动机或义务相协调？当政府或企业鼓励其公民或员工参与志愿服务时，如何衡量利他主义，而那些不服从的人却发现自己被污名化；通过志愿服务（访朋问友、装点简历或进入精选社交圈）可以积累相当多的个人资本；或者当宗教或社会义务要求社区服务时（D. H. Smith，1981）？此外，虽然人们可以在公共政策和实践中找到一个假设，即从学生、福利领取者和被判履行社区服务者身上的有条件的义务可以获取某种社会善，但研究表明，机构的或强迫的志愿服务并不能更好地鼓励公民责任，反而导致消极和愤世嫉俗的看法（War-burton and Smith，2003）。

随着非营利部门的增长和承担提供更多公共服务的责任，志愿者工作变得更加专业化，通常需要志愿者满足更加严格的规程。提供各种服务诸如老人家访、内城青年假期访问、电话危机咨询和扫盲教育的非营利组织，发现只由志愿者提供此类服务的挑战越来越大。资助者需要更高的标准和合格的工作人员满足合同目标，监管机构要求培训记录证明和志愿者"良好品行"。面对专业化的压力，许多过去主要以志愿者为基础运营的非营利组织现在面临着维持其以前身份的重大挑战。

技术还激活了新形式的志愿服务。虚拟志愿服务容许志愿者远程组织数字资产开发（例如，改善网站，创建或维护在线资料，管理社交媒体项目），通过远程办公完成可离线进行的组织任务（例如，研究写作，推广活动），或者提供以前也可在线进行的面对面服务（例如，答疑和辅导）（Cravens and Ellis，2000）。

开源软件项目，涉及主要由志愿者开发的数字社交物品（social goods），产生了数以千计的软件产品。其中两个最广为人知的是 Linux 操作系统和火狐浏览器，两者都通过各自的基金会进行统筹协调，而产品则通过附属企业进行商业化。谋智基金会（Mozilla Foundation），作为在美国注册的501（c）（3）慈善机构，宣告"互联网是一个必须保持开放和准入的全球公共资源"（Mozilla Foundation，2013），而且保留了附属营利性的谋智公司（Mozilla Corporation）100%的所有权，谋智公司的所有利润都投回到谋智基金会的项目之中。

变化中的非营利部门性质

随着非营利部门的增长，它已经在许多关键范式中经历了根本性的变化，这些范式推动了我们对它的作用及其本质的理解。在这些变化中可以找到两个主题：一是与政府关系的转变；二是按照商业原则运作的"企业"非营利组织增长。

与政府关系的演进

自结社革命开始以来，政府与非营利部门之间的关系发生了演变，随之非营利组织在服务提供和政策制定方面发挥了作用。这一演变可以分解为不同的时期。下文给出的日期是近似日期（且重叠的），主要代表了西方工业化民主国家的发展进程。

冲突（1960~1985年）。20世纪60年代和70年代，随着以前非结构化的社会运动产生更多的正式社会运动组织，新的行动主义组织兴起，既有的非营利组织寻求更多地参与社会行动和政策协商。最初的反应是，这种新兴的行动主义对民主进程来说是多余的，而且这些组织是对有序政策制定的干扰。在大多数国家中，非营利组织还不是基础设施服务提供的重要组成部分（除了相对较少的历史性非营利教育、健康和文化机构外）。在美国，20世纪60年代后半期的伟大社会计划（Great Society）开始为非营利组织提供新的资助来源。

咨商（1970~1995年）。到20世纪70年代，非营利组织的数量及其政治活动水平达到了临界点，不能再被忽视。作为回应，有人采取行动，通过建立正式的政策对话流程，改善持续增长的组织数量所造成的摩擦。冲突开始让位于咨商，并建立了新的咨询和联络委员会，作为非营利组织和政策制定者之间关系正规化的一种方式。这些咨商机制大多数仍然存在，并且它们仍然存在争议，有些人谴责这些虚假论证平台实际上更多地发挥着营销既定政策的功能。但是，这种咨商机制仍然是政策制定和服务提供的核心特征。

外包（1980~2005年）。这一时期恰逢致力于提供公共物品和服务的新公共管理的兴起。保守派攻击"大政府"并推动私有化，改革派攻击"全能政府"不能有效地将资源重新分配给最需要的人或现代社会的全部多样性，并推动社区组织在服务提供中发挥更大的作用。政府与非营利组织的关系开始以购买者—提供者范式为特征。资助最初通过成本回收补助和补贴流向数量相对较少的现有非营利组织，其中许多补助和补贴是自动兴起的。但随着非营利部门的成长和资助重点从简单融资项目产出转向要求组织体现重大成果，新的融资模式更多地依赖于以固定期限和绩效为基础的合同或服务协议，以及竞争性准市场的创立。

外包的扩展见证了更大、更多的企业非营利组织的出现，并将非营利部门的重点从政策相关工作转移到服务提供上。由于对服务提供的重新重视，关于表达性角色的作为如何，出现了相反的意见。一些人论证称，部门间更紧密的关系会给非营利组织带来更多的参与政策制定的机会；其他人则反驳说，因为许多非营利组织已经开始依赖政府合同和私人公益，它们再也无法制约这只"供给的手"（bite the hand that feeds）（参见第七章关于倡导的部分）。

企业化与社会企业（1990年至今）。管理专业化和更加注重创业方法日益成为非营利部门的标识。非营利部门新的英雄不再是部门增长第一波的社会活动者和草根社区组织者，而是新的"首席执行官"式的领导者——大都具有政府和商业部门的高阶职位背景——他们能够管理大型复杂组织，以及那些推销解决社会挑战新方法的青年创业者（参见第五章关于社会企业的部分）。尽管主要关注的是服务提供，但不断进步的通信技术也正在开创表达性活动的新话语，在该领域传统非营利组织作为选区代表是被绕开的。政策关系直接介于政府与公民个体之间，不仅通过非营利组织链接，而且经由社交媒体和新兴的数字市民社会联系（Bernholz, Cordelli, and Reich, 2013a; Newsom and Dickey, 2014）。

如前所述，这些时期代表了20世纪60年代以来西方工业化民主国家非营利部门的演进。在其他仅在后来才出现较多民主结构的国家，非营利部门则演进得更快、更迫切，但是各个时期的相同元素和相同序列通常是显而易见的。尽管这四个时期被描述为各不相同的历史阶段，但它们蕴含的世界观仍然作为非营利部门的竞争性逻辑连续共存，并且是关于非营利组织角色和责任的持续辩论的基础。

企业非营利组织

非营利部门增长和演进的一个典型特征是出现了一小批大型的、多部门的非营利组织。尽管数量相对较少，但这些大型企业非营利组织占非营利部门收入的绝大部分，具有超大型形象和作用。在美国，150万注册非营利组织中，只有不到3%的组织年收入超过500万美元，但这3%的组织的收入占美国国税局报告的非营利组织收入的90%（注意小型非营利组织和宗教机构不报告收入）（National Center for Charitable Statistics, 2012）。整个20世纪70年代和80年代，随着政府和公益资助越来越容易获得，许多历史上著名的非营利组织和更新的行动主义组织成长转变为大型多服务机构。

这一成长的标志性组织是19世纪晚期工业化民主国家社会改革运动的娱乐、教育和社会中心（settlement houses）和其他类似机构。将近一个世纪，它们主要依靠私人公益和宗教机构捐赠生存，成为坚实但相对较小的组织。它们的活动通常仅限于单个建筑物，且新倡议通常作为独立的自治体分拆出来。从20世纪80年代开始，大型政府合同开始流向它们。它们招募具有管理更多复杂结构和复杂流程能力的执行官，聘请了擅长向基金会和个人筹款的第一批专职开发人员。结果是，许多组织都成为大型多服务和多地点机构，执行大量政府合同，培养出了更广泛的基金会和公益捐助者，而且开发了服务收费项目。过去曾拥有相对简单结构和减员相对较快的非营利组织成为复杂的综合体。

管理主义概念越来越多地被非营利部门采用（就像在公共部门一样），作为一种包罗万象的措辞，管理主义旨在描述与营利世界相关联的管理技术和流程的应用。结果，随着管理实践与私营部门、公共部门不断融合，非营利部门的重要部分超越结社属性，变得更加企业化，更有商业性，更具创业精神（Anheier, 2014; Bern-holz, Cordelli, and Reich, 2013b）。用于管理流程和测量、沟通结果的具体技术比比皆是，而商业说法，例如

"投资回报"（通常更名为"社会投资回报"）和"变革型领导"，成为流行观点。非营利部门越来越由大型专业化组织——由政府和私人资助者组成的动态复合体，资助者更愿意将合同授予更大、更值得信赖的组织——主导，而该组织本身现在则由全新的技术专家精英领导。

当代非营利组织（特别是大型组织）高管的履历，证实了这种转变。过去非营利组织领导者的典型特征是社区活动家或社会工作者，而现在的领导者同样可能是具有商业、法律、政治或公共部门高阶职位经验的人。许多新的非营利部门领导人更擅长讲商业语言，善于开发与金融中心相关的公益和权力结构。非营利部门的资助和权力关注焦点似乎已经从政治转向经济，社会服务子部门的共同格言是"MBA（工商管理硕士）已挤出 MSW（社会工作硕士）"。这些偏好也可能解释尽管事实上女性在非营利部门低阶职位中占主导地位，但较高职位仍然由男性主导的原因（见专栏 3.9）。

专栏 3.9　非营利部门的女性就业

在大多数国家，女性占非营利部门劳动力的大多数，但在行政高管或理事会层面，她们并不占多数。2011 年白宫的一份报告显示，一个致力于提升妇女领导力的美国非营利组织发现，尽管美国非营利组织中 73% 的工作人员是女性，但只有 45% 的首席执行官是女性，而年收入在 2500 万美元以上的非营利组织中，这一数字则下降到 21%。而且，在工资方面，女性首席执行官相对于男性而言正彻底失去优势。2011 年，女性仅赚男性工资的 66%，而 2000 年为 71%。最后，女性在全部非营利组织中占理事会席位的 43%，但在年收入 2500 万美元以上的非营利组织中仅占 33%。

注：由于资助问题，白宫项目于 2013 年初停止运营。

资料来源：参见 YNPN Detroit（Young Nonprofit Professionals Network），http://ynpndetroit.wordpress.com/2011/01/23/women-leadership-and-the-nonprofit-sector/。

专业化通常涉及一个组织的"外观和感觉"的变化，当成长型组织从现在的主要以志愿者投入为基础的较小、较随意的集体性实体的"非营利性"角色转向能够有效管理复杂、高预算项目的组织之时，往往会经历一种艰难的平衡。正如营利世界的同行一样，非营利组织普遍受到成长和扩张冲动的驱使。但是，非营利组织在服务型和表达型功能方面的日益专业化，常常导致现有成员和支持者的批评，即许多组织正在远离它们的志愿主义和行动主义的根源。人们将专业化、巨大型非营利组织的兴起看成是非营利部门官僚化，将非营利组织嵌入政府流程的结果，从而导致它们在回应基层草根的关注、赢得志愿者的支持方面能力缺乏。纽约公路跑步者组织显示了这些张力（见专栏 3.10）。

尽管这种转变在服务型组织中常见，但在表达型组织中可以发现类似的动态机制。威廉·马洛尼和格兰特·乔丹（William Maloney and Grant Jordan，1997）已经注意到 20 世纪 90 年代中期"抗议型组织"（protest business）的兴起，他们声称，这种"抗议型组织"已经将倡导型非营利组织转变为专业、官僚、主流的利益集团，该利益集团由经理人领导，由专业分析师和倡导者组成，得到先进的公共关系和筹款部门的支持。透明国际是 1993 年成立的、总部设在柏林的反腐败组织，现在该组织秘书处的年收入约 4000 万美元，此外还有全世界 100 个国家分会筹集的收入。美国环境倡导型非营利组织自然资源保护理事会（Natural Resources Defense Council）成立于 1970 年，现在拥有约 1.1 亿美元的年收入和超过 300 名员工，办事处遍布美国，在中国北京也设有办事处。

但是，成长和专业化是否会增强非营利组织的影响力？根据资源动员理论，专业人员被视为非营利组织影响力或至少是潜在影响力的强有力指标，这些非营利组织越来越多地参与政策讨论，似乎支持这一假设。但是，成长和专业化也被视为疏离其早期根基的行动，可能妥协于依赖公共和私人的有条件捐赠，这些捐赠或明确或隐含地对其工作设置限制。长期以来，抗议型组织一直受到评论人士的嘲笑，这些评论人士声称这"不是草根而是草皮"，警告说这种组织通常以牺牲最初的目标为代价的妥协行动而生存（Meyer and Imig，1993；M. Wallace and Jenkins，1995）。然而，其他一些人继续坚持认为，即使是"支票簿式组织"（checkbook organizations）也是对多元民主的贡献（Newton，1997）。确定无疑的是，持续关注这种倡导型组织和"大笔资金"对政策结果的影响，是当代政治话语的一个恒定主题。

专栏3.10 纽约公路跑步者组织的增长

纽约公路跑步者组织（New York Road Runners）成立于1958年，是一个非营利的跑步俱乐部，成员大约40名，由非洲裔美国奥林匹克运动员泰德·科比特（Ted Corbitt）领衔，向所有人开放：包括男人和女人，白人和黑人，以及快速跑步者和慢速跑步者。该组织的成长是一个渐进的过程：1970年该组织在中央公园举办纽约市首场马拉松比赛，只有大约250人参与。其后，该组织继续担纲这一马拉松比赛以及纽约市范围内数十个其他比赛和社区健身项目的组织者，为全美及其海外跑步项目贡献力量。

现任首席执行官是玛丽·卫登伯格（Mary Wittenberg），律师事务所前合伙人，专门负责美国银行的国际贸易交易。1998年她加入该组织，担任副总裁兼首席运营官，2005年她被任命为首席执行官。在她的领导下，该组织到2012年年收入翻了一番，达到6000万美元，纽约市马拉松比赛参与人数增长了近30%，从37000人增加到47500人，成为世界上最大的马拉松比赛项目。其青年项目增长了10多倍，现在纽约市和世界各地参与跑步的孩子达到约13万。2012年，俱乐部为安哥拉的一个青年跑步者项目提供了超过38000美元的奖金。

这种成长导致了理念的冲突。当地一些跑步者表示，卫登伯格不断扩张的野心已经侵蚀了该组织服务纽约业余运动员的本意。批评人士说，她已经破坏了最初作为一个志同道合跑步者的温和型草根俱乐部的亲密关系，俱乐部已经变得"太公司化了"，选择理事会成员更注重专业背景，而不是喜欢这项运动。不断上涨的入场费已经让收入较低的跑步者望而却步，疏远了一些长期会员。

许多心怀不满的会员转向新的、较小的"精品店"型跑步俱乐部，包括那些由商业健身房和其他健身行业企业组织的俱乐部。

资料来源：*New York Times*（Online），http：//www.nytimes.com/2012/10/14/sports/under-mary-wittenberg-the-new-york-city-marathon-is-thriving-so-whats-the-problem.html, and http：//www.nytimes.com/2013/03/16/sports/new-york-road-runners-face-difficulty-months-after-marathon.html; New York Road Runners, http：//www.nyrr.org/about-us/history。

非营利部门的各国差异

到现在为止，在本书有关非营利部门角色和兴起的评论中，相对较少提及不同的历史传统或文化。但每个国家非营利部门的起源、功能和运作模式都反映了该国的独特情况（DiMaggio and Anheier, 1990; E. James, 1989; Kramer, 1981; K. McCarthy, Hodgkinson, and Sumariwalla, 1992; Pryor, 2012; Salamon and Anheier, 1997; Salamon and Sokolowski, 2010; Skocpol, 2011）。一个国家的律师协会可能是人权的拥护者，而另一个国家的律师协会则可能只是为了保护其会员的商业利益。两个政治体制相似的国家中，一个政府可能会选择鼓励创建非营利组织，而另一个政府则可能会限制非营利组织的发展。

非营利部门差异的决定因素

每个国家的非营利部门都是其独特社会、经济和政治历史的产物，这决定了非营利组织的合法性、结构和功能。莱斯特·萨拉蒙和赫尔穆特·安海尔（Lester Salamon and Helmut Anheier, 1992a; 1992b; 1998）谈到"社会起源"（social origins）和"非营利体制"（nonprofit regimes），而赫尔穆特·安海尔和杰里米·肯德尔（Helmut Anheier and Jeremy Kendall, 2001）谈到"国家脚本"（national scripts）。尽管现在对于非营利部门的增长及其在服务提供、政策制定和经济生活中不断增强的作用上，存在一个日趋一致的全球话语体系，但不同国家各部门之间的根本性历史差异仍然存在。非营利部门的任何当代增长，都是完全不同的国家非营利部门历史演化根茎的嫁接。

一个经常被引用的例子是美国和法国非营利部门的对比。这两个国家的现代政体在很大程度上都是18世纪革命的产物：美国革命（1775~1783）的战斗者寻求终结遥远的英王室专政，由此产生的宪法创立了分权结构，确保言论结社自由和地方独立性；与此相反，法国大革命（1789~1799）的战斗者则寻求终结腐败精英和地方特权的旧体制，结果导致权力集中和国家利益至上。到访美国的法国人亚历克西斯·德·托克维尔（Alexis de Tocqueville）在19世纪30年代出版的两卷本《论美国的民主》（*Democracy in America*）中，高度赞扬了美国

第三章　非营利部门的演进

的结社倾向，指出结社在美国社会政治生活中的关键作用，这种结社倾向一直是美国社会的特点，体现为广泛的非营利部门和强大的公益文化；相比之下，大革命后的法国没有经历过有效的结社自由，直到1901年《结社法》将非营利部门完全合法化之前，国家集权干预主义对其施加了系统限制。但在20世纪，法国式福利国家的不断扩张，意味着公共物品和服务的提供仍然主要掌握在政府和数量有限的社团主义非营利组织手中，这些非营利组织已被吸纳到福利国家机构中（Archambault，2001；Ullman，1998）。尽管法国在20世纪已经拥有积极的集体和互助组织型社会经济，自20世纪80年代以来见证了新一代更独立的非营利组织的建立和巩固，但法国的非营利部门相对小于美国的非营利部门，资金更多地依赖于政府持续的社团主义安排（Salamon and Sokolowski，2010）。托克维尔对美国结社所起的作用很推崇，引人入胜的尾声是他后来作为法国的立法者和内阁部长，却支持限制结社自由的法律，以确保政治稳定。

评论人士指出，新教和盎格鲁-撒克逊普通法社会中，较高比例的非营利组织发展是政治、宗教和社会文化鼓励自组织的结果（Anheier，1990）。而天主教、欧洲大陆和大陆法系国家中，更倾向于服从国家权威和宗教层级制度。结果是，天主教-大陆国家的福利国家社会契约服务维度（相对于现金转移维度）侧重于政府机构的资助和提供服务，而盎格鲁-撒克逊新教国家的志愿部门已经承担起更大的角色。其他关于国家之间非营利部门差异的粗略描述包括工业化民主国家与发展中威权国家之间的对比，前者将非营利组织增长视为政府"空心化"的证据，而后者则将非营利组织增长看作是对市民社会的填补。

除了这些元叙事之外，人们还可以确定一系列更具体的关键性路径依赖关系，这些依赖关系决定了世界各地非营利部门在社会起源和国家脚本方面的差异。这些包括政治和社会环境、经济条件以及规制非营利部门的持续制度安排的不同。

政治和社会背景

主导性历史政治话语的不同，以及源自它们的共同表征和态度，是非营利部门之间差异的主要根源。以下一些政治和社会动力机制塑造了非营利组织的规模和作用：该国的福利体制类型、服务提供中的政治-行政传统、其他社会行为体的力量、人口统计特征和政策窗口。

福利国家体制。约斯塔·艾斯平-安德森（Gøsta Esping-Andersen，1990）基于工人阶级政治形态、从乡村经济向中产阶级社会转型过程中的同盟建设，以及阶级偏好和政治行为制度化的不同模式，确定了工业化民主国家福利国家体制的差别。他的分析重点关注第二次世界大战后出现的福利国家的社会工资和劳动力市场议题，但随后的研究者也采用了他的方式来追踪不同体制如何赋予非营利组织政治、经济和社会空间（Salamon and Anheier, 1998; M. Taylor, 2010）。萨拉蒙和安海尔（Salmon and Anheier, 1998）在其社会起源研究中确定了四种制度模型，这四种模型基于两个关键维度：政府社会福利支出程度和非营利部门规模（见表3.1）。

表3.1 福利体制和非营利部门的作用

	非营利部门规模小	非营利部门规模大
政府福利支出低	国家主义：政府仅提供有限的社会福利项目，控制和限制非营利部门的发展（例如日本）	自由主义：抵制政府提供社会福利项目，各类福利服务留给市场和非营利部门（例如美国）
政府福利支出高	社会民主主义：政府提供广泛的福利服务，非营利组织专注于娱乐、业余爱好和志愿者倡导（例如瑞典）	社团主义：政府资助的福利服务通过与大型的基于信仰、工会和雇主的非营利组织的社团主义安排（稳定的伙伴关系）提供（例如德国）

资料来源：Anheier, 2014。

政府的不同角色也体现在一些相关的连续体（continuums）中，该连续体集中于其所感知的力量（强与弱）、规模（大与小）或对争议的开放性（专制与民主）。力量强、规模大或专制的政府通常抵触非营利部门的增长，只有少数指定的体制内组织（regime-sponsored organizations）除外。由此产生的政体，为体制外挑战者提供进入服务提供和政策制定空间的机会很少（Dalton 1993; Thomas 1993）。

在最强大、最专制的体制下，结社权是有限的，任何偏离体制性严格界限的非营利组织都会发现组织受到迫害，员工受到威胁。各种版本的规模大、力量强或专制的政府话语都聚焦于庇护主义，聚焦于政府控制非营利部门和将其纳入规定的社会政治空间的能力。与此同时，一些分析人士注意到，与前面引用的市民社会悖论一样，非营利活动并不一定与弱或强政府相关。强政府和强非营利组织可能同样相互支持，而弱政府也可能与弱非营利部门相伴而生（Wilson，1990）。

凯文·布朗和苏珊·肯尼（Kevin Brown and Susan Kenny，2000）提供了关于后现代社会福利体制的最新观点，以及私营部门在提供公共物品和支持非营利部门方面不断扩大的作用。他们的分类是基于跨越两个维度的公民责任概念：被动与主动以及消费者（市场）与集体。他们确定了六种体制，每一种体制都对应着不同的非营利组织的作用（见表3.2）。

表3.2 后现代福利体制和非营利部门的作用

	被动公民身份	主动公民身份
消费者公民身份	快餐福利（Mc Welfare）：企业成为国家的代理提供者。非营利组织要么与企业结盟，要么由企业创建	对口福利（Welfare.com）：非营利组织与企业结盟，但是新的利基市场（niche markets）以其高度连接性为消费者提供更多选择
消费者/社群主义公民身份	契约福利：非营利部门可能扩大，国家承包商与其他机构之间存在分歧	囿于市场的结社主义：在高水平社会资本和市民社会环境中，非营利组织是强大的，但经受更强大的市场影响
社群主义公民身份	社会民主福利：非营利组织仍主要集中在非福利问题上，国家更具主导地位	国家结社主义：在社会资本和市民社会水平较高的环境中，非营利组织是强大的，但嵌套在更多由国家决定的框架内

资料来源：改编自 Brown and Kenny（2000）。

这些框架说明了如何预期不同体制下非营利组织可能合法化或去合法化参与服务提供和政策制定的作用。然而，从定义上讲，非营利组织是独立的，许多非营利组织并不一定遵循由其运营所在的统治意识形态或发展的社会、经济或文化背景名义上赋予的功能。在法国和西班牙等传统上以国家为中心的工业化国家，非营利组织在服务提供和政策制定方面正发挥着越来越大的作用，而在德国等国家，各种各样的非营利行为体正在兴起，挑战大型社团提供者的霸权地位。有些作者假设，意识形态周期的存在会推动社会在集体责任与个人主义的对立观点之间漂移（Dalton，1993），断言内生机制将公民在更多的私人、个体选择与更多的集体选择偏好之间推来推去。每一种选择都会带来其自身失望和反弹的循环。

服务提供中的政治-行政传统。除了宏观层面的福利体制之辩外，一些中观层面的政治和行政安排可能有利于关键服务提供多元化。因并不总是与更宽泛的政治之辩相一致的历史原因，学校、大学、医院、老年护理机构、紧急服务或博物馆可以由政府进行营利性或非营利性经营。整个非洲，许多前殖民列强的法律和制度结构在非洲国家独立后仍然存在，因而当代的非营利部门建立在传承前欧洲移民社区的传统之上（Shivji，2007）。

其他社会行为体的力量。一种关于非营利组织兴起的核心论点是，它们正在填补其他更传统的社会行为体——宗教机构、工会、政党以及其他历史悠久的集体性的互益机构——衰落所留下的空白。非营利组织可能为民众的政治、经济和社会利益提供一个新的、更具回应性的出口。无论是在与非营利组织竞争民众的忠诚度方面，还是在使用非营利部门的组织形式和法律结构来创建自己新的分支机构方面，传统行为体的残余力量及其与国家的关系，是决定非营利部门规模和形态的关键因素。

特别是在天主教和伊斯兰教是主要宗教的国家，宗教机构在传统上占据了大量社会和政治空间，非营利组织现在正在进入这些社会和政治空间。同样重要的是，宗教机构在历史上一直是其信徒捐赠的主要接受者，通常是通过宗教强制方式，诸如基督教的什一税（tithing）、犹太教的十一税（maaser），伊斯兰教的天课（zakat）和锡克教的十一赠（dasvand）。在大多数工业化国家，传统宗教机构的信徒到场率和捐献率都在大幅下降（新兴魅力型宗教的信徒到场率有了一些提升，但这种增加通常对总体到场人数没有产生太大影响）。在宗教组织仍然强大的国家，它们往往限制了世俗非营利部门的增长。

同样，工会和政党要么保持民众忠诚度，要么向非营利部门让渡空间。但如前所述，宗教机构、工会和政党也在非营利部门发展中发挥了作用，因为它们越来越认识到，与新兴部门合作和建立附属机构将会很好地服务于与其资助者（constituencies）的未来联系。新型非营利组织可能与传统社会行为体保持着密切联系，而且，在一种并不罕见的趋势中，这种从属关系通常是非营利组织公共身份（public identity）的一部分。欧洲政党通常持续主导利益表达，因而，通过纵向整合机制，政党与非营利组织之间往往形成密切联系。但这些联系可能会限制非营利组织在关键问题上独立运作的能力，往往会在体制变化时导致资助损失。

人口统计特征。各种社会人口因素对非营利部门的参数造成影响。广义上，这些因素包括以下几个方面。

- 人口规模：在人口较少的国家，特别是那些只有很少精英受过教育的国家，个人关系和个人资助可能会阻碍建立独立的非营利部门。
- 宗教和种族多样性：在更多样化的社区中，非营利组织可以围绕种族或宗教断层线进行组织。有些可能会努力弥合分歧；然而，其他的则可能有意或无意地加深了群体之间的分离和紧张。种族和宗教一致性，长期以来被认为是民主国家的公民支持更高税收和政府干预的原因之一（因为利益给"和我们一样"的人）。
- 年龄金字塔：老年人口，特别是退休后活跃的人群，可以通过捐款和志愿服务支持非营利部门。
- 女性劳动力参与：传统上，女性是志愿者的主体，也是服务业员工的主体。女性进入劳动力市场，既增加了非营利组织提供的服务需求，例如儿童保育，也增加了有志于非营利性职业的人员供应。
- 公共组织和私人组织精简员工：裁员导致一大批高技能人员失业，他们可能会在非营利部门寻求未来的就业机会。他们可能创建新组织，从而导致组织数量增加，或者加入现存组织而扩大非营利部门的技能资本。

- 农村-城市差距：农村非营利组织面临的资助和运营方面的挑战，远远大于城市非营利组织同行，原因是农村地区普遍存在较高的贫困发生率，以及为农村更加分散的人口提供服务的复杂性。

政策窗口。政治和行政变革特定历史机遇的概念——开"窗"或闭"窗"——在政治科学中根深蒂固（Kingdon，1995）。同样的概念也适用于非营利部门的发展。许多国家的非营利部门扩张纪事集中在一些推动其增长的关键事件上。重大历史时刻，如民主制度的恢复，显然创造了新的机会；但其他事件，如自然灾害，也可以为非营利组织提供一个开端，向更广泛的社会展示其价值。专栏3.11讲述了日本2011年3月的地震和海啸是如何推动其非营利部门的发展的。

经济背景

任何国家非营利部门的规模和性质都与该国经济状况密切相关，工业化国家平均拥有非营利部门的比例是发展中国家的三倍以上（Pryor，2012；Salamon and Sokolowski，2010）。发达工业化民主国家的特点是中上层阶级（middle-and upper-class）城市居民的增长与传统阶级意识的崩溃，这种社会关系变化的两个结果是，后工业、后物质关切的增长以及支持和参与非营利组织的增长（M. Wallace and Jenkins，1995）。新的社会和政治关切增加，因为不仅有更多的公共和私人资金用于资助非营利活动，而且人们有更多的自由时间去参与非营利组织（Richardson，1993；Thomas，1993；M. Wallace and Jenkins，1995）。

低收入发展中国家的情况恰恰相反：公共资金稀缺，私人捐款有限，非营利组织很少有机会通过服务费或商业风投产生有意义的当地收入（由当地精英创建的非营利组织除外，它们为自己的社区提供教育、健康或娱乐服务）。在工业化国家，非营利组织的大部分资金来自国内资源，而发展中国家的非营利组织的大部分资金则来自外部资源，包括官方发展援助、国际公益以及跨国企业当地分支机构的捐款。

专栏3.11　日本非营利部门的变革

日本缺乏私人公益传统，对贫困人口（the needy）的支持往往来自家庭。日本有许多公共利益法人和协会，但它们都在政府的严密控制下运作，官员们倾向于将独立的非营利组织视为爱管闲事的业余爱好者。

在日本历史上，非营利组织获得优惠税收待遇几近不可能，尽管税收优惠待遇几乎是西方慈善机构的保障。2010年，在约45000家注册的特定非营利法人中，只有约230家获批享有捐赠税收减免资格。获得资格的过程如此烦琐和不透明，以致很少有非营利组织去申请。每隔几年要填报数百页的文件。非营利组织必须获得与其活动领域相关的政府部门的批准，这实际上赋予了官僚否决其运营活动的权力。非营利组织必须在5年内花掉其所获捐赠额的70%，这意味着它们无法建立大型捐赠基金。

现在，许多障碍消失了。非营利组织协助应对2011年3月日本地震和海啸的努力获得赞赏性肯定，从而推动了日本政府对非营利组织更有利的立法，这些立法多年来因议会很少支持而没有进展。2011年6月通过的一项法律大大简化了非营利组织获得税收优惠地位的流程。资格认证由市政当局而不是国家税务机构进行，国家税务机构倾向于将每个非营利组织都视为国家财政的净损失。同时，这项法律还取消了一项过分的资格障碍——"公众支持测试"。与法律出台前不到10%的比例相比，现在差不多50%的非营利组织可以获得捐赠税收减免资格。

非营利游说团体称这是一个巨大的变化，而且估计多达70%的现有非营利组织2011年最终会获得新的税收优惠地位。然而，截至2014年，仍然只有670家指定的非营利法人获批享有捐赠税收减免地位。

资料来源：参见 *The Economist*, http：//www.economist.com/node/18929259；Japan Association of Charitable Organizations, http：//www.kohokyo.or.jp/english/Source/databook2014.pdf。

一个国家的经济实力和非营利部门的资助来源，往往表现为援助捐助国与援助接受国之间的差异。联合国承认的近 200 个主权国家和地区中，虽然一些实力相对较强的经济体，比如巴西、俄罗斯、印度、中国和南非等金砖国家以及墨西哥、印度尼西亚、韩国和土耳其等"迷雾四国"（MIST），现在既是受援国，也是捐助国，但仍有约 152 个国家和地区在接受援助（Organization for Economic Co-operation and Development, 2011）。尽管全球金融危机可能会导致希腊、爱尔兰和冰岛等国脱离纯粹的捐助国行列，但是，自 20 世纪 80 年代以来，韩国是唯一一个彻底从接受国转变为捐助国的国家。那些步入捐助国行列的国家，有关它们是否应该继续接受援助的争论正在扩大。

经济发展与非营利部门规模之间的关系不一定是线性的。经济发展如果不能产生宏观经济稳定和富人公益文化，也就不会产生更大的非营利部门。努诺·塞穆多（Nuno Themudo, 2013）将发展不均等性的库兹涅茨曲线理论（Kuznets curve theory）用于非营利部门，以解释为什么发展中国家可能会首先经历非营利部门衰退。许多国家的经济体系有利于财富的积累，很大程度上允许财富不受限制地代际流转。如果政治体系和文化主要是剥削性和汲取性的，那么非营利组织将获得相对较少的政府或捐助者支持。然而，当文化更具分配性和公益性时，财富积累则可以促进非营利部门的增长。美国可能是后者最具代表性的例子，不仅财富积累深深植根于经济体系中，公益文化也是如此。美国是低税制，各界人士已经将捐赠义务内化，它们或者是 19 世纪末 20 世纪初的强盗大亨（robber barons）建立持续影响其后百年的大型基金会；或者是比尔·盖茨或沃伦·巴菲特等当代技术和金融亿万富翁签署捐赠承诺（见专栏 6.15），捐献大部分财富用于公益事业；或者是更加谦卑的教区居民，支持他们的教堂教会；或者是所有收入阶层的人，定期捐赠给非营利组织。

监管和制度环境

公共权力的架构以及每个政体中的监管机构、规则和流程是通过过去的战争而签订的"和平条约"（Richardson, 1993）。它们本身实际上也成为制度政策的践行者，产生持久的官僚逻辑和路径依赖，决定非营利部门的增长或制约。

每个国家的法律和行政体制决定了该国非营利部门的关键要素。以普通法系、大陆法系（如拿破仑法典）或宗教法（如伊斯兰教法）为基础的法律体系，在如何构建非营利组织以及如何规范其与国家和其他社会行为体关系方面存在差异。这种情况反映了法律、政治和宗教机构之间的传统相互作用——如前所述，许多研究表明，新教、盎格鲁-撒克逊、普通法系社会往往比天主教、大陆法系国家或受宗教法影响较大的国家拥有更广泛的非营利部门（Anheier，1990）。

政府部门之间的权力分配，行政机构之间的责任分配，以及行政结构的集中-分散，决定区域或行业变动的可能性。各类研究人员已经确定了立法和监管框架的关键要素，这些要素潜在培育或阻止那些可以决定任一国家非营利部门参数的供需因素（Bloodgood，Tremblay-Boire，and Prakash，2014；ICNL，2013；Salamon and Toepler，1997）。结社和集会自由是一个强大的、独立的非营利部门的必要条件。但是这也取决于注册和登记的简易性和灵活性，组织运营和财政运作的法规，以及政府干预或终止一个组织的权利（或权力），特别是如果该组织参与政治论争的话。

非营利部门的财务状况取决于非营利组织的税收和财务收益（包括为国内个体和企业公益提供的激励措施），对外国捐赠的控制，收入的准备金，以及对公私伙伴关系的扶持机制，这些机制包括政府资助、承包和资金问责流程的透明度。

私人公益的监管激励措施，是制度上支持非营利部门的最明显标志。在获得捐赠税收减免资格的组织数量，个体和企业可以捐赠并减税的可能性，以及对外国捐赠的控制等方面，各国之间差异很大（Bloodgood，Tremblay-Boire，and Prakash，2014；ICNL 2013；Moore and Rutzen，2011；Salamon and Toepler，1997）。下面概述一些差异的例子。

美国约有100万个组织属于税法501（c）（3）类别，它赋予慈善捐赠税收减免资格，而在日本，直到最近，仅有约230个指定的非营利组织具有同种地位（如专栏3.11所示，2011年日本海啸之后有所增加），同时，在菲律宾只有300个非营利组织获得这一地位。在美国，这种资格由政府机构国税局（IRS）直接决定；在菲律宾，它由现有非营利组织组成的独立委员会决定。

纳税人捐赠的方式和数量因国家而异。一些国家（如西班牙和匈牙利）的税收体制包含慈善指定计划，据此纳税人可以选择将部分纳税义务指定为慈善目的。这些资金——通常约占纳税义务的1%——要么汇集起来，然后通过竞争计划分配给非营利组织，要么纳税人可以直接指定特定的非营利组织作为接收方。澳大利亚纳税人可以要求扣除慈善捐款，金额最高可达其收入的100%；而墨西哥的扣除额上限为个人收入的7%。

在不同国家设有分支机构的国际非营利组织发现它们的地位可能各不相同，即使在体制看起来相似的国家之间也是如此。绿色和平组织新西兰分支失去了其慈善机构的地位（因此无法接受减免税捐赠），尽管绿色和平组织在全球各地的许多分支机构仍在继续注册捐赠税收减免（尽管在几乎所有国家，这些机构都必须绕开对具有税收减免地位非营利组织政治活动的监管限制）。

2012年，英国在税法典中引入一项新规定，将至少10%财产留给慈善机构者的遗产税率从40%降至36%。英国还有一个礼赠援助系统，允许非营利组织向税务部门申请部分退税来补充捐赠，该部分税款是捐赠者捐赠收入的应税额。

尽管许多国家现在为私人和企业向非营利组织捐赠提供相对慷慨的税收优惠，但有些国家依然继续严格控制。专栏3.12记录了俄罗斯对公益事业的严格限制。

专栏3.12 俄罗斯的捐赠税收减免

在俄罗斯，私人实体不能因向非营利组织捐赠而在联邦一级申请税收减免。个人可以从应税收入中扣除对科学、文化、医疗保健、教育、体育和社会保障类组织的任何货币捐赠，最高可达其总收入的25%。但是，除体育组织外，接受捐赠的组织必须是由国家补贴或国家所有的，具备捐赠税收减免资格。因此，完全独立的非营利学校、博物馆或医疗保健提供者不具备捐赠税收减免资格。可减免税的捐赠只能直接向受益组织做出，因此捐赠给将资金再分配给其他非营利组织（如"社区柜台"）的伞形组织或其他中介机构不能减免税。个人减免税只适用于货币捐赠；实物捐赠不具备减免资格。

资料来源：参见基金会理事会，http://www.usig.org/countryinfo/russia.asp#deductiblity。

其他社会文化规范

每个国家都有特定的道德生态,对非营利部门存在潜在影响。这种生态由一套界定不清的文化价值和行为体系构成,包括对制度和他人的信任,对腐败的容忍度,向非营利组织捐款的意愿或志愿服务倾向。这些行为体系不仅是上文概述的政治和经济现实的反映,而且也成了其自身的运行因素。

面对一个乞讨者时,有能力的人会怎么做?为什么?一种选择是施舍,因为他们相信乞讨者最能通过这种直接捐献来减轻其困境;或者是相反,他们不信任乞讨者,认为乞讨者会将钱用于吸毒或酗酒,从而决定捐赠给非营利组织(或支持政府减贫政策)。墨西哥人倾向于直接向穷人捐赠,而不信任机构(Layton,2009);相反,美国人倾向于不信任乞讨者,但可能会向慈善机构慷慨赠与(而且政府和非营利组织经常举办阻止乞讨的公开活动)。在如何最好地加强非营利部门的讨论中,需要培育"公益文化"成为一个共同的主题。

同样重要的是社会对纳税的态度。应该对个人和企业收入征收高税率,用来支付公共服务和补贴非营利组织,还是应该征税从低,让个体和企业选择如何分配自己的收入盈余?各种研究项目,最著名的是欧洲价值观研究(European Values Study,2011)和世界价值观调查(World Values Survey,2011),都是基于广泛的国家层面的调查数据来捕捉这些价值观的差异。使用这些数据,文化分组已经建立起来,这与本书后文的不同国家非营利部门分类相似。

文化框架

综合上述辩证法、潜在影响和调和,可以创建一种社会起源分析的变体,以及识别描述不同国家非营利部门许多独特性的文化框架。对有关国家非营利部门之间的差异,过去的分类法主要关注工业化民主国家的福利国家机制,发展中国家与工业化国家之间的区别,以及区域文化和政治类群划分(Anheier,2005;Boli,1992;Bullain and Toftisova,2005;K. McCarthy, Hodgkinson, and Sumariwalla,1992;Salamon et al.,1999;Salamon and Sokolowski,2010;M. Taylor et al.,2009)。这些因素对于理解国家差异仍然至关重要，因为它们塑造了结构和行为的某种习惯（Ebrahim，2005；M. Taylor et al.，2009）。然而，非营利部门正在几乎所有政治体制下扩张，而且在全球化世界中，随着信息流动的提升以及政策和实践趋同，分类法需要与时俱进。第四章对有关国家非营利部门和文化框架进行了更深入的比较研究。但即使在每个文化框架内，看似相似的国家仍然具有各自的独特之处（见专栏3.13）。

专栏3.13 英语国家非营利部门的独特性

任何特定国家的非营利部门都有许多重大特征或动力机制，使其与具有类似文化框架的其他国家区别开来。英语国家的独特性例子涉及英国、澳大利亚和加拿大。详情如下。

在英国，委托（commissioning）是当前政府外包和非营利组织承包服务的最佳描述，这是一个不在其他英语国家通用的术语。该术语用于承认政府与非营利组织之间的合作不仅涉及资金转移，还涉及权力和责任。

在澳大利亚，非营利退伍军人组织和体育俱乐部获得提供游戏机和老虎机的许可证。结果是，许多退役及服务联盟俱乐部和足球俱乐部都是大型赌场般的高收入娱乐复合体。在它们的公共关系中，它们专注于其作为"社区俱乐部"的角色，利用其收入为当地的弱势群体提供社会和娱乐服务，支持当地的非营利组织。批评者声称，它们只将其利润中的极小部分用于慈善活动。

在加拿大，双语、双文化意味着两种非营利传统共存：英语区的"志愿部门"和法语区的志愿和社区部门（*secteur bénévole et communautaire*）。与法国同行一样，法语省份的非营利组织依据大陆法系运作，有着注重集体社会行动的强大传统。

第四章 各国非营利部门的比较

谎言有三种：谎言、该死的谎言和统计数据。
——来自马克·吐温（Mark Twain）、本杰明·迪斯雷利（Benjamin Disraeli）和莱昂纳多·亨利·考特尼（Leonard Henry Courtney）的格言

虽然研究世界各地非营利部门的好处显而易见，但人们也应该意识到国际比较的困难。罗德·黑格和马丁·哈罗普（Rod Hague and Martin Harrop，2010）确定了四个主要难点：定义、数据、专家易错性，以及方法本身的局限性。

第一，正如前面章节所讨论的那样，非营利组织的界定和结构在不同国家之间仍然存在很大差异。不同的注册形式及其对捐赠税收减免和激励的意义，对记录和分析非营利部门的尝试具有重大影响。在有些国家，较大的非正式部门可能源自官僚机构为法人注册设置障碍或因为政府对非营利活动的限制。而在有些国家，在其他国家作为非营利组织运营的组织，却选择注册为商业实体。

第二，从许多国家获得准确数据非常困难。收集数据的方法可能有偏好和不准确；可能不存在有关资料，更不用说研究人员去获得这些数据；或者该国可能没有信息透明的传统。例如，在西班牙，基金会的纳税申报表与公司和私人的纳税申报表具有同等法律地位，因此隐私条款也包括在内。它们的年度报告向50多个独立的国家和地方行政登记处之一提交，这些年度报告是公开的但难以获取（Rey and Alvarez，2011）。

第三，汇编统计数据并撰写其他国家非营利部门案例研究和评论的人，其研究技能和理解存在某些方面的局限性。他们在解释数据和定义差异，以及在不同的文化和社会背景下理解其研究的能力，将直接影响其分析非营利组织工作的能力。研究者是否会讲他们正在研究的国家的语言，他们是否在那里待了足够长的时间以真正了解有关内容？

第四，在任何研究中，都会选择如何应用方法。如果您正在比较不同国家/地区的公益组织，那么您的研究方法基于什么数据？简言之，太多变量会影响非营利部门的构成，而且能收集可靠信息的国家很少。如何应用比较方法，将哪些国家作为比较对象，都将对结果产生重大影响。

对世界各地非营利组织的研究提供了多个实例，说明了记录和比较各国非营利部门以及通过当代概念框架来解释结社生活的悠久文化历史所面临的挑战。本书第二章将市民社会和社会资本确定为关键概念，但试图在不同的文化背景下应用这些概念往往是有问题的。例如，中文单词"关系"和美拉尼西亚语"宗族"，都描述可以帮助个人和群体表达利益的传统关系网络，经常被比作西方的社会资本概念。但它们也被视为可能产生任人唯亲和裙带关系的腐败影响。例如，专栏4.1说明了将非营利部门概念应用于日本传统集体结构所带来的挑战。

历史比较

本章的重点是比较当代国家的非营利部门，但非营利组织研究的社会起源和路径依赖方法是基于了解每个政体的历史如何影响当前的活力。在工业化国家，曾经主导结社部门的行业协会和兄弟会，已经成为其以前自我的阴影，诸如当地储蓄和贷款协会等互益金融机构已经合并和股份化，而参加工会、主流宗教和政党的人数直线下降。在发展中国家，随着"现代化""发展""全球化"（均是备受争议的概念）的出现，基于种族、宗教、亲属关系、地方或行业的传统结社结构正在消解。政治转型将以前的秘密反对派网络转变为新的合法组织，或者只是促进独立非国家行动的新空间。

第四章 各国非营利部门的比较

> **专栏4.1 邻里协会应该被视为非营利组织吗？**
>
> 日本是一个拥有规模相对较小的非营利部门的国家（见表3.1和专栏3.11），这是根据1998年非营利组织法律注册的法人组织数量较少，且其中只有少数组织可以合法获得捐赠税收减免资格来分类的。
>
> 然而，日本有着悠久的当地社区生活历史，邻里积极参与维护、美化公共空间，并确保社区其他人的福祉。该邻里生活的正式结构被称为"邻里协会"（jichikai）（也用英语表达为"chihi-kei"，通常翻译为"邻里或社区协会"），几乎存在于每个地方。邻居交纳会费，邻里协会提供卫生、安全、娱乐和社会服务，以及与地方政府的制度化联系。参与是自愿的，但社区成员面临强大的文化压力，不参与会被贴标为局外人，特别是在农村地区和老城区。
>
> 在第二次世界大战期间，"邻里协会"被用于前线动员，战后初期作为旧政权的反民主残余被美国占领军解散。但它们很快就重新建立，现在被认为是日本社会凝聚力的关键因素（Applbaum，1996）。尽管如此，它们在日本的非营利组织研究中经常被忽视，许多观察人士认为，"邻里协会"更多是政府机构的一部分。在概念上，它们通常被视为与日本现代独立非营利组织相区别，即使具有相同目标相同活动的类似组织在其他许多国家被视为社区非营利组织的核心。
>
> 此外，日本的一些其他公共公司在传统上也会开展与非营利部门有关的活动，包括公共利益公司（koeki hojin）、学校公司（gakko hojin）、社会福利公司（shakai fukushi hojin）、再调适救济公司（kosei hogo hojin）和宗教团体（shukyo hojin）。虽然约有23万个这样的组织在运营，但由于它们长期以来受到政府的强有力控制，因此它们经常被排除在日本非营利部门的讨论之外。
>
> 资料来源：See Nonprofit Japan, "Overview of Nonprofit Sector in Japan," http：//nonprofit japan. home. igc. org。

在下文列出的文化框架中，历史变革是分析创建现代非营利部门力量的不变主题。来自世界各地描述"新"或"现代"非营利部门的国家叙事，反映了前面章节记录的变化。虽然集体志愿行动在每个国家都有悠久的历史，当代非营利部门与早些时候植根于宗教组织、政党、劳工运动或其他传统纽带的结构截然不同。与早期迭代相比，新的非营利部门更加世俗化、普遍化、专业化、商业化、结果导向和全球化。在当代许多国家活力的叙事中，非营利部门被认为比近代历史上任何时候都更大，更有影响力，更多地融入国家政策制定和服务提供（参见 Government of Liberia，2008）。专栏 4.2 记录了一个很有代表性的阿根廷组织的成长。

专栏 4.2　五月广场母亲

五月广场母亲始于 1977 年，一小群母亲在阿根廷总统办公室外抗议，寻找被军队拘留并"消失"的她们孩子们的信息，而军队是用来对抗政权反对者的"肮脏战争"的一部分。该组织的 14 位创始人在警察局和军营的走廊里相遇，当时她们都在寻找失踪的儿子和女儿。

她们的每周抗议在总统府外的五月广场上举行，自 1810 年 5 月独立革命（从西班牙殖民统治下独立）以来，五月广场一直是阿根廷政治生活的焦点。母亲们不停地围绕广场中心奔走，因为她们被禁止聚集在一起，她们戴着白色围巾，上面绣着孩子的名字，因为她们不允许携带标语牌。她们的抗议遭到激烈镇压，无数母亲和她们的支持者被逮捕，最终成为失踪者中的一员。多年以后，创始人中的三具遗骸被找到并挖掘出来（一具在广场上被重新安葬）。幸存的成员坚持抗议，五月广场母亲组织不断成长，获得国际支持和国际声誉，同时继续要求军方政府对她们孩子的命运做出答复。随着 1983 年民选政府成立，母亲们继续敦促政府调查"肮脏战争"的罪行。

1986 年，五月广场母亲分为两派。一派是五月广场派母亲－创始线，它继续专注于找回孩子们的遗体并将肇事者绳之以法。另一派是五月广场母亲协会，该协会由白德·博娜芬妮（Hebe de Bonafini）领导，自 1979 年以来她一直是五月广场母亲的主席，致力于将她们孩子们的事业继续做下去。协会在一系列进步政治事业和服务提供方面更加活跃，还创办了报纸、广播电台和大学。白德·博娜芬妮和协会派系与 2003 年当选的中左翼总统内斯托尔·基什内尔（Néstor Kirchner）以及他的妻子和继承人克里斯蒂娜·费尔南德斯·德基什内尔（Cristina Fernándezde Kirchner）建立了密切联系。2008年,协会主持实施了联邦政府资助的住房计划——"共同梦想",为全国各地的穷人建造数千套新住房和其他设施。

五月广场母亲协会已经从一小群持不同政见的母亲组成的团体,发展成为一个拥有数百万美元支持和服务的组织集团,并与当选的民主政府合作开展项目。然而,它近年来的快速增长似乎已经压垮了其负责人的行政能力。2011年,"共同梦想"项目被发现存在广泛的欺诈行为,合同被撤销。2014年,协会创办的大学在累计巨额赤字后被政府接管。

资料来源:参见 AsociaciónMadresde Plaza de Mayo,http://www.madres.org/;DeMars 2005。

比较研究项目

非营利部门的统计数据正在不断改善。研究人员和国际组织正在解决方法上的挑战,他们已经做了大量工作,使定义和数据收集方法在国际上标准化。下面五个重点研究项目,为理解全球非营利部门做出了重要贡献。但是,每个项目只涵盖数量有限的国家,因此它们之间存在重大差距。此外,没有一项研究涵盖中国、印度和美国这三个世界上人口最多的国家。总的来说,这些研究只涵盖了世界上大约 200 个被承认的国家和地区中的 124 个(尽管它们确实覆盖了世界上绝大多数人口,但对于像海地这样的遗漏国家,其他地方可以找到大量记录)。图 4.1 标明了每个研究项目所涵盖的国家,详情如下。

约翰·霍普金斯大学非营利部门比较项目

http://ccss.jhu.edu/research-projects/comparative-nonprofit-sector-project/;可以获得有关每个国家的各类出版物,日期从 1996 年开始

包括 45 个国家:阿根廷、澳大利亚、奥地利、比利时、巴西、加拿大、智利、哥伦比亚、捷克共和国、丹麦、埃及、芬兰、法国、德国、加纳、匈牙利、印度、爱尔兰、以色列、意大利、日本、肯尼亚、黎巴嫩、墨西哥、摩洛哥、荷兰、新西兰、挪威、巴基斯坦、秘鲁、菲律宾、波兰、葡萄牙、罗马尼亚、斯洛伐克、南非、韩国、西班牙、瑞典、瑞士、坦桑尼亚、泰国、乌干达、英国、美国

国家卫星账户(约翰·霍普金斯大学/联合国/国家统计机构)

http://ccss.jhu.edu/research-projects/un-nonprofit-handbook/un-handbook-publications/;报告

初稿可在其他国家的互联网上查阅，参见 Government of India，2009

包括16个国家：澳大利亚，比利时，巴西，加拿大，捷克共和国，法国，以色列，日本，吉尔吉斯斯坦，墨西哥，新西兰，挪威，菲律宾，葡萄牙，泰国，美国

公民参与世界联盟市民社会指数

http：//www.civicus.org/csi/index.php

包括71个国家和地区：阿尔巴尼亚，阿根廷，亚美尼亚，阿塞拜疆，白俄罗斯，玻利维亚，保加利亚，加拿大，智利，中国，克罗地亚，塞浦路斯（南部），捷克共和国，厄瓜多尔，埃及，爱沙尼亚，斐济，格鲁吉亚，德国，加纳，希腊，危地马拉，几内亚，洪都拉斯，中国香港，印度（仅限奥里萨邦），印度尼西亚，意大利，牙买加，日本，约旦，哈萨克斯坦，科索沃，黎巴嫩，利比里亚，马其顿，墨西哥，蒙古，黑山，摩洛哥，莫桑比克，尼泊尔，荷兰，新西兰，尼加拉瓜，尼日利亚，北爱尔兰地区，巴基斯坦，菲律宾，波兰，罗马尼亚，俄罗斯，卢旺达，苏格兰，塞内加尔，塞尔维亚，塞拉利昂，斯洛文尼亚，南非，韩国，中国台湾，坦桑尼亚，多哥，土耳其，乌干达，乌克兰，乌拉圭，越南，委内瑞拉，威尔士，赞比亚

美国国际开发署市民社会组织可持续发展指数

中欧和东欧以及欧亚大陆

http：//www.usaid.gov/europe-eurasia-civil-society/cso-sustainability-2012

包括29个国家：阿尔巴尼亚，亚美尼亚，阿塞拜疆，白俄罗斯，波斯尼亚和黑塞哥维那，保加利亚，克罗地亚，捷克共和国，爱沙尼亚，格鲁吉亚，匈牙利，哈萨克斯坦，科索沃，吉尔吉斯斯坦，拉脱维亚，立陶宛，马其顿，摩尔多瓦，黑山，波兰，罗马尼亚，俄罗斯，塞尔维亚，斯洛伐克，斯洛文尼亚，塔吉克斯坦，土库曼斯坦，乌克兰，乌兹别克斯坦

撒哈拉以南非洲

http：//www.usaid.gov/africa-civil-society

包括25个国家：安哥拉，博茨瓦纳，布隆迪，刚果民主共和国，埃塞俄比亚，加蓬，冈比亚，加纳，几内亚，肯尼亚，利比里亚，马拉维，马里，莫桑比克，尼日利亚，卢旺达，塞内加尔，塞拉利昂，南非，南苏丹，苏丹，坦桑尼亚，乌干达，赞比亚，津巴布韦

国际非营利法律中心（ICNL）

http：//www.icnl.org/research/monitor/index.html；清单仅包括非政府组织法律监督国别报告，但国际非营利法律中心也出版了关于区域政府间实体的报告，可通过该网站访问其他国家的各种文件

包括41个国家：阿富汗，阿尔及利亚，阿塞拜疆，孟加拉国，白俄罗斯，柬埔寨，中国，哥伦比亚，厄瓜多尔，埃及，萨拉瓦多，埃塞俄比亚，洪都拉斯，印度尼西亚，伊拉克，约旦，肯尼亚，黎巴嫩，马来西亚，墨西哥，摩洛哥，尼泊尔，尼加拉瓜，尼日利亚，巴基斯坦，巴勒斯坦，巴拿马，秘鲁，俄罗斯，卢旺达，沙特阿拉伯，塞拉利昂，南非，塔吉克斯坦，土耳其，土库曼斯坦，乌干达，乌兹别克斯坦，委内瑞拉，也门，津巴布韦

图 4.1 研究项目覆盖的国家和地区

约翰·霍普金斯大学非营利部门比较项目

约翰·霍普金斯大学非营利部门比较项目始于1990年，是第一个系统分析全球非营利部门规模、范围、结构、资金筹措和功能的国际努力。该项目旨在增加关于非营利部门的实践和理论知识，为公共政策和私人公益事业提供基础。该项目的目标是了解每个国家鼓励或阻碍非营利部门增长的因素，评估非营利部门贡献所产生的影响。几乎所有当代有关非营利部门的研究和非营利部门概况都参考了这一开创性工作。

该项目既记录了世界各地非营利部门的增长，也促进了它的发展。该项目的目标一直是致力于提高人们的非营利意识和建立当地非营利部门的能力（Salamon and Sokolowski, 2010）。该研究的主要创始人之一创设了一个短语，认为存在"全球社团革命"（Salamon, 1994），莱斯特·萨拉蒙和诸如赫尔穆特·安海尔等其他早期项目研究人员的全球连续活动，除了与当地伙伴形成广泛网络外，已经在非营利部门产生了相当多的学术研究和公共政策利益。在许多国家，追随者们建立了研究和倡导组织，作为政策讨论和起草有利于非营利部门立法的平台。

该项目的第一阶段确定了第二章引用的非营利部门的结构功能定义，该定义已成为世界标准，并在45个国家（见图4.1中的清单）收集可以获得的非营利部门数据。实地研究主要在1995年至1998年进行，研究结果以各种工作论文和图书的形式发表，包括《全球市民社会：概览》（Salamon, Sokolowski, and List, 2003）。鉴于非营利组织的定义和法律结构存在差异，缺乏可靠的统计数据，该项目使用混合方法来记录所研究国家的非营利部门范围。它将官方经济和人口统计与各种估算技术相结合，也由伞形组织和一些有限的原始调查工作汇总数据。可以找到更新的项目出版物，如2010年出版的《全球市民社会：非营利部门视界》第三版（Salamon and Sokolowski, 2010），但它们主要基于初始数据的预测。该项目为非营利部门比较的持续研究提供了基本框架，仍然是传播最广、引用最多的比较工作。

各种项目出版物包含许多表格和图表，用于比较各个国家的关键指标。图4.2显示了两个来自2003年出版物的摘录，说明了服务和表达功能的混合性，以及收入来自营收、政府补贴和公益慈善的混合性。

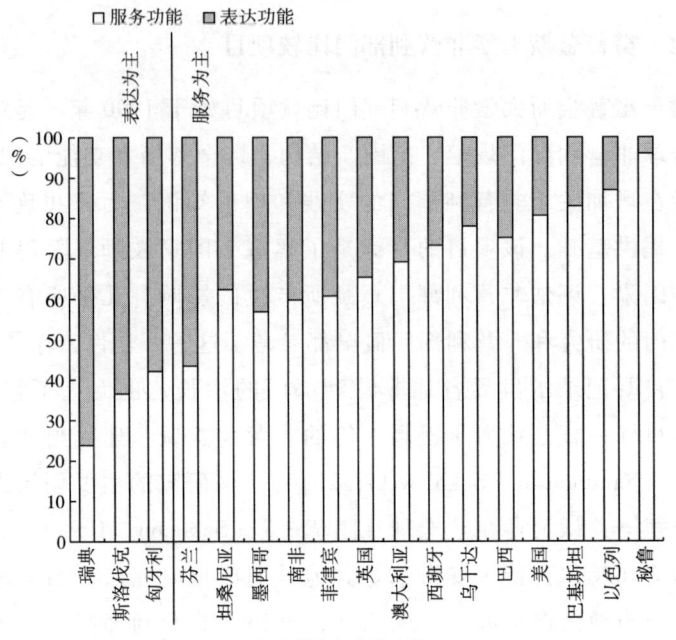

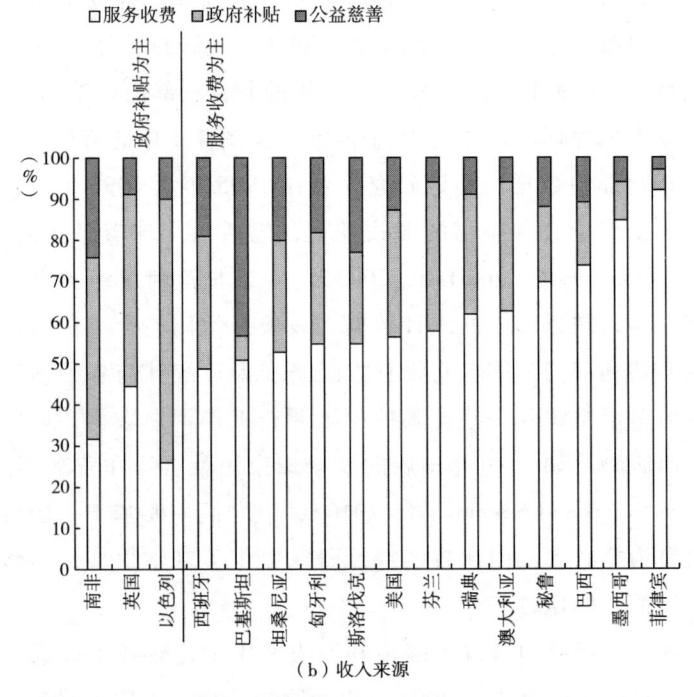

图 4.2 非营利部门比较项目研究结果精选

资料来源：Salamon, Sokolowski, and List, 2003。

2003年出版物中使用了如上这些及其他关键指标来界定主要的两组模式或集群：（1）发达国家；（2）发展中国家和转型国家。发达国家根据其福利国家制度可以区分为几个亚群：盎格鲁-撒克逊国家、北欧福利国家、欧洲福利伙伴关系国家和亚洲工业化国家。发展中国家和转型国家按地区划分为拉丁美洲、非洲、中东欧几个亚群。

在2010年版的《市民社会》中，最新的模式界定基于五个因素的组合：非营利组织的工作人员规模、由志愿者组成的非营利部门劳动力的比例、政府支持程度、公益慈善支持程度，以及更注重表达功能而不是服务功能的组织所占的比例。这五种模式被确定为自由主义、福利伙伴关系、社会民主主义、国家主义和传统模式（Salamon and Sokolowski，2010）。

国家卫星账户

尽管约翰·霍普金斯大学项目在创建比较框架方面做出了重大贡献，但在非营利部门知识方面的重大差距仍然存在。正如主要研究者萨拉蒙指出的那样：

> 非营利组织或市民社会部门仍然是大多数国家社会图景中无形的次大陆，政策制定者和广大公众对此缺乏了解，它们往往受到法律限制的困扰，作为解决公共问题的机制未获充分利用。其中一个原因是世界大部分国家和地区缺乏关于其范围、结构、资金筹措和贡献的基本信息（Salamon，2010：167）。

为尝试创建一个更准确的比较数据库，萨拉蒙及其合作者近年来通过与联合国统计司及各国统计机构合作，将非营利部门的衡量标准制度化，为计算非营利组织对国民经济的贡献制定国际标准。重点是创建非营利卫星账户，作为收集和报告经济统计的官方国际体系——联合国国民账户体系的一部分，因为非营利组织迄今一直是"统计遗忘"（Salamon，2002b）。约翰·霍普金斯项目与联合国统计司之间合作，出版了《国民账户体系中的非营利机构手册》（United Nations，2003），以及随后在世界各国努力建立国家卫星账户。截至2011年，已有16个国家建立了卫星账户，另有30个国家已作出正式承诺，在不久的将来将卫星账户付诸实施（见表4.1中的国家名单）。同一时期它与国际劳工组织合作，制作《志愿者工作计量手册》，用于收集正式和非正式志愿服务对一个国家经济贡献的数据（Global Volunteer Measurement Project, 2011）。

第一批完成卫星账户的16个国家，其非营利组织对国内生产总值（GDP）的贡献（包括志愿者的贡献）的结果显示如下（见表4.1）。

表4.1 非营利组织对GDP的贡献

国家	非营利组织对GDP的贡献（%）	研究年份
加拿大	8.1	2008
以色列	7.1	2007
莫桑比克	6.7	2003
美国	6.6	2009
比利时	5.8	2008
新西兰	5.3	2004
日本	5.2	2004
澳大利亚	4.9	2007
法国	4.7	2002
挪威	4.6	2009
巴西	3.4	2002
吉尔吉斯斯坦	2.3	2008
墨西哥	2.2	2008
葡萄牙	2.0	2006
捷克共和国	1.6	2009
泰国	0.8	2008

资料来源：Salamon, 2010。

来自第一批拥有非营利卫星账户国家的初步发现如下：

- 非营利部门是一支相当可观的经济力量，平均占GDP的5%。与其他主要行业的GDP贡献相当或更多，如公用事业（天然气、水和电平均占GDP的2.3%），建筑业（占

GDP 的 5.1%) 和金融中介（银行、保险公司和金融服务公司占 GDP 的 5.6%）。
- 非营利组织增值中，约 1/4 来自志愿者的工作，这再次强调了经济统计获取志愿者工作数据至关重要。
- 非营利组织是经济中一个充满活力、快速增长的因素。在有历史数据的国家中，非营利组织对 GDP 的贡献近年来一直以平均两倍于 GDP 增长率的速度增长（每年 8.1% vs. 4.1%）。

世界公民参与联盟市民社会指数

世界公民参与联盟（CIVICUS）致力于加强全世界的公民行动和市民社会，特别是在参与式民主和结社自由受到威胁的地区。第一次会议于 1993 年在巴塞罗那举行，秘书处最初设在华盛顿特区，但于 2002 年迁至南非约翰内斯堡。CIVICUS 的一个标志性项目是市民社会指数（CSI），这是一项评估衡量不同国家市民社会力量的工具。市民社会指数的 2003~2006 年、2008~2010 年两个阶段，共涉及 71 个国家（见图 4.1 中的国家名单）。市民社会指数侧重四个方面：市民社会结构、市民社会存在和发挥作用的外部环境、在市民社会领域践行和推进的价值观，以及市民社会行动者所追求的活动影响。这四个方面使用一套核心的 74 个普遍定量和定性指标来衡量，鼓励各国当地小组调整和增加自己的指标以确保内容有效性。每个维度的得分为 1 到 3，一个国家的结果用图形表示为"市民社会钻石"。图 4.3 显示了塞拉利昂的市民社会钻石。

与市民社会钻石一起的是国别纪事报告。专栏 4.3 是塞拉利昂报告的简要总结。

CIVICUS 继续探索衡量和比较世界各国市民社会的方法。2012 年，CVICUS 发布了第一个全球《市民社会现状》年度报告，该报告结合第二阶段调查（CIVICUS，2012）产生的各国概况，研究了对世界各国市民社会产生影响的趋势。2013 年《市民社会现状》检视了市民社会的有利环境，侧重于世界各地的标志性案例研究（CIVICUS，2013a）。2013 年，CIVICUS 推出新的有利环境指数（CIVICUS，2013b），记录国家层面有利于或阻碍市民社会发展和运作的社会经济、社会文化和治理环境。

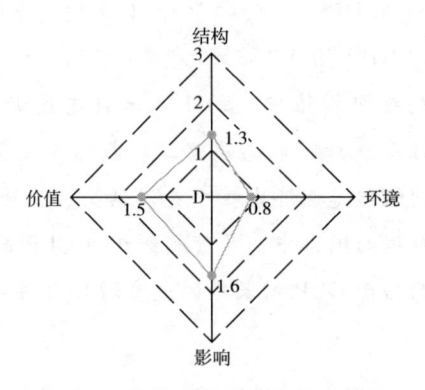

```
          结构
           3
          ╱│╲
         2 │
         ╱ │1.3
        1  │
 价值 ←—1.5—D—0.8—→ 环境
           │
           1.6
           │
          影响
```

图 4.3　塞拉利昂的市民社会钻石

资料来源：参见 CIVICUS World Alliance forCitizen Participation，http://www.civicus.org/media/CSI_SierraLeone_Executive_Summary.pdf。

新指数的创建是为了补充现有的市民社会指数，因为需要涵盖作为一个空间或领域的市民社会的更广泛定义，而不仅仅是组织。有利环境指数是收集来自诸如联合国人类发展指数、世界价值观调查和世界银行世界发展指标等资源，用 71 个指标计算出来的。第一版涵盖了 109 个国家，对国家的选择基于数据的可获得性。根据 CIVICUS，新指数显示了社会经济发展与市民社会有利环境之间具有密切关联性。排名靠前的国家是新西兰、加拿大、澳大利亚、丹麦和挪威，而排名最差的国家是冈比亚、布隆迪、伊朗、乌兹别克斯坦和刚果民主共和国（CIVICUS，2013b）。

专栏 4.3　塞拉利昂市民社会的关键时刻

市民社会指数报告指出，将民主变革引入塞拉利昂，市民社会组织发挥了强大而有影响力的作用，在多年内战后，它们继续在国家重建方面发挥了重要作用。

该报告关注塞拉利昂市民社会在相对民主的国家背景下的优势、劣势、机遇和威胁。塞拉利昂的市民社会钻石表明，当地的市民社会正面临组织力量薄弱、资源贫乏的挑战。市民社会组织的财务资源缺乏可持续性，已被确定为对市民社会组织工作的潜在威胁，特别是因为其大部分资金来自外国捐助者。塞拉利昂的市民社会也面临结构性问题，主要是基于城市的职业化和基于社区的组织形式之间的差异造成的碎片化。

　　塞拉利昂的市民社会环境是最薄弱的方面，其特点是社会信任度低，2/3 的受访者表示不信任同胞。社会容忍度仍然很低，特别是对于患有艾滋病毒（HIV）和由此产生的艾滋病人、同性恋和不同种族的人。贫困蔓延进一步阻碍了环境发展。通过创设结构设立机构以确保人权得到保护，政府在人权领域取得了一点进展，农村人口被赋权在各自的地方管理服务机构中参与地方治理议题。

　　该报告也表明，当地的市民社会组织没有实行善治和性别平等，常常具有暗箱操作和腐败的特点。大多数组织缺乏内部民主、问责制和透明度，其领导权大多集中在各自创始人手中。

　　资料来源：参见 CIVICUS World Alliance for Citizen Participation，http://civicus.org/index.php/en/media-centre-129/reports-and-publications/csi-reports/africa-country-reports/325-sierra-leone, and http://www.civicus.org/media/CSI_Sierra-Leone_Executive_Summary.pdf。

美国国际开发署市民社会组织可持续发展指数

　　美国国际开发署是美国政府的开发机构，作为其民主和治理计划的一部分，自 1997 年以来一直发布中东欧和欧亚大陆的 29 个国家的非营利部门现状年度报告，2010 年开始发布撒哈拉以南非洲 25 个国家的非营利部门现状年度报告（参见图 4.1 中的国家名录）。这些报告最初名称为《非政府组织可持续发展指数》，后改为《市民社会组织可持续发展指数》（USAID，2011a；2011b），对以下七个相互关联的维度进行分析并评分：法律环境、组织能力、财务能力、倡导、服务提供、基础设施和公众形象。然后对这些分数进行平均，产生总体的可持续性得分。评分范围从 1 分到 7 分，得分越低意味着可持续性越高。每个国家由市民社会从业人员和专家构成的小组评审该国非营利部门的绩效，由华盛顿特区的技术和区域专家编辑委员会评审各国当地小组的调查结果。根据其得分，国家被分为可持续发展增强、可持续发展缓慢进行中和可持续发展受阻三类。图 4.4 展示了中东欧和欧亚大陆国家的得分。

与这些分数一起的是叙述性报告，概述了最近的发展对不同国家非营利部门产生的影响。在专栏4.4中，简要总结了2013年撒哈拉以南非洲区域报告。

	可持续发展增强	可持续发展缓慢进行中	可持续发展受阻

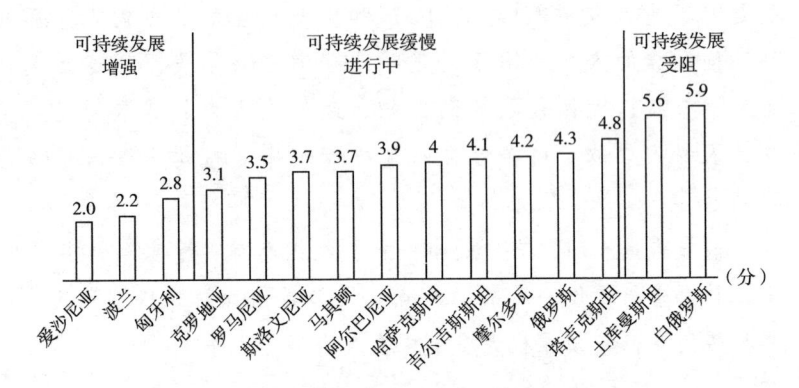

数据（分）：
- 爱沙尼亚 2.0
- 波兰 2.2
- 匈牙利 2.8
- 克罗地亚 3.1
- 罗马尼亚 3.5
- 斯洛文尼亚 3.7
- 马其顿 3.7
- 阿尔巴尼亚 3.9
- 哈萨克斯坦 4
- 吉尔吉斯斯坦 4.1
- 摩尔多瓦 4.2
- 俄罗斯 4.3
- 塔吉克斯坦 4.8
- 土库曼斯坦 5.6
- 白俄罗斯 5.9

图 4.4　各国市民社会组织可持续发展指数得分

资料来源：Adapted from USAID, 2011a。

专栏4.4　撒哈拉以南非洲市民社会组织的可持续发展

根据《2013年市民社会组织可持续发展指数》，"撒哈拉以南非洲的市民社会组织正在通过倡导倡议和提供所需服务，成为新兴的国家问题和需求的关键响应者。"该报告强调了该地区阻碍可持续发展的持续弱势领域："值得注意的是，在该地区的许多国家，市民社会组织——特别是那些专注于倡导和人权的市民社会组织——正面临越来越多的对其工作的限制或限制威胁。此外，即使是最具可持续性的市民社会组织部门，仍然无法获得关键技术和财务资源，因此削弱了可持续发展其他大多数方面的增长。"

资料来源：2013 CSO Sustainability Index for Sub-Saharan Africa, http://www.usaid.gov/africa-civil-society。

国际非营利法律中心

国际非营利法律中心（ICNL）通过推动有关立法和法规的知识流动，以及向政府和非营利组织提供技术援助，促进全球结社自由和公众参与的有利法律环境。国际非营利法律中心在华盛顿特区、匈牙利布达佩斯、哈萨克斯坦阿拉木图和乌克兰基辅设有办事处，在亚洲、太平洋和中东地区设有代表，以及大量的在线业务。国际非营利法律中心在线图书馆拥有来自165个国家和地区、42种不同语言的2900多种资源，国际非营利法律中心出版《非政府组织法律监督》《国际非营利法律杂志》以及众多专题报告和分析文章。资源有点不完整：在线图书馆有关任何特定国家的馆藏可能与单一形式的馆藏一样稀少，《非政府组织法律监督》仅覆盖41个国家，但该杂志上的国家简介不断更新，因此国际非营利法律中心是有关这些国家最新信息的有用资源。专栏4.5是根据来自委内瑞拉、卢旺达和沙特阿拉伯信息所做的各种简要说明。

国际非营利法律中心还与其他组织合作，开发和评估用于评价市民社会有利环境的工具。其最近一期期刊比较了八种评估工具，国际非营利法律中心和CIVICUS共同为研究人员和倡导者制定了一个指南（ICNL，2014）。

专栏4.5　国际非营利法律中心市民社会简要说明：委内瑞拉、卢旺达和沙特阿拉伯

在委内瑞拉，国民议会于2010年12月21日通过了《保护政治自由和民族自决法》，该法针对致力于"维护政治权利"或其他"政治目标"的非政府组织。具体而言，它禁止这些非政府组织拥有资产或从国外获得任何收入。如果这些非政府组织不遵守规定，可能导致外国来源款额两倍的罚款。此外，据报道，这些非政府组织将被禁止接待发表可能冒犯国家机构、高级官员或可能有悖行使国家主权言论的外国公民。不遵守这一规定可能会使委内瑞拉非政府组织的代表遭受罚款，剥夺"政治权利"5~8年。

由于各种实际限制，卢旺达的市民社会尚处于萌芽状态。绝大多数卢旺达人遭受极端贫困；大约2/3的人口每天生活费不到1美元。这种贫困阻碍了任何非直接生产活动的参与。缺乏教育限制了人们获取各种信息来源的能力，限制了与国家正式机构互动的能力。草根组织重点关注生计问题，几乎没有能力以更战略的方式参与公共政策议题。这种情况反过来又造成基于城市的倡导组织难以与基层建立联系。

在沙特阿拉伯，尽管数百个组织在各个领域开展工作，但由于法律框架薄弱、缺乏透明度以及缺乏建立有效和可持续机构的经验，市民社会仍然不发达。尽管沙特阿拉伯社会的文化、社会遗产以及宗教法律要求在各种领域开展公民工作，但这种环境仍然存在。现代国家机构采用中央集权的管理方式。结果，市民社会组织因法律框架受到限制，有效性和多样性有限。

资料来源：参见ICNL, Country Profiles, http://www.icnl.org。

对这些研究的比较

图4.1和前文详述的五个研究项目是了解不同国家国内非营利部门的宝贵资源。然而，它们也强调了一个现实：没有任何一个权威来源提供所有国家非营利部门全面的当前数据。研究项目通常依赖于当地合作伙伴，尽管每个项目都有一个标准的共同方法，但这些合作伙伴都有自己的研究倾向。这种方法上的灵活性允许项目根据文化差异进行调整，但结果也可能存在偏差错误。专栏4.6展示了来自德国和几内亚的CIVICUS市民社会指数报告如何评估相同的指标——慈善捐赠——和排名。

没有一个国家是所有五个研究项目的研究对象，只有四个国家（捷克共和国、墨西哥、南非和乌干达）是四个项目的研究对象。对属于两个及两个以上项目研究对象的国家，从不同的报告中可以发现，其数据和叙述存在明显不一致和矛盾之处。在表4.1中，一般认为莫桑比克是一个典型的发展中国家，其非营利部门力量薄弱，但在非营利部门对GDP的贡献排名中几乎名列前茅，而挪威通常被认为拥有强大的非营利部门，却在非营利部门对GDP的贡献排名中落在后面。这种差异突出表明，需要了解每个国家的国情。莫桑比克非营利部门的巨大贡献，可能是由于大型外国捐助者和国际组织在发展中国家的巨大影响，以及发展中国家的精英倾向于通过独立于不完善的政府体系之外的非营利组织来提供健康和教育等领域的关键服务。挪威非营利部门对GDP的贡献相对较小，可能是由于该国从北海的石油和天然气资源中获得巨额收入。

专栏4.6　CIVICUS市民社会指数慈善捐赠结果：德国和几内亚

在德国，柏林洪堡大学米西奈斯公益和市民社会研究所的报告基于以下理由给予德国慈善捐赠中等水平的评定（3个潜在捐赠者中有2个捐赠）：慈善捐赠包括定期捐赠，界定为每年至少给非营利组织捐款一次。一位著名的国家捐赠监测员声称，1999年14岁及以上的德国人中有41%的人捐款。这一比例在随后的几年中分别为37%（2000年）、40%（2001年）和47%（2002年）。2003年，这一比例为45%。另一位国家统计监测员也有类似数字，1996年41%的西德人和32%的东德人捐过款。此外，还提到实物捐赠，其中41%的东德人和35%的西德人1996年捐赠了实物，每人捐赠的实物货币价值分别约为107欧元和148欧元。在德国，捐赠共计38.7亿欧元，其中私人捐款占60%，遗产捐赠占20%，企业捐款占20%。老年人比年轻人更有可能捐款，长期就业的个人比失业者更有可能捐款，而收入较高的个人比低收入者更有可能捐款。但是，捐赠不仅仅受个人经济条件的影响。例如，理想主义的价值观也发挥着重要作用，特定宗教的成员资格会影响捐赠的可能性。

在几内亚，几内亚市民社会组织全国委员会的报告根据以下理由给予几内亚慈善捐赠最高等级（3个潜在捐赠者中有3个捐赠）：在几内亚，收集慈善捐款的统计数据很困难，因为没有数据库包含有关此类捐赠的信息。几内亚人倾向于在清真寺或教堂里捐赠，或者匿名捐款。但慈善似乎是人们的习惯。一项社区调查报告称，高达87.8%的公民定期慈善捐款，产生了得分为3的指标。然而，有必要对此议题进行更广泛的调查，以便获得更可靠的数据。

资料来源：参见CIVICUS, Civil Society Index, http://www.civicus.org/csi/index.php。

研究报告结果之间的差异，在很大程度上是因为方法和信息获取不同，以及参与者不同的定位与议题。国家卫星账户是联合国国民核算系统的一部分，国际非营利法律中心可能是最公正的，但它们仅分别关注非营利部门的经济和法律方面，因此，可能无法捕捉其更广泛的社会和政治方面的意义。其他项目有更具体的规范性议程：约翰·霍普金斯大学项目从一开始就明确表示目标是提升人们的非营利意识；CIVICUS是为了加强公民行动和市民社会而专门创设的非营利组织；美国国际开发署是美国政府机构,通过其民主和治理方案,旨在通过外交努力推动可持续民主,支持政府机构和市民社会。人们应该期望当地合作者与大学研究中心、非营利倡导组织和美国政府机构进行不同的对话。

虽然全球非营利部门的覆盖面很大,但研究中最明显的差距是阿拉伯国家的代表性不高。在中东地区发生政治动荡之前,20世纪下半叶中东地区的威权主义的一党制政体数量最多,它们对比以前更加独立的市民社会严密监控(R. A. Brown and Pierce,2013),限制了内部和外部研究人员的工作。另一个因素是基于天课(zakat)、瓦克夫(Waqf)和赛德盖(sadaqah)的宗教戒律,通过伊斯兰组织对慈善和社会服务进行制度化(参见专栏4.7)。对宗教领域基于信仰的机构的运作和财务进行研究,特别富有挑战性。在少数几个阿拉伯国家,其社会服务方面的工作通过独立于宗教之外的非营利组织提供,因此对其监督和透明度要求与其他非营利组织相同。然而,在大多数阿拉伯国家,社会服务通常由宗教机构自己直接提供,因此仍然处于税收体系或其他监管监控的完整核算之外。后一种情况在大多数阿拉伯国家都是现实。2011年,福布斯中东公布其第一份阿拉伯世界最透明慈善机构名单(Al Bawaba,2011;Forbes Middle East,2013)。在约3.7亿人口的区域,福布斯能够调查的慈善机构为337家,列入排名的仅有54家,其余组织不能提供足够独立的经审计的财务报表。在22个阿拉伯国家中,有5个国家因政府部门拒绝提供慈善机构名单未列入福布斯中东名单,有4个国家因政治动荡被排除在外。2012年福布斯中东公布了第二份名单,在调查的2050家慈善机构中,仅有61家被认为足够透明而列入排名(Forbes Middle East,2013)。

专栏4.7　伊斯兰教的公益概念

"天课"或慈善机构,是伊斯兰教的五大支柱之一。所有穆斯林都交纳"开斋节布施",这是斋月结束后的一种捐赠,款额一般相当于一顿饭的价格。个人资产超过贫困线的人,还必须交纳"扶贫款",一般理解为净收入和储蓄的2.5%。这两类慈善是强制性的。任何超出此基本义务的都称为"赛德盖",被认为是志愿慈善。除了"天课"和"赛德盖"之外,伊斯兰教还鼓励其他慈善传统。"瓦克夫"是指为慈善目的的捐赠,由永久信托持有。一般被译为英语的"基金会"。

这一概念在非营利组织工作中的应用，在伊斯兰国家之间差异很大。一般来说，"天课"和"赛德盖"流向宗教机构，这些钱可能用于慈善目的。与所有宗教一样，这些资金的支出通常不受公众监督。

在国家税收体系中，"天课"通常被视为慈善捐赠，允许相应的应税收入扣减。有几个国家的政府不允许扣减，但将收取"天课"的税款转交给伊斯兰组织。在拥有更多独立非营利组织的国家，伊斯兰服务组织可以直接寻求"天课"捐赠，有些甚至将这一概念纳入其名称，包括美国天课基金会、印度天课基金会和马来西亚非营利组织天课馆。伊斯兰开发银行（The Islamic Development Bank，2005）鼓励使用"天课"和"瓦克夫"作为减贫战略的关键要素。

非营利活动的其他指征

除了上述研究项目之外，许多国际比较指数也与非营利组织相关，有的指数关注对非营利部门有直接影响的议题，有的指数记录了有利于非营利组织发展环境的关键决定因素。

这些指数最直接的意义是那些与公益和志愿服务相关的指标（即向非营利组织提供的资金和志愿时间）。2010年，英国慈善救助基金会开始根据盖洛普世界观公民参与指数调查数据发布世界捐赠指数，这是一项在153个国家开展的持续调查项目，覆盖全球95%的成年人口（Charities Aid Foundation，2010；2011；2012）。盖洛普调查中包含的问题是，受访者是否在上个月向组织捐款或做志愿者或帮助陌生人。英国慈善救助基金会使用这些数据来生成世界捐赠指数。与上述研究项目一样，该指数存在重大的测量挑战，包括如何权衡正式组织对非正式团结网络的影响。在其他研究报告中，许多国家虽然只拥有小型和弱势的非营利部门，但这些国家都出现在世界捐赠指数列表的靠前位次。例如，塞拉利昂和几内亚都被列为捐赠国家的前20名，因为大量受访者表示他们帮助陌生人。该指数强调捐赠模式的显著差异，较贫穷国家的人主要倾向于帮助陌生人，而富裕国家的人还会给钱。图4.5对使用了三个捐款指标的区域进行了比较。

英国慈善救助基金会还出版了其他比较报告，特别是早期的慈善捐赠国际比较（Charities Aid Foundation，2006），对 12 个国家慈善捐赠占 GDP 的比例进行了比较。在这 12 个国家中，美国的捐赠占比最高，慈善捐款占国内生产总值的 1.67%，而法国仅占 0.17%。

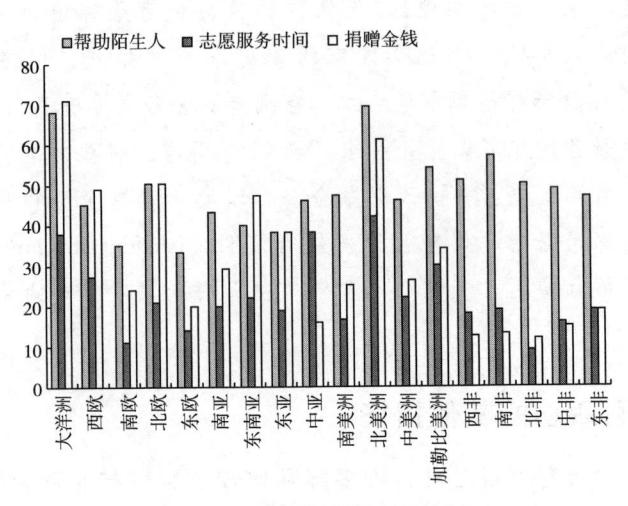

图 4.5 地区捐赠指标的比较

资料来源：Charities Aid Foundation，2012。

美国哈德逊研究所全球繁荣中心也开始发布有关世界各地捐赠的系列报告。《2013 年全球公益和汇款指数》（Hudson Institute，2013a）侧重关注从发达国家到发展中国家的金融转移，将公益和移民汇款与官方发展援助和私人资本转移进行比较。公益转移占美国 GDP 的 0.25%，但仅占挪威 GDP 的 0.085%；相比之下，挪威将其国内生产总值的 1% 以上用于官方援助，而美国只投入其 GDP 的 0.2% 用于官方援助（参见第七章和表 7.1 中关于财政转移的进一步讨论）。美国哈德逊研究所全球繁荣中心还发表了《公益自由：试点研究》（Hudson Institute，2013b），作者分析了在 13 个国家创建非营利组织的难易程度以及对公益事业的制度激励。像荷兰和美国这样的国家在创建非营利组织方面几乎没有障碍，对公益捐赠给予很大激励；而中国和俄罗斯在这方面门槛高，激励少。

2013 年，一家英国咨询公司推出巨无霸公益指数，该指数使用《经济学人》杂志开发的巨无霸指数作为比较单位，衡量了 38 个国家慈善捐赠的相对慷慨程度（Management Centre，2013）。巨无霸公益指数通过将捐赠价值与巨无霸汉堡包的当地成本挂钩来纠正国民生活成本的差异，但它仍然存在错误，因为它只是基于在这38个国家有慈善业务的一小撮大型国际慈善机构的捐赠，尽管这些机构在结构和文化上各有不同。然而，它确实提供了一些"思考的食物"（双关语），因为它似乎与其他研究的许多发现相矛盾。该指数将新加坡和马来西亚公民列为最慷慨的公民，尽管这两个国家通常被认为拥有小型非营利部门，而瑞典和荷兰这两个拥有大型非营利部门的国家被列为最不慷慨的国家。

从一开始，前文概述的约翰·霍普金斯大学非营利部门比较项目试图记录志愿者对非营利部门和经济的贡献。该项目的继承实体——约翰·霍普金斯市民社会研究中心，继续与联合国和国际劳工组织合作，通过《志愿者工作衡量手册》和全球志愿者测量项目，改善志愿服务对经济贡献的数据收集（Global Volunteer Measurement Project，2011）。在一个相关项目中，联合国志愿者办公室2011年发布《世界志愿者状况报告》（UN Volunteers，2011），该报告旨在记录各种形式的国内和国际志愿服务。报告的作者承认各种形式的土著集体行动，该报告指出，帮助他人和加强社区的无偿活动在所有社会中显而易见，尽管并不一定使用志愿服务这一术语来描述这些活动。

许多其他研究和调查记录了对结社自由的政治和社会支持、社会资本的力量、制度信任、资源可获得性，以及其他有利于独立的集体行动和非营利部门发展的有利环境等特征。目前由世界价值观调查协会（一家总部设在斯德哥尔摩的非营利组织）在87个国家开展的世界价值观调查，记录了各种各样的个人态度和行动，包括志愿组织的成员、对他人和主要社会机构的信任，以及（不）在民主社会中生活的重要性（World Values Survey，2013）。世界价值观调查的成果之一是根据两个相互关联的关键社会维度将各国汇聚为一张文化地图：它们的社会是否更多地遵守宗教传统价值观或世俗理性价值观，以及人口是否更多关注生存或自我表达（经济发展水平的替代）（World Values Survey，2011）。除了世界价值观调查之外，诸如欧洲价值观研究（European Values Study，2011）和欧洲社会调查（European Social Survey，2013）等区域研究记录了类似的社会和文化决定因素。

爱德曼信任度调查报告测量了公众对25个国家的商业、政府、非政府组织和媒体（这些是爱德曼研究人员使用的术语）的信任。该报告指出，在全球范围内，非政府组织是最值得信赖的机构，2012年58%的"知情公众"表示他们信任非政府组织"做正确的事"（相比之下，有53%的人表示信任商业，52%的人信任媒体，以及43%的人信任政府）（Edelman Trust Barometer, 2012）。受访国家对所有机构的信任差异很大，但最重要的是，在中国和印度等新兴国家，对非政府组织的信任度急剧增加。

许多指标和指数侧重于发展、自由、和平、繁荣和稳定等关键概念，这些概念是非营利组织有利条件的预测因素。这些指标和指数包括脆弱国家指数、自由之家的世界自由指数、全球和平指数、联合国开发计划署的人类发展指数、列格坦繁荣指数、透明国际腐败感知指数、世界银行世界发展报告、世界银行指标数据库、世界银行全球治理指标和辛格纳利-理查德（CIRI）人权数据库。

鉴于信仰组织在非营利部门中的关键作用，对宗教自由和相关活动的研究是数据的另一个有用来源。宗教数据档案协会有与信仰相关活动的区域和国家数据。这些数据汇聚多个来源，包括哈德逊研究所的宗教自由中心。

有关信仰组织的作用及其对理解世界各地非营利部门规模和范围差异的影响问题，尚未在国际比较层面得到充分探讨。与非营利部门相关的大部分工作都是直接由与信仰相关的非营利组织或以其为幌子进行的，很容易辨别。在某种宗教获得政府资助的国家，与该信仰相关的组织占据该国大部分社会和经济空间，而在其他国家这些空间由更独立、世俗的非营利组织占据，但似乎没有研究量化信仰组织和世俗组织之间的排挤或竞争程度。很大一部分公益流向信仰组织（在美国和澳大利亚，有关捐赠统计数据按行业划分，大约1/3的私人捐赠都流向宗教组织），但对于哪些用于纯粹与信仰有关的目的而不是更为世俗的社会服务，似乎没有可靠数据。

重新审视文化框架

在接下来的部分，不同的文化框架将被阐释为在不同的经济、政治和社会制度下运作的国家非营利部门当前活力的原型。它们类似于基于福利制度的那些原型（Anheier, 2014; K. M. Brown and Kenny, 2000;

Esping-Andersen，1990）以及约翰·霍普金斯大学非营利部门比较项目中出现的模式和集群（Salamon，2010；Salamon and Sokolowski，2010），但下文阐释的框架也整合了当代政治和社会活力，它们正在重塑和超越早期的文化框架类型。

框架不是严格的模板，而是代表非营利部门的发展模式及其与各自政府和商业部门的关系。框架也不是明显分开的：有重叠和某些趋同（参见第五章中关于"美国模式"趋同的讨论），有些通常基于流行的历史和文化叙事的所谓差异，可能不一定得到其他研究数据的支持。彼得·鲍德温（Peter Baldwin，2009）在《小小差异的自恋：美国和欧洲如何相似》中借鉴现有的统计和调查数据，认为尽管欧洲和美国流行的文化和社会叙事存在鸿沟，但它们的各种指标非常相似，包括关键的市民社会特征，如对政府的信任和志愿服务。

下面描述的框架可以通过关注两个关键的相互关联的连续体来图形化地表示：（1）国家或市民社会的相对优势（鉴于第二章中关于市民社会界定的论点，用于比较目的，它是一个比"非营利部门"更好的描述符）；（2）国家经济发展水平。国家与市民社会之间主导地位的连续性，反映了前几章概述以及本章概述定量和定性研究项目所讨论的政治和社会环境议题。经济发展也可以通过衡量人均国民收入（世界银行依此标准将国家分类为高收入、中等收入或低收入国家）绘制为连续体。使用这两个连续体，可以勾画框架的大致轮廓以及它们之间的关系（参见图4.6）。

图4.6包括脆弱的和受冲突影响的国家（FRACAS）框架，描述了在一小部分最不发达国家中，其政府机构只是勉强运作，无法控制或为其整个领土提供服务。该国可能被交战各派别分隔，而少数正式服务提供机构往往由民兵团体控制。根据安全情况，维和行动、救灾与人道援助组织（包括联合国、非洲联盟等区域多边实体以及国际非营利紧急援助组织）可能占有重要地位，它们都独立于该国政府运作。这些脆弱的和受冲突影响的国家提供了一种扭曲形式的市民社会"异常"例子。虽然承认脆弱的和受冲突影响的国家框架的存在很重要，但下文不直接讨论，因为它涉及国家建设和治国方略进程，通常超出了非营利部门的讨论范围。与此同时，非营利部门在这种情况下运行的诸多挑战，将在本书后面章节中讨论。

将非营利部门、市民社会或第三部门等术语应用于脆弱国家、威权

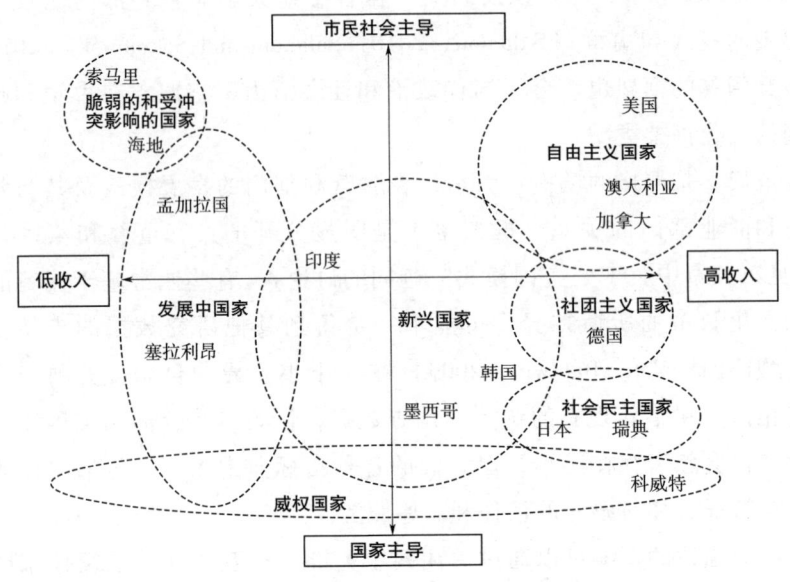

```
                    市民社会主导
                        │
  索马里               │              美国
  脆弱的和受冲          │           自由主义国家
  突影响的国家          │              澳大利亚
     海地              │              加拿大
         孟加拉国       │
                       │印度
 低收入 ─────────────────┼───────────────── 高收入
       发展中国家       │      社团主义国家
                        │新兴国家  德国
         塞拉利昂       │
                        │    韩国
                        │   墨西哥  社会民主国家
                        │          日本  瑞典
                        │                 科威特
               威权国家  │
                        │
                    国家主导
```

图 4.6 非营利部门的文化框架

国家和新兴国家的社会和政治结构配置，再次突出了对这些术语进行界定所带来的挑战，以及发达国家外源框架的应用。然而，可以发现一种明显的趋势，即使用相同的不断发展的全球化术语来描述不同国家的活力多样性。例如，在记录马来西亚非营利部门的资料中，1973年的一本题为《血、信徒和兄弟：马来西亚志愿协会的发展》的专著，集中探讨了宗亲网络、贸易协会和行业协会（S. A. Douglas and Pedersen, 1973）。一本2003年出版的专注于同类组织的题为《马来西亚的社会运动：从道德社区到非政府组织》的著作中，作者指出，"虽然许多当代非政府组织的具体形式可能是新的，但它们往往建立在社交网络和协会的悠久历史基础之上"（M. Weiss and Hassan, 2003：1）。在《马来西亚研究杂志》2011年的一篇题为《国家民主化的市民社会局限：马来西亚案例》的文章中，作者指出，马来西亚市民社会组织"有一系列混乱的表现形式，从学术专业团体到草根团体、商业导向团体、慈善组织，以及最重要的种族和宗教团体"（Farouk, 2011：105）。在下文框架中描述的任何国家的记录资料中，都可以找到同样的语义转换。

框架描述最小化地提及种族、宗教和地区，尽管以前对世界各地非营利部门的分析通常包括直接基于这些因素的类别。大卫·沙克和韦恩·哈德森（David Schak and Wayne Hudson，2003）假设存在一种基于儒家道德约束忠诚、虔诚和礼仪的亚洲模式，这种模式已被转化为社会契约，从而导致更多地服从国家权威。有些类型通常包括基于慈善支柱的伊斯兰国家的单独类别，慈善支柱是伊斯兰教实践的基础（参见专栏4.7）。广泛的发展中国家类别经常被细分为天主教会在其中起主导作用的拉丁美洲，以及殖民主义和剥削遗产让不发达根深蒂固且几乎所有的FRACAS国家聚集的非洲等地区。使用此类文化-宗教类别的非营利组织研究人员的工作得到更广泛的社会研究的支持，例如前文引用的世界价值观调查（2011）。

然而，尽管记录、分析区域、宗教和文化影响是必不可少的，尽管本书对其中许多影响进行了讨论，但它们与作为类型学的界定特征越来越不相关。凯瑟琳·麦卡锡、弗吉尼亚·霍奇金森和伯西·苏马里瓦拉（Kathleen McCarthy，Virginia Hodgkinson，and Russy Sumariwalla，1992）等研究者的开创性比较研究"仅"有二十多年的历史，然而读到他们基于前共产主义东欧、伊斯兰教和地区团体等类别的文章，会觉得他们与迅速变化的世界有点不和谐。东欧大部分国家现在都是欧盟的一部分；韩国在高收入援助国中占有一席之地；博茨瓦纳、加纳和南非等非洲国家似乎巩固了民主体制，正在迅速发展；其他非洲国家与太平洋岛屿有些地区情况有更多共同之处；而古巴，越来越多地与委内瑞拉和尼加拉瓜一起分享东亚和非洲政权中以国家为中心的特征。本书是在"阿拉伯之春"正在展开的时候写的，这些事件的结果将需要数年时间来评估，但考虑到陷入动荡的国家之间已经出现的差异，对是否包括单一阿拉伯国家类别的任何疑虑最终被搁置。非营利部门的任何分类及其非营利组织的活动日益跨文化、跨区域。

自由主义国家

虽然自由主义标签经常被用作进步的同义词，特别是在美国是如此，但在这里该术语是在经典多元自由主义的传统意义上用来描述非营利部门，指的是支持言论和结社自由，以及有限政府（后者通常被认为更保守）。在当代话语中，特别是欧洲评论人士，常将经典自由主义称为新自由主义，意味着20世纪后期寻求缩小政府规模和范围的意识形态复兴，特别注重竞争性市场原则和外包。

自由主义框架中的国家有着悠久的个人自由、独立结社生活和较少集权政府的传统。在当前情况下，它们也具有强大的非营利部门，非营利部门是国民经济活动的重要组成部分。该框架通常与工业化的英语国家相关，这些国家具有共同的多元历史-政治安排，鼓励独立的结社生活和自组织，促进慈善和志愿行动的文化规范，以及新近一系列寻求巩固和扩大非营利部门的制度安排。美国是一个标志性的自由主义国家，小政府和强大的非营利组织历史悠久，而澳大利亚、加拿大和英国等其他国家将自由主义与20世纪早期到中叶引入的更强有力的福利国家供应发展相结合。

自20世纪70年代以来，所有这些国家的非营利部门都因前几章辨识的"保守"和"进步"原因而大幅增长。自20世纪80年代以来，新公共管理的广泛影响和各国政府实施的公共部门改革，已经使合同外包、协商和共同生产等在自由主义国家中成为核心组织原则。在这些国家，政府为非营利组织提供大量资金，私人慈善和志愿服务水平相对较高，以及广泛的创业活动为一些组织带来可观的收入。大型非营利组织的管理日益专业化和企业化，重点放在提供服务而不是表达功能上，后者日益被圈定为公开认定为倡导组织等一小撮非营利组织的工作。与政府的倡导关系基于非营利部门的感知力及其动员更广泛人口意愿的能力，但它们也受政府与非营利组织之间通过广泛协商和签约过程创建的新制度关系密度的调节。

在第五章中，我将更详细地介绍美国版的新自由主义框架，探讨其如何被其他国家模仿。

社会民主国家

在社会民主框架中，通过高额税收和巨额公共支出，国家承担着资助与提供社会、教育和卫生服务的主要责任。在20世纪的大部分时间里，这个模式都是斯堪的纳维亚国家的特征，最具象征意义的是瑞典，其公共支出占GDP的52.5%（美国为38.9%），由高税负来支持（税负为47.9%，而美国为26.9%）。

较大政府部门预期的结果也反映在包括商业企业在内的其他经济部门的预期中。与自由主义国家相比，合作社和互益组织在社会经济方面发挥了更大的作用，相比其他工业化民主国家，工会保持较高会员率，企业社会责任作为标准商业惯例已经根深蒂固。通过一系列政府主导的政策、项目以及劳动力市场机制，实现诸如全民医疗保健、便利的公共教育以及妇女更加平等的社会成果——这是其他国家非营利组织的典型政策、项目目标。这里提到的社会市场经济，不是以自由主义国家为基础的市场经济，而是寻求限制不平等、为更普遍平等的福利提供可能性。

由于国家占主导地位，提供服务的非营利组织相对较少，只有少数志愿者从事服务提供。然而，社会民主国家的非营利部门的规模依然很大，在社会、政治和经济生活中发挥着重要作用。斯堪的纳维亚国家的非营利部门在宗教慈善和进步社会运动方面有着悠久的传统，这导致了20世纪30年代福利国家的出现以及国家提供核心服务的假设。这些国家社会富裕，人们有大量的剩余收入和时间。由以志愿者为基础的小型会员服务组织构成的庞大网络已经形成，这些组织以自组织和表达功能为中心原则。在社会民主国家依然可以看到高水平的志愿服务，但其重点是倡导组织、专业协会以及体育和娱乐组织，这些组织的很大一部分收入是服务费。一个强大的国际援助子部门也已形成，因为对慈善活动的私人捐赠一般都有外部关注。

然而，自20世纪80年代以来，国家的作用在社会民主国家中显著回归。在20世纪的大部分时间里，被概念化为倡导和会员导向的"流行运动领域"，正被重新界定为一个可以与国家在服务提供方面进行合作的部门（Reuter, Wijkstrom and von Essen, 2012）。与其他工业化国家相比，卫生、教育和福利等领域的政府服务私有化依然相对温和，新的承包流程包括商业部门和非营利部门。似乎已经做出了某种假设，即传统的非营利部门对承担服务角色没有特别的兴趣，而且非营利组织通常没有管理大规模服务提供所需的能力或技能基础（Pestoff, 2009）。

社团主义国家

在最普遍意义上，"社团主义国家"一词描述了这样一个社会，在这个社会中，国家作为权力关系严格等级中的中心角色，将某些角色分配给其他主要行为体。因此，严格地说，前述框架中确定的社会民主国家也是社团主义国家（如下所述的威权国家同样也是）。然而，就本分类法的目的而言，"社团主义国家"是指那些历史伙伴关系涉及将社会服务的法律和行政责任下放给信仰组织和工会等一系列中介非营利集团的民主国家。虽然这些非营利组织与各自政府是分开的，但长期的制度安排模糊了这些差别，它们的工作也融入社会市场经济和福利国家的活力。政府提高收入或创造使收入制度化的流程（例如，用于支付健康和养老金福利的强制性工资扣除），但只有少数在福利国家机构中有稳固地位的关键非营利组织管理和提供这些服务。

本书讲的社团主义国家主要指德国和比利时等欧洲大陆国家。这些国家拥有基于意识形态—宗教分离的非政府部门，在政府与少数选定的非政府组织之间建立了稳定的合作关系。就经济活动和就业而言，其非营利部门规模大，但数量相对较少，这些主要服务提供商受到历史上社团主义安排的税收支持。纵向一体化活力，通常被称为"柱状化"，也反映在决策和社会行动结构中，这些结构将政党与诸如工会和协会等群众组织联系起来。

有作者认为，可以在美国和欧洲的利益调解之间找到一种趋同，且在20世纪90年代初，有人宣称"社团主义已经死亡"（Richardson，1993）。沃尔夫冈·斯特里克和菲利普·施密特（Wolfgang Streek and Philippe Schmitter，1986）以及克莱夫·托马斯（Clive Thomas，1993）提出，欧洲正在经历削弱社团主义影响的社会结构和政治制度的变化，同时由于社会结构和集体利益的分化加剧，以及市场的不稳定性和技术变革，中介过程也转向类似美国的互相分离的多元化模式。但尽管有这些变革，传统社团主义结构在欧洲大陆国家依然存在并继续在决策和服务提供中发挥核心作用，尽管21世纪初以来，竞争性招标服务越来越多，非营利部门日益多样化。

新兴国家

这一框架汇聚了那些自20世纪80年代后期以来经历了相对和平的民主过渡同时经济发展相对稳定的国家。这里"相对"这个词是关键，因为一些"新兴"国家内部已经有相当多的战乱和暴力，民主体制和法治尚未完全巩固,其经济尚未稳固。该框架包括中欧、东欧和欧亚大陆的后社会主义国家,中美洲和南美洲的前军事独裁国家,以及非洲和亚洲的前独裁国家。"阿拉伯之春"被认为可能推动一些中东国家进入这一类别,但有待于检验。

第二章概述的市民社会术语是评议上述政府向民主过渡的核心分析概念,市民社会组织在最广泛的定义上,可能包括在迫使政治发生变革中扮演关键角色的秘密工会和持不同政见的公民组织。一旦发生民主过渡,西方非营利组织(其中一些可能一直在支持前政权下的持不同政见者)通常会突然涌入该国,独自或与当地合作伙伴一起工作,以及对当地组织进行全面重组。旧政权下存在的政府支持的群众运动组织和专业组织或是转变为民主运营组织或消失,而持不同政见的民主组织和秘密组织合法化,新的组织(可能包括受威权政权镇压的历史悠久组织的复兴)迅速出现。其中一些组织最终转变为成熟的政党,将精力集中在选举政治上,但其他组织成为独立的非营利组织,因为相关的授权立法是在新的民主政府下制定的。新兴的市民社会组织,通常被视为反对过去暴政回归的预防措施。

一旦那些对选举政治感兴趣的组织重新建立自己的政党,剩余的非营利部门往往由文化、娱乐和专业协会主导,这几个领域的非营利组织通常在专制政权下受到鼓励。旧政权下存在的组织,其转变有相当大的挑战。例如,以前由忠诚政权的干部主导的律师协会,其作用是确保法律专业仍然服从当局,现在必须成为一个捍卫会员权利、监督法治的独立组织。

在新的创业激情氛围中,通常会出现新组织激增的重要时期。然而,许多组织是不可持续的,因为独立的非政府行动的发展是脆弱的,经常受到前威权政权下的群众运动协会遗产和新组织腐败的影响(M. Taylor et al.,2009)。转型国家的非营利组织,通常在推进民主和提供基本服务方面发挥着至关重要的作用,但非营利部门的"黑暗面"也出现了,腐败和寻租问题经常受到关注。在一个东欧国家,20世纪90年代出现的许多非营利组织,其唯一的显性资产是外国豪华汽车,因为税收漏洞允许非营利组织进口汽车,而不需承担个人或营利公司需担负的严苛税收。在最初的民主过渡后非营利组织数量激增,但很快就会达到顶峰,接着因不可持续的组织倒闭以及有问题的组织被当局关闭,非营利组织的数量往往会急剧下降。

新兴的非营利部门在与政府当局的复杂共舞关系的边缘岌岌可危。第一批新组织通常由政党、工会和宗教组织主办，它们必须在捐赠和志愿服务水平较低的社会环境中维持自己的生存。随着资金由外国捐助者或新政府提供，非营利部门的服务功能得以扩大，新政府可能日益鼓励非营利组织的活动，开始与非营利部门签订合同，但表达功能更具争议性。随着该国民主转型巩固，如果外国捐助者退出该国并将重点转移到世界上新的不稳定的冲突地区，该国的许多组织将面临资金短缺问题。

随着政权更迭，前反对派活动家通常会走上权力舞台。一旦他们成为新政府机构的一部分，他们往往会用相当怀疑的眼光看待独立组织，并将其视为不忠诚的前官员或对过去政权心怀不满成员的庇护所（这种描述有时可能是恰当的，特别是新出现的组织）。新的非营利组织可能被指控有非法反对行为或有腐败行为，在这些组织中工作的昔日激进分子英雄被视为今日的恶棍。非政府组织与反政府组织之间的区别可能会变得模糊，特别是在政治紧张局势升级之时。市民社会组织参与了世界各国的政权更迭，加剧了许多政府的不信任，特别是那些回归专制倾向的政府，在通常被称为有"外国影响"的内政问题上，态度更加谨慎（Rutzen，2015）。专注于倡导和监督活动的非营利组织在这些国家工作，其工作人员面临相当大的个人风险——世界各地的人权活动人士和非营利社会服务工作者经常遭到骚扰甚至谋杀，是他们面临危险的可悲证据。

自上而下的由外国资助的非营利部门，与自下而上的历史性组织本土复兴和新的地方组织发展之间可能出现紧张关系。随着民主转型的巩固，外国政府、援助组织和单个非营利组织，在发展市民社会组织方面发挥着积极作用。诸如欧盟在1989年后的过渡期为中欧和东欧国家的市民社会组织提供资金的计划，以及诸如开放社会基金会（参见专栏3.7）和CIVICUS（参见专栏7.1）等非营利民主项目，均有来自其他国家的非营利组织参加，它们寻求在这片新的沃土上重现自己的工作。更仁慈的观点是，这种干预旨在帮助当地公民建立集体行动的能力，稳定民主体制，但批评者认为其更加邪恶的目的是植入资本主义或服务于外部资助者的其他利益（Abzug and Webb，1996；T. Wallace，2003）。

转型的结果是混合的（很少有由非营利部门来决定的原因）。中欧和东欧国家加入了欧盟。巴西从20世纪60年代开始直至80年代的20年军事独裁统治转向如今的稳定的民主国家，是世界上经济增长速度最快的经济体之一。但是，诸如欧亚前苏联共和国等其他国家，面临更大的挑战，重新陷入专制制度和经济不稳定状态（参见专栏4.8，哈萨克斯坦的例子）。

专栏4.8　哈萨克斯坦的非营利组织

哈萨克斯坦是中亚的一个共和国，随着苏联解体而获得独立。拥有人口1700万，其中70%是穆斯林，24%是基督徒（主要是俄罗斯东正教徒）。它是一个民主共和国，但自独立以来（到2018年为止，——译者注）只有一位总统纳扎尔巴耶夫（Nursultan Nazarbayev），他在上次选举中赢得了超过90%的选票。

最近的研究发现，在哈萨克斯坦，西方式的专业非营利组织薄弱，且不可持续。这些非营利组织中的大多数，都非常依赖外国捐助者来获得资金，至今没有强大的本地支持网络。对这种制度无效性的解释包括与当地传统脱节，非营利组织的低可见度以及政府不支持。对普通民众的调查表明，哈萨克斯坦人对非营利组织知之甚少，并不了解其效用。市民社会组织无法服务于当地民众，可能主要是由于基本文化不匹配，因为当地文化与在哈萨克斯坦创建非营利部门议程的捐助国的文化形成了惊人的不协调。

资料来源：参见 Borzaga and Fazzi，2010。

发展中国家

上述几个框架集中在工业化国家和新兴国家上。与之相比，经济规模较低的一端是低收入和中低收入的发展中国家。世界上最贫穷的国家是指那些人均国内生产总值较低（2012年，低收入国家人均GDP低于1005美元，中低收入国家人均GDP为1006美元至3975美元），以及人力资产薄弱（卫生条件差、教育水平低等）和经济脆弱性高的国家。最贫穷的国家经常受制于普遍的内部冲突，遭受广泛的腐败，缺乏政治和社会稳定。这些国家的政府往往是专制的，分裂成对立的派系，游击队或军阀控制着国家的部分地区。政府官员常常也是"盗窃者"，其中寡头们掠夺国家财富为奢侈的生活方式推波助澜，而绝大多数人口生活贫困。国家不为人民提供可靠的公共服务，更谈不上保护公民，任何可能威胁到精英统治权的独立组织往往受到暴力压制。即使在那些以更开放、更民主政权运作的贫穷国家，资产阶级精英也主导着经济和政治生活（少数显赫家族控制着财富和政治支持）。

许多重要的基层组织正在努力实现变革，但它们往往被更广泛的经济力量和当政专制者的直接镇压所淹没。这些国家通常有悠久的传统集体结构和结社生活以及殖民地传教和慈善工作历史。自 20 世纪 90 年代以来，专业非营利部门在这些国家兴起。新的非营利组织包括外国的国际非营利组织和已成功利用国际资金流或与国际合作伙伴建立联盟的本土非营利组织。

这些国家非营利部门的一个重要方面，是外国非营利组织的大量存在以及外国资金对本土组织的主导作用（Shivji，2007）。由外部资金资助的非营利组织的员工，在当地劳动力市场中薪酬较高。外籍人士的薪水通常以其母国为基准，享有与当地精英相当的生活方式，在外部资金资助的组织中工作的当地人往往是幸运的少数，他们从有保障的来源获得稳定的工资收入。与工业化国家的非营利组织员工（通常处于薪酬水平的低端）不同，那些在低收入国家非营利组织工作的员工通常是特权阶层。此外，当地的非营利组织员工通常是高素质的专业人员（工程师、律师和学者），他们在非营利组织中从事通常远低于其拥有的技能的助手工作，因为他们发现在国际资助项目中作为司机、口译员或中级管理人员，比他们从事自己的专业挣得更多。通常来说，这些国家的非营利组织的层级也与工业化国家有很大不同，国际非营利组织的执行人员是相对年轻的侨民，通常是女性，她们可能不会说当地语言，需要依靠当地双语工作人员参与对话。为了培养一批合格的专业人才，发展中国家的大学里的非营利研究出现了繁荣，这些研究将管理和发展议题相结合（Mirabella et al.，2007）。

外部资金和外部压力带来的政治和社会后果，往往是一些摩擦的根源。由于国际非营利组织确保了自己的收入来源，非营利组织不是对地方当局而是对自己的成员和捐助者更加心存感激，因此产生了问责和政策所有权问题。海地经常被视为发展中国家非营利组织发展的典型，非政府组织通过向国家提供捐款，拥有影响政府政策和方案议程的能力和权力，变得比政府更强大（参见专栏8.6）。

鉴于许多发展中国家政府弱势，缺乏规制非营利组织的能力，于是政府制定了其他流程来监督国际非营利组织的参与。联合国鼓励制定"政策文件"，这些政策文件为不同国家的非营利组织运营提供指南（例如，Government of Liberia，2008）。在没有地方立法的情况下，这些政策实际上构成了规制非政府组织活动的法律框架。

国际非营利组织寻求在许多国家的经济发展和民主化中发挥重要作用，但它们面临的现实是，政府和反对派都可能对其活动持谨慎态度（Roelofs，2006）。对非营利组织抱着怀疑、担心态度的政府正在限制非营利活动，而在存在动乱和叛乱的地方，武装反对派往往以非营利援助工作者为目标，他们认为非营利援助工作者通过支持现存腐败政权，强加与当地习俗不一致的外部价值观、习惯和系统等来代表外国利益。外部资助的非营利组织，通常被视为阻碍了本土市民社会的发展，分散了可能推动结构性变革的更多政治组织的发展（Banks and Hulme，2012；M. Taylor et al.，2009）。

基于传统家庭、宗族、语言群体、种姓、部落或村庄的广泛的非正式草根社团部门，仍然存在。随着新的专业化非营利组织扎根，它往往与这些现存的社会结构相抵触。在所有国家，大型公司制非营利组织和小型草根组织之间存在紧张关系，但在发展中国家，传统的集体结构与由外部捐助者资助并受当地精英青睐的新一代专业化非营利组织之间，往往形成特别严重的分歧。较新的非营利部门通常掌握在该国定居的外籍人士或能够在国际环境中更有效地运作的地方精英（当只有少数受过教育的人会说英语或法语这两种国际组织最常用的语言时，这种情形尤为明显）手中。它们通常受到的指责是，声称代表穷人和农村社区的利益，却没有真正理解他们的真正需求，更多地将其视为慷慨捐赠的"利益相关"接受者而不是确定项目政策和战略的"权利持有者"（Suleiman，2013；Tanaka，2010）。

在政府服务匮乏的情况下，为了满足旺盛的需求，建立了由文化、教育和健康方面的非营利组织构成的小规模的非营利部门，在这些国家，草根和精英之间的鸿沟也很明显。在许多发展中国家最好的学校、医院和文化机构通常都是非营利组织，但通常很少为穷人提供服务，穷人被剥夺了获得这些服务的权利。

发展中国家的组织也经常以有权势的"大人物"或其他魅力企业家的领导力和资助为基础，这些"大人物"或企业家成为主导许多非营利组织的王朝式结构的家长（偶尔是女族长）。他们可能通过传统的统治血统或通过诡计和暴力获得自己的地位，但参与与这些人有联系的组织，可能是在受腐败和暴力困扰的社会中生存或维持生活的关键（Hyden，2010）。

有组织犯罪与非营利组织之间的关系再次成为一个议题，因为一些犯罪团伙在其控制地区开展类似于非营利组织的服务，在国家无法监管或充斥腐败的情形下，它们也可能将非营利组织作为其活动前沿。透明度也是一个问题。无论是公共机构、私人机构还是非营利组织，很少有制度性结构可用于促进或监督组织的透明度，可能也很少有基础设施用来收集和扩散非营利组织的运营和财务材料。透明度甚至可能被视为危及员工的因素，在一些国家，非营利组织故意不公开宣布其收入，因为公布收入可能使其成为更明显的敲诈勒索和盗窃目标。

威权国家

跨越经济鸿沟的最后一组是一党制和威权政权，其中任何与统治政权（或神权政治中的主要宗教）无关的政治或社会组织均被禁止或仅允许有限参与。尽管可以在经济规模底端找到许多这样的国家，但好几个高收入国家拥有威权政府，它们或者由一个遏制政治自由的领导者或政党统治。在2011年《世界自由报告》中，在研究的194个国家中有60个被确定为"部分自由"（占研究国家数量的31%，或占全球人口的22%），47个为"不自由"（占研究国家数量的24%，或占全球人口的35%）。在这些国家，可以找到相当多的为独立非营利组织运行设置的制度性障碍和非正式壁垒，不管是国内非营利组织还是国际非营利组织，尽管国际非营利组织可以在政权认为可接受活动的严格限制范围内获得更多的回旋余地（Freedom House，2011）。

最专制、掠夺性和汲取式政权使用"硬实力"镇压，包括对那些被其认为是威胁的人进行拘留、严刑拷打和谋杀。镇压的重点是直接的敌对派系，但受到迫害的通常还包括任何旨在揭露侵犯人权或腐败行为的监督组织，甚至包括超出政权允许的狭小范围的社会服务组织、社区发展组织或教育组织。为寡头们工作的犯罪团伙和民兵组织，也可能在相对不受惩罚的情况下，攻击被视为危害其利益的非营利组织。当武装冲突出现时，民兵组织可能攻击那些他们认为其活动使反对者合法化或支持其反对者的服务型和援助型非营利组织。

更多发展和分流式一党制政权国家使用"软实力"控制——设置登记障碍、对准许活动进行规制、限制资金和创收，以及设置监督条款以当局否决权制约组织的继续存在（ICNL，2013；J. Richter and Hatch，2013）。这些与限制结社和抗议权、控制媒体和阻碍透明度的一般法律密切合作［参见 ICNL（2014）中撒哈拉以南非洲的例子］。政府有权利或仅仅是权力，关闭任何不再批准其活动的组织，拘留抗命不遵的顽固分子。维持独立组织的尝试很快就会遇到对庇护主义和合作的压力，那些不顺从的组织被迫在不断保持警惕并经常受干扰的情况下在边缘行事。如果把服务型非营利组织看作能为已获批准的议题领域的政府服务提供补充的组织，则可以容忍甚至鼓励，如果把倡导组织和文化组织看作能为推动政权合法性、协助在国际舞台上发声的组织，则它们也可能获得允许。

不愿为非营利组织工作开放空间，也可能基于经济增长模式和政治限制。一些东亚国家将20世纪80年代、90年代的经济增长建立在以国家为中心的"家长式"模式上，这些模式歌颂节俭、勤奋以及对家庭和社会的责任，避免创建西方式福利国家。对由雇主和家庭提供社会保障网的社会来说，西方式福利国家是多余的。国家控制政策制定，任何由非营利部门提供服务的尝试几乎得不到鼓励，导致非营利部门的政治或运行空间受到限制。

在许多威权主义和一党制政权中，政府资助的组织采取非营利组织形式，使用非营利组织用语。这些组织大多常常是由执政政权严格控制的基于政党的群众运动组织，通常，它们不仅关注文化和娱乐活动，也关注慈善工作。很典型的是，总统型独裁者的夫人是全国妇女群众运动组织的负责人和慈善机构的傀儡。鉴于威权政府在其公民生活中的普遍介入，公共部门和私营部门之间的区别更少，许多社会和经济特权通常有赖于这些组织的会员资格，尽管形式上是自愿的。语言政治发挥着重要作用，威权主义风格政权采用诸如"现实民主"和"国家民主"等民主术语变体，来描述其统治，使其产生的组织合法化。

许多威权国家也有"流亡的非营利部门"。那些逃离威权体制，在民主国家避难的人组成"团结委员会"，经常与当地活动家共同行动。尽管这些委员会通常有明显的变革其原籍国政权的政治目标，但也经常保持开展某种类型的援助和文化交流活动，将其所在流亡国与祖国联系起来。流亡难民受到东道国非营利部门和监管制度的训练，当其祖国实现民主转型，建立准许其返回的更多元化制度时，他们常常会将这些训练带回去。

框架间的迁移

定量比较研究项目和文化框架的定性叙事，是了解任何国家非营利部门的重要工具。与此同时，所有非营利部门都在不断发展，无论是从衡量指标来说，还是从研究人员和公众看待它们的观点来说。这种演进可能是决定国家剧本的各种因素逐渐变化的结果，也可能是突然转变的标志。金永真和黄长荣（Inchoon Kim and Changsoon Hwang，2002）描述了自朝鲜战争结束以来韩国非营利部门演变的三个"阶段"。这些阶段可能是韩国独有的，但反映了许多其他经历过政权更迭和经济增长的国家的变化。

第一阶段，朝鲜战争结束直到20世纪60年代初，国家的主要目标是维护国家安全。非营利组织以服务为导向，为穷人提供福利服务或实施发展项目。这些组织大多由外援建立，受外援支持。韩国社会依然是农耕社会，社区、宗教和祖先社团很流行。

第二阶段始于1961年的军事政变，其特点是专制的发展型国家。仅在有限的政治空间内允许独立的民事活动，但在该阶段韩国经历了快速的经济增长。出现了三个不同的组织子部门：（1）政府资助的社会组织动员民众参与国家发展、宣传政府政策；（2）非政治类教育组织和服务型组织在提供公共产品和社会服务方面开始发挥重要作用；（3）地下学生活动和政治反对派团体煽动民众抗议政府，但遭到政府的严厉镇压。

第三阶段始于 1987 年 6 月威权政权的终结。公民运动和劳工运动，以及其他非营利组织在紧接着出现的后民主化时期急剧增长，增加了重要的新参与者。早期的领导团体，如学生组织和地下团体，逐渐被新组织所取代。20 世纪 90 年代被许多人视为韩国的"市民社会时代"。非营利部门现已发展成为韩国社会中一个高度可见的独立元素，拥有领域广泛的服务型组织和表达型组织。

在这个阶段，韩国普通民众的财富和侨民公益（参见第七章）日渐增多，有助于建立一个支持国内外活动的庞大捐助者基础。韩国建立的新的国际非营利组织开始在世界各地崭露头角（参见专栏 4.9）。

专栏 4.9　全球公民共享

全球公民共享（Global Civic Sharing，GCS）是一家国际非营利组织，旨在为亚洲和非洲的贫困社区提供发展援助。它成立于 1998 年，总部设在韩国首尔，目前在越南、蒙古国、东帝汶、缅甸、卢旺达和肯尼亚开展工作。其目标是实施发展援助项目，支持市民社会赋权，向遭受自然灾害和战争冲突的受害者提供紧急救援，推动韩国青年参与志愿活动和全球交流项目，开展政策制定研究和活动。全球公民共享年度预算为 240 万美元，管理以下项目。

· 职业培训：通过为当地人提供韩语和计算机技能培训机会，为当地人赋权。这些项目针对受教育和就业机会有限的社会边缘化群体。

· 教育：重点关注青年和大学生，为他们提供在全球议题中获得更好的领导力和问责所需的经验和培训。

· 倡导：推动外国援助政策和战略研究，参加国内和国际研讨会，组织各种反贫困运动。

· 奖学金：向发展中国家派遣志愿者，帮助志愿者获得在国际发展合作领域的工作经验。自 2004 年 11 月以来，约有 50 名韩国志愿者被派往 7 个不同的国家，为期 1 至 2 年，开展各种创收、社区教育和市民社会交流项目。

资料来源：参见 Global Civic Sharing，http://www.gcs.or.kr/eng/。

第五章　全球化的各种思潮

前一章重点阐述各国非营利部门之间的差异，但也可以找到越来越多的相似之处。随着信息技术的发展，思想在各国间的传播更加容易，个人因教育和就业流动更加自由，世界各地非营利部门的关键要素正在趋同。在本章中，我将研究美国模式是否正在成为世界各地的主导性的运营框架，探讨政府—非营利部门关系和社会企业领域越来越趋同的话语体系。

"美国"模式的胜利？

> 亚历克西斯·德·托克维尔（Alexis de Tocqueville）在19世纪早期观察到的由各种可能的公民团体构成的美国社会革命，是走向全球的，永远改变了公民与政府之间，以及政府之间的关系。"阿拉伯革命"只是这次更巨大变革的第一次尝试。
> ——安-玛丽·斯劳特，《问题将是全球性的——解决方案也将是》

正如第一章所强调的那样，非营利部门的全球扩张已经发生：在活跃的非营利部门有悠久传统的国家，非营利部门显著增长，而在过去独立非营利组织十分缺乏的国家，可以找到明确的证据，一个不断增长的、新的、自信的非营利部门已经兴起，正在寻求更广泛的合法性。

每个国家都是独一无二的，因受其国家历史包袱、当代制度变革以及关键政策制定者或拥护者个人活力影响而产生路径依赖。但如果去语境化，世界各国的变革措施和变革过程看起来非常相似，话语和模式明显趋同。一个共同的国际趋势是，独立组织和行动的民众能力日渐增强，

第五章　全球化的各种思潮

公众对非营利组织作用的期望发生变化，转向涉及第三方安排与公共部门的私有化的治理和伙伴关系路径，非营利组织工作商业化和市场化增加，以及非营利部门精英部分的公司化。

上文对斯劳特的引用表明，这种趋同是美式风格的新托克维尔公民参与和寻求快速有效服务提供的新自由主义外包相结合。同样，达恩·埃伯利（Don Eberly，2008）将以自下而上有组织的市民社会为表现形式的同情视为"美国最重要的出口"。

这些主张仅仅是沙文主义，还是真正反映了非营利部门的全球美国化，以及更广泛的经济、社会制度和文化的全球美国化？美国非营利部门数量并不是最大的——这份荣誉属于印度——但就其经济实力、在国内政治文化和国际话语中的影响而言，可以说美国的非营利部门是世界上最强大的。有关非营利部门思潮的国际流动，在很大程度上受美国基金会的经济实力、政府援助计划、直接传播非营利思想的美国学术和专业出版物数量，以及推动与更强大的非营利部门息息相关的诸如民主、透明度、公民权利和人权等更广泛概念的许多相关机构等的驱动（DeMars，2005；Hammack and Heydemann，2009）。在可口可乐和好莱坞电影之外，美国非营利模式是美国出口的又一个经济和文化艺术品（Hunter and Yates，2002）。

美国非营利模式也受到人口流动等更微观层面的驱动。越来越多的全球非营利专业骨干人员在美国工作或学习，吸收了美国的世界观，然后回到家乡或去其他国家。此外，美国移民社区与其祖国之间建立了强大的侨民公益联系。这些活力叠加，导致了"模仿和规范的同构"（Abzug and Webb，1996；Anheier，2005；DiMaggio and Powell，1983），随着环球跑工作骨干的成长，美国的非营利工作者和咨询从业人士受邀与新兴民主国家的同事分享智慧。在专栏5.1中，说明了受美国非营利组织影响的一位侨民企业家如何在匈牙利建立以非洲为重点的非营利组织。

专栏5.1　非洲基金会

非洲基金会是匈牙利的一个小型非营利援助组织，"通过为非洲教育、社会和医疗保健领域提供帮助，组织将非洲介绍给匈牙利的文化项目和讲座，以促进发展、援助和市民社会的形成"。非洲基金会专注于刚果民主共和国的教育、社会议题和医疗保健。它帮助维持该国首都金沙萨的一个学校和孤儿院，并为金沙萨和农村地区的几个医疗保健中心提供医疗和手术器械。2007年，非洲基金会与美国伙伴组织合作，启动人道旅游计划。

非洲基金会于2002年在匈牙利注册，2004年在刚果民主共和国注册。创始人兼总干事弗朗斯·穆托姆博·吉维纳（France Mutombo Tshimuanga）是刚果民主共和国公民，曾在匈牙利学习神学，后来在匈牙利结婚定居。1999年，他参加了由美国福音派组织步入生活（Step to Life）组织的人道任务，那次旅行经历促使他在匈牙利成立一个组织，为他的祖国提供援助。

资料来源：参见 Afrikáért Alapítvány，http://afrikaert.hu/en/。

什么是美国模式？

美国是一个典型的自由主义国家，拥有广泛而强大的非营利部门。有评论人士谈及"非营利工业综合体"，将其影响力——只不过仅仅是夸张或戏谑意味——与军事、国防和安全行业的影响进行比较（Buffett，2013；Incite，2007）。

美国国家层面的路径依赖有充分的文献记载：当代非营利部门的文化、政治和制度根源可以追溯到殖民定居者社区的集体意识，以及体现在《美国宪法》中对个人自由和志愿团体的保护（Hall，1992；2010）。美国非营利部门在过去几十年中发展迅速，但其增长条件继续归因于历史倾向。然而，如果解读美国历史纪事，概览当前非营利部门，可以提炼出有关政治、经济和社会环境以及该部门最显著特征等如下界定要素。

政治、经济和社会环境。表达了对"小政府"的社会文化偏好，以及对政治机构和中央集权的严重不信任。这些态度最明显的表现是对高税收的抵制，以及普遍贬抑政府提供服务的质量和有效性。

与小政府的偏好相匹配的是，高度颂扬市场力量及私人应对社会挑战的解决方案。美国经济体系促进个人财富积累，接受相当大的贫富差距，但也可以识别相当多的有关非营利慈善活动的制度和社会激励，由此产生了公益文化及对非营利组织的高度信任。

第五章　全球化的各种思潮

很少有行政障碍阻碍非营利组织创建和注册，也很少有行政障碍使捐赠不符合税收减免条件。行政程序相对简单、快捷、费用低，且拒绝率低，因为监管机构寻求的是包容性而非排他性。非营利地位赋予大量税收减免优惠，为私人和企业捐赠提供慷慨的税收激励。

联邦、州和地方政府不断缩减单边运营能力，因此公—私伙伴关系以及公共产品和服务外包给私营组织，无论是营利组织还是非营利组织，都严重依赖一系列"第三方政府"或"间接政府"安排。在社会政策领域，可以确定的普遍制度偏好是与非营利组织签订合同。随着非营利部门的作用越来越大，重新界定的操作性概念"公共部门"已经包括非营利组织。

营利企业在资助、促进及与非营利组织合作方面发挥着重要作用。捐赠、资助和其他合作对非营利部门的贡献很大，诸如"企业责任副总裁"等分配这些资源的公司高级职员，在确定非营利部门战略和结果方面发挥着关键作用。

更加强调社会问题的市场化、商业化解决方案，以及组织结构和活动不断混合。基于个体创业家的社会企业举措，在非营利部门构想中发挥着越来越重要的作用。结合社会使命与商业原则的新的组织形式和新的金融工具正在形成。

第三方和合同安排通过基于绩效的竞争性招标程序进行监管，这些程序要求日益复杂的问责制和透明度。非营利组织的纳税申报表是公共文件，许多非营利组织提供有关这些文件的访问，便于社会监督和分析。 134

对传统的社会行为主体——宗教、工会、政党和互益共同体——参与和支持的日益减少，为独立的非营利组织开辟了社会和政治空间，从而实现了更松散的党派关系（参见专栏5.2）。

专栏5.2　作为政党和工会的非营利组织

政党长期以来一直为其组织使用一系列非营利法律结构，但新一代政治团体，不是作为政党而是作为非营利组织的运动或组织出现。

茶党将自己描述为"全国性的草根组织"。茶党爱国者公司作为美国《国内税收法》501（c）（4）的社会福利组织运作。

MoveOn.org 将自己描述为"来自各行各业,利用创新技术领导、参与并赢得渐进式变革活动的 800 多万人的社区"。前行组织(MoveOn)系列包括 MoveOn.org 公民行动和 MoveOn.org 政治行动,前者是 501(c)(4)非营利组织,专注于教育和倡导,为公众提供公民参与工具,建立进步运动;后者是一个联邦政治行动委员会(PAC),专注于展示前行组织成员的选举权利。

显然,劳工组织也有类似动力。虽然工会是 501(c)类别中的一个——501(c)(5)——工会运动长期以来一直是许多衍生非营利组织的滋生地,但美国出现了与传统工会没有正式机构联系,却依然专注于促进美国和世界各地工人权利的新的非营利组织。这些组织被那些寻求强调与工会运动共同点的人认为是"高调劳工",或被那些寻求最大限度地减少它们的人视为新互惠主义的一部分,这些组织包括为独立工人争取权益的自由职业者联盟(Freelancers Union);为尊严联合组织(Organization United for Respect),也称为 OUR 沃尔玛(OUR Walmart),是沃尔玛员工团体;以及关注全球劳工权利的公平劳工协会(Fair Labor Association)。

部门特征。非营利组织的大部分重点和精力都花在培育与公司、基金会和个人捐赠者的关系上。这一努力是由强大而积极的筹款行业推动的,该行业获得来自个人和公司日益增多的私人捐款。随着增加新的服务费用或服务费用提高、以前免费服务的货币化,对赚取营收活动的重视程度正在提升。

虽然非营利组织通常被认为是独立的,几乎没有正式的党派关系,但它们可以与政治精英和经济精英的个体成员建立广泛联系。非营利组织可以提供一个重要的政治基础,已成为资助的中心:许多当选官员,特别是更多的地方官员,上任之前曾在非营利组织工作过,许多当选官员和多数企业高管在许多非营利组织理事会一起任过职,或是这些组织的活跃会员与支持者。

非营利部门的"最高目标"是不断增强的专业化和企业化,一个为非营利部门雇工服务的大型劳工市场出现了。虽然非营利部门一线员工的工资和福利普遍低于许多公共部门和私营部门的同等职位,但在较大型的专业化组织中，管理层的高薪职位正在增加，往往超过公共部门同等职位的薪资。高级职员通过"旋转门"在公共部门、营利部门和非营利部门之间流动，较大型非营利组织的高管职位越来越需要之前在政府或商业领域的经验。

非营利部门和子部门中的强大的行业协会为其会员组织利益进行游说，形成了由非营利和营利性能力建设实体、智库和组织咨询顾问构成的广泛支持网络。

非营利议题教学和研究已成为大学和其他高等教育机构的一门重要学科，在非营利政策和管理方面提供越来越多的本科和研究生学位以及继续教育课程。

鉴于上述的政治、经济和社会环境以及部门特征，国家与公民之间的社会联系达到一种平衡，已经不再是用税收资助公共物品和服务，也不再是由政府雇员来提供公共产品和服务。从历史视角来看，美国非营利组织在高等教育、健康和文化领域占有重要地位，但20世纪中期，社会和政治共识越来越认为，应该把税收收入支付给由政府机构在中小学教育、儿童保护、艺术和文化，以及公园和娱乐等关键领域提供的服务。

这种共识在过去30年中已基本消失，在其他国家直接由公共资助、政府运营或者与政府密切关联的许多公共物品和服务，在美国均由非营利组织提供，并且日益获得更多私人资金的支持。这些公共物品和服务包括国家公共广播和电视网络，广泛的健康和社会服务以及公园等公共设施。越来越多的公共基础设施（建筑物、公园、纪念碑等）由主要捐助者资助，通常以主要捐助者的名字命名，越来越多的新社会倡议提供资助的默认选择是寻求私人资助。

长期以来，非营利活动一直被吹捧为美国经济和社会发展的组成部分（Drucker，1990，1994；Filer Commission，1975），今天它依然是当代美国公共事务的重要标志。正如高迪亚尼所指出的那样，"美国政府认为，或许比任何其他民主国家更早认识到，[非营利部门]对经济和政治增长至关重要……随着时间的变迁，[非营利组织]支持创业精神、礼让、稳定和创新，这是美国长期繁荣的基础（Gaudiani，2007：1）。"

尽管存在诸如全国步枪协会和美国基督教联盟等大量非常保守的非营利组织，但非营利部门通常被认为是推进改革的一种动力。然而，改革的界限仍然存在很大争议。正如第二章所指出的那样，广泛的进步自由主义者、新时代主义者和新形式主义者（经常受到保守派批评者的支持）将意识形态分析、结构分析和操作分析相结合，认为非营利组织的运营有助于促进私人财富积累的经济结构合法化，同样也有助于掩盖剥削，固化社会等级制度（Abzug and Webb，1996；Brecher and Wise，2008；Fisher，1998；Incite，2007；Joassart-Marcelli，2012；Roelofs，2003，2006；T. Wallace，2003）。

对美国模式有趋同吗？

美国非营利组织拥有强大的慈善文化支持，它们在国内议题和国际援助方面贡献了比其他国家更大的GDP份额（Charities Aid Foundation，2006，2011；Hudson Institute，2012）。这个庞大而强大的非营利部门享有很高的公众信任，表现出强烈的企业家精神，兼具高度发达的治理流程和强大的透明度机制。非营利部门日益在一个寻求记录、传播其成就的绩效框架内运作。强大的技能基础构成非营利部门的基础，丰富的劳动力市场可以与其他行业竞争最优秀最聪明的专业人才。强大的行业协会代表非营利部门游说，知识生产得到大学、智库和咨询公司等广泛教育和研究网络的支持。大约160万注册非营利组织的纳税申报表可以通过导星（GuideStar）、慈善导航（Charity Navigator）、为了公民（ProPublica）和城市研究所的国家慈善统计中心（Urban Institute's National Center for Charitable Statistics）等组织在公共领域自由获取，这些组织都提供开源数据工具，允许感兴趣的观察者从多个角度剖析非营利部门。

长期以来，美国非营利部门一直受到外国评论人士的钦佩（Skocpol，2011），全球各国非营利部门的扩张似乎反映了表面上基于这些美国模板日益增多的共享话语。发达国家和发展中国家的实例，均比比皆是：

- 在澳大利亚纽卡斯尔，负责恢复被忽视的城市商业区的地方政府小组委员会，已经转变为独立的非营利商业改善协会。
- 德国基金会资助每年一次的美国学习之旅，重点是对非营利组织管理人员进行筹款教学，以便他们能够吸引捐赠，而之前其组织完全靠税收支持。

- 在印度，正在建立新的私人基金会，以恢复在政府保护下失修的历史古迹。
- 在拉脱维亚，公立大学首次创建基金会以吸引校友捐款。
- 墨西哥政府正在与本国基金会和外国基金会密切合作，制定扩大和加强非营利部门的战略，而非营利部门传统上是拉丁美洲最小的部门之一。

美国的公益文化和环境，被用作其他国家渴望的基准（Charities Aid Foundation，2014），美国的非营利组织经常受邀讲授筹款和资源开发课程。对华盛顿特区表演艺术中心肯尼迪中心的教育拓展，专栏 5.3 进行了简要介绍。

专栏5.3 肯尼迪中心向世界讲授筹款课程

文化外交，通常以移动艺术展览或名人访问饱受战争蹂躏的国家的形式出现。但肯尼迪中心正在进行一种新的外交活动。自 2006 年以来，来自世界各地的艺术经理来到华盛顿特区，接受回去后如何改善其国内组织的培训。同伴们每年都来自世界各个角落，如巴基斯坦、俄罗斯、厄瓜多尔、桑给巴尔、柬埔寨和中国，仅列出以上几个。

在大多数这些国家，资本运动和会员驱动等非营利筹款工具的主要内容是闻所未闻的。肯尼迪中心总裁迈克尔·恺撒（Michael Kaiser）说："美国的资助体系与世界上大多数国家不同。""因为艺术和国家的分离，我们形成了这种私人公益模式，而艺术与国家的分离实际上来自清教徒，他们认为音乐和舞蹈是邪恶的。今天，为非营利组织筹款的整个美国产业，就是从这种邪恶中演变而来。"

但问题仍然存在。比如说，美国的这些筹款工具在尼日利亚如何适用？根据迈克尔·恺撒的说法，"我们并不是说我们的文化很重要；我们也说你的文化很重要，我们希望你的组织更加强健。"该项目教育参与者在其自身文化背景下应用筹款工具。

资料来源：参见 E. Blair，2011。

在更概念的层面上，政策转变和官方话语也在扩大非营利部门，鼓励其在提供更多份额的公共产品和服务方面表现出趋同性，同时在全球范围内日益达成一致。1999年，英国工党首相托尼·布莱尔（Tony Blair）和德国社会民主党总理格哈德·施罗德（Gerhard Schroeder）共同发布了他们的第三条道路/新模式（新中间道路）宣言，最终导致了10多年来世界各国的社会民主党政府采用新公共管理方法。第三条道路意识形态试图将新自由主义和社群主义议程结合起来。虽然宣言本身没有直接解决非营利组织的角色——事实上没有明确提及非营利组织——但它包含的语言，如"国家不应该划船，而是掌舵""必须裁减各级公共部门官僚机构"等，促进了政府服务的竞争开放和权力下放，从而促进了非营利组织在服务提供和政策制定方面发挥更重要的作用（Blair and Schroeder, 1999）。虽然第三条道路和中间道路标签很快失宠，因为它们与英国、德国各自领导人的个人政治计划太密切了，但布莱尔和施罗德试图在国家主义和新自由主义之间创造出一条中间道路，而这有助于重构有关非国家行为体角色的话语体系。

尽管评论人士注意到通过市场化寻求变革的新自由主义者与强调积极公民身份的社会民主主义者之间的持续差异，但在操作层面上，这两种相对立的意识形态的影响也有可比性：政府裁员和非营利部门扩大。公共产品外包的扩展通常被认为是一种保守的新自由主义议程，但渐进式议程使用公民参与、共同生产和企业家精神等语言来寻求公共产品的提供（Anheier, 2005; Pestoff and Brandsen, 2010）。

自布莱尔—施罗德时代以来，在讲英语的工业化国家，特别是在保守派政府上台的情况下，向非营利部门的转变更加明显。2010年赢得大选的英国保守党—自由民主党联盟的大社会言论，强调了志愿服务和地方决策通过提供公共服务（之前由国家提供）来回应社区需求的重要性，同时政府继续开放更多的由私营部门和志愿部门管理的公共服务。2011年，加拿大保守党斯蒂芬·哈珀（Stephen Harper）政府进行的改革被称为"受英国首相戴维·卡梅伦大社会实验的启发，将传统上由国家承担的社会责任交给公民和私营部门"（Curry, 2011）。

在瑞典这个典型的社会民主国家，一个名为责任调查的议会小组，重点关注公民通过成为他们所使用服务的共同生产者来为自己的福利承担更大的责任（Pestoff，2009）。即使是以国家为中心的亚洲各国政府，也在日益增加开放市民社会参与公共服务提供的空间。虽然亚洲各国的福利条件依然依赖于西方标准，但该地区正在走向繁荣，日益增加的中产阶级对政府提供的以国家为中心的福利缺乏信心。由于世界上许多发展中国家的财富已经超过了20世纪初推动工业化民主国家创建福利国家的财富水平，因此，有助于解决不平等的制度结构方面的探索正在增加。

非营利部门，甚至将自己嵌入到描述不同国家的前立法者和前高级公务员通过"旋转门"挂个闲差的叙事中。长期以来，美国非营利部门一直有这样的机会，但最近，法语"Pantouflage"和日语"官员空降（amakduri）"（以前只关注政府和政府经营的公司或私营部门之间的工作流动），现在已成为流行行话，而上述的工作流动也扩展到非营利组织。

来自世界各地的纪事和统计数据，表明一个朝着图4.6右上角漂移的势不可挡的趋势，当然多数国家都变得有点更加"美国化"。但是，趋同是否有极限？渐变的总和最终是否美国体系遍地开花？是否会出现不可避免的"死亡螺旋"，其中萎缩的政府服务会向私人倡议要求提供补充资助，却发现成功时，立法者会以此为由进一步减少税收资助，公民会因之交纳更少的税？各国越来越有效的筹款活动让公众相信，非营利组织提供某些服务优于政府，所以他们应该直接将钱给非营利组织而不是纳税？竞争的意识形态可能仍然共存，但是，如果除了是无意识的结果这种动力外没有其他原因，那么"美国道路"是赢得大部分战斗，还是赢得最终战争的胜利？

近年来，世界各国的公益和基金会活动引发争议，从美国视角来看，这些活动似乎非常古怪。在中国和澳大利亚，当大学以重要捐赠者命名建筑物时，爆发了抗议活动（这两个国家的大学主要是公立的，直到最近，大学建筑物通常只为尊重杰出学者和公众人物而命名）。在西班牙巴塞罗那，当市议会允许该市商业改善协会的协调机构巴塞罗那商业基金会（Fundació Barcelona Comerç）在主广场安装一个季节性收费溜冰场时，抗议者起来反对公共空间私有化。在所有这些案例中，也许最重要的特征并不是反对商业化的抗议活动，而是它们基本上被置若罔闻，同时这些公益活动正在成为这些国家的新范式。

现在，自2008年全球金融危机以来，政府为社会服务、教育、文化和国际援助提供的资金大幅减少，提供这些服务的组织越来越多地寻求公益的支持。随着工业化民主国家变得不那么有能力、不那么愿意继续作为20世纪的福利国家那样运作，这些国家的公民到别处寻找其期望国家提供的服务等。

应该为政治和文化规范的潜在同质化动态贴什么标签呢？这个过程是一种"美国化""西化""现代化""新自由主义化"，还是争论不休的自由民主"历史终结"的胜利？这是美国模式全球强制的一部分吗？这是一个培育自组织普遍愿望的更加民主更加繁荣的世界的必然结果吗？或者它是否仅仅是受即时可获得的最佳实践信息的驱动而形成的组织同构？随着外国顾问涌入转型国家，传统的基层集体结构和以前秘密的政治反对（历史上用社区、社会资本、市民社会、社会运动或政治活动等术语描述）将不可避免地转变为当代非营利部门？新兴的非营利部门反映了哪种模式？

全球相连的"非政府组织一代"的出现，或许充分体现了后工业世界主义价值观，对独立的集体行动和非政府地组织起来越来越信任，也许正在形成一种文化代际动力。随着世界各地的年轻人试图模仿名人慈善，甚至可能会发生"波诺-安吉丽娜·朱莉（Bono-Angelina Jolie）效应"。近年来，许多国家尝试采用美国万圣节"不给糖就捣蛋"的习俗，为什么就不能采用美国的非营利文化呢？

不是与美国激发的新自由主义模式融合，演进可能有朝着新兴的后新自由主义框架的趋势，如新法团主义（Reuter, Wijkström, and von Essen, 2012），它是通过新互惠共生主义复兴非营利部门的互惠和合作理想（Birchall, 2001），或通过模糊非营利部门和社会企业的界限来重振社会经济。美国政治文化的全球影响可能与不同国家的现有模式相结合，创造出尚未被贴上标签的新活力。是否存在术语来描述促进自我管理、志愿社区服务和公民身份等价值观的新兴后工业化、超党派政治文化在不同国家的变体？所有这些变体都体现了某种权力从政治精英和官僚机构中转移出来，分散到更广泛的集体行动者身上的现象。

与美国模式的融合取决于美国权力和西方民主模式的持续霸权，但大量作者却警示美国权力和西方民主模式的衰落（Kupchan，2012；Zakaria，2009）。日本长达十年的停滞和最近的全球金融危机，使人们对以市场为基础的小政府意识形态沉默不语。与此同时，中国的崛起及其日益增长的经济和政治影响意味着政府和公众更加看好以国家为中心的模式，特别是那些发展中国家和政权已有威权主义倾向的国家。

第二次世界大战后的华盛顿共识可能已经在世界许多国家确立了新自由主义，但根据斯特凡·哈尔珀（Stefan Halper，2012）的观点，现在"北京共识"也正在出现。2014年，匈牙利总理维克多·奥尔班（Viktor Orbán）宣布，他的国家将遵循"非自由国家主义"，"其制度能够使我们在全球经济中具有竞争力的国家，不是西方国家，不是自由主义国家，不是自由民主国家，甚至可能不是民主国家"（Washington Post，2014）。

世界各地的许多威权国家和非自由主义国家都有这种情绪，尽管它们可能已经允许新生的非营利部门拥有一席之地。即使非营利部门的增长不一定被视为直接威胁，目前正在兜售的新自由主义这种主要替代方案通常意味着国家对非营利组织的控制力度更高。随着发展中国家之间的南南对话日益与早期的南北发展逻辑形成竞争，非营利部门可能出现新的范式。

关键的结构性限制继续阻碍趋同美国模式。美国经济规模及其有利于捐赠的制度激励和社会激励，产生了一个其他国家不太可能复制的巨大的公益资金池。此外，在美国，大型历史悠久的非营利机构——大学、医院和文化机构——为公益文化提供动力，有助于确保对非营利部门持续的公众支持和监管支持，但其他国家的类似机构很可能依然掌握在政府手中。

几乎所有国家的非营利部门都将继续扩大，因此它们在许多方面都将变得更像美国和其他工业化自由民主国家中的非营利部门。但文化、意识形态和结构性的"玻璃天花板"，也将使全面复制美国模式不太可能（Charities Aid Foundation，2014）。第四章中概述的文化框架，依然是不能轻易抛弃的重要分析工具。尽管对全球现有政府提供公共服务的能力不信任，对扩大非国家行为体活动空间的呼声也越来越高，但其他国家的非营利组织不太可能像美国的非营利组织那样涉及如此广泛的公共服务范围，或被允许如此公开地参与争论。

框架协议与协商关系

政府和非营利组织在一系列复杂互动中密不可分，这些互动构成了它们的共同利益和不同利益。非营利组织是独立组织，但它们几乎总是为其涉及与政府广泛交易的会员、支持者或客户寻求一些"好处"。同样，政府越来越依赖非营利组织提供公共服务、政策投入和促进公民行动。通过控制机构合法性和赋予财政优惠或财政支持的能力，政府成为非营利事业的关键推动者。

经常用来描述和分析政府和非营利组织之间的相互依赖关系的理论类型聚焦于这些关系的模式或属性。阿迪尔·纳贾姆（Adil Najam，2000）对基于政府与有关非营利组织的目的和手段的四类关系做了阐述：二者目的和手段均相似时合作；二者目的和手段均不同时对抗；目的相似手段不同时互补；目的不同手段类似时吸纳。同样，丹尼斯·杨（Dennis Young，2006）将补充性、互补性和对抗性确定为政府与非营利部门之间主要的三种关系模式。这些模式不是相互排斥的，运行环境的政治经济决定了政府与非营利部门之间关系的持续发展变化主要是纵向等级型，还是横向协作型。珍妮特·赛德尔（Janet Saidel，2011）将跨部门关系的发展变化描绘为一个从代理治理到关系治理的连续体；在代理治理中，交易型委托—代理动力占主导地位；在关系治理中，伙伴关系是互动模式。

影响非营利组织日益凸显的政策议程正在发生变化，往往是矛盾的——协同共生与以政府—非营利组织关系粉饰的对抗共存——但近年来，主流主题似乎正在出现。非营利部门的倡导者通常要求政府明确认可其在提供公共服务和促进公民行动方面日益发挥关键作用。对政府目前非协调性的低效资金流动，他们要求有更大的稳定性和一致性，要求区分非营利部门的独立性，代表支持者要求保护倡导权。立法者和官僚一般都在寻求加强非营利部门，但也寻求在非营利组织提供公共服务的绩效、透明度以及它们为政策过程提供的投入方面培养更多的"纪律"。在政府与非营利部门之间的关系中，可以发现多种不确定性（Saidel，2011），所有各方都有兴趣推动可能减少这些不确定性的流程。

过去几十年来，世界各国非营利部门的发展及其在提供公共产品和服务方面的更大突出性，推动了管理非营利组织与政府之间关系的新机构、新流程的发展。随着政府与非营利部门之间交易增加，形成了关系形式更加协作、互动渠道制度化发展的趋势（Salamon，2006）。苏珊·卡特和波拉·斯皮瓦克·斯拉多夫斯基（Susan Carter and Paula Speevak Sladowski，2008）将其称为"协商关系"，这些新的"协商关系"超越了专注于单一机构、计划或项目的特定合同或咨询关系。相反，这些新"协商关系"的形成，为在一系列服务提供和政策制定职能中培育更强大的政府与非营利部门关系，以及以前任意滋长的某种混乱性带来一些秩序。这些新"协商关系"包括建立新的政府牵头机构或任命专注于非营利部门关系的高管（例如，第三部门办公室、志愿服务专员），以及建立旨在调解与政府的关系、推动为非营利组织提供更优惠待遇的新的非营利协调机构和行业协会。即使没有创建新的正式手段，政府与非营利部门也可以利用现有结构来创建新的流程，从而促进更广泛更深入的协商关系。

最近的一份加拿大文件说明了政府与非营利部门之间协商关系的程度：

> 过去几年，在加拿大若干省份和地区，对加强政府与非营利/志愿部门之间关系的兴趣再次出现。非营利/志愿部门的领导力组织、商会、网络和理事会因在非营利部门内建立联系、增强凝聚力和能力，发展势头越来越猛。政府部门及其分支机构不只是认可志愿者的贡献，也认可志愿组织对社会的贡献。随着政府与非营利部门有了新的活力和更明确的关注，它们更有意愿协同工作，发挥多方能力，建立更有活力的社区（Centre for Voluntary Sector Research and Development，2009：1）。

框架协议

自 20 世纪 90 年代中期以来，为了加强协商关系，许多国家制定了正式的政府与非营利部门之间的框架协议，这些协议使各方承诺采取联合行动原则和具体行动以加强合作。英国于 1998 年签署的《政府与志愿和社区部门关系框架协议》，是第一份此类协议。自此，"框架协议"一词成为此类协议最常用的描述，但不同国家也使用描述类似协议的其他术语，如"协议""章程""协定""合作计划""议定书""伙伴关系""战略"等（Casey et al.，2010）。在评议欧洲此类协议中，尼尔达·布拉恩和拉多斯特·托夫蒂索娃（Nilda Bullain and Radost Toftisova, 2005）使用"合作政策文件"这个通称。

尽管各国非营利部门在发展历史和现有运营模式方面有不同的地方，但澳大利亚、加拿大、爱沙尼亚、法国、西班牙和瑞典等国家都形成了某种形式的框架协议。其他国家虽然没有签署正式的框架协议，但通过建立新的政府与非营利部门之间的协调结构加强了协商关系（Bullain and Toftisova, 2005; Casey et al., 2010; Kendall, 2003; Osborne and McLaughlin, 2002; Reuter, Wijkström, and von Essen, 2012）。政府间组织也力求在部门协商关系和公共服务提供方面将非营利组织更好地纳入其中（见第八章）。

与民主政府和政府间机构签署的框架协议，通常是为了加强非营利组织，保证其独立性，但威权政府和转型政府往往试图控制这个让统治精英持怀疑态度的新生部门。近年来，有些国家实施了自上而下的"协议"，或通过限制非营利组织成立和运行的法律，赋予政府重要的监督自由裁量权（ICNL, 2013）。虽然这些法律的目的是控制，但自相矛盾的是，它们依然是对非营利组织日益重要作用的一种认可。

虽然各国和各机构有关框架协议举措的特点和成果有相当大的差异，但它们似乎主要帮助非营利部门更好地立足，与政府和政府间国际组织发展更加横向的关系，同时也要求非营利部门更负责任地提供公共服务和提出政策选项。上文提到的英国《政府与志愿和社区部门关系框架协议》英文前言原文第一段阐述了这些协议所体现的原则和目标：

> 作为国家的"第三部门"，志愿和社区部门与国家和市场并肩作战，在社会上发挥着至关重要的作用。通过志愿者参与，提供服务以及对个人和团体予以支持，它对社区和公民生活的贡献是巨大的、宝贵的，也是不可替代的。
>
> 该框架协议旨在为政府与志愿和社区部门之间的伙伴关系创造一种新方法。它提供了一个框架，使二者之间的关系能够以前所未有的更好方式进行（Home Office, 1998）。

框架协议是界定政府与非营利组织之间制度关系高层次的、正式的赋能工具，但它们只是在加强协商关系趋势背景下出现的多种正式、非正式流程等更广泛基础的冰山一角。

正如杰里米·肯德尔（Jeremy Kendall，2003）和尼古拉斯·菲夫（Nicholas Fyfe，2005）指出的那样，英国在英格兰和其他司法管辖区创建框架协议，是托尼·布莱尔工党政府第三条道路政治哲学的组成部分。然而，正如本书所述，非营利组织与政府之间关系的重归于好，以及非营利组织作为服务提供者和政策谈判参与者成为主流，并非英国所独有，也不仅限于第三条道路哲学的同行者。政府与非营利组织之间新的公私合作伙伴关系，嵌入了公共产品和服务管理的新公共管理和治理方法的各种国家变体（Casey and Dalton，2006；Kendall，2003；Osborne and McLaughlin，2002）。尽管在不同国家，政府与非营利部门关系的社会起源明显不同，但可以确定的是，新的合作和制度化范式是一种全球趋势（Carter and Speevak Sladowski，2008；S. R. Smith，2012）。框架协议和协商关系的其他进程，试图超越政府和非营利组织之间先前的购买者—提供者关系，转向一种双方更加互有义务的方法，即用"伙伴关系文化"取代"契约文化"（Kendall，2003）。这些富有活力的修辞暗示着政府与非营利部门合作共同生产和关系治理的愿望，而这是当代社会二者之间关系的标志。

协商关系的影响

有些人认为建立更多协商关系的努力有可能改变政府与非营利组织之间的关系，但其他人则警告不要低估调整现有购买者—提供者关系中固有不平衡的挑战。特别是，有些框架协议似乎有助于构建更多横向关系，而其他框架协议则无法实现最初期望，甚至可能在非营利合作伙伴中滋生怀疑（Casey et al.，2010；Elson，2006；Kendall，2009；Lyons and Dalton，2011）。

而且，在几乎每个国家，似乎都存在"愿望差距"。换句话说，那些构建协商关系和框架协议的人渴望将广义上的非营利部门纳入其中，但是活跃的非营利组织和参与框架协议流程的参与者，倾向于更多范围上的限制。一般而言，提供社会的和人性化服务的非营利组织是参与框架协议流程最多的，因为重点往往是改善这些领域的采购程序和服务成果。除此之外的非营利组织，往往对框架协议不太感兴趣，除非其可能涉及监管框架或税收结构的改变。

即使在社会的和人性化服务领域内,有些非营利组织也比其他组织更加投入。框架协议的制定和实施,有意或无意的后果之一似乎是将非营利部门划分为与政府密切合作的框架协议子部门,以及与政府关系疏离的非框架协议子部门(Fyfe,2005)。虽然这种划分目前可能是通过非营利组织参与当代框架协议流程的兴趣和能力来界定,但是区分圈内(受益于与立法者和官僚的密切关系)与圈外(在边缘工作)的类似动力,长期以来被认为是政府—非营利组织关系的一个特征(Grant,1995)。

美国目前还没有与其他许多国家创建的框架协议相当广泛的政府与非营利部门间协议(Casey,2011)。主导性的政治和文化规范继续重视私人志愿努力的独立性,美国政府和非营利组织似乎都对签订此类协议持谨慎态度。非营利部门对私人公益事业的依赖,意味着非营利组织花费更多的努力来培育与营利部门的关系,而不是培育与政府的关系。各种结构性现实也使这样的协议难以实现,因为美国公共行政的联邦架构将非营利组织监督和项目资助规制下放给50个州。在大多数州,通过在线机构监督项目实施的州长和管理非营利组织的总检察长都是直接选举产生,因此具有各自分立但往往相互冲突的政治基础和议程。

这些因素可以解释为什么美国没有出现框架协议;然而,它们不应被解释为美国例外主义为解决其他国家出现的关切提供了替代路径的证据。相反,阿斯彭研究所(Aspen Institute,2002)指出,"政府与非营利部门之间的关系在没有引起足够关注或聚焦的情况下发展"。他们还指出,存在如何最好地发展这种关系的模糊性。克尔斯廷·格里布杰格和莱斯特·萨拉蒙(Kirstin Grønbjerg and Lester Salamon,2012)抨击了美国政府与非营利部门之间关系状况不佳,并推荐了一种新的政府—非营利部门互动模式,其中非营利组织承认政府的合法绩效要求,政府承认非营利组织的倡导责任且有义务为非营利组织提供具有更大稳定性的公共资金资助。

倡导者已经做出诸多努力,呼吁美国政府与非营利部门之间建立更密切的联系,以便在国家层面创建更加协商的关系。20世纪70年代,法勒委员会建议国会建立一个永久性的非营利组织委员会(Filer Commission,1975)。尽管在约翰逊政府向吉米·卡特(Jimmy Carter)政府过渡期间,倡导者创建新委员会的希望受阻,但推动建立新的协调结构这一议题从未离开过政策议程。法勒委员会的建议定期重现，通常呼吁为非营利组织创建一个联邦机构，该机构与1953年创建的以帮助和保护小企业利益的小型企业管理局所做的工作相匹配。

在2008年总统竞选活动中，参议员巴拉克·奥巴马（Barack Obama）提议在国民和社区服务公司建立社会创业家精神机构。大选获胜后，他创建了一个新的社会创新和公民参与白宫办公室，通过发展政府与非营利组织、企业和慈善家之间的伙伴关系，以及促进更多的公民参与和国内服务，来识别成功的非营利倡议并扩大其规模。与此同时，2009年11月，国会研究服务处发布了一份《非营利和慈善部门概况》报告（Sherlock and Gravelle，2009），该报告探讨了增加对非营利组织的资助的必要性，再次提出依照小企业管理局建立一个联邦机构的可能性。2010年，一项法案提出要制定《非营利部门和社区解决方案法案》（H. R. 5545）。国会会议结束时未获委员会通过的该项立法，呼吁建立一个新的跨部门理事会和联邦跨部门工作组（McCollum，2010）。虽然这些旨在加强协商关系的举措似乎得到非营利部门的广泛支持，但一些评论人士蔑视政府与非营利部门之间的"讨价还价"，质疑这种关系是否过于亲密而让人不舒服（Hudson Institute，2010；Paletta，2010）。

框架协议的比较

各国出现更多的协商关系，是各国独立发展进程和政策趋同的结果。大多数框架协议和其他协商关系进程的起源，可以追溯到20世纪90年代初期，基于一个共同的主题，即需要解决购买者—提供者模式引发的紧张关系，以及需要创造一种新的合作文化来更好地利用非营利组织不断扩展的角色和功能（Casey et al.，2010）。与此同时，框架协议是国际政策流动和非营利部门趋同的征兆。几乎所有1998年后的进程都提到英国，其立法依然是其他司法管辖区衡量其自身进程的基准（Johansson and Johansson，2012；Reuter，Wijkström，and von Essen，2012）。

那么，是否可以有根据地将不同国家所有书面协议和与协商关系相关流程视为类似？人们总是面临陷入"金锤格言"咒语（也就是说，当人所拥有的只有一把锤子时，每个问题都成了钉子）的危险，但这些关系在世界各地不同演化路径之间的相似之处是显而易见的。表5.1提供了这些协商关系的例子，引用了每个国家最主要的有关框架协议文件的序言、前言或引言中包含的指导原则。

表5.1中的引用不仅清楚地表明了加强跨部门关系和服务结果的共同目标，而且也强调了各国之间的巨大差异。然而，最终，过程中的相似性似乎大于结果的差异。前一章中强调的国家之间的多样性不容忽视，但从共同点中可以明显看出，各国均在探寻政府与非营利组织之间协调、联络的新形式。

表 5.1 世界各国的协商关系

国别	框架协议发展	结果	引导原则
英国	1998年的英国框架协议，紧随其后的是区域和地方框架协议。框架协议由具体准则补充，受一系列行政结构支持	贯穿从工党到保守党联合政府过渡，持续支持框架协议	引自框架协议："志愿和社区部门作为国家'第三部门'在社会中发挥着至关重要的作用……该框架协议旨在为政府与志愿和社区部门之间的伙伴关系创造一种新方法。"
加拿大	2001年国家协议；魁北克政府社区行动政策（2001）；其他省级框架协议	当政府更迭时，国家协议被弃。省级协议继续得到发展和支持	引自协议："加拿大政府和志愿部门长期并肩工作。现在，协议标志着一个合作和尊重新时代的到来。"
澳大利亚	自2001年以来的州级框架协议；2011年联邦框架协议	州级框架协议，其形式和结果有很大差异。联邦政府于2011年启动了国家框架协议	引自国家框架协议："澳大利亚政府认为，一个强大的、充满活力的、独立和创新的非营利部门，对于巩固富有成效和包容性的澳大利亚至关重要……国家框架协议概述了政府和非营利组织如何以新的基于伙伴关系和尊重的方式合作。"
美国	没有国家框架协议，但2010年一项法案拟创设《非营利部门和社区解决方案法案》（H.R.5533）；越来越多的州级举措。	自法勒委员会以来，已经做出了多项努力来建立更强大的国家协调结构，但尚未取得成功。H.R.5533法案止步于委员会中。许多州级外包改革工作组和内阁级联络官员。	引自代表性人物贝蒂·麦科勒姆（Betty McCollum）——H.R.5533法案的提案人："目的是改善联邦政府与非营利组织之间的关系……从而使联邦政府成为非营利组织的一个更富有成效的合作伙伴。"

续表

国别	框架协议发展	结果	引导原则
法国	2001年章程	一个看似没有任何持续影响的象征性陈述	引自2001年章程:"本章程,在相互承诺的基础上颁行,认识到并加强基于相互信任和尊重协会独立性的伙伴关系。它阐明了各方作用和共同承诺。"
爱沙尼亚	2002年战略文件,被称为《市民社会发展概念》	该文件获得广泛支持,为加强实施结构继续谈判	引自2002年战略文件:"[《市民社会发展概念》]构成非营利协会与公共部门之间伙伴关系的基础,也是推进公民倡议和加强爱沙尼亚民主的框架。"
西班牙	2006年第三部门社会行动战略规划。区域规划包括加泰罗尼亚的政府和非营利部门规划	虽然战略规划不是签署的协议,但它们是共同制定的。加泰罗尼亚的政府和非营利部门发展规划是平行的	引自该战略规划:"这个[过程]已经表明,尽管有不同的角色和责任,[政府和非营利组织]可以建设性地合作,并且有一个协作和互补行动的基础,以捍卫我们社会中最弱势群体的权利。"
瑞典	2007年由瑞典政府、社会领域的全国性创意组织,以及地方当局和地区瑞典协会签署的协议	继续执行协议	引自该协议:"政府认识到志愿组织在民主和社会福利方面的重要作用。成千上万的人每天都参加各种志愿活动,通过他们的奉献和兴趣作出不可或缺的贡献。"
联合国	加强1945年《联合国宪章》赋予非政府组织咨商地位的各种改革	增加享有咨商地位非营利组织的数量,让市民社会参与联合国会议不断增加	引自联合国秘书长对2004年关于联合国与市民社会关系的卡多佐报告的回应:"非政府组织的有效参与,增加了联合国决策得到公众更好理解和更多支持的可能性。"

资料来源:参见 Casey et al., 2010。

虽然有些人认为这些文件是非营利组织处于"最好的时代"的象征，因为它们提供服务和参与政策制定从未受到如此重视，但其他人认为这些进程可能代表"最糟糕的时代"，新关系只会导致非营利组织丧失自治权以及政府手中权力的集中（Casey and Dalton, 2006; Craig, Taylor, and Parkes, 2004）。新的结构和进程既预示着政府与非营利组织之间关系不断发展的新时代，也可能受碎片化和低效困扰而被视为急需的互动协调机制。这些框架协议是政府与非营利部门之间的和平条约，它们因过去合同和竞争性招标方法使用过度，以及互不信任和政治对抗的历史而不和。

政府更迭与变革常常会脱离特定的框架协议，效用因社会行为不断引入市场力量而削弱（S. R. Smith, 2012），但未来几年，各种形式的协商关系和框架协议可能会继续作为世界各国政府—非营利部门关系的核心特征。然而，更谨慎地说，尽管这些框架协议可能具有积极的短期过程性效果，有助于改善谈判各方之间的关系，但挑战依然会继续嵌入长期结构性影响。有证据表明，许多新的结构和框架协议有助于在政府和非营利组织之间建立更强大的伙伴关系，但其他只是空洞的表态，对政府与非营利部门之间的关系几乎没有持久的影响。

社会企业

可以说，世界各地对非营利组织工作进行重新界定最重要也广受争议的是社会企业概念。社会企业和企业家越来越多地代表着21世纪初的时代精神，因为它们被视为有效地融合了非营利部门和商业部门，在此过程中可能协调政治、经济和社会目标。与大众传媒相比对有关社会企业活力的学术兴趣相形见绌，大众传媒称社会企业家为"新英雄"，视他们是解决根深蒂固的社会弊病和全球不平等的最佳希望。

然而，社会企业和创业家精神仍然是模糊概念，使用这些术语的人均从其特定视角来解释。有关社会创业家（特别是年轻的社会创业家）的英雄化言论，与面临创建可持续企业和实现组织、社会目标挑战的现实之间存在差距。

社会企业学术话语体系

社会企业的学术界定，核心概念是通过现有或新创建组织的创业活动创造社会价值。社会企业界定往往高度重视创业家精神过程或创业家特征，有时两者兼而有之。大卫·伯恩斯坦和苏珊·戴维斯（David Bornstein and Susan Davis，2010）以及佐治亚·科哈尼（Georgia Keohane，2013）关注公民建立或改造组织以推进社会变革的过程；相反，格雷戈里·迪斯和彼得·伊可拉米（J. Gregory Dees and Peter Economy，2001）指出，社会创业家通常具有创新性、资源丰富性、价值创造性和变革导向性，罗杰·马丁和萨利·奥斯伯格（Roger Martin and Sally Osberg，2007）认为，他们富有灵感、创造力、坚韧性和倾向直接行动。

社会企业与营利部门和非营利部门之间的关系有些模棱两可。各种学术界定往往避免指定组织形式，主要从一般意义上讨论商业实践在社会部门中的应用（Nash，2010）或商业必须履行的责任（Dees and Economy，2001）。有作者试图区分社会商业和社会企业（Gidron，2010），但对于大多数评论人士而言，社会企业意味着兼具有社会目的的商业活动和非营利创收活动。迪斯和伊可拉米（Dees and Economy，2001）谈到从纯粹公益到纯粹商业的选择光谱。科哈尼（Keohane，2013）坚持认为，社会企业可以是商业企业、非营利组织，甚至也可以是公共部门组织。

社会企业这个核心概念是营利企业和非营利组织话语和实践某种形式的混合、混搭或杂交（Aiken，2010；Barraket，2008；Dees，2001）。一家营利企业放弃纯粹的货币利润需要，而以"不追求个人利润"或"不仅仅追求利润"为基础，更重视创造社会价值。或者，一家非营利组织以更具创业精神、更商业化的方式运营，追求更多营收的活动，而不忽视其传统使命。

混合性不仅指混合话语，其中单个混合组织也具有混合个性或混合文化，而且还指各种不同组织形式的组合使用。大多数国家现有公司监管结构一般迫使社会企业在非营利组织或营利企业之间做出选择，因此，社会创业家往往为其经营创设多种法律结构：他们可能既建立一家营利公司来筹集资金，开展商业化营收活动，也创设一家非营利组织接受赠款和捐赠，提供不带来收入的社会物品。混合性的确切组织形式取决于每个辖区的商业和非营利组织法律监管环境。有些为非营利组织提供更多营收范围，而有些采用混合形式的公司，允许营利实体也关注社会目标，接受捐赠或竞争通常仅供非营利组织使用的其他资金。英国社区利益公司和美国低利润有限责任公司和 B 公司是相对较新的混合形式公司，通过允许更好地整合利润动机和社会结果来减少多个合法身份的一些必要条件。有些混合性甚至可以通过企业社会责任结构和公司基金会表现出来（Gidron，2010），特别是当它们扮演更积极的运营角色而不是将自身限制于资助时。

同样有争议的是社会企业的新颖性和创业活动的"新"本质。各类学者都注意到创业活动历史悠久，即使它们没有被贴上社会企业的标签，如 19 世纪后期安置房和旧货店（参见 Gaudiani and Burnett，2011）。企业概念在社会领域的现代应用可以追溯到 20 世纪 80 年代阿育王（Ashoka）等实体的国际工作，并通过商学院教授的研究和教学在 20 世纪 90 年代被引入学术界。但是，如何将新理念纳入当代创业家精神定义中，差异显而易见。"创业家精神"这个词能否适用于任何新活动（即对个人或组织来说是新的）？活动是否必须具有创新性（即改变某种做事的方式）或独特性（即一种全新的操作方式）？

人们尝试捕捉这些不同的含义。格雷戈里·迪斯（J. Gregory Dees，2001）指出，社会创业家精神"对不同的人意味着不同的东西"，有些作者将广泛包容性界定视为最佳路径。简·魏-斯基尔恩（Jane Wei-Skillern）及其同事（2007）将社会创业家精神界定为"可以在非营利组织、企业或政府部门内或跨部门发生的创新性社会价值创造活动"，而科哈尼（Keohane，2013）建议采用经常被引用的关于色情的定义："很难界定，但是当你看到时就知道"。但其他人则主张更严格的界定。马丁和奥斯伯格（Martin and Osberg，2007）坚持认为"应该将社会企业家理解为针对不幸但稳定均衡的人……和……影响建立新的稳定均衡，确保目标群体和整个社会获得永久性利益"（2007：39）。西蒙·蒂斯代尔（Simon Teasdale，2010）叠加等级与集体、社会结果与经济结果的维度，提供了话语和组织形式的二维图谱，将社会企业区分为四类：社会商业、非营利组织的营收、社区企业和合作社。

社会企业已经成为工业化国家和非工业化国家普遍采用的通用范式，但与此同时，在概念化方面存在显著的国家—文化差异（Barraket，2008；Defourny and Nyssens，2010；Gidron，2010）。在美国更具个人主义意识形态的环境中，重点放在创建新组织的个体企业家，或者改造现有组织的"内部创业者"。在英国和欧洲大陆背景下，更多地植根于社会经济意识形态，正在出现一种更为集体主义的话语，更加强调通过集体和合作社的再生经济活动加强地方参与过程，创造社会价值。在发展中国家，重点是创建小型企业，这些企业可能使创业家摆脱贫困，在以前服务不足的地区建立社会服务，或与享受社会服务不足的人群一起工作。

同样重要的是，要认识到新兴的社会企业话语必须放在非营利组织在提供公共产品和服务以及政策制定方面发挥日益突出作用的背景下进行分析，对这一背景的分析贯穿本书。即使没有采用"社会企业"和"创业家"这两个词，但推动更多管理主义和商业化的非营利组织治理方法的重要趋势已经形成。此外，直到2008年，社会企业话语也受益于经济泡沫，以及通过社会风险资本和慈善资本主义等概念进入非营利部门的市场意识形态的主导地位（G. Jenkins, 2011）。创造经济财富的工具也被视为更有效率、更有效果地生产社会物品。社会企业非常适合繁荣的规范性话语，非常适合非营利组织可持续性发展关键是从政治资助到经济创业的相关转变。2008年后的全球金融危机可能使社会企业失去一些光彩，但相反，危机可能强化商业世界应该更加重视社会结果的观念。随着工业化国家经济复苏，社会风险资本和社会影响债券等基于市场的融资工具可能再次成为全球社会企业话语的推动因素（Keohane, 2013）。在国际开发领域，随着社会企业话语从援助转向投资，诸如小额贷款、向穷人营销等市场化企业方法继续获得青睐。

社会企业的公共话语

到目前为止，对社会企业定义的讨论主要集中在学术领域，但社会企业也引发广大公众的想象。通过流行读物如葛瑞格·摩顿森（Greg Mortenson）的《三杯茶》（2006）（现名誉扫地，参见专栏7.9），大众市场政策书籍如大卫·伯恩斯坦（David Bornstein）的《如何改变世界》（2007），以及致力于该主题的众多媒体文章，社会企业现在已经牢固地扎根于流行行话。社会企业家甚至被美国公共广播协会（PBS）提名为"新英雄"（PBS, 2005a）。新创业家已取代过去的政治活动家，被视为社会变革的驱动因素。

流行话语在某种程度上反映了社会企业的学术定义，因此表现出类似的混乱和不确定性。重点是新颖性，商业战略的使用，以及与非营利部门传统观念、日益受到污蔑的"慈善"概念形成鲜明对比，但存在相当大的差异。然而，可以确定流行话语中的两个明显趋势。

"硬"话语。在社会企业硬话语版本中，重点是社会企业改变游戏性质和商业化需求。PBS网站系列《新英雄》（PBS，2005b）指出，"正如商业企业家创造、改造整个行业一样，社会企业家是社会变革推动者，他们抓住其他人错过的机会以改善系统，发明和传播新方法，推进创造社会价值的可持续解决方案。"

澳大利亚议会前参议员，后任南威尔士大学社会影响中心社会事务主管谢丽尔·克诺特（Cheryl Kernot）表达了一个更平民主义的定义，他在一篇报纸评论文章中用以下话语描述社会企业：

> 有些慈善机构给人们食物。有些慈善机构向农民传授如何种植粮食作物。社会企业家向农民传授如何种植粮食作物，如何赚钱，回到农场，再雇用10个人。他们直到改变整个食品行业才会满意。从本质上讲，社会商业是为社会目的而创建的任何商业企业——减轻/减少社会问题或市场失灵，产生社会价值，同时，按照私营企业的财务纪律、创新和决定运营（Kernot，2010：1）。

克诺特使用的食品行业是更常用的"送鱼、传授钓鱼、改造渔业"版本的类比。这一假设的社会企业转型维度，与应用从给予到传授的转变作为其工作主题的社区发展早期工作者和国际援助工作者，直接形成对比（参见专栏7.4）。

其他作者宣扬基于市场的社会企业的优点时，更直接关注更传统的非营利组织和慈善概念。在《慈善的终结》（Frances，2008）一书的封底简介中，作者被描述为曾经为慈善事业工作的社会企业家，潜在读者被告知："他开始明白慈善永远不会提供公正和可持续的世界。只有通过以价值为中心的市场经济，我们才能看到真正的社会变革。"

即使那些捍卫传统非营利组织的人，也常常强化与营利企业之间、新旧企业之间的对比。在Change.org网站上，一位评论人士指出：

如今，非营利组织在社会创新运动中的投入时间远远少于其营利的社会创业家同行。也许是因为营利形式的社会变革是新的，所以它似乎更有趣、更性感——更容易创造变革……解散［非营利］部门存在很大危险。确实，它效率低下，有缺陷，遍体鳞伤。然而，它具有巨大的创新潜力（Edgington，2011，1）。

"软"话语。软话语版本仅关注参与者的创业精神和创建新组织。《纽约时报》一篇关于年轻的社会创业家的文章，用以下语言表达这个版本：

社会创业家……通过创建自己的组织来满足社会需求。这些男人和女人都试图重塑其周围世界。"我们这一代人用个人行动取代标语和抗议，"23岁的凯尔·泰勒（Kyle Taylor）说，他是创建了其指导组织的社会创业家运动倡导者，"这是我们的公民权利运动，也是将界定我们这一代的东西。"（*New York Times*，2008，No.1）

在其软话语版本中，创业家精神通常被视为一种主要由代际变革驱动的运动——它是年轻的公益青少年为社会行动创造新方法（Kreinin Souccar，2011）。"社会企业"术语的使用也可以简单地看作是品牌重塑的一种练习，因为它日益成为传达非营利部门或非营利组织更好形象的交流用语。

在这些令人困惑、有时看似矛盾的有关社会企业和创业家的学术和流行话语中，该话语体系有两个关键维度：（1）非营利与营利维度：社会企业主要被视为市场驱动，通过创造社会价值的商业或非营利组织新企业。当提到组织形式时，它们很少被识别为非营利组织，读者通常会留下社会企业主要在营利商业部门运营的默认假设的印象。（2）"旧派"与"新派"维度：社会企业是一种新的、更有效的方法，正在取代一个沉闷的、基本低效的传统非营利慈善部门。有时，例如在《慈善的终结：社会企业时代》（Frances，2008）中，这种话语是明确的；在其他时候，它更像是一个潜台词。

新派营利社会企业的基础故事通常涉及一位经常在商业中身经百战的"干将"企业家（通常是一位在中年顿悟的网络亿万富翁），他们空降进入，应用她或他的商业技巧来解决社会问题。在另一端，老派传统非营利组织通常有关于寻求行善的地方活动家或传教士的基础故事（即使因为没有管理创业活动的专门知识而举步维艰）。介乎两者之间，存在各种形式的混合体：多年开展诸如廉价旧货店和救济院工厂等创业活动的传统慈善机构，许多营利社会企业建立非营利附属机构以利用政府资金和基金会赠款。

对有关言论的分析

鉴于究竟什么是社会企业的定义含混不清，以及社会企业形成驱动社会变革潜力的言论，对社会企业如何在实践中运营进行记录变得越来越重要。例如，快速查看为世界各地社会企业"同伴"提供资助的象征性组织阿育王网站上发布的项目，表明其重点是创业家精神——主要是那些自己创办组织或创造性地调整现有战略的人。多年来，专栏5.4中阿育王项目伙伴实施的策略已成为许多国家非营利组织工具包的一部分，因此必须假设创业家精神标签来自其在新环境（通常是不利环境）中实施的事实，在有些情况下，面临相当大的个人风险。

探索这种言论和现实复杂性的另一种可能途径，是分析具体的社会企业项目如何演变，以了解社会企业家创建的组织结构的生命周期。这种纵向案例研究可以记录企业家做出的组织选择，评估其事业结果和影响，以及反对流行的学术讨论使用表明当前个人或组织成功的横向简介性案例研究的趋势。

专栏5.4 阿育王项目

在阿育王网站上突出显示的项目包括以下人员，已更改其姓名和其他身份标识。

法蒂玛（Fatima）正在组建一支由熟练的儿童营养专业人士组成的团队，在孩子生命的前两年这个在认知和身体发育上的关键时期，对孩子的母亲提供支持。法蒂玛正在形成一种称之为"儿童营养工作者"的新职业，通过在医院和家庭中的新支持中心，全天候为孩子的母亲提供有价值的信息和技能。

简（Jane）正在为成功的大学毕业生和在高中的最后几年需要

获得支持的弱势青年之间建立一种新的联系。旨在帮助弱势青年获得高等教育机会，目的是提高他们获得有意义、有尊严就业的机会。

迪帕克（Deepak）正在为大型国家公园管理开发一种整体的综合方法，在他的设计中，当地社区是公园管理不可或缺的一部分。

Kizuko 通过改变使用护士和接受医疗护理的方式，正在彻底改变医护领域。Kizuko 没有受护理专业传统规范的约束，而是为护士创造一条新的职业发展道路，护士可以在医院传统建筑之外的自助医疗站网络开展工作，自助医疗站让患者轻松了解其医疗保健需求，获得相应服务。

资料来源：参见 Ashoka Innovators for the Public，https：//www.ashoka.org/fellows。

最近的一项研究调查了四位社会企业家的持续工作，这些企业家被美国一家全国性报纸《周日杂志》（*Sunday Magazine*）报道，并称为美国社会企业的"年轻摇滚明星"（Casey, 2013）。报纸上的人物简介刊登了每位社会企业家的整版工作室名人照片，随附传记也称赞他们的开创性工作，表明他们创建的社会企业已经取得重大的社会影响。后续研究发现，在报纸发表时，这些社会企业家的社会企业所获影响程度远比随附传记文字所表明的要小得多。两年后，四个组织中，两个不复存在，第三个在创始社会企业家出局并被指控管理不善之后被其他管理人员掌握，第四个作为有时间限制的大学研究项目继续运作。其中两位社会企业家将自己重塑为私人顾问，另外两位社会企业家在完成学业时，将职业生涯基本搁置。虽然这四位社会企业家中的每一位都确实创建过自己的新项目和社会企业，但他们不一定具有开创性，充其量可以说是将现有战略和组织形式扩展到新领域（Casey, 2013）。专栏5.5概述了其中的一个案例研究。

专栏5.5　一位年轻的社会企业家

《周日杂志》报道了机遇街（Opportunity Streets）创始人，25岁的弗兰克·索利斯（Frank Solis）。根据个人资料，索利斯17岁时就打开家门，把住宅作为纽约市邻里流浪年轻人的一个临时收容中心。

他动员一群年轻邻居筹集资金，租用他们自己的社区中心，创办了机遇街。根据个人资料，机遇街作为青少年主导的课后项目蓬勃发展，主要针对13~23岁的青少年，自成立以来对500多名参与者的生活产生了影响，至今没有任何减速迹象。

两年后的后续研究发现，机遇街已注册为501（c）（3）慈善机构，公共记录的最后一次纳税申报表来自《周日杂志》刊登简介的前一年。后续研究表明，当时该组织的收入仅有44000美元，拥有负资产（赤字为1000美元），它不太可能运行《周日杂志》刊登简介中声称的"众多计划"。自《周日杂志》刊登索利斯简介以来，该组织尚未提交任何进一步的纳税申报表。该组织以前使用的网站和域名已不再有效，出现在机遇街新闻文章中的店面临时中心已经关闭。

虽然该组织似乎不再运作，但索利斯本人继续活跃在网络上。在社交媒体网站上他将自己描述为机遇大师，一个励志演说家和团队培训师。后来他又开办了一家营利咨询公司。在他的博客中，他表示："我的新公司现在开始（START NOW）正在全国范围内进行巡回演讲。"该网站有一家网上商店，出售T恤和其他收藏品，上面印有Start Now徽标。

资料来源：Casey，2013。

尽管这些项目的结果似乎很差，但从潜在议程设置和创建社会资本、个人资本的角度来看，这些社会企业家的工作会引发出一些可能的积极成果。即使他们的组织被证明是不可持续的，社会企业家的工作也可能在他们感兴趣的领域改变范式，重新制定议程。他们可能将注意力集中在服务匮乏、创造新服务先例、重构期望，以及展示将服务扩展到以前未提供之处的可能性。上述研究中描述的四位社会企业家依然相对年轻，因此从这些经验中汲取的教训，可能通过加强管理能力和领导能力有助于其个人资本的增长。虽然他们早期的冒险似乎肯定没有取得任何持久的成功，但他们后来的机会很可能会取得更加切实的成果，他们最终会成为知道如何避免组织陷阱的经验丰富的领导者。同样，在与这些项目中的其他人合作时，他们很可能通过加强周围人的能力来增加更广泛的社会资本。

其他基准也可用于评估社会企业的此类案例研究。第一，需要研究创业精神的本质和企业家的变革型领导力。有评论人士认为，企业家既应该有创建新组织或新项目的动力，也要有全程贯穿其中的技能（Dees and Economy，2001），他们应该展示"内部控制点"（Bornstein and Davis，2010）。然而，其他人反驳说，试错经验是推动创新的动力。可以找到有关创业家精神存在风险（Light，2008），涉及新创营利企业的高失败率（Shane，2008），以及脆弱性和组织消亡（Hager，2001）的大量文献。有人可能会说，社会企业的高失败率是可以预见的，甚至是受鼓励的。纽约一家专门为社会创业家提供风险投资的基金会在其网页上赞扬那些"跌倒再爬起来"的人，指出其只资助初创企业和从未有过的组织，因为它的使命是通过承保创建"开创性模式"的新组织，在社会部门推动创新。

第二，需要考虑检视组织内部和外部生态及其可持续性研究的贡献。可持续组织，可以被视为代表创建、建设和维持组织等阶段的上升阶梯（Bloom and Smith，2010；Light，2008）。许多社会企业家在想象和发明其项目方面是成功的，但在启动和维持阶段遇到问题。爬梯到可持续组织的能力，取决于社会企业家的技能和知识，以及支持者和利益相关者的外部生态。如果创始人总是转向下一件大事，或者社会企业家发现其他必要的外部支持不利，那么结果令人失望就不足为奇。

第三，需要探讨媒体、社会企业的其他推手以及名望诱惑的作用。新闻文章和网站的夸张，可能仅仅反映了渴望兜售新想法的媒体行业的活力，或者可能是社会企业组织营销其方法，寻求提升其筹资潜力。诸如《周日杂志》人物简介等类型的文章对年轻社会创业家的高度赞扬，也许不能怪他们受成名时刻迷惑。他们对这种关注感到受宠若惊，或者狂妄自大占据上风，从而对其职业和组织提出不可持续的主张。

然而，毫无疑问，社会企业和创业家精神言论远远超过其所能提供的现实情况（Andersson，2012；Edwards，2010a）。这种论调往往是关于新形式的自我维持组织，这些组织产生解决社会问题的新策略，但现实往往更加平淡无奇。大多数社会企业的商业计划涉及创建一般遵循传统形式的非营利组织，以及重新安排尝试过切实有效的社会和组织对策。

模糊部门界限

也许不可避免的同构力量只是推动那些渴望打破旧规则的倡议回到现有的常规和组织结构中去。有人认为，世界各地的社会企业家正在为社会行动与发展创设新的组织形式及新战略，但更多的时候他们似乎正在重新创设现有模板，或许只是用更新、更性感的企业包装来重塑它们。正如露丝·麦坎布里奇（Ruth McCambridge，2011）指出的那样，"创业家精神就是创业家精神"——最终，更关心的是包装和促销，而不是一个新的或固有的好主意。

围绕社会企业的神秘感，可能使其成为"追梦人"，正如弗雷德里克·安德森（Fredrik Andersson，2012）所言，我们渴望在解决看似棘手的问题时大胆创新，因此可以把它理解为不是一种新的运作模式，而是一种思维方式的转变，将创业家言论融入非营利部门的社会行动目标之中。与此同时，并非所有以市场为导向解决社会问题的方法都使用社会企业话语。由易贝（eBay）创始人创建的奥米迪亚网络（Omidyar Network）自称是一家公益投资公司，致力于利用市场力量，帮助扩大创新组织，促进经济、社会和政治变革（Omidyar Network，2013）。虽然重点是基于市场的方法，但奥米迪亚网络似乎刻意避免使用"社会企业"这一术语，社会企业并没有出现在其文件中。尽管强调市场导向，但组织的结构和资助重点表明其市场影响有限：奥米迪亚网络是在美国注册的非营利组织，其国际投资组合显示，约70%是非营利组织。

社会企业言论的兴起表明，全球三大部门之间的界限日益模糊，特别是营利组织和非营利组织之间的界限日益模糊。虽然一般的假设是商业部门为非营利组织提供更高效更有效的方法，但反向流动也会发生，非营利组织提供有关创建对社会负责任、环境可持续发展的企业，以及如何利用"微不足道"的资源实现更多目标的经验教训（Lublin，2010）。除了这种实践上的相互促进之外，还有一个象征性维度，即企业希望看起来更具社会责任感，而非营利组织更具商业性。这种模糊甚至延伸到在线身份。如上文所述，奥米迪亚网络是一个非营利组织，但其网站使用的是.com域扩展名，这种扩展名通常与营利组织相关联。其他许多组织在其网络角色上也做出了看似不协调的选择（参见专栏5.6）。

专栏 5.6　网络域名扩展：.org，.com 还是.ngo？

　　网络域名扩展.org 供非商业实体使用，是大多数非营利组织的首选扩展名。然而，不存在将.org 作为顶级域名使用的正式限制或资格，即使有些国家顶级域名将其二级域名.org 限制在注册的非商业性组织范围内（例如，在澳大利亚，.org.au，只能由注册的非营利组织使用）。

　　也许非营利部门日益成熟的标志可能是某些营利组织选择使用.org，特别是如果它们想要根据使命、共同体或社会导向结果创建组织角色。营利在线市场 Craigslist.org 是一个比较引人注目的例子（尽管有些国家和城市的分支机构使用.com，而母公司有一个附属的非营利基金会）。其他例子包括 InterNations.org，这是一个针对外籍人士的营利社交网络。Change.org 是一家营利公司，提供在线请愿平台，它用如下方式表达使用.org 的选择："与许多公司不同，我们的事业是社会善。Change.org 完全专注于我们的赋能使命，将所有收入重新投入到为用户提供的服务中。关注使命而不是利润，是我们的名字以.org 而不是.com 结尾的原因。"

　　另一种选择是使用.net 域名。虽然.net 最初是为互联网服务提供商等技术基础设施网络设计的，但与"网络"的隐含联系，也使它成为寻求避免慈善污名的非营利组织及寻求更具社会意识的私人公司的选择。潘格拉集团（Pangora Group），域名为 panagoragroup.net，是一家开展有关健康发展项目的私营公司。

　　与此同时，许多非营利组织选择使用.com 作为其网络域名，以展示其更具商业性和创业精神的方法，或以其他方式增加其对私营部门的认同。印度非营利组织 Janaagraha.org 运营一个针对私营部门的反贿赂网站，他们称之为 Ipaidabribe.com。慈善国际（Compassion International），是一个在世界上最贫穷的 26 个国家解决儿童贫困问题的慈善机构，它使用 compassion.com 域名。

　　已经推动合作社使用.coop 顶级域名，有些国家针对不同类型的非营利组织都有特定的二级域名，例如 asn.au 用于澳大利亚的协会，但其使用似乎并不普遍。

　　自 2014 年 10 月以来，已有一个新域名.ngo（.ong 是诸如法语和西班牙语等罗曼语的首字母缩写）可以使用。它将由监管.org的公共利益登记处管理，但它只适用于那些能够证明它们是非营利的、独立的、符合公众利益的经验证的组织。

  选择使用哪个域名，也可能有些偶然，或者是域名竞争的结果。一家澳大利亚初创非营利组织报告说，使用.com.au域名只是因为该网站是由一位不知道.org.au存在的理事会成员设立的。美国健康慈善机构出生缺陷基金会（March of Dimes）使用.com域名marchofdimes.com，显然是因为.org版本由加拿大分支机构控制。

  资料来源：参见 Change.org, Business Model, http：//www.change.org/about/business-model。

第六章　非营利部门的国际化

本书第一部分主要关注世界各国非营利部门的扩展和演进。现将重点转移到国际和全球舞台。正如非营利组织在国家层面的影响力越来越大，在不断扩大的政府间组织和跨国、多国商业的全球市场之间运作的非营利部门，其国际层面活动也相应升级（Anheier，2014；Batliwala and Brown，2006；Boli，2006；Schechter，2010）。当今的全球化和去领土化浪潮在现代生活的几乎每个领域都产生了更密集的跨境联系网络，非营利部门也不例外。

本书阐释的非营利部门的国际活动，涵盖非营利组织超越国界的运营和影响的所有方面。以前的国内非营利组织正在"走向国际"，同时越来越多的国际非营利组织正在成立（Anheier，2014；Boli，2006；Lewis，2007）。本章讨论的重点是那些符合第二章所述非营利组织结构功能界定的自治的非政府实体组织。但不包括纯粹的政府间国际组织——通过条约或其他协议创建的双边或多边组织，政府是其主要成员，包括联合国、世界银行和世界贸易组织等全球组织，以及欧洲联盟和非洲联盟等区域组织。

许多混合组织本身或通过其附属组织跨越上述的非营利组织定义。联合国儿童基金会（UNICEF）是一个联合国隶属机构，其执行委员会由成员国代表组成，因此它显然是一个政府间组织。为了支持其工作，联合国儿童基金会推动建立联合国儿童基金会国家委员会网络，这些委员会在运营国家作为当地独立的非营利组织成立。目前有37个这样的非营利联合国儿童基金会国家委员会正在运营，所有这些委员会都在工业化富裕国家，代表联合国儿童基金会募集资金，倡导支持联合国儿童基金会项目。联合国本身也采取同样战略，即创建许多"非营利组织之友"，其中包括联合国基金会，由媒体大亨特德·特纳（Ted Turner）捐赠，于1998年创建为美国501（c）（3）非营利组织，旨在支持联合国项目和时任秘书长科菲·安南（Kofi Annan）的改革努力。该基金会目前总部设在华盛顿特区，其年度预算为1.37亿美元。

有评论人士认为，这种混合组织是第三类国际组织（通常称为跨国混合组织"THO"），区分于政府间组织和非营利组织（Missoni and Alesani, 2013；Willetts, 2011），但本书包含它们，是因为它们有意由非营利法律人格构成。鉴于政治制度和服务提供模式存在相当大的国家差异，非营利组织法律结构已成为在广泛领域进行国际对话的"便利旗帜"。非营利组织的形式，避开了主权和地缘政治紧张局势对政府间组织施加的诸多限制。专栏6.1说明了国际文化非营利组织如何横跨这些部门。

> **专栏6.1　国际博物馆协会**
>
> 国际博物馆协会（ICOM）成立于1946年，是依据法国法律作为国家博物馆协会的全球论坛而成立的国际非营利组织。虽然大多数代表是公务员或由各国政府直接任命，但有些代表是非政府国家博物馆协会的代表。国际博物馆协会总秘书处设在巴黎的联合国教科文组织总部（教科文组织是一个政府间组织），它的工作重点是关于国家遗产的保护和展示的国际政府间协定。其网页将国际博物馆协会描述为由137个国家和地区的专家组成的"外交论坛"，以应对博物馆在全球面临的挑战。

许多非营利的国际专业和贸易协会，都有来自世界各地的个人会员或国家协会团体会员。与国内同行一样，它们作为自主的非营利组织发挥作用，通过提供一系列服务以促进会员的商业利益，这些服务包括成为最佳实践信息和研究交流中心，开展倡导工作以推动有利于会员的政策和做法（参见专栏6.2）。

> **专栏6.2　国际窗膜协会**
>
> 窗膜是应用于窗户的薄塑料薄膜，用于控制光线、节省能源或

保护隐私。国际窗膜协会（IWFA）是一家窗膜制造商和分销商的行业协会，通过发布研究、影响政策和提升窗膜意识来促进窗膜行业的发展。它在美国注册为 501（c）（6）（商业协会），位于弗吉尼亚州马丁斯维尔。会员遍布各大洲，尽管其大部分立法项目工作在美国和加拿大。IWFA 目前的年收入为 110 万美元。

资料来源：参见 International Window Film Association，http://www.iwfa.com。

国际非营利部门的兴起

自 1907 年以来，国际协会联盟记录了政府间组织和国际非政府组织的发展。该联盟成立于比利时布鲁塞尔，20 世纪初，当时 150 个国际组织（主要是那个时代由欧洲大国主导的政府间组织）中的 1/3 都是其会员。该联盟脱胎于 1895 年成立的、开发了图书馆通用十进制分类系统的国际书目研究所（International Institute of Bibliography）（更多详情参见本章专栏 6.3）。

国际协会联盟的数据库仅包括"著名"组织，因此不包括数以千计的较小的国际非营利组织，以及全球各国的主要的国内非营利组织尽管其工作也具有国际维度。在该数据库中，国际非营利组织的数量超过政府间组织的 10 倍，20 世纪 70 年代以来其增长率也明显大于政府间组织。图 6.1 显示了国际协会联盟年鉴记录的自 1909 年以来政府间组织和国际非政府组织的增长情况（Union of International Associations，2012）。

从现代视角来看，现在被视为国际非营利组织的组织有着悠久的历史。信仰组织，长期以来一直与其产生影响的偏远角落之间进行联系和交流，积极改变其宗教信仰，并参与战争以扩大其影响范围。16 世纪到 20 世纪欧洲列强的殖民机构，也经常对土著居民和贫困的殖民者进行慈善活动（通常通过信仰组织）。

国际协会联盟数据库记录了国际非政府组织的成立年份。数据库中的第一条是君士坦丁主权命令（Sovereign Constantinian Order），这是一道发布于 312 年的修道院命令；第二条是发布于 358 年的圣巴西命令（Order of Saint Basil）。从 4 世纪到 18 世纪，几乎全部宗教，包括 19 世纪后的穆斯林苏菲派塔里卡斯，都建立了稳定的组织群。早期的兄弟组织、大学、科学和学术协会，以及商人组织和表演艺术团体也在这个时期成立，但直到19世纪中叶才开始出现世俗国际非营利组织——倡导组织、社会福利组织、职业组织和体育组织——在数量上多于信仰组织。

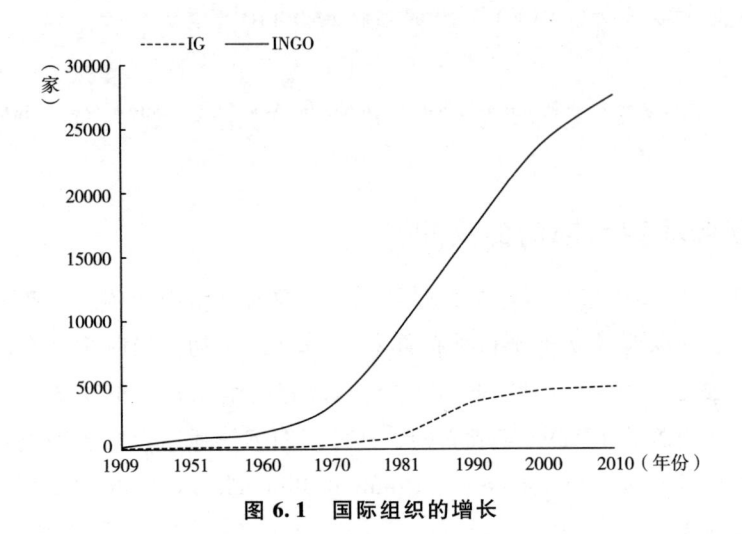

图 6.1　国际组织的增长

注：该数字不包括国际协会联盟数据库中的不活跃组织或拟议组织。IG代表"政府间组织"，INGO代表"国际非政府组织"。

资料来源：Union of International Associations，2012。

如第二章所述，世俗的独立的国际非营利部门通过社会运动开始大量涌现，社会运动的重点是人道和人权，包括反奴隶制和妇女选举权运动。虽然公开宣称为世俗组织，但这些新组织中的许多组织都有明确的与信仰相关的根源，特别是贵格会共同体。许多现在具有象征意义的国际非营利组织出现于19世纪中期，虽然创始形式并不一定与其目前焦点相符——青年基督教协会（YMCA）1844年成立于伦敦，是一个福音派组织，而红十字会于1863年在日内瓦成立，为在欧洲战场上受伤的士兵提供服务。

劳工运动和激进左翼的全球化，也可以追溯到这个时期——世界工人阶级利益提升联盟（Universal League for the Material Elevation of the Industrious Classes）是一个成立于1863年的英国政治组织，主要是为了争取英国工人的集会权、劳工权利和选举权。但其创始任务也寻求增加娱乐和教育机会，推进国际友爱。它是国际工人联合会（International

Workingmen's Association，1864–1876）的先驱，国际工人联合会也被称为第一国际（First International）。工人运动中最著名的是社会主义反对无政府主义的意识形态之争，赢得了许多目前与非营利部门有关的人权和劳工权利。

这些国际非营利组织的出现，可以看作是理想主义国际化初期的一部分，恰逢19世纪中期全球化浪潮中建立第一批现代国际机构（参见专栏6.3）。

尽管一些最早的国际非营利组织仍然存在，但到20世纪初真正的现代国际非营利组织第一次涌现，在当代观察家看来，后者是可以立即识别出来的。救助儿童会（Save the Children）于1919年年初由两位贵格社会活动家姐妹伊格兰蒂尼·杰布（Eglantyne Jebb）和多萝西·布克斯顿（Dorothy Buxton）在英国成立，以应对第一次世界大战和俄国革命的后果。该组织引发争议，因为它试图帮助战争中的敌人——德国和奥地利的儿童。然而，儿童权利概念很快得到全世界的支持，特别是那些也在争取自身选举权的女性。救助儿童会成立时，澳大利亚女权主义者、和平主义者塞西莉亚·安妮·约翰（Cecilia Annie John）正好在伦敦，不久之后她返回墨尔本，于1919年年底在墨尔本设立了一个分支机构。1920年，国际救助儿童联盟（International Save the Children Union）在日内瓦成立。

专栏6.3 世界什么时候开始全球化？

尽管将全球化视为20世纪末的现象，受到新的信息技术和更便宜的旅行驱动，但一系列重大事件和颠覆性技术为全球一体化和新兴国际主义提供了历史标志。

欧洲、亚洲、美洲和非洲的各个古代帝国主要是通过军事征服建立的，在广阔区域创造了政治和文化互联。

象征性的旅程，如马可·波罗（Marco Polo）1271年开始的24年亚洲探险以及费迪南德·麦哲伦（Ferdinand Magellan）1519年至1522年首次环球航行，往往被视为全球化的标志性事件。最重要的是，克里斯托弗·哥伦布（Christopher Columbus）1492年的航行及随后的欧洲殖民美洲，后来殖民亚洲、非洲和澳大利亚，建立新的政治经济区域和新的全球运输路线。殖民世界高度相关，少数欧洲大国统治着遍布全球的帝国。

在19世纪中期，一系列新技术极大地扩展了人类联系的范围。19世纪40年代电报的发明彻底改变了通信，这一时期又开始大规模建设铁路，以及19世纪70年代后的螺旋桨驱动的轮船，使长途旅行对更多人更加可行。1865年，即美国和欧洲之间的第一条电报线开通前一年，国际电报联盟（International Telegraph Union）（现为国际电信联盟，International Telecommunications Union）成立。现在它被认为是在大多数主权政府同意下建立的第一个现代国际组织。

由于电报、铁路和轮船建立了更快捷的商业联系，以前根据当地计算进行的临时计时已不足使用。1884年，来自26个国家（包括奥匈帝国和奥斯曼帝国）的代表在华盛顿特区召开国际子午线会议，商讨选择经度的零度和全球时区标准。代表们同意建立格林尼治子午线，作为所有时区校准的国际标准。

两个国际图书馆分类系统，即1876年的杜威十进制分类系统和1905年的普遍十进制分类系统的发展，促进了全球知识传播。

20世纪50年代后期引入大型标准化金属集装箱，从根本上改变了全球贸易。在此之前，所有货物都装在各自的箱子、板条箱或桶中。装载和卸载费力而昂贵，盗窃普遍。随着20世纪60年代初期集装箱的广泛采用，航运成本下降了90%，为以前仅有当地市场的商品开拓新的国际市场提供了经济上的可行性。

在20世纪的第一个十年建立了美国的许多服务俱乐部，如扶轮社（Rotary,1905年）、基瓦尼斯（Kiwanis,1915年）、狮子会（Lions,1917年）和演讲会（Toastmasters,1924年），以及与美国工业大亨相关的大型基金会，纽约卡内基公司（1911年）和洛克菲勒基金会（1913年）（这两个基金会最初由立法特许，后来转为非营利组织）。

1945年《联合国宪章》认可国际非营利组织工作的重要性。非政府组织（NGO）一词通常被认为是通过将其纳入《联合国宪章》第10章第71条而得到广泛使用，第71条为不是成员国机构的组织确立了正式的咨商地位（参见本书第八章有关联合国的内容）。在联合国成立的最初几年，只有约 50 个非政府组织具有咨商地位（目前有 3800 个）。最早具有咨商地位的非政府组织反映了第一批国际非营利组织主要源于欧洲大陆、英国和美国，以及非政府部门构成的多样性：它们包括英国最古老的刑法改革慈善机构霍华德刑法改革联盟（Howard League for Penal Reform），成立于 1866 年；1919 年成立于海牙的国际空中交通协会（International Air Traffic Association）；1928 年在巴黎举行的第一届社会工作国际会议上成立的国际社会工作学校协会（International Association of Schools of Social Work）；罗马和平（Pax Romana）是国际天主教智力文化事务运动，1921 年最初以学生身份在瑞士成立的天主教协会；1947 年在纽约举行的法学家国际会议上成立的国际律师协会（International Bar Association）。

如图 6.1 所示，自 20 世纪 70 年代以来，国际非营利部门出现了相当大的增长，这也是国内层面同样明显的社团革命的一部分。非营利部门在服务提供和政策制定方面的比较优势，与职业共同体和认知共同体的全球化相结合，导致国际非营利部门在数量和重要性方面呈爆炸式增长。国际非营利部门的扩张，既是全球化的结果，也是全球化的动力。它不仅是人道援助领域，也是环境、和平和正义运动的关键组成部分。它还包括在体育、美食烹饪和诸多商业利益等各种领域的学术、专业和文化交流。过去，国际非营利组织的工作重点主要是环境、发展援助、人权和救灾等"低政治"问题，以及专业人士和公务员之间的"第二轨"国际关系问题。国际非营利组织现在日益直接与国际事务和安全等"高政治"合作，帮助管理"第一轨"国家层面的关系（Ahmed and Potter，2006；Carey，2012；Schechter，2010）。

宗教信仰依然是国际非营利组织的重要动力。与早期迭代相比，现代非营利部门可能更加世俗化和普遍化，但宗教仍然是该部门的关键组成部分。大型的具有历史性意义的信仰实体，如救世军（Salvation Army）、伊斯兰救济组织（Islamic Relief）和美国犹太人世界服务组织（American Jewish World Service），以及欧洲世界教会相关发展组织协会（Association of World Council of Churches Related Development Organisations in Europe，APRODEV）等网络，继续是国际非营利部门舞台的重要角色，是当代组织相当大比例的基础故事，包括基于信仰的启迪叙事。基督教青年会将其重点和使命从其起源时的"侵略性布道"演变为当前对

"人类社会责任"的关注（Muukkonen，2002），类似描述可以应用于许多具有历史意义的非营利组织。

目前，除了国际协会联盟数据库中识别的大约30000个活跃组织之外，没有综合的更广泛的国际非营利部门数据（参见图6.1）。目前美国导星（GuideStar USA）、全球捐赠（GlobalGiving）、基金会中心（Foundation Center）和全球技术汤（TechSoup Global）四个合作伙伴正在开发一个识别全球实体基本注册表（Basic Registry of Identified Global Entities，BRIDGE），将为其数据库中大约300万个具有国际影响力的非营利组织各分配一个新的唯一的全球识别码（TechSoup Global，2013）。

国际非营利组织的数量很难估计，因为对于什么样的非营利组织有资格计入其中有不同意见。如果国家统计数据正式将国际非营利组织确定为与国内组织不同的类别，那么它们在任何国家的非营利组织总数中仅占1%至2%（Anheier，2014），在该数字中，只有少数规模足够大的国际非营利组织被纳入国际非营利部门数据库。然而，更多非营利组织虽然没有正式归类为国际非营利组织，但仍在开展国际工作。例如，在美国国税局注册的160万个非营利组织中，只有大约20000个（占1.3%）在国家免税实体分类（National Taxonomy of Exempt Entities，NTEE）Q类"国际、外交和国家安全"下注册（NTEE分类由组织自行确定，允许许多类别）。在这20000个非营利组织中，75%的非营利组织年收入低于10万美元，或者没有报告其收入，只有2.5%的非营利组织年收入超过500万美元（National Center for Charitable Statistics，2012）。但是，任何仅基于NTEE Q类的计数，都不包括许多明确从事国际工作但在注册时不使用Q类的非营利组织。美国国内非营利组织"为美国而教"（Teach for America）的国际部门"为所有人而教"（Teach for All），陈述其使命是"响应世界各国的教育需求"，年收入为1000万美元，但在NTEE类别中选择B99类"教育类"。"一次解决一个全球贫困孩子"的爱心国际（Compassion International），为全球26个最贫穷国家的100多万名儿童提供服务，年收入5.2亿美元，使用X20类"基督教组织"。最后，奥林匹克体育组织，包括美国奥林匹克委员会（US Olympic Committee，收入1.4亿美元），单独编码为N71类"奥林匹克运动会"。虽然国际非营利组织只是美国非营利组织的一小部分，但它们在美国最大的非营利组织中占有很大比例（参见第七章）。

与 NTEE 数据库中归为 Q 类的少数非营利组织相比，非营利透明度网站导星数据库中有约 180 万个美国非营利组织，以关键词检索，确定 16.3 万个非营利组织（9%）将"国际"作为其名称、使命或项目描述的一部分。在英国，对慈善委员会注册的 18 万个慈善机构进行类似的关键词检索，仅确定约 6800 个组织（占 3.7%）使用"国际"描述符。鉴于注册标准和分类体系存在差异，美国和英国的数据不具有直接可比性，但它们证实，国际活动只是工业化国家正式非营利部门工作的一小部分。

此外，广泛的国际非营利活动网络尚未正式组建，或在其他组织的法律和财政资助下运作。这些非正式组织和规模较小的正式组织似乎是越来越多"精品"国际非营利组织的一部分，其中包括众多的移民家乡协会（参见第七章关于侨民发展的讨论）。许多完全志愿者事业的创设，是为了支持特定的外国机构（通常是学校、孤儿院或医疗诊所），或与负责人有特殊关系的地方，特殊关系要么是因为他们祖先的根在那里，要么是因为他们在旅行、志愿服务或在那个地区工作后，感觉到某种特殊的亲和力。

在本书中，我还谈到了不同国家的非营利组织之间日益增长的国际联系，这些非营利组织继续用本国术语描述其工作。随着全球化推动经济、政治和社会关系的根本变革，公共部门和营利部门的组织正变得越来越国际化和复杂化，非营利部门正在跟上步伐，同样需要扩大规模以应对全球关注，通过通信技术创新以及降低信息、资本和人员流动的交易成本来推进国际化。非营利部门能够类似营利部门一样行动，没有限制政府间合作的主权限制。非营利组织可以构建跨国身份运营，国际非营利组织和跨国公司在寻找新市场、在全球范围内进行品牌推广、人员国际化以及组织的去区域化方面都有明显的相似之处（Siméant，2005）。例如，乐施会（Oxfam）的增长表现出许多通常与营利部门相关的合作伙伴关系和兼并过程（参见专栏 6.4）。

专栏 6.4 乐施会

乐施会于 1942 年由一群贵格会教士、社会活动家和牛津学者在英国发起成立，全名为牛津饥荒救济委员会（Oxford Committee for

Famine Relief）。在第二次世界大战期间，该组织通过盟军海上封锁，向被敌人占领的希腊的饥饿妇女和儿童提供食物。战争结束后，乐施会的活动转向游说，允许英国人向包括德国在内的被占领的欧洲大陆国家寄送食品包裹。1948年，乐施会在英国开设了第一家永久慈善旧货店。1951年，随着首次应对印度比哈尔地区的饥荒，该组织开始从饥饿救济当地游说团体转变为援助机构。乐施会在英国之外的第一家分支机构于1963年在加拿大成立。1968年，乐施会甚至在秘鲁开设了一家分支机构，进一步扩大了其业务范围。

乐施会国际（Oxfam International）成立于1994年，是澳大利亚、比利时、加拿大、中国香港、荷兰、新西兰和美国已合作多年的独立的非政府援助组织联合会。它们的目标是共同努力，以产生更大的影响。有些组织已经是乐施会的分支机构，而有些其他组织如澳大利亚的海外社区援助（Community Aid Abroad）和荷兰的诺维布（Novib）则以不同的身份运作。有些分支机构即使在加入乐施会国际后仍继续保留它们以前的身份。海外社区援助于1995年更名为乐施会社区援助，后于2005年更名为澳大利亚乐施会；然而，诺维布直到2006年才更名为乐施会诺维布（Oxfam Novib）。

乐施会将自己描述为在全球约90个国家开展工作的17家组织的国际联合会，总预算为15亿美元。虽然秘书处设在伦敦，但该组织在荷兰合法注册为非营利基金会——乐施会国际基金会（Stichting Oxfam International）。乐施会目前正在实施一个新的统一管理系统，以改善国际秘书处与在地业务之间的协调。作为该战略的一部分，只有一个乐施会附属机构负责领导该组织所在特定国家的工作。

资料来源：参见Oxfam，https：//www.oxfam.org.uk，https：//www.oxfam.org.au，and http：//www.oxfam.org/en/about/annual-reports。

在以下各节中，我将介绍非营利组织国际化的三种形式或三种程度：主要是国内非营利组织之间的国际合作，以前侧重国内的非营利组织工作的国际影响力日益扩大，以及有意创建的国际非营利组织。可以将它们视为国际化的三个阶段（Anheier，2014），但也可以将它们视为一系列国际连通的共生生态。随着现有国内非营利组织日益国际化，新的非营利组织的创建具有特定的国际意图，有时可能是国内非营利组织之间联系增加的直接后果，因此可以发现重叠和跃迁。

国际增长的驱动因素

在国际层面，与国内层面相同的有关政府机构效率低下，以及需要让更广泛的合作伙伴参与决策和提供服务的讨论，促进了国际非营利部门的增长。政府间合作的增长，有助于推动迈克尔·谢克特（Michael Schechter,2010）称之为"自下而上的多边主义"的平行扩张，这种"自下而上的多边主义"建立在扩大的国内非营利部门创造的更强大活动"节点"之间的联系之上（Florini，2000）。新公共管理、治理和第三方机构方法的国际版本，是减少政府干预，以及与比公共官僚机构更灵活、更创新的组织合作的理由。正如非营利组织被视为国内服务提供和政策制定难题的答案一样，它们也成为国际"神奇子弹"（Edwards and Hulme，1996；Lindenberg and Dobel，1999）。随着世界各国面临经济限制和信任受蚀，国家能力下降，国际非营利部门在提供和管理跨国公共物品方面发挥着日益重要的作用。非营利组织的工作受到广泛意识形态和商业利益的支持。2012年，联合国将特蕾莎修女（Mother Teresa）逝世纪念日9月5日定为国际慈善日，认可"慈善机构在减轻国家内和国家间人道危机、人类苦难以及推动来自不同文明、文化和宗教的人们对话等方面的作用"（United Nations，2013）。

也许非营利部门全球化最明显最常见的动力是新通信技术的影响。互联网、社交媒体和其他新通信技术元素，已经无可估量地降低了管理任务、远程操作和跨境协作的交易成本。技术还催生了一类新的数字非营利组织的创建，这些组织几乎完全在互联网上运营。在线百科全书维基百科，可能是数字非营利组织最突出的例子（参见专栏6.5）。值得注意的是，维基百科的创始人吉米·威尔士（Jimmy Wales）仍选择创建一个非营利组织，尽管其他在线门户网站和社交媒体网站，如脸书（Facebook）、雅虎（Yahoo）、《赫芬顿邮报》（*Huffington Post*）和推特（Twitter）都是已经取得相当大商业价值的营利组织。

对于国际人道援助和倡导组织的增长，可以确定更具体的驱动因素。

20世纪50年代和60年代的非殖民化和民族主义解放运动创造了新的主权国家，其中许多是不发达国家，为人道非营利组织活动扩张提供了肥沃的土壤。对这些新国家的发展援助，最初的主要渠道是通过政府对政府进行援助，特别是作为冷战时期超级大国客户关系的内容，但之前将其工作重点放在欧洲战争救济上的国际非营利组织，开始谋求在全球范围内发挥更广泛的作用。

冷战期间，两个超级大国的竞争是国家之间和国家内部冲突的主要全球背景。冷战结束，为更广泛的非国家行为体开辟了新的政治空间和项目空间（Florini, 2000; Götz, 2010）。通过对项目资金最终落入腐败精英口袋的先前官方援助项目进行无情曝光，国际援助的重点从客户国转移到更广泛的发展议程上。更广泛的发展议程，例如联合国通过千禧年发展计划（参见第七章），促进了诸如"保护责任"（通常称为R2P）等新干涉主义原则的出现，"保护责任"认为，为保护受威胁的人口，国际社会有责任进行干预。

专栏 6.5　维基百科

维基百科，由美国非营利组织维基媒体基金会（Wikimedia Foundation）和全球40多个附属国家分会构成的网络进行管理。该网站用户经常看到以下捐赠请求："亲爱的维基百科读者：我们是运营世界排名第五网站的小型非营利组织。我们只有150名员工，但为4.5亿用户提供服务，其成本与其他顶级网站一样：服务器、电费、租金、项目、员工和法律援助。为了保护我们的独立性，我们绝不会投放广告。我们不接受政府资金。我们的捐款每笔平均约为30美元。如果每位读到该信息的人都能捐赠5美元，我们的筹款将在一小时内完成。如果维基百科对您有用，请花一分钟时间捐赠您愿意的任何金额，今天的内容将可再保持在线一年。请帮助我们忘记筹款，回到维基百科。*谢谢您，来自维基媒体基金会。*"

资料来源：参见 Wikipedia, https://wikimediafoundation.org/wiki/Local_chapters, and http://wikimediafoundation.org/wiki/Tax_Deductibility/en。

政治空间的开放，国际社会义务的重新界定，发展中国家受教育程度更高、更富裕的公民需求日益增长，资源供应日益增加，都促进了非营利组织国际活动的扩大。那些在以前的不干涉理论下可能犹豫不决的人已经将这种不情愿抛之脑后，许多过去曾反对非营利组织工作的政权已经开始接受它们可以发挥有益作用。

更多平淡无奇的非营利服务提供方式，通过越来越多来自世界各地在美国和其他拥有强大非营利部门的工业化国家学习或工作的人，在全球范围内传播。本书的重点是非营利组织，但非营利部门的全球化也具有重要的个人维度。国际员工、侨民、学生和志愿者在全球范围内更加自由地流动，成为非营利思维的重要载体和跨境联系的代理人。许多关键的国际网络，推动了个人和思想的流动（参见专栏6.6）。

专栏6.6　全球捐赠者支持倡议

全球捐赠者支持倡议（Worldwide Initiatives for Grantmaker Support，WINGS）是一个由35个国家86个公益支持组织构成的全球网络，代表全球15000个基金会、资助者和社会投资者。它由1998年在墨西哥瓦哈卡召开的为捐助者服务协会国际会议创建，头十年，它作为一个半正式网络运作，临时秘书处由美国、加拿大、比利时和菲律宾会员轮值。2011年，它成为美国的一家非营利公共慈善机构，秘书处搬到巴西圣保罗新的永久性住所。现任总干事海伦娜·蒙泰罗（Helena Monteiro）在国际发展和非营利部门拥有丰富经验，曾在加拿大公共卫生协会（Canadian Public Health Association）、泛美卫生组织（Pan American Health Organization）和美洲国家组织（Organization of American States）工作。在巴西，她曾担任企业和家庭公益支持组织社会投资发展研究所（Instituto para o Desenvolvimento do Investimento Social）的项目主任。她拥有多伦多大学的社会工作硕士学位，是纽约市立大学公益和市民社会中心的高级研究员。

资料来源：参见 Worldwide Initiatives for Grantmaker Support，http://www.wingsweb.org/?page=Staff。

推动国际非营利部门扩张不断变化的动态，也导致其更大的政治化。随着国际非营利组织在灾害救济、提供援助、管理国际文化和专业交流等领域承担更多责任，有些组织不可避免地更多卷入政策制定过程和政治冲突之中。结果，这些组织越来越多地发现自己成为意识形态批评的目标，受到武装团体的人身攻击（Ronalds，2010）。

非营利部门国际化的历史，主要是从经济发达国家的角度，以及早期国际非营利组织诞生时代政治地理背景大不相同的叙事。在第二次世界大战后统治着世界大部分地区的欧洲殖民列强的首都城市，是19世纪中叶到20世纪初新兴的国际非营利组织第一次浪潮的枢纽。第二次世界大战后，即使新的主权国家通过非殖民化而出现，国际机构的建立、总部和成员仍然具有明显的发达国家和西方偏见。这种偏见既是意识形态上的，也是结构性的，这取决于在哪里可以找到手段、经验和资源来创建非营利组织可持续发展所需的基础设施，以及鼓励或允许创建独立的非国家组织的政治制度。尽管国家资助的援助计划、团结旅以及一系列文化和教育交流项目在苏联势力范围内发挥了许多类似作用，但独立的非营利组织在苏联集团和其他威权政权中被禁止。

过去几十年来，在国际非营利部门的上升期间，发达国家的偏见普遍持续，尽管最近这种趋势在一定程度上发生了变化，因为推动更加多样化的国际机构所有权，信息技术为建立组织枢纽开辟了新的可能性。这种偏见反映在工作语言中，几乎一半的国际非营利组织使用英语作为官方语言，其次是法语和其他欧洲语言（Boli，2006）。如表6.1所示北美和欧洲在具有联合国咨商地位的非政府组织中比例过高。

表6.1 按洲区分的人口和咨商地位

洲	2010年人口 （占世界总人口的百分比）	2007年具有咨商地位的非政府组织 （占总数的百分比）
非洲	14.95	11
亚洲	60.31	16
欧洲	10.61	37
拉丁美洲/加勒比地区	8.52	6

续表

洲	2010年人口 （占世界总人口的百分比）	2007年具有咨商地位的非政府组织 （占总数的百分比）
北美洲	5.09	29
大洋洲	0.52	1

资料来源：Global Policy Forum，2012。

国际非营利部门近期增长的一个重要特征，是越来越多的发展中国家土著组织由于技能基础不断增加以及发展中国家更大的资金供应而出现。这些新组织经常与发达国家的非营利组织合作，但它们正在逐渐形成自己的区域网络。虽然资源和专门知识过去主要从发达国家流向发展中国家，但越来越多的南南合作和知识网络正在形成。可以识别新生的"逆帝国主义"。许多发达国家国际援助非营利组织现在也"回国"运作，利用其在发展中国家学到的策略来解决其国内的社会正义问题（Lewis，2014），发展中国家的组织正在发达国家设立分支机构。专栏6.7中记录了孟加拉国组织 BRAC（又称孟加拉国农村发展委员会）在包括美国在内的世界各国建立分支机构的过程。

国际术语

虽然用于描述国际非营利部门的语言，通常使用第二章中记录的相同的术语，但国际上最常用的两个术语是"非政府组织"（NGO）（该缩写词比英文全称——nongovernmental organizatios 使用更为广泛）和"市民社会"（civil society）。这两个词最常出现在国际组织的话语和出版物中。

正如本章前文提到具有联合国咨商地位的非政府组织名录所证明的那样，非政府组织（NGOS）可用于指本书中讨论的所有组织。但是，许多评论人士使用仅指那些与人道援助和发展有关的国际非营利组织。大卫·刘易斯（David Lewis，2007）指出，非政府组织是"非营利组织或'第三部门'组织，致力于解决贫困和社会公正问题，主要在发展中国家开展工作"。

其他作者使用更直接的结构界定来区分非政府组织和其他非营利组织。阿费夫·贝尼赛（Afef Benessaieh，2011：70）指出：

非政府组织，指作为外国援助捐助者与其他当地［非-非政府组织］行为体中介的当地市民社会行为体（其中包括正式和非正式草根组织、合作社、农民联合会和农业工人联合会、天主教会和相关行动者、福音派宗教团体和教会、学术机构、社会运动和联盟，以及左翼或右翼平民武装团体）。

专栏6.7 孟加拉国农村发展委员会（BRAC）的扩张

孟加拉国复兴援助委员会（Bangladesh Rehabilitation Assistance Committee）成立于1971年孟加拉国独立战争后，是一个帮助战争难民返回家园的小规模救济、复兴项目。1972年年底，在平息最初紧急情况后，该组织转向解决长期发展需要问题，并重新组织起来，重点关注向穷人和无土地者，特别是妇女和儿童赋权。随着其扩大，它更名为孟加拉国农村发展委员会（Bangladesh Rural Advancement Committee），后来简称为BRAC。

1974年，BRAC开始实施小额信贷计划，通过村庄发展项目重点关注社区发展，包括农业、渔业、合作社、农村手工艺、成人扫盲、健康和计划生育、妇女职业培训，以及社区中心建设。1977年，它从社区发展转向采取更有针对性的方法，将乡村团体组织起来称为乡村组织。它还开始向相关营利企业开放以支持其工作。

在21世纪最初10年，BRAC通过创建自己的分支机构，与一系列国际非营利组织和当地发展组织合作，开始了一项国际扩张计划。BRAC于2002年在阿富汗注册，2005年在斯里兰卡注册，2006年在坦桑尼亚注册，2007年在巴基斯坦注册。小额信贷是其招牌项目，但它也提供一系列创收活动，以及教育和健康项目。2006年，BRAC在英国和美国建立分支机构，以推动其工作，募集市场资金。现在，它在14个国家设有办事处。

BRAC现在是相关非营利组织和营利组织的联合体，包括其私人金融机构BRAC银行；BRAC大学，在孟加拉国达卡拥有能容纳9000名学生的校园；技术服务公司——BRAC网络有限公司。BRAC据称是世界上最大的国际非营利组织之一，雇用了10多万人，其中大约 70%是女性，声称为超过 1.26 亿人提供服务。在其运营的许多国家中，它是最大的发展机构。

资料来源：参见 BRAC，http：//www.brac.net。

然而，正如第二章所讨论的，在本书使用更广泛的界定中，该引用大多数附带说明的组织都可以被认为是非营利组织。该引用还表明，尽管"非政府组织"一词同样适用于国内非营利组织，但在许多评论人士的词典中，它仅用于指国际非营利组织。

"市民社会"（特别是作为更具体的"市民社会组织"）是更通用的术语，可能更好地包含本书中提到的广泛组织。例如，CIVICUS（2012：8）将市民社会描述为"家庭、国家和市场之外的舞台，由个人和集体行动、组织和机构创造，以促进共同利益。因此，市民社会包括市民社会组织和较不正式的群体和个人行为"。

有关国际非营利组织话语偏爱"非政府组织"和"市民社会"这两个术语似乎基于这样一个事实，即它们更具体地将非政府形式的国际交流与代表国家的行动区分开来。它们也是相对中立的术语，可以用来自如地描述一系列制度下的国际和国内活动，而没有"非营利组织"、"志愿组织"、"社区组织"或"慈善组织"固有的成见。

与此同时，一些评论人士断言，因为"*非政府组织*"一词故意声称是非政治性的，所以将这个标签及其相关逻辑附加到从草根或反对运动中产生的组织，使其非政治化，脱离其根源（Banks and Hulme，2012）。在这个框架内，非政府组织被视为受过教育的专业人士的领域，受外国或当地精英捐助者议程驱动。寻求保持更多草根身份的组织更喜欢"社会运动"、"市民社会"、"基于社区的组织"或"权利持有者"（right-holder）等标签。进步女权主义者谴责妇女运动的"非政府化"（Bernal and Grewal，2014；Jad，2007；Lang，2013），他们声称，通过把妇女斗争塑造为一个技术性过程而不是一场政治运动，从而消除非政府化。他们的担忧主要是关于专业化的影响，以及国际资助者在妇女运动中所发挥的作用，但批评也侧重于"非政府组织"本身及其对运动话语的影响。

在国际背景下使用市民社会概念不仅仅是对组织形式的识别，因为它提出谈及新兴国际、跨国、世界或全球市民社会（所有这些描述符均由不同作者使用）是否合法的问题。国际市民社会超越了单个组织工作的集合，因此，其向国际社会投射市民社会在国家背景下发挥的作用。

国际非营利组织和全球市民社会

没有全球政府或执行机构来立法规范事务，或行使与国家相当的强制权力。然而，公共事务和私人事务日益全球化，因此通过国际治理"制度"（Abbott and Snidal, 2009; Karns and Mingst, 2004）、"系统"（Willetts, 2011）、"网络"（Zadek, 2011）或"三角"（Abbott and Snidal, 2009）等一系列流程和机构来实现规制，其中机构包括政府间机构、营利行业自律和国际非营利组织。联合国条约和公约，以及其他数十项多边和区域协定，加上全球首脑会议和大会的议定书和协议，构成作为国际法基础的密集规制和监督网络。但以上各类文书的效力远远低于主权国家在其境内实施的文书，特别是在执行上。开发和管理混杂的全球治理组织正在不断谈判其合法性和权威（Koppell, 2008），通过这样做，它们有可能为非国家行为体提供相当大的政治空间。

学者们对全球化是否将作为民主权力最高合法层级的民族国家抛弃这一议题持续争论着，自17世纪40年代《威斯特伐利亚和约》出现现代国家主权概念以来，民族国家一直保持这一地位（Chandhoke, 2005; Clark, 2008; Kaldor, 2000; Keane, 2003; Sparke, 2013; Walzer, 1998）。在20世纪的大部分时间里，辩论主要集中在国家间关系、全球政府出现的可能性及其优点上。然而，现在重点已扩大到包括对国际规则制定、全球政府进程的多层次和多面向治理。非营利组织被视为是"自下而上"地构建全球治理的一个有机组成部分，因为政府间组织和多边机构日益将更广泛的非国家行为体纳入政策制定和合法化进程中（Jonnsson and Tallberg, 2010; Karns and Mingst, 2004; Sparke, 2013; Willetts, 2011）。

国际非营利组织是不是在全球治理中日益发挥自主作用、构成真正新的组织领域、代表世界公众意见"真实"声音的新兴全球市民社会的一部分？抑或，国际非营利组织是没有代表性的文物，受捐助精英、狭隘利益或创建并促进其发展的国家政府约束。约翰·基恩（John Keane，2003）认为，全球市民社会正在兴起，它是一个新的"社会中的社会"，但它依然处于发展之中，其显著性将取决于其变得更民主、更好地融入治理机构，以及拥有更多普适价值观的能力。然而，其他人认为，国际非营利组织仍然主要代表其捐助方和资助国的利益，而不是其假定的支持者或受益人的利益。

事实上，国际非营利组织不管哪一代表任何方面，其权威也经常受到质疑。对国际非营利组织的授权最多是模棱两可的，因为其会员数量的总和少于一个小国人口，且大多数组织的内部治理流程都不够民主（Archibugi，2008）。在1999年和2000年世界贸易组织和世界银行会议上的群众示威之后，《经济学人》（2000）的一篇社论承认抗议活动的有效性，也承认他们提出了重要问题，但文章作者也提出"谁选举了乐施会？"这个问题来质疑最著名的抗议组织者的合法性。

有关存在自治的全球市民社会的争论，特别关注非营利组织作为舆论制造者和规则制定者在促进、发展和监督国际规范、标准和法规方面的作用。它们在环境议题、人权、妇女赋权、企业社会责任、选举监督、监狱改革和转型后司法等各种领域发挥着这些作用。尽管在国际舞台的正式法律地位有限（Lindblom，2013），但非营利组织可以倡导新标准，作为监督机构来监督新标准的实施和监管。大卫·布朗及其同事（L. David Brown，2000）指出，非营利组织通过识别可能被忽视的问题、阐明新的价值观和规范来指导国际实践、建立跨国联盟、传播社会创新、帮助谈判解决跨国分歧，以及动员资源直接干预以解决问题等来帮助塑造国际事件。

史蒂文·查诺维茨（Steven Charnovitz，1997）认为，非政府组织在19世纪国际机构出现时曾发挥过这一作用，当时无法清晰区分政府间组织与非营利组织。值得注意的是，当时这些组织吸引了相对较少的受过教育的精英。英格兰是许多早期政府间组织和国际非营利组织的中心，19世纪初期人口为900万（目前为5300万），其中约40%是文盲，只有少数人是高中毕业生或获得更高学位（直到第二次世界大战后的高等教育繁荣时期，工业化国家具有大学学位的成年人人口比例才上升到3%以上）。

政府有时会起带头作用，但查诺维茨指出，"在19世纪国际主义的大多数方面，它们不情愿地犹豫不决地追随其他人"（Charnovitz, 1997：212）。他记录了宗教机构和新兴的世俗和平协会、禁酒团体、科学组织和劳工运动在推动有关战争规则、知识产权、卖淫、毒品、工人权利和自然保护等国际公约方面的作用。1914年和1923年的两次国际刑事警察大会由一个国际警察协会组织，在第二次代表大会结束时成立了国际刑事警察委员会。该委员会总部设在维也纳，第二次世界大战期间因纳粹德国占领维也纳而停止活动，但战争结束后在法国重新建立，并在新成立的联合国获得非政府组织咨商地位。1956年，该委员会采用其电报名称Interpol作为其新的正式名称，1971年升级为政府间组织。现在，除朝鲜等少数国家外，每个国家的警察部门都是国际刑警组织的成员。

第二次世界大战后，非营利组织"没有充分发挥全部潜能"（Charnovitz, 1997），国际非营利组织的政策角色重现20世纪晚期冷战后情形，高调开展国际禁止地雷运动等运动，众多环保组织持续倡导。对全球治理结构最持久的贡献，可能是数十个国际非营利专业协会和商会的监督和认证功能。在国家层面，专业协会和倡导团体可以作为"私人权威"（Green, 2014）有效运作，规制必须接受或自愿同意符合其标准的个人和组织。有些组织受本国政府特许行使职业标准或达到生产标准所需的第三方认证或颁证，而其他组织则仅采用企业认证或"批准盖章"计划（Evetts, 1995；Green, 2014）来实现这一角色。其国际同人在填补全球监管空白方面发挥着类似作用。国际航空运输协会（International Air Transport Association，IATA）是国际空中交通协会（International Air Traffic Association）的继承组织，前文提到该组织为最初被联合国授予咨商地位的非政府组织之一。它是世界航空公司的商会，是制定航空议题产业政策、代表该行业与国际民用航空组织（International Civil Aviation Organization）谈判的关键角色，国际民用航空组织是联合国于1947年为编码国际空中航行而建立的一个机构。国际航空运输协会的规章和封条，涵盖从危险货物运输到旅行社行为等航空旅行的所有方面。国际航空运输协会和国际民用航空组织总部，均设在加拿大蒙特利尔。

可以说，对全球人口日常生活影响最大的国际监管非营利组织是国际标准化组织（参见专栏6.8）。

> **专栏6.8 国际标准化组织**
>
> 国际标准化组织（International Organization for Standardization，通常简称为ISO，以避免不同语言的首字母缩略词之间的混淆）是最广为接受的国际标准制定机构。国际标准化组织将自己描述为独立的非政府组织，由164个国家的国家标准机构会员组成。会员协会反映了所在国家的政治行政安排：有些是政府机构，有些是准政府行政机构，还有一些是志愿协会。
>
> 国际标准化组织于1926年作为国家标准化协会国际联合会运营（International Federation of the National Standardizing Associations），专注于机械工程，但在第二次世界大战期间解散。1946年它以当前名称重组，当时来自25个国家的代表在伦敦开会，重组后的组织于1947年2月开始运营。现设于瑞士日内瓦的中央秘书处负责协调国际标准系统，该系统包含约20000项ISO标准，涉及领域多种多样，如用于包装标记的"This Way Up"象形图、货运集装箱尺寸、出版物的国际标准书号（ISBN）以及螺纹尺寸等。ISO 9000系列被广泛接受为私营公司、公共机构和非营利组织的质量管理标准。
>
> 国际标准化组织是一个非政府组织，因此没有执法权力。对其标准的采用是自愿的。但是，许多标准，特别是与健康、安全或环境有关的标准，已被纳入许多国家的立法和监管框架。其他诸如电子设备连接器尺寸等标准，已经变得如此普遍，以至于这些标准实际上成为市场准入的守门人。
>
> 资料来源：参见the International Organization for Standardization, http://www.iso.org。

真正的全球"无政府治理"是否建立在多边机构、非营利组织和其他非国家行为体之间的关系之上，以及如何可持续的问题，日益成为国际关系讨论的重点（Karns and Mingst, 2004; Reinicke, 1998）。在制定最终规则时，国际非营利组织通常不"在谈判桌上"，因为这通常是本国政府指定的国际公务员和外交官的领地，但国际非营利组织可能在形塑公众观念和对变革施加压力方面发挥重要作用，可能有助于确保新规则的实施和遵守。

在国际非营利部门内部，声称拥有"真正"市民社会称号的不同派别之间，关系往往紧张，因为有资源组织和表达他们声音的人和认为自己是真正被剥夺权利的草根运动之间存在鸿沟（Bond，2008）。市民社会的争论主要集中在更大、更成熟的国际非营利组织的作用上，有评论人士认为这是脱离根源的自上而下的制度版本，应该用一个更自下而上的版本来进行对比或竞争。某些派别反对社会运动的制度化，无论反对全球化（或改变全球化）运动获得国际关注是因 1999 年在西雅图举行的世界贸易组织会议抗议，还是为应对 2008 年财政危机，工业化国家出现更现代的占领运动和愤怒者运动的不同迭代。这些张力在世界社会论坛的维基百科页面中有所体现，页面讨论了作者们认为的"市民社会"和"非政府组织"之间的关系（参见专栏 6.9）。

专栏 6.9　世界社会论坛、市民社会和非政府组织

第一届世界社会论坛于 2001 年在巴西阿雷格里港举行，约有 12000 人参加。2013 年，世界社会论坛在突尼斯首都突尼斯市举行，代表 4000 多个组织和团体的 50000 名与会者参加。维基百科将世界社会论坛描述为"市民社会组织的年度会议，通过倡导反霸权全球化，提供自我意识的努力，以发展另类的未来。有人认为世界社会论坛是全球市民社会的实际体现，因为它汇集了非政府组织倡导运动以及寻求国际团结的正式和非正式社会运动"。

在有关世界社会论坛批评部分，对市民社会、社会运动和非政府组织之间关系的叙述有点混乱："世界社会论坛，特别是近年来，因为以非政府组织取代流行的穷人民众运动而受到强烈批评。如非洲等世界上较贫穷地区的穷人行动一直认为，他们几乎完全被排除在论坛之外……他们反对捐助者资助的非政府组织，他们认为，这些非政府组织决定并支配论坛的代表性。还有人认为，非政府组织有时与流行的基层运动竞争进入论坛，在那里发挥影响作用。特别是在肯尼亚内罗毕举行的2007年世界社会论坛被批评为'非政府组织展览会'，因为许多非政府组织参加了会议，把不那么正式的活动家群体挤走了。"

资料来源：参见 Wikipedia, http://en.wikipedia.org/wiki/World_Social_Forum。

国际非营利组织的分类

国际非营利组织通常按其主题或工作领域进行分类。国际协会联盟（2012）有一个复杂的分类系统，其类别基于世界问题、人类价值观和人类发展概念的类型，最初为其出版《世界问题和人类潜能百科全书》而开发。美国 NTEE Q 类子代码提供了一种更典型的基于领域的分类：

- Q01：联盟和倡导
- Q02：管理和技术援助
- Q03：专业社团和协会
- Q05：研究机构和公共政策分析
- Q11：单一组织支持
- Q12：筹款和资金分配
- Q19：其他支持
- Q20：促进国际理解
- Q21：国际文化交流
- Q22：国际学术交流
- Q23：其他国际交流
- Q30：国际发展
- Q31：国际农业发展
- Q32：国际经济发展
- Q33：国际救济
- Q35：民主与市民社会发展

- Q40：国际和平与安全
- Q41：军备控制与和平
- Q42：联合国协会
- Q43：国家安全
- Q50：国际事务、外交政策和全球化
- Q51：国际经济贸易政策
- Q70：国际人权
- Q71：国际移民和难民问题
- Q99：其他国际安全、外交事务和国家安全

此外，许多国际信仰组织使用 NTEE 代码 X 的子代码，"宗教、精神发展"；国际教育发展组织使用代码 B，"教育机构"；体育组织使用代码 N71，"奥林匹克委员会和相关国际比赛"；人权组织使用代码 V26，"法律、国际法和法理学"；以及研究机构使用代码 V35，"国际研究"。

国际非营利组织的其他分类标准侧重于关键的结构标志，例如组织活动的地理范围、成员性质以及各国际单位之间的关系。国际协会联盟（2012）区分国际化的国家组织和区域、洲际、全球性的国际组织。它还区分会员组织和会员组织联合会。赫尔穆特·安海尔和努纳·赛姆瓦（Helmut Anheier and Nuno Themudo，2004）区分会员所有组织和会员支持组织，对前者来说，会员（个人和机构）是自下而上治理的关键内容；而对后者来说，大多数会员是小型捐助者，支持组织目标，但对治理和决策的影响很小。

国际非营利组织通常拥有涉及国际、国家和地方要素的多层次结构。总部与分散在世界各地单位之间的关系差别较大，很大程度上取决于每个组织如何管理离心—向心活力，从而推动其权力下放或权力集中化。大卫·刘易斯（David Lewis，2007）区分了种族中心主义结构和多中心或多节点组织，前者的中心枢纽严格控制分支机构，后者则是高度分散的地方控制。公众认为的单一组织，实际上可能是一个由相互联系的国际组织和国家组织组成的集团。专栏 6.10 详细介绍了红十字会的结构。

相比之下，领导力和公共演讲俱乐部（Toastmasters International）实

际上是一个单一组织，在全球拥有约 13500 个俱乐部，所有俱乐部均在位于加利福尼亚州洛杉矶附近的总部的监督之下。与此同时，当地俱乐部可能需要单独的当地法律身份才能运作。在美国，超过 8500 个领导力和公共演讲俱乐部在美国国税局注册，但绝大多数都宣布零收入。全球组织的地区和区域通常与国界或基于大陆的传统地区不一致（例如，11 区包括欧洲大部分地区、中东和非洲）。每个地区都派代表参加国际董事会。

专注于此类组织间关系的研究者（L. D. Brown, Ebrahim, and Batliwala, 2012；Lindenberg and Bryant, 2001；Young et al., 1999）沿着治理结构和责任从集权到分散的连续体频谱确定集束，通常包括以下内容：

- 网络：由完全独立的组织创建，这些组织形成松散联系，以交换有关战略和倡导活动的信息。
- 弱伞状联盟：通过稳定联盟寻求协调战略和合作开展倡导活动，但不将任何权力交中央秘书处（秘书处可能轮换或设在富裕会员的办公室）。

专栏 6.10　红十字会

红十字会由众多组织组成，这些组织通过共同的基本原则、目标和符号联合起来，但在法律上相互独立。在其文献中，红十字会将自己称为包含如下组织的"运动"和"网络"。

红十字国际委员会（International Committee of the Red Cross, ICRC）是成立于 1863 年的国际人道组织，总部设在瑞士日内瓦。其由 25 名会员组成的委员会根据国际人道法拥有独特的权力，以保护国际和国内武装冲突受害者的生命和尊严。红十字国际委员会是根据《瑞士民法典》成立的私人协会，是非政府和非营利组织，但由于其在执行《日内瓦公约》方面的作用，它具有国际法律人格，其特权和豁免权与政府间组织相当。红十字国际委员会曾三次获得诺贝尔和平奖（1917 年，1944 年和 1963 年）。

红十字会与红新月会国际联合会（International Federation of Red

Cross and Red Crescent Societies，IFRC）成立于 1919 年，负责协调全球红十字会和红新月会的活动。在国际层面，联合会与各国红十字会、红新月会密切合作，领导和组织应对大规模紧急情况的救济援助任务。国际联合会秘书处也设在日内瓦（距离红十字国际委员会总部约 2 公里）。1963 年，该联合会（当时称为红十字会联盟，League of Red Cross Societies）与红十字国际委员会共同获得诺贝尔和平奖。

目前，187 个国家的红十字会和红新月会根据所在国法律和法规运营。在有些国家，它们是独立的非营利组织，而在另一些国家，它们是准政府实体，其职能和活动在人道援助、社会服务、民防和应急管理方面差异很大。

尽管大多数人都熟悉十字符号，但在整个组织的历史中一直使用新月和其他红色符号，是该国际机构内部紧张关系的一个经常的来源。因十字架被视为对穆斯林士兵的侮辱，土耳其 1876 年首次使用红新月，但直到 20 世纪 80 年代，红新月的使用仍受到严格限制。对使用包括大卫红星在内的其他符号之可能性的持续推动，最终导致 2006 年采用红水晶（直立一角的正方形）作为没有任何国家、政治或宗教内涵的补充性正式符号。

资料来源：参见 International Federation of the Red Cross，https：//www.ifrc.org/en/who-we-are/the-movement/。

- 联盟：赋予中央办公室或秘书处有限责任，负责协调和制定标准，但重要权力留给分支机构。较大和较富裕的分支机构通常主导联盟活力。
- 联合会：对标准制定和资源获取具有强大的集中权力。会员保留单独的董事会和一些运营独立性，但联合会机构需要共同决定核心运营原则和战略。
- 统一组织：拥有单一的中央委员会和强大的等级制度。地方机构是由总部直接控制的分支机构，只有有限的独立行动分权（尽管本地运营可能需要某种形式的本地注册）。

这种连续体频谱有点误导,因为两端通常描述的是不同的组织,这些组织很可能不能或将不会在频谱上过度迁移。网络中的独立组织可能会寻求加深协调活动,有时两个或两个以上的组织甚至可能选择合并,但作为一个网络,它们不太可能超越联合会阶段(尽管有些联合会如乐施会已建成如此强大的品牌形象,以致许多外界人士认为它们是一个单一组织,参见专栏6.4)。同样,单一组织不太可能将权力下放到让其前单位成为独立组织的程度,尽管发达国家的组织与现有发展中国家的当地组织合作或资助建立新的分支机构,实际上是单一组织创建联合会,剥离越来越独立组织的过程。

对权力集中化和权力下放之间张力关系的任何分析,都取决于是关注单个组织还是关注多个组织之间的关系。同样重要的是,重点是由志同道合的组织为寻求协调活动而建立自下而上的网络,还是组织为寻求合作或推动建立当地分支机构而自上而下地拓展。国际"特许经营"组织模式,如"为美国而教"(在贫困地区工作的年轻教师队伍)和维修咖啡馆(志愿退休人员俱乐部,主要是经营社区维修店的男性),通常会在某处创建介乎联盟和联合会之间的联系(维修咖啡馆也在男士棚屋平行开设,在爱尔兰和澳大利亚很受欢迎)。

国际非营利组织及其网络结构,本质上是不稳定的(Foreman, 1999; Lindenberg and Bryant, 2001)。构成弱伞状联盟结构一部分的组织发现,资源竞争、重复工作和捐助者混淆会加深会员之间的联系;联盟面临不合规成员的挑战,因此经常寻求加强集中控制机制;强大的联合会和单一组织必须处理要求加强地方自治的需求。一个组织,其工作的不同方面可以用不同的结构模式运作。詹姆斯·克劳利和莫嘉娜·瑞安(James Crowley and Morgana Ryan, 2013)指出,产品性质决定商业公司的结构(在世界范围内销售酒精饮料需要与提供软件或咨询服务不同的组织结构和供应链)。他们认为,非营利组织在开发交付项目的最佳结构契合度和最佳过程方面具有相同的要求。大卫·布朗、阿尔诺·易卜拉欣和斯利拉塔·巴特利瓦拉(L. David Brown, Alnoor Ebrahim, and Srilatha Batliwala, 2012)将跨国倡导非营利组织的结构和治理构成与其议题、任务、战略和问责联系起来。有些组织选择将其结构配置为关注其与组成部分和受益人的关系,其他组织的结构配置则关注捐助者和会员，还有些组织的结构配置关注附属组织。黄文迪（Wendy Wong，2012）认为，集中制定议程和分散实施议程的人权倡导非营利组织，将更加成功地影响公共政策。

在平衡不同单位的集中协调、决策、资源分配效率与分权的地方自治和支持时，可以在权衡中找到持续的张力（Young et al.，1999）。单一组织下放权力以加强当地所有权，与此同时，同盟、网络和联盟转向更多集中化，以改善协调，同时保持成员的多样性和独立性（Johnston，2012）。国际非营利组织在分支机构和中央办公室之间错综复杂的互动和权力关系中不断寻求最佳平衡点。有评论人士认为，最佳配置是相互依赖组织的"大黄蜂"联合会，可以灵活地适应活动浪潮（Foreman，1999；Lindenberg and Bryant，2001；Lindenberg and Dobel，1999）。

马克·林登伯格和科拉莉·布莱恩特（Marc Lindenberg and Coralie Bryant，2001）记录了著名的国际非营利组织无国界医生（Médecins Sans Frontières，Doctors Without Borders）、儿童救助会（Save the Children）和国际计划（Plan International）如何通过不同的结构配置来应对不断变化的组织和政治压力。包括世界宣明会（World Vision International）和仁人家园（Habitat for Humanity）在内的许多国际组织，根据当地分支机构的稳定性和实力来调整其国际治理结构，以便与中央办公室建立一系列关系。有些是分支机构，而另有一些是联合性独立组织。

最大的国际非营利组织

哪些是最大的国际非营利组织？鉴于类别概念的不同以及计入此类组织构成的模糊性，这个问题很难回答。"国际非营利组织"一词，仅指单一法人实体，还是包括联盟、联合会、分支机构和品牌的所有附属机构？将国际非营利组织的慈善活动与其宗教或商业工作分开，或将其国际工作与国内活动分开可能也很困难。例如，基督教青年会（YMCA）是一个在119个国家运营的全球联合会，包括中国、古巴和埃及，但没有对所有分支机构的全球收入进行综合核算。美国基督教青年会是美国最大的非营利组织之一，年收入超过60亿美元。它在国内外提供广泛的社会服务，但其大部分收入来自并花费在全国2600个基督教青年会中心的健身设施、住宿和夏令营上。相关的妇女组织，即基督教女青年会

（YWCA），通常独立于男子组织，尽管美国和世界各地的有些地方分会合并创建了基督教青年/女青年会（YM/YWCA）。

除了定义和管辖权方面的复杂因素外，还有各国透明度法规和会计标准执行，以及捐赠会计实务特点等方面的差异。美国监管机构最近声称，有些国际非营利组织高估非现金捐赠（供应、后勤支持等），以提升其形象，夸大其效果。2012年，一个著名的国际援助组织——世界援助（World Help）之前报告了2.39亿美元的年收入，在一些非现金捐赠价值受到质疑后，这一数字减少了1.35亿美元（Donovan and Preston，2012）。

尽管在记录收入和资产方面存在这些挑战，但下列组织依然可以被确定为最大的国际非营利组织。几乎所有组织都有某种类型的联合机构，在世界各地都有半自治的分支机构。只有少数几个组织为其所有联合机构和分支机构提供合并的全球收入数据，更少的组织会在其会计中计入任何以不同品牌运营的分支机构或相关组织。尽管下文引用的数字来自各组织自己的年度报告或纳税申报表，但不一定是对其全部财富或影响力的决定性评价。

可以说，最大的国际非营利组织名单中，位居前列的应该是拥有社会服务和援助使命的"信仰组织"，包括救世军（Salvation Army）、圣文森德保罗（St. Vincent de Paul）、英国圣公会团体（the Anglican Mission societies）、犹太共同基金（Jewish Communal Fund）和伊斯兰救济（Islamic Relief）。这些组织的结构各不相同，它们通常不提供全球账目或将其国际活动与国内服务、牧师工作完全区分开。

作为国际非营利组织运营（见本章后文讨论）的最大的"体育协会"，通过多个法律实体流转数十亿美元。国际奥林匹克委员会（International Olympic Committee，IOC）和国际足球联合会（Fédération Internationale de Football Association，FIFA，足球管理机构）是瑞士的非营利组织，但两者也在美国注册为501（c）（4）组织。2012年，国际奥委会向美国税务机关申报年收入34亿美元，国际足联申报11亿美元。两者都通过众多附属的非营利和营利法律实体获得大量额外收入，它们各自的会员各国协会也流转数十亿美元的资金。

鉴于美国是迄今为止官方发展援助和全球慈善事业的最大贡献者，

总部设在（或大量存在于）美国的国际援助组织，在最大的"援助和救济组织"名单中占主导地位。50个最大的国际援助和救济组织中，17个在美国（参见表6.2）。

表6.2 美国最大的国际援助和救济组织

名称	活动（摘自各组织官网）	2012年收入（百万美元）
美国红十字会	提供人道援助和社会服务	3154.5
仁人家园	提供经济适用房	1492.3
世界宣明会	提供救济、发展和倡导组织（基督教非营利组织）	1009.7
穷人的食物	提供食物、药品和住所（普世基督教非营利组织）	900.1
天主教救济服务	提供人道援助（国际天主教非营利组织）	699.5
喂养儿童	向有需要的人提供食品、衣物、教育用品、医疗设备和其他必需品（国际基督教非营利组织）	617.8
国际慈善组织	为世界各地贫困儿童的发展提供服务（基督教儿童资助组织）	598.8
美国救助儿童会	促进儿童权利，为发展中国家的儿童提供救济和支持	576.5
CARE（援助与救济合作社）	应对全球贫困，特别注重赋予妇女和女孩权利	557.5
美国关怀	提供救灾和人道医疗援助	526.1
联合国儿童基金会美国基金	支持联合国儿童基金会的工作	501.8

续表

名称	活动（摘自各组织官网）	2012年收入（百万美元）
国际救援委员会	支持难民和流离失所者	386.5
撒玛利亚救援会	提供医疗援助（基督教非营利组织）	376.1
京士威慈善会	提供医疗援助	331.4
美国犹太人联合分配委员会	提供人道援助（犹太非营利组织）	315.8
直接救济	改善受贫困、灾难和内乱影响的人们的健康和生活	299.7
Good360/实物捐赠国际培训企业	推动向非营利组织捐赠	298.4

注：这些数据来自《基督教科学箴言报》对美国非营利组织的年度评论。《福布斯》的类似评论给出了不同的排名，尽管两者都表明它们是基于990纳税申报表。这两个排名都没有包括家庭健康国际（Family Health International，现称为FHI360）或供应链管理合作伙伴关系（Partnership for Supply Chain Management），这两个非营利组织出现在美国国际开发署最大的供应商名单上（见表7.2），似乎有收入使它们有资格列入此表。

资料来源："America's Top 50 Charities in 2013 Ranked by Total Income," Christian Science Monitor, http://www.csmonitor.com/Business/Guide-to-Giving/America-s-Top-50-charities-in-2013-ranked-by-total-income。

表6.2中报告的收入仅适用于美国分支机构，但仁人家园、世界宣明会、美国救助儿童会和联合国儿童基金会美国基金等组织在全球拥有数十家联合分支机构。美国分支机构通常贡献其组织或联合会全球收入的30%至50%。例如，世界宣明会报告全球收入为26.7亿美元，约为美国收入的2.5倍。其他大型援助组织和联合会包括以下组织（所引用的收入来自年度报告中的全球数据）：

- 孟加拉国农村发展委员会：42亿美元（见专栏6.7）
- 红十字国际委员会：12亿美元（见专栏6.10）
- 乐施会：11亿美元（见专栏6.4）

- 国际计划：9.6亿美元（见专栏7.3）
- 无国界医生组织：5.68亿美元
- 丹麦难民委员会（正式成为30多个丹麦难民组织的伞形组织）：3亿美元

"基金会"规模的计算基于其捐赠基金，不一定反映其支出或影响力。下面列出的一些基金会（见表6.3）最近因为提供与其规模相比相对较少的资助而受到批评。

表6.3 2012年捐赠基金超过70亿美元的基金会

组织	国家	总部所在地	捐赠基金（10亿美元）
比尔及梅琳达·盖茨基金会	美国	华盛顿州西雅图	37.1
斯地廷·英格卡基金会（与宜家相关）	荷兰	莱顿	36.0
惠康信托	英国	伦敦	22.1
霍华德·休斯医学研究所	美国	马里兰州切维蔡斯	16.1
福特基金会	美国	纽约市	11.2
保罗·盖蒂信托基金	美国	洛杉矶	10.5
穆罕默德·本·拉希德·阿勒马克图姆基金会	阿联酋	迪拜	10.0
罗伯特·伍德·约翰逊基金会	美国	新泽西州普林斯顿	9.0
李嘉诚基金会	中国	香港	8.3
家乐氏基金会	美国	密歇根州巴特尔克里克	8.2
英格兰教会教堂委员会	英国	伦敦	8.1
威廉与拉姆森基金会	美国	加利福尼亚州门洛帕克	7.4
卡美哈美哈学校	美国	夏威夷州檀香山	7.3
礼来捐赠	美国	印第安纳波利斯	7.28

资料来源："Top Funders," Foundation Center, http://foundationcenter.org/findfunders/topfunders/top100assets.html; "List of Wealthiest Charitable Foundations," Wikipedia, http://en.wikipedia.org/wiki/List_of_wealthiest_charitable_foundations。

扶轮社（Rotary）、狮子会（Lions）、基瓦尼斯俱乐部（Kiwanis）和其他"服务俱乐部"，每个都在世界各地有数百家分支机构，为当地项目和国际项目筹款。扶轮社声称在34000多个俱乐部中拥有122万全球会员；在美国注册的扶轮社组织包括501（c）（3）扶轮国际扶轮基金会，申报年收入2.33亿美元，501（c）（4）扶轮国际，年收入9000万美元，以及约9000个当地俱乐部。服务俱乐部通常不提供合并的全球账目。

童子军和女童子军，基督教青年会和基督教女青年会，以及宗教组织和服务俱乐部的"青年团体"（例如，扶轮青年服务团，扶轮社的青年计划）在全世界有数百家分支机构。它们通常没有合并的全球账户。

只有两个"环保组织"出现在最大的国际非营利组织名单中：世界自然基金会（World Wildlife Fund, 7.2亿美元）和绿色和平（Greenpeace, 3.2亿美元）。

还存在许多"具有非营利法律地位的其他大型实体"。它们包括与国际标准化组织、英国文化教育协会一样多样的组织（见专栏6.8）。国际标准化组织瑞士秘书处有核心资金3600万美元，会员组织用于支持各个标准秘书处的费用估计约为1.4亿美元。英国文化教育协会是1934年由皇家特许创建的英国文化关系和发展组织，根据其网站，现在是"一个公共公司、慈善机构和独立于英国政府运营的非部门公共机构"。英国文化教育协会报告年收入为12亿美元，在全球拥有100多个联合委员会，其中许多委员会根据东道国的非营利组织立法运作。

非营利组织"100强"

"国际性"的另一个维度是非营利组织获得的全球声誉，无论其活动范围如何。2012年，专注于全球治理的瑞士杂志《全球期刊》（*Global Journal*）发布全球100强非政府组织第一份榜单，现在每年都会发布年度排名。排名基于声誉调查，该调查要求关键调查对象根据其感知到的影响、创新和可持续性对非营利组织进行评分。声誉调查具有明显的局限性：新一代"受欢迎"组织的加权权重很大。但是，这些排名为世界各地非营利组织提供了一个值得注意的简单印象。据《全球期刊》（2013）报道，排名靠前的非政府组织有：

- 孟加拉国农村发展委员会（孟加拉国，国际发展）
- 维基媒体基金会（美国，维基百科母组织）
- 聪明人基金会（Acumen）（美国，社会创新基金）
- 丹麦难民理事会（丹麦，国际人道工作）
- 健康合作伙伴（Partners in Health）（美国，国际卫生）
- 环境责任经济联盟（Ceres）（美国，企业社会责任）
- 援助与救济合作社国际（瑞士，减贫）
- 无国界医生（瑞士，医疗援助）
- 疗愈暴力（美国，基于社区的反暴力）
- 美慈组织（美国，国际救援和恢复）

前100名中的其余组织，展示了来源国家和地区及兴趣领域的多样性。虽然大多数组织都是最大的国际非营利组织之一，但也有许多小型组织出现，如柬埔寨儿童基金会新家庭（Krousar Thmey）。许多组织名义上是国内组织，但它们几乎都具有国际性，因为它们从国外获得大部分资金，与国际合作伙伴密切合作，或者因为它们将国内工作扩展至全球范围。名单中的美国组织——共同家园（Common Ground）与纽约市的无家可归者合作，通过其附属组织——社区解决方案（Community Solutions），正在国内和国际上复制其模式。该排名还显示了美国在非营利部门的主导地位，其中1/3的组织总部设在美国。

国内非营利组织的国际化

关于非营利部门国际维度的文献，主要关注那些为在国际舞台工作而创设的组织。通过不同国家国内非营利组织之间的国际联系和合作，以及以前国内非营利组织将其业务扩展到其他国家，当前的全球化活力正在产生同样重要的影响。所有这些活力都相互关联。组织之间的联系往往导致工作的国际延展，国内非营利组织通常创建一个单独的国际分支机构，以将其工作扩展至国外，许多国际非营利组织推动在世界各地建立新的国内非营利组织，以促进当地的权益。

国内非营利组织间的国际联系与合作

继续保持主要以国内为重点的非营利组织之间的国际联系和协作关

系日益频繁，可以发现几乎无止境的迭代。在全球化世界中，由于其便捷的互联网通信和相对较低的旅行成本，世界各地的非营利组织很少不同其他国家的同行交流过，即使这种交流活动只是像招待外国专业人士一样适度进行实地考察，在旅行期间拜访外国同行，首次与表演艺术团体一起在国际上巡回演出，或参加同领域组织的国际论坛。尽管单次联系似乎都没有多少超越，但其累积效应极大地推进了非营利政策和实践的国际对话。

对工业化民主国家的国内非营利组织而言，其国际联系可能主要是为了专业发展和理解最佳国际实践。它也可能源于建立国际团结网络以在全球舞台推动倡导工作。这种联系甚至被吹捧为市民社会国际发展的未来。专栏 6.11 总结了一位评论人士赞同加强非营利组织之间跨境联系的论点。

专栏 6.11　前进之路：市民社会，非市民服务

"斯坦福社会创新评论：市民社会博客"上的大卫·霍尔德里奇（David Holdridge）认为，"例如，美国可以将海外安置一名联邦援助工作者的费用，用来资助布鲁克林弗拉特布什或任何其他社区的妇女赋权组织，以联系、倡导和支持［发展中国家］的妇女权利组织。自 1961 年《对外援助法》创设以来的 50 年间，海外新兴的市民社会组织已经变得无处不在，有能力，更重要的是，它们已成为自己国家发展的主人。它们普遍热衷于与美国类似组织联系、联合"。

霍学德里奇继续说，"在过去的 20 年里，新技术已经在发展中国家扎根。［发展中国家的合作伙伴］现在可以用很少的费用通过电话、电子邮件或网络摄像头与弗拉特布什的团队进行沟通，围绕共同关注形成持久联盟。弗拉特布什的团队也可以选择通过移动支付来支持当地团队成员界定的当地需求。在当地设有办事处的其他市民社会组织可以确保透明度、遵守所在国和美国的法律。同样的模式可以适用于博伊西的商会，杰克逊维尔的残疾人权利小组或得梅因的青年公民参与小组。美国拥有强大的资产：一个完善的市民社会，我们可以用它来有效地向海外投射美国的利益和价值观。否则就会适得其反。"

资料来源：参见 Holdridge，2011。

发展中国家和威权国家的非营利组织，其国际外联活动还有其他刺激因素，因为它们面临国内资金来源寥寥无几、其活动可能会被当局禁止等挑战。受援国的许多非营利组织从外部来源获得大部分资金，常常希望外部支持者帮助确保对其工作进行某种程度的保护。为了生存和发展，它们必须具备加入国际网络的能力。卡萨·阿米加（Casa Amiga）是一家为墨西哥华雷斯城的性别暴力受害者提供支持的单一设施型非营利组织，其捐助者页面列出了加拿大、美国、德国、西班牙和荷兰政府，欧盟和美洲开发银行等多边机构，以及来自欧洲和美洲的众多慈善基金会和跨国公司（Casa Amiga，2013）。但外部支持并非没有危险，近年来，许多国家的政府已经开始限制非营利组织的外部资金，将其视为外国干涉内政（见专栏 8.5）。

网络、运动、联盟与合作

偶尔或零星的国际联系，往往是不同国家非营利组织之间更稳定关系的初期形式。可以确定一个稳定性不断增长的连续体，从流动会员型的松散、非正式网络，到参与稳定联盟，通常聚集在锚定组织周围（见专栏 6.6 和专栏 6.12）。其中一些联盟是正式组建的组织，专门用于管理不同国家合作者之间的关系，代表它们游说，因此实际上应归类为国际非营利会员组织，但其他许多组织更加非正式一些。一个网络的秘书处可以设在更活跃的发起者的办公室，或者网络可以在没有固定中央协调机构的情况下运行。

专栏 6.12　国际酷刑受害者康复理事会

位于丹麦哥本哈根的国际酷刑受害者康复理事会（International Rehabilitation Council for Torture Victims，IRCT）是 70 多个国家 144 个独立组织的伞形组织，致力于酷刑受害者康复，防止酷刑。它始于 1973 年成立的成为治疗酷刑受害者的世界领导者的丹麦酷刑受害者康复理事会（Danish Rehabilitation Council for Torture Victims，RCT）的延展和专业交流项目。

国际酷刑受害者康复理事会成立于 1985 年，最初是丹麦酷刑受害者康复理事会的国际部门。1997 年，它成为独立的国际会员组

第六章 非营利部门的国际化

织。除了会费收入外,国际酷刑受害者康复理事会还募集资金,以推动其会员工作,代表它们游说。它在布鲁塞尔和日内瓦设有办事处,以便利与欧洲联盟和联合国联系。

2012年,丹麦酷刑受害者康复理事会更名为丹麦禁止酷刑研究会(Danish Institute Against Torture,DIGNITY)。丹麦禁止酷刑研究会维持一个积极的国际研发项目。它继续作为国际酷刑受害者康复理事会的会员。

资料来源:参见International Rehabilitation Council for Torture Victims,http://www.irct.org/。

有些全球政治运动和社会运动通常避开传统的组织结构。反全球化/改变全球化运动,以支持土著斗争或民族主义运动等团结运动的形式,如墨西哥恰帕斯的萨帕塔民族解放运动和当代占领运动,往往在更正式的非营利部门的边缘运作。这些活动通常具有更宽松的结构,在个体会员实体内及其创建的网络中均如此,有些可能是故意避免将其界定为非营利部门的一部分(见专栏6.9关于世界社会论坛的内部争议)。尽管如此,它们往往得到本国正式组建的非营利组织实体的支持。

南北维度的网络面临特殊的挑战,更富裕、更强大的北方元素经常被指责代表南方发言。通过出现更强大的土著非营利组织,越来越多的北方统治受到南方更多独立所有权的影响。越来越多的是,通过其更强大的土著非营利组织的兴起,北方的主导地位正受到南方更独立的所有权的削弱。南北合作的行为仍然存在争议,认为南北合作只是粉饰正在进行的权力差异,常习惯将失败归咎于无法满足北方合作伙伴强加条款的南方合作伙伴(Abrahamsen,2004)。挑战也可能更平淡:网络或联合会的创始规章可能规定每个会员都以自己的方式参加国际全会,当所有会员都来自发达国家时,这是一个合理条款,但是当来自较贫穷国家的组织加入时,这种做法变得不那么可行。权力不平衡和文化差异,也可能导致参与不公平。与1992年联合国地球高峰会议同时举行的非营利论坛的观察员评论说:"非洲人在看,亚洲人在听,拉丁美洲人在说,而北美人和欧洲人在做"(Colás,2002:154)。

国内非营利组织国际化

本节重点关注选择通过扩大跨国吸收会员、寻求在国外复制其国内工作或者与其他国家类似组织合并等方式走向全球的原国内组织。这些努力超越了上文所述的网络，因为它们超越了主要为加强现有国内活动的国际联系。相反，一个组织，其工作的国际化，正是一个深思熟虑的选择。

美国非营利组织的规模和经济实力，通常意味着美国名义上的国内组织实际上成为该领域的国际组织。位于亚利桑那州图森市的肌肉萎缩症协会（Muscular Dystrophy Association）成立于20世纪50年代，当时名为美国肌肉萎缩症协会（Muscular Dystrophy Association of America），致力于支持世界各地神经肌肉疾病的研究。随着与其他国家的合作增加，它在20世纪70年代发展成为当前的国际组织。天主教救济服务（Catholic Relief Services），被广泛认为是天主教会的国际人道手臂，是世界上最大的人道组织之一，由美国天主教主教会议于1943年成立，以服务于欧洲的第二次世界大战幸存者。它继续受到美国天主教团体的资助。然而，与此同时，它是总部设在梵蒂冈的天主教人道组织联盟明爱国际（Caritas Internationalis）的成员。

许多美国非营利组织现在正在经历类似的过程。全美公共事务和行政学院协会（National Association of Schools of Public Affairs and Administration，NASPAA）是美国大学公共管理项目的认证机构，于2013年更名为公共政策、事务和行政学院网络，尽管它仍继续使用NASPAA的首字母缩略词，在收到越来越多的非美国项目认证请求后，它采用一个新宣传词"公共服务教育全球标准"。这种动态可能导致与现有国际协会或在国际上运作的其他大型国家协会之间的划界争端。就公共政策、事务和行政学院网络与公共行政教育来说，它们面临来自总部设在布鲁塞尔的行政学院、研究院国际协会（International Association of Schools and Institutes of Administration，IASIA，宣传词是"改善公共行政全球化"）的竞争，该协会将世界各地的大学、其他公共部门的培训机构和专业协会聚集在一起（全美公共事务、行政学院协会，与美国公共行政协会和许多美国大学，都是行政学院、研究院国际协会的会员）。2012年，行政学院、研究院国际协会创建自己的认证系统，由国际公共行政教育和培训项目认证委员会执行。

国际化需要调整一系列组织程序和做法。专栏6.13描述了美国和欧洲基金会中心联合项目资助之道（GrantCraft）的国际化战略。

比一个国家的大型组织作为事实上的国际组织更常见的是建立全球品牌和特许经营权的各种迭代，例如前文引用的"为美国而教"和"修理咖啡馆"的例子。有历史意义的组织，如英国圣公会（Anglican Mission）协会、红十字会，以及诸如狮子会、扶轮社和基瓦尼斯等服务俱乐部，都是全球品牌的早期典范，但自20世纪90年代以来，随着品牌跨境交易成本下降，全球品牌活力爆发。

专栏6.13　资助之道——走向全球

资助之道（GrantCraft）是美国和欧洲基金会中心的一个项目，通过该项目，基金会中心通过培训项目，出版指南手册和案例研究，寻求改善非营利部门的资金和评估流程。传统上，重点是发展中国家的基金会，但最近该项目致力于"走向全球"，侧重于三个关键战略：开发有意识地针对全球或区域受众的新资源；将现有资源情境化，以适应新的、更广泛的受众；继续推广和翻译现有资料。资助之道以下列术语描述其新方向面临的挑战："我们的愿景是借鉴各种全球经验所体现的实践智慧，建立一个多元化的资助者社区。但是，迎合不同的从业者群体也有其挑战。来自不同现实的实践可能会激发灵感，但也会让人感到困惑。与巴尔的摩基金会工作人员如何拒绝社区组织的申请相比，俄罗斯基金会的项目官员对当地受助对象说'不'，是否根本不同，或者他们是否可以借鉴类似的智慧？根据德国、英国与私营部门合作的经验——无疑两者不同——得出的见解，与意大利基金会相关吗？有激励作用吗？虽然中国和埃及的慈善事业可能与荷兰有很大不同，但两个国家项目评估的基本方面并不完全相同吗？"

他们接着问道，"指南本身呢？现有的资助之道材料是否符合目标受众的需求？真的可以为全球受众制作一份资助之道指南吗？我们认为，因不是规定性的，我们的资助之道指南有很长的路要走。但在有些情况下，我们需要添加（不同的）上下文，而有些指南可能需要附录或新例子。尽管如此，还是会有可以使用和翻译的指南。"

美国和欧洲基金会中心还鼓励在世界各地建立类似组织和分支机构，例如中国基金会中心网，于2010年开业，已将资助之道材料翻译为中文。

资料来源：参见 GrantCraft，http://blog.grantcraft.org/2011/09/globalizing-grantcraft/。

一个全球品牌可能只是通过使用"无国界"作为尾词而创建。受无国界医生目标和令人回味的名字的启发，目前有超过50个组织和网络在其名称中使用这些词（或近似变体，如"没有边界"）。包括无国界图书馆管理员（Librarians Without Borders），无国界单车（Bikes Without Borders）和无国界极客（Geeks Without Frontiers）。有些是单一的国际非营利组织，有些则是具有该名称的国内非营利组织的全球网络。类似的品牌复制是那些听说过其他国家正在进行的工作的人自发采用和有些组织直接扩张战略的结合。精神卫生社区喷泉之家（Fountain House）的扩展是这种国际化的典型（见专栏6.14）。

非营利品牌的全球化，也可受其商业赞助商的全球愿望驱动。澳大利亚服装品牌 Cotton On 通过其附属 Cotton On 基金会在全球范围开展慈善项目。它是总部设在纽约的全球公民项目的主要赞助商，该项目开展在线反贫困运动，一直在纽约中央公园举办团结音乐会。

专栏6.14 喷泉之家的俱乐部会所扩张模式

喷泉之家于1948年在纽约市开业，作为一个为患精神疾病人士服务的社区，相信这些人可以在工作和社交方面均过上富有成效而正常的生活。该模式与当时针对患有精神疾病人士、将其视为病人的治疗模式相悖。

1977年，喷泉之家获得美国国家精神卫生研究所多年拨款，基于其"俱乐部会所模式"在全美国范围内开展一项培训计划。截至1987年，在美国建立了220家俱乐部会所，在加拿大、丹麦、德国、荷兰、巴基斯坦、瑞典和南非也建立了俱乐部会所。由于俱乐部会所模式基于"普遍的人类价值观",因此它跨越民族、种族和文化差异,几乎可以在任何地方实施。

1987年,喷泉之家从罗伯特·伍德·约翰逊基金会（Robert Wood Johnson Foundation）基金会、公共福利基金会（Public Welfare Foundation）和皮尤慈善信托基金会（Pew Charitable Trust）获得美国国家俱乐部扩建项目的资金。作为该项目的一部分,为了监督新俱乐部会所的建立,成立了俱乐部会所发展学院,培养了一批专家,于1989年年底制定了一套国际标准。

尽管美国国家俱乐部扩建项目在1992年秋季停止资助,但该组织的管理者明确表示需要继续开展工作,有必要建立一个国际组织来做出努力。1993年,在俱乐部会所发展学院年会上,管理者团队从其会员、员工和董事会成员中任命一个委员会来制定国际组织计划。1994年,俱乐部会所发展国际中心应运而生,财务支持来自俱乐部会所会员费,以及公共福利基金会、范·阿梅林根基金会（Van Ameringen Foundation）两个非营利组织。

最后,经历了将近65年的转型,2013年1月,俱乐部会所发展国际中心创建了一个新的"做生意"的名称——俱乐部会所国际（Clubhouse International）,以更简洁更准确地传达对该组织的梦想和愿望。

资料来源：参见 International Center for Clubhouse Development，http://www.iccd.org/history.html。

与此同时,品牌全球化在很大程度上取决于模式如何移植到不同的文化和行政环境。导星国际（GuideStar International）是一个旨在全球复制非营利透明度计划导星模式的项目。在美国和英国,导星的主要特点是一个在线数据库,可以快速查询所有注册的非营利组织的法律、财务和运营情况。在美国,数据库依赖于作为501（c）注册内容提交给IRS的信息,而在英国,它是基于向英国慈善委员会提交的报告。但到目前为止,导星模式似乎只在以色列得到完全复制,尽管其他国家的项目通常通过其监管机构以其他名称部分复制。大多数国家都没有提供如此全面且易于获取的导星式信息，鉴于非营利组织的定义、监管机构及其财务信息的隐私状态存在差异，因此无法在国际层面找到与导星相当的信息。

相比之下，童子军运动，狮子会和崇德社（Zonta）等服务俱乐部，以及公益组织联合之路（United Way）已经证明，许多看似有文化局限的模式却可以在世界各地成功采用。过去，这些组织的传播由殖民机构和少数组织的蓄意扩张战略所促成。现在，在国外生活或工作的外籍人士和"回国人员"将熟悉的非营利品牌移植到新的地区。

基金会的国际影响力

如第二章所述，"基金会"一词是指通过个人或机构捐赠建立的非营利组织。捐赠基金通常以永久信托的方式持有，基金会使用该信托产生的收入来开展活动，尽管在某些情况下，基金会有花费捐赠并在花完时解散的使命。基金会可以是资助型或运作型组织。在大陆法系国家（通常是欧洲大陆及其前殖民地国家），基金会通常是运作型组织，其功能与其他提供服务的非营利组织类似；在普通法国家（通常是讲英语的民主国家），基金会往往主要是资助型组织。

基金会总部通常设在其创始人原籍国，与原籍国联系在一起。虽然大多数基金会的活动重点是国内，但也有少数基金会有明确的国际使命。在过去的几十年中，基金会的跨境合作和资助显著增加，越来越多的以国际为重点的基金会在国外设立区域办事处，以监督其活动。

被确定为推动国内非营利组织和国际非营利组织兴起的因素，在基金会领域得到了回应。世界各国政府的紧缩，推动了基金会在提供准公共产品方面的互补和补充作用日益增强；冷战的结束，使基金会摆脱了其与超级大国集团关系所施加的限制，为国际工作开辟了新的舞台；全球公司越来越多的企业社会责任项目为基金会部门注入了大量新资金（Hewa and Stapleton，2005）。在美国，国际资助作为基金会资助的一部分，从20世纪80年代初的约5%上升到目前的近25%（Spero，2010）。有四种主要类型的基金会在国际上扩展其工作。

个人和家族基金会。美国的镀金时代导致20世纪初的基金会浪潮，如纽约卡内基公司（1911 年）和洛克菲勒基金会（1913 年），其次是 W. K. 凯洛格基金会（1930 年）和福特基金会（1936 年），这些基金会被视为是支持美国霸权的关键（Krige and Rausch，2012）。可能有一天会视当前时代为新的"全球镀金时代"，许多国家最富有的人建立新的家族基金会，包括美国的比尔·盖茨（微软），西班牙的阿曼西奥·奥尔特加·高娜（Amancio Ortega Gaona）（Inditex 集团/Zara）和瑞典的史蒂芬·皮尔森（Stefan Persson）（H&M）。世界各地的亿万富翁都赞同捐赠承诺（见专栏 6.15）。然而，并非所有家族基金会都来自最富有的人：在美国，目前有超过 4 万个家族基金会在运行，其中一半基金会每年捐赠不到 5 万美元（Foundation Center，2014）。

全球企业基金会。现在，几乎所有的全球性公司都将基金会作为其企业社会责任项目的一部分。有些试图将公司的工作扩展到社会和人道领域（参见专栏 3.4 中的汤普森路透基金会），而其他全球企业基金会则支持专业和文化交流（如大众汽车基金会）或经济发展（如沃尔玛基金会）。

政府基金会。各国政府特许国家基金会，以实现一系列国内外政策目标。法国基金会、卡塔尔基金会和其他数十个国家基金会支持广泛的国际项目。

由非营利组织建立的基金会。许多国内非营利组织为支持其国际工作创立基金会（如美国的扶轮基金会），国际非营利组织可以使用基金会法律结构作为其国际法人架构的一部分（参见专栏 6.4 中的乐施会）。

鉴于最富有的基金会拥有相当多的资产，它们被列为世界上最大的非营利组织（见第七章），而盖茨家族基金会和斯地廷·英格卡基金会等巨型基金会的活动，反映了相当多的国际化。

专栏 6.15　捐赠承诺

捐赠承诺是比尔·盖茨（Bill Gates）和沃伦·巴菲特（Warren Buffett）于 2010 年开始的一项运动，旨在鼓励亿万富翁承诺在其活着时将大部分财富捐赠给公益事业。盖茨和巴菲特正积极推动这一承诺，与一些国家的亿万富翁举行会谈，敦促其承诺。截至 2014 年年初，全球约 1600 位亿万富翁中约有 120 位签署了捐赠承诺。大部分承诺人来自美国，反映了该项活动的美国起源，美国的慈善文化，以及世界上25%的亿万富翁来自美国的事实。非美国承诺人包括苏丹裔英国移动通信企业家穆罕默德·易卜拉欣（Mohamed Ibrahim），他于2007年发起穆罕默德·易卜拉欣非洲领导力成就奖，该奖项对为选民提供安全的经济发展、以民主方式将权力移交给其继任人的非洲国家元首颁发500万美元的奖金和终身养老金。

尽管捐赠承诺一般都获得赞誉，但也出现了一些阻力，包括来自被要求签署捐赠承诺的亿万富翁的阻力。对承诺的批评，反映了公益事业中的诸多文化差异和政策争议。捐赠承诺被批评为过于炫耀，旨在宣传那些应该更加匿名支持事业的自私人士。它也被批评为烟幕，以帮助富人利用他们的慈善努力来模糊获取财富的不诚实手段，证明其有理由避免纳税义务。通过捐赠承诺来歌颂慈善，被视为将公共资金分配的合法性从民主选举产生的政府手中转移到富人手中。捐赠承诺没有具体说明资金如何花费，批评人士指出，额外的公益基金很可能反映现有捐赠情况，往往流向并不一定能为最弱势群体提供服务的精英教育、文化和卫生服务。拒绝签署捐赠承诺的亿万富翁们指出，他们的义务是以合乎道德的方式运营，缴纳税款。

资料来源：参见the Giving Pledge，http：//www.givingpledge.org。

第七章　国际非营利组织活动领域

绝大多数国际非营利组织都源自北方（the North）的工业化民主国家，而且这些国家仍然是大多数非营利组织的总部所在地。在北方国家，这些组织已经找到了最有利的政治和法律支持环境，它们可以更容易地调动维持自身所需的投入（即资金、基础设施和技术人员），最容易找到与之合作的重要的政府间组织和企业。然而，随着越来越多的非营利组织在南方国家（the South）成立，以及一些以前的北方国家组织将总部迁往南方国家，该部门现在正日趋多样化。

有些非营利组织具有典型的国际或全球特性，可以被看作是"无国籍"的。尽管它们起源于特定地区，必须在一国辖区登记注册为法人实体（或者在不同辖区进行多次登记注册——参见第八章关于登记注册的注释），但这些"无国籍"非营利组织实际上不属于任何一个国家或地区。例如，包括活动性质被看作是全球性的著名国际组织，如大型援助组织红十字会和乐施会，以及倡导组织大赦国际和透明国际。新一代互联网组织也拥有全球虚拟身份。维基解密是在线揭秘者网站，也许是人所共知的例子。它没有固定的总部；运行在安全的互联网服务器上，这些服务器位于拥有强大隐私法的国家，如瑞典和冰岛；资金通过一家荷兰基金会管理；由分散在世界各地的在线志愿者运营，核心员工人数很少，姓名不公开，以保护他们免受可能的骚扰或起诉。其生于澳大利亚的领导人朱利安·阿桑奇（Julian Assange）向厄瓜多尔驻伦敦领事馆寻求庇护，以避免被驱逐到瑞典回应性侵犯指控，他担心自己会被从瑞典送往美国接受间谍指控的审判。

关于国际非营利组织的文字往往只关注一小部分大型的、高调的人道组织和倡导组织，但在本章中，我试图概述该部门更广泛的组织。在任何非营利领域，大型、知名玩家往往得到最多的关注，而余下者却身处边缘，为生存挣扎。专栏 7.1 中，追溯了在苏联解体后成立的两个非营利组织的命运，这两个组织似乎有着类似使命，都专注于世界各地市民社会组织的发展。

专栏 7.1　推进市民社会

市民社会国际（Civil Society International）于 1992 年在华盛顿州西雅图成立，"以协助独立组织在不接受或不善待民主和市民社会原则的国家为民主和市民社会而工作。"它的目标是"将全世界关于致力于市民社会基本原则的项目信息汇集在一起：有限政府、普选和法治；结社和表达自由；有规制，但经济开放、以市场为导向；帮助穷人、孤儿、老人、病人或残疾人；重视多元化和个人自由的公民文化"。2001 年，该组织宣布收入为 1 万美元，但到 2011 年，它的非营利免税资格已被美国国税局撤销，因为它已经 3 年没有提交纳税申报表。该组织有两个网页，civilsocietyinternational.org 和 www.civilsoc.org，但这两个网页都已过期。创始执行董事在另一个网站的在线简介中表示，他在市民社会国际的工作于 2013 年结束，该组织似乎已不再活跃。

公民参与联盟（CIVICUS）于 1993 年在西班牙巴塞罗那举行的市民社会领导人会议上成立，是"一个致力于加强全世界公民行动和市民社会的国际联盟"。公民参与联盟，最初设在华盛顿特区，于 2002 年将全球总部迁至南非约翰内斯堡。公民参与联盟"基于这样的信念，即社会健康状况与国家、私人部门和市民社会之间的平衡程度成正比"。它为知识共享、共同利益代表、全球制度建设和这些不同部门之间的参与提供聚焦点。公民参与联盟是市民社会指数（CSI）和有利环境指数（Enabling Environment Index）（参见第四章）的策划人，当前年度预算为 300 万美元。

资料来源：参见公民参与联盟，https://www.civicus.org/。

本章探讨国际非营利组织三个关键类别的活动领域：人道援助、救济和发展，国际倡导，以及寻求推进具有共同利益的全球共同体。

人道援助、救济和发展

最引人注目的国际非营利组织是那些在发展中国家从事人道援助和紧急救济活动的组织。除了应对自然灾害和武装冲突造成的即时紧急需求外，它们还致力于解决广泛的社会、经济正义和民权问题，包括减贫、医疗服务、教育、性别平等、政治权利、环境保护和小企业发展。这些组织是大多数人在听到国际非营利组织或国际非政府组织这个词时所想到的组织。其中一些属于最大的国际非营利组织，下面的讨论主要聚焦于这些大型援助组织的活动。

与此同时，数百个规模较小但还算殷实的组织拥有数百万美元的预算，还有数不清的"微型援助组织"可能仅仅是"餐桌"型或"作坊"式实体。小型援助非营利组织的数量正在增长，通过这种方式，工业化国家的个人或小型群体直接参与发展中国家的项目。这些项目通常与学校、诊所或孤儿院相关，它们的创立故事通常是某个人在发展中国家生活或旅行，而且对该国及其人民有一种特殊的亲切感。返回本国后，这个人启动了一个支持现有机构或建立新设施的项目。这些组织中许多从未发展到足以雇佣全职员工的规模，但它们继续筹集资金并可能提供其他支持，包括派遣志愿者到现场工作（参见专栏7.2）。

专栏7.2　利比里亚援助项目

利比里亚援助项目（LAP）运营的座右铭是"为利比里亚人建设学校和希望"。该项目始于2007年，当时朱迪·里德（Judy Reed）和简·沙勒（Jane Scharer）访问利比里亚，与朱迪1964年至1966年在哥班克尼玛（Gbonkonimah）小村庄担任和平队志愿者时教过的人重新建立了联系。在利比里亚，他们发现基础设施被战争摧毁：没有电力或自来水，道路不畅，住房有限，运行中的学校很少，而且医院人手不足。然而他们也发现，那些希望未来会更好的人们正在努力奋斗将自己的生活重新组合。他们会见了超过15名朱迪的前学生，甚至还有她以前的校长。这些前学生讲述了他们的孩子如何多年未能上学,他们在战争期间如何逃离,以及他们是如何勉强幸存下来的。

当朱迪·里德和简·沙勒回到美国时,他们向75个家人和朋友介绍了旅行情况,并以他们在哥班克尼玛时吃过的同样的利比里亚餐作招待。他们认为最好的帮助方式是组建一个非营利组织LAP,开展专注于加强当地学校的具体项目。

LAP是一个非常小的业务,拥有一个小型董事会和咨询委员会,当前年度预算为30000美元。该项目没有付薪员工。LAP董事表示,他们没有兴趣与大型非营利组织竞争。相反,该组织"寻求与非常贫穷的人密切合作,这些人只是希望有机会帮助他们的孩子上学,种植自己的食物,享有安全健康的生活"。

资料来源:参见利比里亚援助项目,http://www.liberianassistan-ceprogram.org/aboutus.html。

建立于19世纪中期和20世纪上半叶可以辨识的现代国际援助非营利组织,主要致力于减轻战争的后果。向战争幸存者提供救济,特别在欧洲第一次世界大战和第二次世界大战期间,是许多大型的历史性北方援助非营利组织的共同创始叙事。国际计划(Plan International),作为现在最大的国际非营利组织之一(该组织声称已经制定了儿童资助战略),是这些组织起源和后来演化的象征(参见专栏7.3)。

专栏7.3 国际计划

国际计划(Plan International)(现在通常简称"计划")是一个全球性的儿童资助组织,在50个发展中国家开展工作,促进儿童权利,帮助他们摆脱贫困。下面的时间轴追溯了它的历史。

¤1937年:该组织由记者约翰·兰登-戴维斯(John Langdon-Davies)和难民工作者埃里克·马格里奇(Eric Muggeridge)在英国成立,为生活受到西班牙内战破坏的儿童提供食物、住宿和教育。兰登-戴维斯构思了儿童与资助者之间的个人关系。该组织最初的名字是西班牙儿童养父母计划。

第七章 国际非营利组织活动领域

¤20世纪40年代：第二次世界大战期间，该组织被称为战争儿童养父母计划，在英国工作，帮助来自欧洲各地的流离失所儿童。战争结束后，该组织进一步向法国、比利时、意大利、荷兰、德国、希腊以及暂时向波兰、捷克斯洛伐克和中国的儿童提供援助（直到这几个国家成为社会主义集团的一部分）。

¤20世纪50年代：随着欧洲经济复兴，"计划"逐渐走出这些国家，并在欠发达国家开设了新项目。该组织不再提及"战争儿童"，转而成为"养父母计划"，以反映帮助有需要的儿童的目标，无论他们的情况如何。

¤20世纪60年代："计划"扩大了在亚洲和南美洲国家的工作。1962年，美国第一夫人杰奎琳·肯尼迪（Jacqueline Kennedy）在"计划"二十五周年纪念（Plan's Silver Jubilee）期间担任名誉主席。

¤20世纪70年代：全球名称改为"国际计划"，因为现在的项目遍及拉丁美洲和加勒比地区、亚洲和非洲。

¤20世纪80年代：比利时、德国、日本和英国加入原来只有加拿大、美国、澳大利亚和荷兰的捐助国行列。国际计划获得了联合国经济及社会理事会的咨商地位。

¤20世纪90年代：国际计划已帮助儿童六十周年。在法国、挪威、芬兰、丹麦、瑞典和韩国开设办事处。

¤21世纪第一个10年：随着在哥伦比亚、印度、爱尔兰、中国香港、西班牙和瑞士开设办事处，国际计划的捐助方增加到20个。"国际计划"的名称演变为简单的"计划"，并创设了统一的全球身份，以帮助该组织在世界范围内更易于辨识。

资料来源：参见国际计划，http://plan-international.org/about-plan/history。213

第二次世界大战后，这些组织与新兴一代的新型非营利组织一起继续主要以服务为导向，侧重于短期减贫减灾和医疗援助，补充了新近成立的联合国及其他新兴政府间组织的努力。它们的业务领域扩大到包括更广泛的需要地区，并与新近成立的原殖民地国家合作，提供紧急食品，建立医疗诊所和学校，这些机构通常是这类项目的先锋。逐步地，援助扩大到包括农业、供水项目和经济发展项目。这些战后的第一批非营利组织通常认为，政策领域超出了它们的职责范围，特别是那些在美国和苏联势力集团影响范围内运行的组织。尽管有一大批名义上"不结盟"的国家，但其中许多国家仍公开向这两个超级大国示好。新生的国际人道组织知道要谨慎行事。

20世纪70年代初期，随着一些国际非营利组织采取超越直接救济的战略，一种更具结构性和政治性的新路径开始出现，以应对它们能感知到的传统路径在解决全球不平等根源方面的失败。它们的分析是由北方工业革命的青年和学生运动以及南方的解放运动的激进意识形态推动的。它们不仅寻求解决贫困、饥荒和战争的直接破坏问题，还寻求通过更公开的政治倡导，以及通过教育和"意识提升"，解决相关成因。它们的新目标是在援助过程以及捐助者与受援国之间关系中产生结构性的变化。

20世纪70年代和80年代是国际非营利部门的成熟时代，与工业化国家的国内发展和扩张相呼应。以信仰为基础的传教工作让位于更为世俗的人道努力和政治鼓动。政府和私人捐助者转而将其作为存在问题的政府对政府制度化援助项目的替代方案。规模较大的国际援助组织迅速增长的实力恰逢更广泛的华盛顿共识（Washington Consensus）外包议题的国际实施，导致新的合同资金大量流向非营利组织。20世纪80年代可能是国际非营利组织行动的一个短暂的黄金时代，它们具有相当高的声誉（Tvedt，2006）。标志性事件是1985年的现场援助音乐会和同步直播，全世界估计有190万观众观看，估计为饥荒救济募集了2.5亿美元资金，帮助启动了许多当前的援助行业，巩固了名人对国际援助的支持。

然而，到了20世纪90年代末，非营利组织提供更有效援助和扶贫战略的比较优势开始受到质疑，而且冷战的结束改变了之前的政治联盟。"政治"仍然是核心，但在管理大型的专业化项目的战略和能力方面，它们日益被重新定义。全新景象的一个显著特征是以追求合法性和效率为动力的实用主义和伙伴关系主题。在北方，国际非营利组织数量成倍增加，而在南方，新的地方组织正在兴起（一些是由北方的非营利组织资助的，而另一些则是由地方发起的）。20世纪90年代后期的一个关键性动力机制是通过与当地非营利组织的伙伴关系,将责任和实践分散化。大型国际非营利组织越来越多地发现,公共和私人捐助者更愿意将资金输送给规模较小的当地组织(Agg,2006),而在线捐赠的出现为个人捐赠者提供了直接与偏远国家的非营利组织打交道的手段。

为了回应资金使用效率低下的批评,各个组织开始采用企业驱动的商业战略。非营利组织也开始通过参与咨商机制以及联合制定和实施干预战略,更多地与以前无法接受的政府、政府间组织和企业等伙伴合作。曾经被怀疑和嘲笑的伙伴关系开始被认为是有潜力、有益的。

非营利组织和营利企业之间的关系有点令人担忧,但越来越多的务实关系出现了,而且许多非营利组织开始寻求与它们过去可能联合抵制的企业建立合作关系。例如,医疗非营利组织开始与制药公司合作,环保组织开始与矿业公司和重工业合作。通过这些新的关系,这两个部门寻求创造互补优势,即非营利组织获取新资源和增加内部影响力,同时企业通过建立声誉来寻求加强其品牌。尽管这种关系现在已经变得司空见惯,但是那些正在探索新伙伴关系的非营利组织在寻求保持其完整性的同时,可能会面临一个困难的平衡行动(参见第八章与其他部门的关系部分)。

代际界定

上面引用的日期绝不是精确的,但显然国际人道干预的主流范式仍在继续演变。到20世纪80年代后期,戴维·寇尔坦(David Korten,1987;1990)确认了四代非营利组织。第一代关注的是救济和医疗,定义个人或家庭面临的直接短缺的应对措施。非营利组织主要是单独行动,把精力集中在物流配送上。第二代关注的是小型发展项目,为当地或社区提供解决经济和社会关切的手段。北方的非营利组织与现存的、新兴的地方机构合作,构筑社区一级的独立行动能力。第三代通过寻求影响国家政府、政府间组织和跨国企业的政策和实践,致力于发展更可持续的经济和政治结构。第四代关注的是建立可持续发展的人民运动,关注赋权和参与,与松散定义的网络合作,推动持续的社会变革。人们应该注意到,该书是寇尔坦在冷战结束之际写作的,并且许多鼓动行为都是在超级大国政治结盟的背景下进行的。

从代际变化的叙事中可以看出三个中心主题。第一，非营利部门必须持续面对与根深蒂固贫困作斗争的挑战。援助组织制定了更新、更多层面的战略，已经从解决症状转向攻克根源，而且越来越多地包括政治性和结构性工作。第二，集中式、自上而下和统一的路径既没有让当地人获得选举权，也没有成功地调动最好的资源。很大程度上，它们被伙伴关系和网络所取代，以及将政策制定和服务提供权向更多地方层面下放，这些伙伴关系和网络涉及政府、政府间组织和营利企业以及来自北方和南方的一系列非营利组织行为体。第三，组织已经发展壮大并且专业化，以便更好地管理它们承担的日益增多的责任。

这种代际既代表了现有组织战略的演变，也代表了新组织（其中包括下文各部分描述的国际倡导组织）的兴起。但赋权、变革和专业化的叙事并不适用于所有组织：一些组织仍然保持纯粹的服务导向，避免任何政治性工作迹象。而且，随着非营利部门的不断扩大，新的、小型的"业余"组织永远不会短缺。

尽管代际概念表明新战略取代前战略，或者新组织取代旧组织，但代际却继续作为竞争或互补的发展路径共存。许多组织则将所有四代的元素全部纳入"操作工具包"中。因而，代际也可以从正在进行的有关发展范式的意识形态和操作性辩论的角度进行分析。第一代战略被一些分析人士斥为不合时宜的、家长式的慈善行为，或者创可贴式的解决方案，它只是从表面上解决根深蒂固的结构性关切。第三代和第四代战略被其他人批驳为非法政治干预（illegitimate political interference），隐瞒虚假资助者背后的意识形态议题。尽管很少有人会认为，对于应对自然灾害和武装冲突造成的人道危机，直接援助和救济是不必要的，但是将它们作为持续发展战略使用却越来越多地被打上抱残守缺的烙印，与国内慈善异曲同工。与此同时，在后冷战和专业化时代，第三代和第四代的政治活动被重新定义为技术结构性变革（与政治结构性变革相对）：以前基层政治斗争反对剥削体制，现在通常是专业监督和能力建设组织的职权范围，重点是消除腐败和加强善治。

路径的差异也受到国际非营利组织母国主导性国内非营利部门模式的推动。美国和英国一直是大型非营利组织的创始国；然而，现在这种组织不仅入驻所有西方工业化民主国家，而且越来越多地出现在金砖国家、韩国和土耳其等新兴经济体,以及卡塔尔和科威特等海湾国家。基斯·比卡特(Kees Biekart,2008)在对拉丁美洲最大的欧洲非营利组织的分析中,列出了来自9个欧洲国家的18个组织,涵盖自由主义、社会民主主义和社团主义的框架。习惯于不同母国模式下运营的组织倾向于在国际活动中复制这些方法,而且来自世界超级大国的组织与来自中等或较小强国的组织具有不同的议题。自20世纪90年代中期以来,欧盟国家一直强调基于迁移、侨汇和定居国移民协会的联产发展战略(coproduction development strategies)的重要性(参见下文侨民发展部分),而且北欧国家已经获得了"仁慈帝国主义者"的声誉,更愿意与更广泛的当地实体进行对话(Tvedt,1998)。

此外,随着中国在非洲的存在越来越多,其以国家为中心的新威权主义路径正日益成为发展中国家参考的经济增长模式。中国的地位上升是南南合作日益增长现象的一部分。随着金砖国家和南方其他新兴国家获得越来越多的信心,它们与来自北方的机构、私人捐助者和北方非营利组织的关系将重新调整。尽管大部分重点都放在政府与政府的合作上,但起源于韩国(参见专栏4.9)和孟加拉国(参见专栏6.7)等国家的国际非营利组织可以建立起被认为没有被北方帝国主义污染的关系。

战略和变革理论的代际变迁反映了官方发展路径的演变。非营利组织不得不追赶上来,将项目调整到政府、政府间组织和私人部门青睐的新方向。强国的地缘政治策略,跨国企业的经济利益,布雷顿森林体系的金融机构任务,以及联合国和其他政府间机构发展政策,在发展政策和实践方面处于引领地位。国际非营利组织充其量只是有影响力的利益攸关方,通常只有在其他参与者想要获得当地咨询和当地所有者资格时,才被视为模糊市民社会的代表。时任联合国秘书长潘基文在2011年向联合国提交的千年发展目标进展情况年度报告中指出,制定新目标的过程会是"一个包容、公开和透明的过程,多元利益攸关方参与"(United Nations,2013:19)。自1999年以来,国际货币基金组织和世界银行要求低收入国家政府制定与千年发展目标挂钩的减贫战略文件,然后才能获得来自主要捐助者的援助或者被考虑减免债务。这些减贫战略文件的第一个原则是,它们应该是"国家驱动的",即界定为"通过市民社会的广泛参与,推进国家所有的减贫战略"(International Monetary Fund,2014)。

最新一代的非营利组织已经开发出自己的行话。上游涉及战略的技术术语，更多寻求结构性变化和国家层面路径，与之相反，下游是项目性工作。从"慈善"到"权利"的转换被确定为关于人道援助和发展的意识形态和操作性辩论的关键轴，"权利路径"的出现总结了许多演进趋势。戴维·刘易斯（David Lewis，2007）援引了权利路径的以下含义：

¤ 提高透明度，使组织更负责任、更具响应性。
¤ 从受益人转换到合作伙伴，将沉默的接收者转变为活跃的公民。
¤ 构建政治分析和外交新技能。
¤ 强调对最贫困人口的援助。
¤ 更充分使用法律系统。
¤ 鼓励政府和公民间更好地问责。

专栏 7.4 中，所有技术术语都被提炼为发展中经常听到的两个常见格言。在人道援助所处的一般政治和社会环境中，时代精神的转换也很明显。2005 年版拯救生命（Live Aid）音乐会（即原版二十周年纪念）被称为"生命 8"（Live 8），表明它支持八项千年发展目标。波诺（Bono）是非洲援助的摇滚之神，现在在正推进非洲大陆的商业机会，许多政治和商业领袖都认同这一新的信条。它的典型特征是劝勉，通常归功于联合国秘书长潘基文："非洲不需要慈善施舍；它需要投资和伙伴关系。"

专栏 7.4　发展格言：鱼和婴儿

有一句古老的中国谚语："授人以鱼，不如授人以渔。"据称这经常被用作慈善援助与发展之间辩论的寓言。正如第五章所述，最近在上述格言的基础上又增加了第三部分，内容是"重组渔业和改造社区"。这一新增内容用于区分新的社会企业战略与早期的慈善机构和发展路径。

下列隐喻的各种版本出现在发展课本和工作坊中："如果你看到一个婴儿溺水，你会跳进去营救。如果你看到第二个和第三个，你也会这样做。很快你就忙着拯救溺水婴儿，你再也没有时间问为什么有人把这些婴儿扔进了河里。"

下一代非营利组织？

对过去援助和发展工作成果的失望，以及后冷战的重组，意味着对新战略的持续探寻依然是驱动性力量。新千年催生了更受市场驱动的更新一代的战略和组织。这种发展理论和战略的市场化是第五章分析的社会创业机制的国际性反响。它包含现存组织应接受市场规律关键层面和市场力量对于人们摆脱贫困至关重要的观念。

或许市场路径最有效的特征，是为穷人提供各种金融服务。由非营利组织和营利实体支持的一系列服务，旨在提供基础金融产品，如储蓄账户、汇兑和各种形式的保险。最具代表性的是小额信贷或小额贷款（microcredit or microloan）项目，这些项目为启动或支持商业计划提供小额贷款。互益性协会和循环信贷俱乐部为会员提供启动资金有着悠久的历史，但针对穷人的当代版第三方小额贷款则在20世纪70年代和80年代在拉丁美洲和南亚得以普及。从那时起，它已成为整个发展中国家的经济发展的一种主要方式，也被用于工业化国家的穷人。2006年，格莱珉银行（Grameen Bank）的创始人穆罕默德·尤努斯（Muhammad Yunus）获得了诺贝尔和平奖，该银行是第一个也是最广为人知的小额贷款机构之一。然而，与所有发展战略一样，微金融（microfinance）也受到批评（见专栏7.5）。

219

专栏7.5 微金融争论

尽管微金融机构继续得到政治领域的强有力支持，但批评的声音却正对它们的发展影响提出质疑，并对掠夺性小额借贷行为和可能破裂的微金融"泡沫"发出警告。《微金融异见者自白：小额借贷是如何迷失并背叛穷人的》封底简介的部分内容写道："[作者]与几家微金融机构和基金合作，当从墨西哥到蒙古国，中间经过尼日利亚、荷兰和莫桑比克，他不禁注意到，即使拥有一个蓬勃发展的700亿美元的产业，穷人似乎在实践中并没有任何好转，过高的利率导致借贷者陷入永无止境的债务旋涡，而且激进的催收行为导致了强迫卖淫、童工、自杀以及全国范围内反对微金融界（microfinance community）的事件。"

资料来源：Sinclair，2012。

当前正在全面推动以市场为基础的发展，表现为"援助与投资"之争（Hudson Institute，2012；M. Martin，2011）。尽管许多以市场为基础的措辞以涓滴经济学（trickle-down economics）理论为特征，简单地假定以市场为基础的经济将成为惠及所有人的增长引擎，但许多路径也专注于穷人的市场经济学。2004年，由联合国开发计划署组建的私人部门和发展委员会发布"释放创业精神：让企业为穷人服务"（UN Development Programme，2004）的报告，聚焦企业如何创造国内就业和财富，释放当地创业能量，以及帮助实现千年发展目标。这种路径认为，援助和慈善策略只将穷人视为需要施舍的受害者，而企业则赋予他们作为创业者、员工或客户的能量。以市场为基础、聚焦穷人的路径具有两个常被援引的特征：（1）金字塔底层营销（bottom-of-the-pyramid marketing），由哥印拜陀·普拉哈拉德（Coimbatore Prahalad，2006）推广，聚焦于鼓励企业与穷人合作，穷人传统上并不被看作消费者；（2）市场为穷人服务运动，更直接聚焦于在社会较贫困阶层中创造更强大的市场经济（M4P Hub，2013）。

另一个关键因素是2001年9月11日之后的反恐战争及其产生的一系列安全问题。安全化（securitization）是一个包罗万象的术语，涵盖了许多动力机制，包括发展工作与国防和外交优先事项的紧密结合（"9·11"事件以来，伊拉克和阿富汗一直位于最大受援国之列）。反恐战争还导致对可能被指控协助或煽动恐怖主义团体的任何组织运作进行更严格的审查，这种组织一直阻碍着在冲突地区或者与被认为有嫌疑的人一起工作的许多合法组织的工作（Rutzen，2015；Sidel，2010）。这种对一般性援助工作和国际非营利组织工作的工具化，导致冲突地区援助工作人员日益恶化的安全条件。

新兴环境中最重要的动力机制是，国际援助组织面对关于工作的批评，向公众和捐助者证明工作正当性的压力日益增长。人们不断地提出关于非营利组织在更广泛的国际发展计划中多么重要及其战略取得多么成功的问题。正如萨拉赫·米歇尔（Sarah Michael）指出，"对于一些观察者来说，它们是不发达国家的普适性灵丹妙药，对其他人来说，它们是市民社会的火炬手，甚或对其他人而言，它们是压制性政府体制、全球化和贫困的巨人（Goliaths）大卫（David）"（Michael，2002：12）。毫无疑问，非营利援助和发展界存在傲娇自大现象，同时各个组织倾向于夸大其项目成果及其在更广泛的国际政治和经济计划中的重要性。然而，筹资和其他资源开发的前提是，让捐助者和承包实体相信非营利部门和个体组织的价值。米歇尔（Michael，2002）警告说，对非营利组织的不加评判的看法是无益的，因为它们遭受与其他部门组织相同的低效率、腐败和利己主义的批评。艾伦·福勒（Alan Fowler，2012）也谈到一种"虚假承诺"，以及国际非营利组织可以取代政府和政府间组织许多方面工作等言过其实的期望。

21世纪的援助组织，必须不断地证明它们在持续转换的发展格局中是合法和有效的，在这种发展格局中，私人组织和"公益名人"发挥着越来越大的作用。捐助者，无论是大还是小，现在都可以避开以前的援助分配网络，直接与世界任何地方的受援者打交道。

非营利援助的相对规模

20世纪80年代以来，非营利组织在人道援助、救济和发展中的作用已经扩大。但是，当以发达国家向发展中国家资金流动的贡献来衡量，它们仍然是次要的合作伙伴。表7.1显示了官方发展援助、私人投资、非营利组织资助和移民汇款的相对规模。

表 7.1　2011 年援助发展中国家的净资金流

资金流类型	百万美元	百分比（%）
官方发展援助：从捐助国政府到发展中国家和多边机构[a]	134.4	15
其他官方资金流：不主要针对发展的其他支付[a]	8.6	1
按市场术语划分的私人资金流：私人投资、银行借贷、债券、出口信贷等[a]	326.5	37

续表

资金流类型	百万美元	百分比（%）
非营利组织的拨款资助[a]	31.9	4
移民向发展中国家汇款[b]	373.0	43
总净资金流	874.4	100

资料来源：a. 资金来源于经合组织中由发达国家组成的发展援助委员会的27个成员国。OECD, "Statistics on Resource Flows to Developing Coun-tries," Table 3: Total Net Flows by DAC Country, http://www.oecd.org/dac/stats/statisticson resourceflowstodevelopingcountries.htm。

b. World Bank 2013. 资金来源包括那些不是发展援助委员会成员的国家。

这些数字最多表明非营利组织和国际公益事业的影响力相对较小。但是，这些数字并未涵盖许多来自较小捐助者的资金流，也不包括来自经合组织国家的数据，这些数据不属于发展援助委员会或者来自非经合组织国家，而且可以设想，部分官方和私人资金流以及移民汇款通过捐赠、资助和项目交付合同流向非营利组织。非营利组织的官方发展援助份额因来源国而异，是来源国文化结构（cultural frames）的反映。自由主义国家和社会民主主义国家将它们援助的很大一部分用于非营利性交付，而法国和日本等社团主义国家几乎只向受援国政府提供援助（Buthe and Cheng, 2014）。从全球来看，最好的估计似乎是，约6%的官方发展援助是通过非营利组织提供的（Agg, 2006；OECD, 2013a；2013b），而对于私人资金流，却找不到准确的对应数据。无论使用哪种估算，非营利组织占流向发展中国家的资金流量似乎不到10%。

鉴于20世纪80年代中期之前不到1%的官方发展援助是通过非营利组织提供的，这些非营利组织的活动无疑获得了实质性扩张（Agg, 2006）。即便如此，非营利组织的低活动水平和财务投入与其高知名度之间存在显著差异。或许这种差异的出现，是因为针对政府和多边机构低效以及商业公司动机的关切，而给予该行业一个非政府、非营利的光芒，这符合各方的利益（Agg, 2006）。与此同时，许多关于未来发展的分析仍然对非营利组织的作用或运作给予相对较少的关注。相反，关注的是地缘政治变迁、技术变革、老龄人口和移民等人口统计学变化，以及跨国公司甚至有组织犯罪的影响。发展，无论如何定义，都受到宏观地缘政治和宏观经济力量的制约，超出了非营利部门的控制。在这些叙事中，非营利组织偶尔最多只能作为小角色出现，作为与其签约的政府和政府间组织的第三方代理人，或者作为一个未定形的市民社会的一部分出现，而这个市民社会大多是被附带提及的，带有需要加强的特点。

尽管在本书中我专注于非营利组织，但需要强调的是，营利公司在发展中也发挥着重要作用。与非营利组织相比，营利开发公司似乎获得了相当大的发展援助份额。1998 年至 2003 年，由英国国际开发署签署并于 2004 年完成的前 25 个份额最大的合同中，20 份合同是与营利公司签署，5 份合同是与非营利组织签署，营利公司获得了 82.5% 的资金（Huysentruyt，2011）。表 7.2 显示了 2012 年美国国际开发署的前 10 个份额最大的合同方。

表 7.2　2012 财年美国国际开发署开发项目份额最大的合同方

合同方名称	类型	收到的总金额（美元）
世界银行	政府间组织	2262021806
联合国世界粮食计划署	政府间组织	909326833
美国国家化学经济公司（Chemonics）	营利组织	681759506
John Snow, Inc	营利组织	482863181
巴基斯坦政府	政府组织	460982618
供应链管理伙伴关系	非营利组织	431746164
Development Alternatives Inc.	营利组织	324519705
Abt Associates	营利组织	319199514
家庭健康国际	非营利组织	292092608
约旦政府	政府	284229683

资料来源：USAID，2013。

营利公司接受的官方发展援助似乎比非营利组织多两到四倍，甚至在拥有大型非营利部门的国家也是如此。对这种差异的一些解释可能是，营利组织获得的大部分合同涉及资本密集型项目，例如基础设施开发和应急物流响应，但许多合同都用于健康服务、经济发展和能力建设活动，这与非营利组织提供的类似。美国国际化学经济公司（Chemonics）是表 7.2 中排名第三的合同方，是一家员工所有的营利开发公司，专注于全球社会和经济变革，涉及改善健康服务、推进良好环境实践和鼓励当地员工发展等项目。

营利开发公司通常是政府资助援助项目的主要承包商，并可能将实施分包给非营利组织或个体私人顾问。营利公司通常不能直接接受公益捐赠，但可能拥有一个非营利的子公司或合作组织，可以为捐助者提供项目支持。营利开发部门的规模和范围难以量化，追踪个别公司的营收几乎是不可能的。营利开发公司的运作方式与其他跨国企业一样，经常进行兼并和收购。2013年11月，澳大利亚国际开发公司GRM宣布收购英国的开发咨询公司IDLgroup。GRM早些时候收购了另一家澳大利亚开发公司——有效发展集团（Effective Development Group），并与美国的期货集团合并，而IDLgroup已于2007年与英国公司FRR Ltd合并。这一新的综合体，作为GRM期货集团运营，将拥有超过4亿美元的年营收。

GRM期货集团和化学经济公司美国国际都是国际开发公司理事会（CIDC）的成员，CIDC是专业服务理事会PSC的一个小组委员会，PSC是代表私人供应商向美国政府供货的行业协会（PSC本身，与其他行业协会一样，是一家注册的非营利组织）。CIDC在其网页上，宣扬营利开发的优点，声称它提供了卓越的问责制和透明度，并表示"我们相信关于谁——非营利组织或开发公司——应该实施更多外国援助项目的争论不得要领。更好的议题是什么类型的实施工具，什么类型的融资工具，对特定项目最有效"（CIDC，2014）。

非营利组织与以前没有从事过开发工作的营利公司之间合作的发生率正在增加。来自各个领域的跨国企业正在通过企业社会责任和公民责任项目，成为实际上的援助共同提供者（co-deliverers）（见专栏7.6）。

专栏7.6　企业向援助团体提供专业知识

　　大型企业正在提供物流和安全等方面的专业知识，帮助救援组织在遭受旱灾的非洲之角提供粮食援助。联合包裹服务公司（UPS）正在帮助世界粮食计划署研究所使用条形码和其他电子工具跟踪投递情况。此外，沃尔玛正在提供一个控制食品供应的锁定系统，没有这些技术可能会使联合国机构损失数亿美元。在海地，制药巨头雅培实验室（Abbott Laboratories）正与医疗慈善机构健康伙伴（Partners in Health）合作，生产一种高热量花生酱，以对抗营养不良。雅培公司和健康伙伴合作，从选择设备到确定将哪些维生素混合到花生酱中，无所不包。

资料来源：参见慈善纪事，http：//philanthropy.com/blogs/phil-anthropy/big-companies-lend-expertise-assistance-aid-groups-in-africa-and-haiti/ 39158。

对人道和发展组织的批评

20世纪60年代以来，现实主义者认为，援助主要是为了促进大国的自身政治和经济利益（Morgenthau，1962），而新自由主义者声称援助是对改革的一种抑制因素（Bauer，1969）。当前，以引人注目的书名、面向大众市场的批评人道和发展组织的图书正在大量出版。其中，一些图书关注一般性援助，而另一些则专注于公益事业和国际非政府组织的工作（见专栏7.7）。

专栏7.7 对援助和非政府组织的批评者

最近一些图书旨在提升公众意识，谈论了国际援助和非营利组织的失败和弊端，包括：

¤ Giles Bolton, *Aid and Other Dirty Business*, 2008.

¤ William Easterly, *The White Man's Burden: Why the West's Efforts to Aid the Rest Have Done So Much Ill and So Little Good*, 2007.

¤ Tori Hogan, *Beyond Good Intentions: A Journey into the Realities of International Aid*, 2012.

¤ Hans Holmén, *Snakes in Paradise: NGOs and the Aid Industry in Africa*, 2009.

¤ David Kennedy, *The Dark Sides of Virtue: Reassessing International Humanitarianism*, 2005.

¤ Robert D. Lupton, *Toxic Charity: How Churches and Charities Hurt Those They Help*, 2012.

¤ Michael Maren, *The Road to Hell: The Ravaging Effects of Foreign Aid and International Charity*, 2002.

¤ Dambisa Moyo, *Dead Aid*, 2009.

¤ Linda Polman, *The Crisis Caravan: What's Wrong with Humanitarian Aid?* 2011.

¤ David Rieff, *A Bed for the Night: Humanitarianism in Crisis*, 2003.

¤ Mark Schuller and Paul Farmer, *Killing with Kindness: Haiti, International Aid, and NGOs*, 2012.

援助和援助组织被贬称为"白色救世主产业联合体"（Cole，2012）。在很大程度上，专栏7.7所列图书与其他相关学术和流行文献中的争论，反映了美国一般意义上的福利之争。保守派批评者声称，没有证据表明援助或国际非营利组织的工作有助于受援国或社区摆脱贫困，他们进一步辩称，援助使受援国及其人民陷入依赖循环，剥夺了该国及其人民改革的主动性，或者难以将他们自己从施舍中摆脱出来（Bauer，1969；Deaton，2013；Moyo，2009）。保守派主张缩减或终止援助，终止与非政府组织的合同。他们秉持的观点是，要支持更多基于市场的宏观解决方案，用以刺激经济增长。他们提供的方法集中体现在小政府、自由市场发展、放松管制和滴入效应经济学的古典新自由主义话语中。当前，在竞争性援助战略的背景下，一些对传统援助干预持自由市场批评的人士，最终以有点不协调的方式，兜售中国更注重基础设施和贸易的交易方式（Moyo，2012）。

改革派批评者认为，援助和国际非营利组织没有产生重大影响，因为它们没有有效地代表边缘化群体或成功地推动解决权力失衡问题（Edwards，2010b；Suleiman，2013；T. Wallace，Bornstein，and Chapman，2007）。改革派批评者的一个常用比喻是，国际非营利组织在巩固腐败精英阶层和嵌入新自由主义议题方面，扮演了以前被认为是殖民统治者和传教士的角色（Sankore，2005；Shivji，2007）。国际非营利组织被谴责为新殖民主义或新殖民主义代理人，被视为新自由资本主义的"特洛伊木马"，它们通过选派领导人进入改造项目，削弱本土组织和发展形式，破坏革命运动（Abzug and Webb，1996；Banks and Hulme，2012；Jad，2007；

Roelofs，2006；Shivji，2007；T. Wallace，2003）。另一些人则认为，援助项目已经成为国际非营利组织卖给资助者的商品，而证明项目成功的压力意味着，许多项目并没有覆盖到最需要者（Krause，2014）。市场化、竞争性招投标和资助争夺催生激励，这导致反常结果，而且阻止争论（Cooley and Ron，2002）。

来自各个政治流派的分析也集中于发展中国家合作和冲突地区干预内在的模糊性。他们主张，人道援助虽然试图行善，但也往往会造成伤害。在最糟糕的情况下，人道援助提供的服务可能有助于延长战争，甚至助长暴行。交战各方经常将援助组织的"支持"作为他们交战策略的一部分，而且一旦一个派系能够对一块领土施加控制，该派系的成员往往会从在这些领域运作的组织中索取"贡品"（Jackson and Aynte，2013；T. G. Weiss，2013）。援助资金往往最终落入腐败精英的口袋，让其在未经民众同意的情况下执政，延续其榨取性的盗贼统治（extractive kleptocracies）。联合国秘书长潘基文承认，约有30%的援助没有实现预期目的（United Nations，2012）。

支持继续增加援助的人指出，博茨瓦纳、巴西、毛里求斯、墨西哥、摩洛哥、秘鲁和泰国等国过去曾获得大量援助，但现在这些国家已经成为中等收入国家。而且，其他许多国家广泛的发展指标，包括与婴儿死亡率和教育程度千年发展目标有关的指标（United Nations，2011），以及涉及公民权和政治权的指标（Freedom House，2011）也呈上升趋势。尽管难以将这些结果与更广泛的发展目标关联起来，但捐助者和个体组织的项目评估却经常大肆宣扬他们的成功。这些似是而非的矛盾被描述为"有效性"与"影响力"之间的差异（一个组织可以在实现产出上有效地实施计划项目，但这可能不会在结果上产生预期的影响力）以及"微观-宏观悖论"（micro-macro paradox），其中本地化的成功可以与更多的全球失败共存（Arndt，Jones，and Tarp，2010）。

查宁·阿恩特、萨姆·琼斯和芬恩·塔布（Channing Arndt, Sam Jones, and Finn Tarp，2010）认为，总的来说，援助改善了穷国的发展前景，但他们承认钟摆已经转向怀疑主义。援助和国际非营利组织改革派批评者的一种两难困境是，如何不只给保守派批评者火上浇油。蒂娜·华莱士、丽莎·波恩斯坦和詹妮弗·查普曼（Tina Wallace, Lisa

Bornstein, and Jennifer Chapman, 2007) 在他们的《援助链》(The Aid Chain) 一书中，用了几乎相当于全书的177页，对当下国际援助流程和非营利组织作用进行了尖锐的批评。然后，在倒数第二页，在最终结论开始时，他们声明"这本书并不是要求停止援助或终结非政府组织"（2007: 176)，并提出了以下建议更有效的自上而下终端用户问责制、更公平的南-北伙伴关系以及更好的信息传播。亚历山大·库利和詹姆斯·罗恩（Alexander Cooley and James Ron, 2002）主张非营利组织抵制恶性争夺，拒绝鼓励分片、抑制争议的合同。改革派批评者认为援助是有缺陷的，但通常表达有希望解决这些缺陷。显然，唯一比糟糕的援助更糟糕的事情，就是根本没有任何援助。此外，许多改革派人士的批评包含一个基本悖论。当前新自由主义意识形态的替代方案（例如，查韦斯主义，即与委内瑞拉前总统查韦斯有关的民粹主义左翼中央集权制），通常更加以国家为中心和专权，因此较少容留独立组织和非营利组织的政治和运营空间。

北方的非营利组织能在南方活动而不是新殖民主义者吗？来自北方的国际非营利组织的活动如何能在不强加"外部价值"（external values，一个通常用作新自由主义代码的术语）的情况下促进南方的解放发展和改革呢？一些评论人士援引一些例子说明如何恰当开发利用本土的概念，例如南非的乌班图（ubuntu），是一个集体责任的人道概念（"Ubuntu in Evaluation", 2013）；又如卢旺达的亚米希戈（imihigo），是一种以前殖民实践为基础的问责机制，部落首领和长老要就实现特定目标公开发誓（Scher and MacAulay, 2010）。这些标签可能都是本土的，但他们所命名的可能实际上复制了许多被认为是不恰当的强加做法——特别是亚米希戈，它似乎是北方的规划、监控和监督项目的反映。而其他的替换例子似乎只是语义上的转变。一个国际能力建设组织停止在其培训材料中提及可以适合南方的北方"模型"，而只是谈到可以作为有效做法的全球对话一部分的"例子"。

除了这些意识形态争论之外，还可以找到关于非营利组织的合法性、问责制和有效性的操作性关切。第八章将在组织管理的情境下更深入地探讨这些问题，但是捐助国和多边机构之中也在进行更广泛的讨论，讨论如何提升援助结果，寻求"更好、更智能"的援助。尽管有约四分之一的批评是针对非营利组织的绩效，但联合国主办的援助有效性高级别论坛，越来越强调非营利组织日益发挥作用的重要性。2008年在加纳阿克拉举办的第三届论坛，是第一个正式承认非营利组织为发展伙伴的论坛，而在韩国釜山举行的第四届论坛的最后声明，提出了更为明确的观点（见专栏7.8）。

228

专栏7.8 釜山援助有效性论坛

2011年11月，联合国主办的第四届援助有效性高级别论坛在韩国釜山举行。前几届的论坛只包括成员国的代表，主要侧重于援助资金。到第四届论坛，代表性更广泛。

第一届论坛的最后声明开篇是："〔2002年3月〕，我们，国家元首和政府首脑，聚集在墨西哥蒙特雷，决心解决世界各地，特别是发展中国家的发展融资挑战。"与之相比，釜山会议的最后声明开篇是："我们，国家元首，发展中国家和发达国家的部长和代表，多边和双边机构的负责人，不同类型的公众代表，市民社会、私人、议会、地方和区域组织的代表，承认通过一种比以往任何时候都更广泛、更具包容性的新型伙伴关系团结起来，建立在共享原则、共同目标和差别承诺的有效国际发展之上。"

最后一份名为"有效发展合作伙伴关系"的釜山文件，包括以下声明："我们还有一个更复杂的发展合作架构，其特点是，更多的国家和非国家行为体，更多的不同发展阶段国家之间的合作，其中许多是中等收入国家。南南合作和三方合作（South-South and triangular cooperation）、新型公私伙伴关系以及其他发展方式和工具变得更加突出，与南北合作方式形成互补。"

该文件继续说，"市民社会组织（CSOs）在促进人们主张自身权利、改善以权利为基础的路径、制定发展政策和伙伴关系以及监督其实施方面发挥了重要作用。它们还在补充国家提供服务的领域提供服务。认识到这一点，我们将：

¤ 充分履行我们各自的承诺，让市民社会组织能够作为独立发展行为体发挥作用，特别注重符合商定国际权利的有利环境，最大限度地发挥市民社会组织对发展的贡献。

¤ 鼓励市民社会组织在伊斯坦布尔原则和国际民间组织发展有效性框架的指导下，实施加强其问责制及其对发展有效性的贡献的做法。

后釜山进程现在由联合国开发计划署和经合组织支持的全球有效发展合作伙伴关系秘书处管理。指导委员会主要由各国政府部长组成，但也包括市民社会和商业组织的代表，而且协议文件已得到包括国际非营利组织和政府间组织在内的50多个组织的认可。

资料来源：参见联合国，http：//www.un.org/esa/ffd/monterrey/Monterrey Consensus.pdf；经济合作与发展组织；http：//www.oecd.org/dac/effectiveness/busanpartnership.htm；全球有效发展合作伙伴关系，http：//effectivecooperation.org/。

丑闻和失败

前一部分概述对发展的批评主要集中在结构性、宏观层面的影响上，但也有批评对援助组织及其工作人员的工作表达了更多的微观关注。人道援助和救济吸引了骗子、机会主义者、重罪犯和不称职者，因此，随着该部门的增长，失败和丑闻的故事变得非常普遍。受援国的腐败将援助转移给当地精英或犯罪团伙，人们对此持续关注，但人们也会发现，在帮助贫穷的发展中国家的努力中，不断暴露出富裕的发达国家的失算、无能和虚伪。

过去几年英语国家中最引人注目的丑闻之一是葛瑞格·摩顿森（见专栏7.9）。

专栏7.9 三杯茶

葛瑞格·摩顿森（Greg Mortenson）是一名美国登山者，他声称，1993年在巴基斯坦发生事故后，他得到贫穷村民的庇护。康复后，他决定毕生致力于在该地区修建学校，并支持女童教育事业。他创建了一个非营利组织，即中亚研究所（Central Asia Institute），并在两本畅销书《三杯茶》(Three Cups of Tea, 2006) 和《石头入学》(Stones into Schools, 2009) 中记录了他的援助工作和冒险经历。受到这两本书普及的推动，中亚研究所 2010 年的年收入约为 2000 万美元，在学术和大众文献中被普遍认为是社会创业精神和有意义援助的典范。

2011 年，时事电视节目《60 分钟》播出了一则曝光片，宣称书中的许多事件，包括事故和康复的基础故事都是虚假或高度夸大的；中亚研究所声称提供援助的许多学校都不存在，或没有得到任何有意义的援助；而且该研究所的大部分收入都花在了美国，用于图书宣传和巡回演讲，此处摩顿森保留了图书和演讲的收入。

蒙大拿州司法部部长史蒂夫·布洛克（Steve Bullock）随后进行的一项调查发现，摩顿森已经滥用了 600 多万美元，尽管摩顿森的行为并不被视为犯罪。摩顿森被要求向该研究所偿还 100 万美元，并辞去执行董事职务，但他获准作为当然董事（ex officio board member）继续留任。

资料来源：参见社会资本博客，http://socialcapital.wordpress.-com/2008/10/01/three-cups-of-tea/; CBS 新闻（在线），http://www.cbsnews.com/stories/2011/04/15/60minutes/main20054397.shtm。

即使是善意的策略也会产生意想不到的后果。财政资助孤儿院是受外国捐助者欢迎的事业，但它往往与去机构化和寄养的普遍趋势相冲突，甚至可能导致穷人放弃他们的孩子，希望孩子能在孤儿院得到更好的喂养，或通过被外国人收养获得更好的生活（例子参见 Alexander, 2013）。提供无障碍清洁水是另一个突出的策略，但是一个常见的轶事（发展文献中如此频繁重复，但没有确定它的来源，以至已经变得有点伪造），讲述了一个非洲村庄，其中一个国际非营利组织安装了一口井，以便妇女每天不必走几英里路去远方的河里取水。这口井最初受到人们的欢迎，但很快就被废弃了，因为妇女们拒绝放弃她们每天步行到河边的权利。这是她们唯一的一起远离家庭责任的社交时间。

玩泵（PlayPump）更好地记录了创建新水源策略的失败（见专栏7.10）。

专栏7.10　玩泵

20世纪90年代初期，南非的一位广告牌的广告主管有一个创新想法——通过旋转木马旋转连接到水泵，孩子们可以生产丰富、干净的水，而不需要耗时费力的传统手动泵。这些泵具有以下设定优点，即儿童可以玩耍，社区可以获得免费饮用水，而且女孩和妇女承担着为家人取水的大部分责任，她们则因之有时间上学或从事其他活动。作为该系统不可分割的一部分，水箱上的浮雕广告牌将带来广告收入，以资助维护和传播公共卫生信息。于是，成立了一个非营利组织PlayPump，以传播这一理念和安装水泵。

2000年，这个想法赢得了世界银行的发展市场奖。2006年，当时的美国总统乔治·W.布什的妻子劳拉·布什宣布从美国国际开发署和私人基金会获得了1600万美元的资助，目标是到2010年，再增加4500万美元，在非洲安装4000台水泵。歌手杰斯（Jay-Z）也参与相关音乐会，并拍摄了一部MTV纪录片PlayPump宣布非洲扩展计划，并发起社交网络活动，在2007年和2008年的世界水日成功为"100天100泵"筹集到资金。

不幸的是，玩泵很快就不再是一个聪明的本地想法，而是变成了一个只让捐助者满意、自上而下的解决方案，并不适合许多目标社区。由于资金充足，安装目标也必须达到，PlayPump进入许多社区，拆除现有的简单手动泵，代之以当地人不愿使用而且难以维护的玩泵。玩泵的成本是传统泵的四倍，该机器需要专业技能进行维修，因此无法通过当地劳动力进行检修，备件也很难找到，而且价格昂贵。广告收入本应用于维护，但却从未实现。玩泵很快就被废弃了，一些以前可以获得水的村庄也没有水了。批评人士谴责玩泵对童工的依赖，特别是孩子必须每天"玩"27小时，才能达到PlayPump规定的提供2500升水的目标。

PlayPump于2010年倒闭，并将其库存的玩泵赠送给另一家水资源慈善机构。尽管该理念的大规模推广被视为一种失败，但许多水资源慈善机构仍然在严格的可持续性指导方针下,安装少量的改进版玩泵。

资料来源:参见援助观察,http://aidwatchers.com/2010/02/some-ngos-can-adjust-to-failure-the-playpumps-story/;PBS,前线,http://www.pbs.org/frontlineworld/stories/southernafrica904/video_index.html;人民用水,http://www.waterforpeople.org。

意外后果还包括产生"灾难经济"。发展中国家的外籍援助工作人员的工资,通常比当地人高得多,当地工作人员甚至行政和支持性人员的工资,也往往远高于当地专业人员。当国际非营利组织(以及其他援助机构、顾问、军事人员和媒体)成为一个地区的重要存在时,它们扭曲了当地经济和组织结构的平衡:它们推高了住房和基本商品的价格,诱使当地专业人士放弃当前的职业,在非营利组织的半熟练岗位上工作。而且,那些被认为有资格获得援助的人,例如来自附近冲突的难民,往往最终处于比他们贫穷的邻居看起来更有利的境况,这可能会加剧种族或宗教对抗。

由于丑闻和失败,首字母缩略词 NGO 已沦为讽刺和嘲笑的素材。在前面的章节中,引入了 GONGO(政府组建的非政府组织)和 QUANGO(准非政府组织)这些术语,并且可以添加以下(主要是贬义的)缩略语版本(对于更长的列表,参见 Lewis, 2007;Najam, 1996):

¤ BINGO(商业利益)或 BONGO(商业组织):因为商业利益而创建,而且通常作为商业利益的前哨。

¤ BRINGO(公文包):仅仅是一个公文包,里面装着一份写得很好的提案。

¤ CONGO(商业):由企业设立,以参与投标,帮助赢得合同,减少税收。

¤ DONGO(捐助者组织):旨在实施捐助组织指定的政策。

¤ FLAMINGO(浮夸思维):炫耀他们的装备、食宿和制服。

¤ GINGO(政府启发)或 GRINGO(政府运作和发起):

GONGO 的变种，由政府创建，或与政府关系过于密切。

¤MANGO（黑手党）：一个犯罪组织，使用非政府组织作为洗钱或勒索活动的前哨。

¤MANGO（市场倡导）：由企业或相关市场活动组建或支持。

¤MONGO（我自己的）：小型非营利组织，是创始人的个人项目。

¤NGO（下一届政府官员）：指非政府组织工作人员未来的就业前景。

¤NGO（发音为 en-j-oy）：暗示非政府组织工作人员享有的特权。

¤PANGO（政党附属的）或 PONGO（政治的）：由政党创建。

¤RONGO（退休官员）：由前公务员创建，以利用新的外包机会（该机会可能已经启动）。

国际援助工作者也被讽刺为"传教士"（是宗教意义上，也是世俗意义的"拯救世界"）、"雇佣军"（被一些外籍人士和顾问支付的高工资所吸引）或"不合群者"（那些在家乡不合群的人，所以到国外寻求安慰）（Lentfer，2011）。另一个常见的特征是"人道寡妇和鳏夫"，他们将青春荒废于理想主义事业，但现在待在这个领域，因为他们没有别的地方可去。尽管一些外籍援助工作人员在服务少、基础设施差的地区艰难而危险的条件下工作，但大多数最终都以当地精英方式生活。他们的住宅位于最好的居民区，他们雇用家庭助理和司机，他们经常出入于当地的高档餐厅和娱乐场所。外籍援助工作者的生活可能既迷失又诱人，许多人发现自己难以重新调整回到家乡的生活中。两名加拿大前援助工作者发现，他们确实无法在家乡安顿下来（自称为"骨灰级不合群者"），于是创立了巴厘岛开悟世界（Satori World-wide），一家为援助工作者提供疗养服务的康复中心，旨在恢复他们生活的"平衡和适应力"（Lentfer，2011）。

一种关于发展专业人员生活、动机和个性的人类学兴趣正在形成。除了更具学术性的分析，诸如《援助地历险记》（*Adventures in Aidland*, Mosse, 2011）和《发展工作者日常生活：援助地的挑战和未来》（*Inside the Everyday*

Lires of Deve lopment Workers The Challenges and Futures of Aialand,*Fechter and Hindman*，2011），还有半讽刺性、大众市场类的编年史，诸如《突发性行为和其他绝望措施：来自人间炼狱的真实故事》（*Emergensy Sex and other Desperate Measures：A True Story from Heu and Earth*，Cain，Postlewait，and Thomson，2004）和《混乱追逐：我进出人道援助的十年》（*Chasing Chaos：My Decade In and Out of Aumanitarian Aid*，Alexander，2013）。外籍援助工作者喜闻乐见网站（stuffexpataidworkerslike.com）撰写网络文章讽刺他们的癖好，一家肯尼亚制作公司制作了一个名为《乐善好施者》（*The Samaritans*）的"伪纪录片"系列，讲述虚构的非政府"为援助而援助"（aidforaid.org）的故事。这些编年史的一个共同主题是，从幼稚的理想主义者到僵化或骨灰级愤世嫉俗者的演变，通常是在他们二十多岁从大学毕业到三十多岁寻求更稳定家乡生活的十年间。

侨民发展和移民同乡会

发展机制中一个越来越关键的因素是"侨民发展"：发展中国家侨居他国的移民和难民贡献。侨民汇回母国的汇款数额超过了官方发展援助（见表7.1）；他们在定居国和原籍国之间创立了新的跨国企业和其他经济联系；而且他们创造了能够显著影响家乡政治格局和政策制定的智力和政治资本（Agunias and Newland，2012；Orozco，2008）。

与移民有关的、从定居国到原籍国的经济转移，大部分都是以家庭侨汇的形式。与此同时，许多移民组建的并服务移民的集体侨汇项目和非营利组织已经成立。在定居国家，侨民建立同乡会网络（来自特定国家、地区或城镇的移民组织），以专注于家乡发展。一些资金雄厚的旗舰同乡会代表着跨国社会、政治和商业精英层，该精英层往往倾向于在母国政府的支持下行使职责。然而，更常见的是，同乡会是小型独立组织，由于其工薪阶层移民成员的经济状况有限，而且缺乏管理此类组织的经验，因此受到阻碍（Orozco，2008）。

尽管个体组织可能规模较小，但同乡会可以从整体上产生重大的金融和智力资本转移，而且它们正越来越多地被汇款汇出国和接收国吸纳到更主流的发展努力之中（Agunias and Newland，2012；Asian Philanthropy Advisory Network，2012；Orozco，2008）。墨西哥政府的"3x1"项目通过将在美国筹集的每 1 美元资金与支持同乡会的公共和社会基础设施工程的 3 美元相匹配，增加集体侨汇。

同乡会正变得越来越突出，但在发展战略上有局限性。同乡会与母国政府之间更好的关系有助于它们与侨民社区建立重要联系，但侨民选择的工程并不总能响应最迫切的发展需求。那些侨居到外国的人不一定来自最需要帮助的地区，也不一定来自母国社会最贫穷的阶层，因此侨汇可能助长经济分层。与社会或经济发展相比，同乡会往往更喜欢象征性或娱乐性工程，例如翻新广场或建设体育设施（Agunias and Newland，2012）。

全球倡导

许多国际非营利组织主要关注经济公正、人权、健康和环境问题的表达和话语权。尽管倡导经常被定性为独立于援助和救济组织之外，但前面描述的人道战略演变，显示出明显的重叠。消除债务和"让贫穷成为历史"（Make Poverty History）等运动，与人道援助直接相关；禁止地雷国际运动和人权监测运动，旨在建立对发展至关重要的安全和保障条件；妇女权益组织经常提供教育项目和资助，支持新出现的女性领导人和创业者；以及许多迫切要求立法和监管变革的环保组织，也管理当地保护和恢复项目。

尽管许多组织发挥着跨界交叉作用，但国际非营利组织的核心群体被政策制定者和公众认定为更加公开的政策导向或"政治性"组织，而且服务主导型组织和表达主导型组织之间的概念分离仍在继续。表达主导型组织往往是与在全球治理和规则制定中发挥积极作用最直接相关的组织，非营利组织在全球治理和规则制定中的活动在第六章中已经讨论过。

聚焦于政策制定和政治的表达功能通常被贴上倡导的标签。在更多全球领域工作的非营利组织的倡导活动最常被概念化为，在新的全球环境中运作的跨国倡导网络或国际政策共同体（international policy communities）的组成部分（Bob，2012；DeMars，2005；Keck and Sikkink，1999）。这些网络和共同体涉及广泛的机构和个人政策行为体，包括政府和政府间工具、商业部门游说团体、研究机构、个体专家和媒体。但是，非营利组织通常构成该网络的核心，为跨国社会运动提供制度形式（参见本章后面关于认知共同体的讨论）。在这一领域工作的著名组织包括大赦国际、绿色和平、人权观察和透明国际，但数以千计的其他组织也主要关注改革性和保守性原因的倡导工作。

跨国倡导网络经历了自己的发展和代际嬗变。随着更多的组织从转型国家和发展中国家涌现，活跃中心正在向南方国家移动（Lewis，2014；Stares，Deel，and Timms，2012）。倡导工作已经开启专业化，通过制度化建言和咨商机构，扩大了协作性对话的运用；但是，有点矛盾的是，也出现了更具对抗性的变革和反全球化运动。

通过新的组织形式和政策对话，沟通技术正在培育一种新兴的数字市民社会（Bernholz，Cordelli，and Reich，2013a）。诸如 MoveOn. org 等在线组织者选择议题并领导倡导运动，而诸如 Change. org 等其他平台则只是为任何人提供创建请愿和生成自己运动的机会（请注意，尽管 Change. org 在其网站上使用非营利拓展方式，但它是一种私人营利组织，建立在通过广告收入的商业模式上，并将请愿者与非营利组织和企业联系起来，这样可以将他们培养为捐赠者或消费者——见专栏 5.6）。

此外，国际非营利组织的倡导工作正在深入到几乎所有政治领域。和平与安全，传统上被视为"高端政治"，是主权国家及其政府间组织的专属领域，但是，1997 年在制定和通过《禁雷公约》方面禁止地雷国际运动（因此被授予诺贝尔和平奖）所发挥的关键作用开创了新的先例。诸如人道对话中心、国际危机小组和国际转型正义中心等国际非营利组织正越来越多地在和平谈判和后冲突转型中心开展工作。值得注意的是，这些组织在其董事会和行政职位上都拥有许多前高级立法人员和政府官员（包括总理、外交部部长和大使），这反映了它们日益增长的合法性，也反映了它们日益融入以前由国家保护的对话。

倡导活动

在最广泛的意义上，"倡导"这一术语，可以定义为国际非营利组织工作的总称，它旨在寻求改变理念，动员公众，以影响机构精英的决策（Casey and Dalton，2006；GrantCraft，2005；C. J. Jenkins，2006；Salamon，2002b）。尽管倡导主要被视为试图影响政府和政府间组织，但它也可以聚焦于推进私营部门变革和监控跨国企业工作。

倡导是一个组织为提升政治资本和影响其他行为体能力而进行的一项协商活动。许多相关术语也界定了这项工作，包括行动主义、建言、竞选、评论、咨商、参与、发表意见、游说、谈判、组织、政治行动、提供意见和社会行动，这些都用于描述直接影响政策制定的尝试。教育、传播信息、创新和建模等术语，则用于描述更多间接影响的尝试。这些术语之间的含义差异很明显，一些国家对竞选和游说等术语都有具体的法律界定。尽管如此，在使用中，可以发现相当大的差异，而且它们经常可以互换使用。选择用于描述非营利组织倡导工作的术语，更可能是由于哪个标签与参与者相匹配的结果，而不是任何严格的学术或法律定义。

关于可能的倡导策略和活动，一份内容广泛的分类表已经开发出来，可以尝试用于影响决策者（见表7.3）。

表7.3 倡导活动

分类	倡导方案范例
法律	¤ 发起或支持公益诉讼 ¤ 为公益诉讼提供专家证据
代表、立法和行政	¤ 鼓励国家立法者或国际代表支持或反对议题、立法或法规（直接游说） ¤ 鼓励公众通过电话、信件、电子邮件等方式，表达对特定主张、立法或法规的支持或反对（间接或基层游说） ¤ 鼓励人们支持或反对国家或国际职位（竞选活动）的特定候选人/政党 ¤ 告知公众有关候选人的平台/政策 ¤ 组织有关特定候选人或提案的论坛/讨论 ¤ 联系当选或任命的官员、工作人员和顾问，推进法规、指南和其他行政实践的变更
研究和政策分析	¤ 准备和传播研究报告、政策简报等 ¤ 评估现有项目的有效性和成果 ¤ 为外部研究人员提供数据/访问
联盟建设和能力发展	¤ 创建并维持新的组织 ¤ 创建并维持组织联盟
教育和动员	¤ 准备和分发印刷品或在线材料，对某个议题进行教育 ¤ 组织或推进教育、艺术、文化和社区活动 ¤ 组织或推广活动，包括请愿或抵制，向政府、多边机构和跨国企业表达关切 ¤ 组织或推进示威、集会、街头行动或公民抗议（civil disobedience） ¤ 成为营利企业行动主义股东

续表

分类	倡导方案范例
沟通和媒体宣传	¤ 写意见文章、给编辑的信和新闻稿 ¤ 在在线论坛上发布博客文章、推文和评论 ¤ 在媒体采访中表达意见
机构关系和监督	¤ 与政府和多边机构一起参与正在进行的正式咨商或建言流程 ¤ 参与听证会、高级别商务会议或学术会议等临时咨商或建言流程，或回应咨询请求 ¤ 为委员会和听证会准备提交意见书 ¤ 参与独立的"监督"活动，监督和评估政府、多边机构和跨国企业活动
服务提供建模	¤ 实施和传播新的服务提供模式

这其中，许多活动可以沿着从对抗到合作的连续体（continuum）次序进行规划。示威、抵制、批评性报道或媒体报道将非营利组织置于与决策者的直接冲突中，而参与咨询委员会、回应信息请求或参与新服务提供模式的开发，则涉及与政府、多边机构和跨国企业的伙伴关系和联合生产。决定采取何种倡导策略不仅基于一个组织自身的变革理论，确信可以用最佳策略撬动权力影响决策，而且也基于该问题的政治和行政背景。

非营利组织中，有些选择作为"局外人"（Grant，1995）或"两极分化者"（Elkington and Beloe，2010），他们采用更加好斗和更具对抗性的活动；有些则作为"局内人"或"融合者"，他们选择与政府、多边组织和跨国企业合作，并在分配给他们的职责范围内工作。战略上，非营利组织领导层会做出慎重的选择。生态类直接行动组织海洋守护协会（Sea Shepherd Conservation Society）的创始人与绿色和平组织断绝关系，因为后者不恪守非暴力和谈判的承诺；世界医生组织的创始人与无国界医生组织分道扬镳，因为他们认为，后者通过采取中立政策，抛弃了"见证"的创始原则，凭借该原则曾公布其工作者目睹的暴行。

任何希望与政府、多边机构、企业和其他非营利组织保持更具对抗关系的非营利组织，都必须承担其固有的后果和成本。非营利组织的直接政治活动是受许多国家法律限制的，而且有些国家是用暴力压制的。许多非营利组织都在刀刃上工作，不断地与多层利益相关者打交道，这样他们就可以保持对抗的姿态，而不会越界，招致政府或其他精英的愤怒。协作性组织还必须计算潜在的政治成本，因为它们需要权衡有意义的影响力与可能的共同选择之间的平衡，有意义的影响力通过与基地部门的密切关系而产生而共同选择可能使它们作为政策行为体变得几乎无关紧要（参见第八章关于非营利组织与其他部门关系的部分）。

支持合作的非营利组织和倾向于更具对抗性的非营利组织之间的相互作用所产生的动力机制，可能会有不同的解释。协作性的安排，可以加速那些保持更好斗立场者的边缘化。然而，好斗的激进派的存在今加强温和的"局内人"的谈判地位。"激进侧翼"的威胁则增强更多主流组织的讨价还价地位（Minkoff，1994），而且"红黄脸"战略是一种历史悠久的策略（Lyon，2010）。

即使在最有利的环境中，人们对倡导工作的态度也大不相同。倡导如果被视为加强民主社会、为边缘社区发声、对公共机构进行监督和推进公共政策创新，则通常会得到推进。倡导如果被视为公然为了党派利益，或推进私人或狭隘利益，特别是如果这些利益被视为是对他人权利的侵犯，则通常会遭到拒绝。有些倡导活动，特别是游说特定立法或竞选候选人，如果使用公共资金或免税的私人捐赠，将受到限制。有关公共资助的登记、税号和中止的规制，通常限制特定资金用于倡导活动。

如果倡导被认为是国际非政府组织的核心使命，并有助于在他们的支持者中获得合法性，那么国际非营利组织将会欣然接受倡导。但是，如果倡导被视为涉及过于争议的妥协性（公共或私人）资助，诸如"恩将仇报"型资助，或违反在地国的资助或注册条件，他们将避免倡导。少数非营利组织，诸如公共利益组织和议题型组织，以及代表该部门的协会和伞形团体，将其大部分工作重点放在倡导上。然而，大多数非营利组织都刻意保持非政治性的外观，并且不愿将倡导作为组织的核心活动。

例如，在美国，倡导是受宪法保护的活动（但仅限于获得免税捐赠资格的非营利组织），18267 个非营利组织中，仅有 67 个（占 0.4%）在 NTEE 下登记的 Q 类组织（"国际、外交和国家安全"）将倡导列为主要活动（National Center for Charitable Statistics，2012）。与此同时，在其他类型的研究和报告中，更多的非营利组织将倡导作为组织的目的或活动。约翰·霍普金斯倾听站项目进行的一项全国性调查显示，在所有国内外类别的非营利组织中，73% 的组织都报告进行了某种形式的政策倡导或游说活动（Salamon and Geller，2008），尽管一份早前的约翰·霍普金斯研究报告发现，只有 16% 的非营利组织显示在倡导上的支出（Salamon，2002b）。

NTEE 自我报告与各种调查结果之间的巨大差异，是因为不同的抽样框架（被调查组织的规模和类型差异），宏观层面问题回应（例如，倡导是组织的目的还是活动？）和微观层面问题（例如，你有没有就政策问题联系立法者？）的差异，以及倡导定义的差异（抗议 vs 参与咨询委员会）。当向美国当局报告时，各个组织也不愿意将其活动标识为倡导，因为获得免税捐赠资格的非营利组织有明确的倡导限制。

其他调查和人种学研究也证实，虽然只有极少数非营利组织是公开的政治倡导组织，但绝大多数非营利组织都直接或通过中介组织从事某种形式的倡导，尽管这往往只是他们活动的一小部分（参见引用的研究，Casey，2004）。在民主国家，倡导活动可能使一些资助陷于危险之中，但在威权主义国家，倡导则可能意味着工作人员将面对骚扰、监禁和人身攻击。

各个组织选择的倡导战略也可能是其原籍国的政治和文化背景的产物。桑德拉·穆格（Sandra Moog，2009）记录了美国和德国环保组织在亚马孙流域的工作。美国的环保组织是一个更大、更富裕、更多元化的非营利部门的产物，采取了广泛的策略，包括鼓励创建新的地方组织，发展与营利企业的战略联盟，但与此同时，它们往往会创造出一种支离破碎的对话。德国的环保组织是一个规模较小、社团主义的非营利部门的产物，它们与现有地方组织和现有政府机构进行更密切的合作，更加致力于相互协作，共同开展联合活动。

衡量倡导影响

确定预期结果和衡量倡导有效性可能是有问题的。倡导的目标是实现变革，这可以意味着任何事情，从深刻的结构转变到仅仅留下"改革的残余"（Tarrow，1994）。如何区分短期成功（例如，被迫作出改变的承诺）和可能的长期失败（例如，由于缺乏资助，该承诺后来被背弃或未实施）？即使法院裁决对非营利组织的倡导者有利，也不能保证判决得到适当执行，或者补救措施会产生预期的影响。正如古老的谚语所说，人们可以赢得许多战斗，但仍然输掉了战争。表 7.4 列出了倡导工作六种可能的政策成效层次。

最终，长期成功应该以实现预期影响和结构变化来衡量，但是任何迈向下一成效层次的行动，也可以是对倡导工作的重要肯定。尽管倡导的最终期望结果可能需要多年才能实现，但在这一过程中，可以对实现变革的目标作出重大贡献。

表 7.4 倡导成效层次

成效层次	对政策的影响
准入	现在听到了以前被排除在外的利益相关者的声音
议题	期望的政策改变得到了强大决策者的支持
政策	期望的改变被转化为新的立法或法规
输出	新政策按建议实施
影响	新政策产生预期后果
结构	政策改变现在被广泛接受为新的规范

资料来源：参见 Burstein, Einwohner, and Hollander, 1995。

即使可以确定已经实现了什么，评估如何实现也可能是困难的。威廉·德马尔斯（William DeMars，2005）将非营利组织称为跨国倡导网络的"外卡"，并指出它们的影响力比支持者或批评者声称的要大得多，同样多的还有由于疏忽造成的后果。但是，要确定非营利组织倡导与政策结果之间的因果关系，就必须试图探究权力关系以及立法和行政决策过程的"黑匣子"。理解参与决策者动机的难度，加之所有行为体夸大自己作用的倾向，使得明确评估非营利组织倡导的成效和影响几乎是不可能的。

最具代表性的国际倡导案例之一是布伦特·史帕尔（Brent Spar）储油平台事件，该事件被广泛认为是绿色和平组织的"胜利"，也是环保行动的分水岭（G. Jordan，2001），但它也陷入了关于成效的性质和影响的争议之中（见专栏7.11）。

> **专栏7.11　布伦特·史帕尔储油平台事件**
>
> 　　布伦特·史帕尔储油平台（Brent Spar）或布伦特E（Brent E），是由壳牌英国分公司运营的北海储油罐装载平台。随着一条新管道的建成，该平台被认为过时了，壳牌公司获得英国政府的批准，计划将其沉入苏格兰以西约200英里的2英里深的大西洋底深埋。绿色和平组织发起了一场全球性、高调的媒体运动，反对这一计划，其活动人士占领了布伦特·史帕尔储油平台超过三周。面对公众和政治上的反对，包括广泛的抵制，壳牌公司放弃了在海上处置布伦特·史帕尔储油平台的计划（但仍然坚持声称，从环境以及工业健康和安全角度，这一选择是最安全的）。
>
> 　　尽管绿色和平组织实现了目标，但当不得不承认其对布伦特·史帕尔储罐中剩余石油的评估被严重高估时，它发现其声誉在运动期间受到损害。此外，在拆除布伦特·史帕尔储油平台期间，在平台的支架上发现一种濒临灭绝的冷水珊瑚 Lophelia pertusa。当时，这种现象被认为是不寻常的，尽管后来研究表明，这种生长是一种常见的现象，14个北海石油钻井平台中有13个检测到了这种珊瑚群。这些原创研究成果的作者们建议，让这些平台下部保持原位可能会更好——但绿色和平组织提出反对，将这种举动与在森林中废弃汽车相比较，指出苔藓可能会在废弃汽车上生长，小鸟甚至可以在里面筑巢，但这并不是用废弃汽车填充森林的理由。

尽管判断倡导有效性存在挑战，但已经以逻辑框架、变革理论和利益相关者分析为基础开发了一系列监测和评估技术（Bolder Advocacy，2014；Wilson-Grau and Britt，2013）。这些技术适用于政策和社会变革研究的其他领域，用于衡量倡导过程、产出和成效成功的关键指标（见第八章问责制的讨论）。

倡导网络

在跨国倡导网络中，国际非营利组织充当着政策创立者、变革催化剂，以及其他行为体的评估者和监督者等角色。最近的一些文本提供了关于妇女权益、人权、外援、城市发展、安全和环境的改革派网络的案例深入研究（Ahmed and Potter, 2006; DeMars, 2005; Keck and Sikkink, 1999; Lang, 2013），以及反对枪支管制和同性恋权利扩张的保守派网络（Bob, 2012）。但鉴于这类网络的规模和易变性，它们对记录和分析提出了相当大的挑战。案例研究叙事中出现了一小部分更突出的玩家，但任何特定网络的全部范围，以及各个行为体的相对权力和影响，几乎都无法评估。莎莉·斯塔勒斯、肖恩·迪尔和吉尔蒂姆斯（Sally Stares, Sean Deel, and Jill Timms, 2012）回顾此类网络分析的各种尝试后，得出结论，尽管在描绘概貌（mapping the landscape）方面做了大量工作，但对它们究竟如何运作的理解，仍然处于未知的边缘。

有些国际倡导非营利组织在倡导网络中如此突出，以至于它们似乎都拥有自己的议题。大赦国际主导了有关"良心犯"（prisoners of conscience）的话语，"良心犯"是该组织创始人彼得·贝内森（Peter Benenson）在20世纪60年代初创造的一个术语。与此同时，大赦国际深入人权组织广泛的政策网络，致力于帮助因政治观点、种族或宗教而遭受迫害的人。这些组织包括在全球范围内工作的其他国际非营利组织倡导团体（如"现在自由"），其他关注单个国家（如美国缅甸运动）或单一职业（如无国界记者）的组织，以及许多监测本国人权的国别非营利组织。更公开的表达型倡导组织与注重服务的其他组织合作，包括良心犯申诉基金，这是由大赦国际成立的一个组织，作为其救济机构，在囚犯及其家人遭受苦难和康复期间向他们提供金钱资助。该政策网络还包括广泛的其他行动者，涉及各国政府和多边机构的人权机构，以及学术界、艺术、媒体、劳工运动和司法机构的组织联盟和个人联盟。

全球共同体

关于国际非营利组织的文献，往往主要集中于知名、热点的人道援助和倡导组织的工作。然而，国际非营利组织还包括数以千计的其他组织，它们专注于专业、知识、教育、文化和体育交流（Iriye，2002）。它们通过提升该领域全球性、四海一家的想象，以及创建兴趣性国际共同体，建设着世界性文化（Boli and Thomas，1999）。这些世界性文化可能涵盖像民间艺术一样深奥难懂或像全球体育运动一样受欢迎的共同兴趣。国际被子协会和国际足联尽管在规模和全球影响力上存在巨大差距，但它们都是国际非营利组织。

从数字上看，这些不太明显的其他组织构成了国际非营利组织的大部分，但受到的关注较少，主要是因为非营利组织概念的规范性和启发性内涵。努力改善他人条件的组织（公共服务型组织）和被认为更多自我服务的组织（会员服务型组织）之间的逻辑差异，是非营利组织分类的共同主题。在国际领域中，聚焦的是前者，似乎后者在某种程度上违反了该部门的精神。然而，推进全球共同体的非营利组织，通常也具有使会员受益的特定意图。其会员可能包括政府公务员（例如，各种国际警察协会）、营利组织员工（例如，国际窗膜协会等贸易协会——见专栏6.2）、政府性机构（例如，国际博物馆理事会——见专栏6.1），甚至是政府本身（例如，英联邦秘书处，即英联邦成员国联盟）。

这些组织采用非营利法律身份，使用诸如非政府、市民社会和自愿等非营利代码词来刻意标识自己及其业务。同样重要的是，会员服务和公共服务之间的界限，比一些评论人士所说的更为模糊。国际奥委会（IOC）的逻辑可能包括，正如它的许多批评者所主张的，自我服务的代表们做出高风险交易，将更多的钱输送给已经富裕的体育精英。然而，国际奥委会还宣称在非营利组织的万神殿中占有一席之地，用它自己的话说，"通过体育创造一个更美好的世界"，推进"友谊、非歧视和全球公民责任"的奥林匹克价值。约翰·苏顿和艾伦·汤姆林森（John Sugden and Alan Tomlinson，1998）在介绍他们对国际足联的研究时，毫不犹豫地在概念上将该组织等同于绿色和平组织、世界宗教议会理事会和国际社会学协会。类似地，史蒂文·卡洛维兹（Steven Charnovitz，1997）在此特别指出的是，国际田径联合会是一个非政府组织，但它比大多数政府间组织拥有更广泛的会员。

同样，大多数国际专业组织和商业组织，都将会员的私人兴趣和共同兴趣结合起来进行倡导。它们的成立可能主要是为了回应会员对形成国际网络、传播良好实践、协调研究或保护品牌的兴趣，但其活动通常还包括为跨国倡导网络提供专业知识，以及为推动事业进行直接游说。国际青年、家庭法官和裁判官协会的活动是许多这类组织多重逻辑的例子（见专栏7.12）。

专栏7.12　国际青年、家庭法官和裁判官协会

国际青年、家庭法官和裁判官协会（The International Association of Youth and Family Judges and Magistrates）成立于1928年，在比利时布鲁塞尔注册。该协会是一个具有联合国和欧洲理事会咨商地位的非政府组织，它的工作座右铭是"支持青年、家庭法官和裁判官维护法治"。该协会的目标是：

1. 建立世界各地与保护青年或家庭相关司法当局有联系的法官、裁判官和专家之间的联系。

2. 研究保护青年和家庭的司法当局和组织运作产生的所有问题。

3. 确保有关治理当局的国家和国际原则的持续性，使之更广为人知。

4. 审查旨在保护青年和家庭的立法，以及保护处于危险之中的青年的各种体制，以期在国内和国际上改进这种体制。

5. 推进儿童权利的意识和应用。

6. 协助各国和主管当局就外国未成年人及其家庭开展合作。

7. 鼓励研究青少年犯罪或失调行为的原因，打击相关影响，寻求永久性预防和矫正项目，关注青年命运的精神和物质改善，特别是处于风险之中的儿童和年轻人的未来。

8. 与保护青年和家庭的国际协会合作。

资料来源：国际青年、家庭法官和裁判官协会，http://www.aimjf.org/en/about/? about-aims。

这些组织是活跃的全球化者，公开宣称是全球性的，其具体目标是在其领域内创造跨境对话。尽管许多组织是前文描述的全球治理和倡导过程的组成部分，但它们在促进知识交流和创造全球思维方面，也具有更广泛的作用。全球公民学院（The Global Civics Academy）是由美国布鲁金斯学会和德国基金会施蒂夫通·墨卡托（Stiftung Mercator）于2013年建立的一个项目，旨在教育公众了解日益增长的全球相互依存关系的动态机制，但大多数国际取向的非营利组织认为，它们的跨境业务只是有兴趣促进有关其工作的更广泛对话的一种逻辑后果。下文重点介绍三个重要的培育全球共同体的非营利组织亚群。

体育协会

有组织的体育运动及其正式机构，既是现代志愿非营利活动的先驱，也是全球化动力机制的开拓者。在很大程度上，规范全球主要体育运动的国际联合会的起源，与19世纪后期的全球化和国际机构建设浪潮是一致的。由于工业化带来了更多的休闲时间，且主要通过非营利机构和公益性手段实现，于是，就发生了从临时的地方运动会向由全国性和国际性协会组织的体育运动的转型。

许多现在最流行的国际体育运动，最初是在英国系统地组织起来的，由英国殖民者、军队和移民传播到世界各地。1863年，足球正式规则和足球协会在伦敦建立，并于1872年在英格兰和苏格兰之间进行了第一次官方国际比赛。由于新的足球规则不允许用手带球，前几届运动会采用橄榄球风格的俱乐部退出了最初的会议，而于1871年建立橄榄球联盟。

现代奥林匹克运动于1894年在巴黎的一次代表大会上成立，代表24个体育组织的58名法国代表以及来自比利时、英国、希腊、意大利、俄罗斯、西班牙、瑞典和美国的另外20名代表出席了会议。第一届现代奥运会于1896年在雅典举行，主要由富有的希腊-罗马尼亚慈善家埃万耶洛斯·扎帕斯（Evangelos Zappas）创建的信托基金资助。随着奥运会的复兴，很快成立了一系列国际体育联合会：

¤ 国际单车联盟（Union Cycliste Internationale），于1900年在巴黎成立，总部现在设在瑞士。

¤ 国际足球联合会（FIFA，International Football Federation），于

1904年在巴黎成立，总部现在设在瑞士。

¤ 国际游泳联合会（Fédération Internationale de Natation），于1908年在伦敦成立，总部现在设在瑞士。

¤ 国际田径联合会（International Association of Athletics Federations），于1912年在斯德哥尔摩成立，总部现在设在摩纳哥。

¤ 国际网球联合会（International Tennis Federation），于1913年在巴黎成立，原名国际草地网球联合会，总部现在设在英格兰。

所有这些组织都反映了国际非营利部门的历史性北方偏见。创始会议都在欧洲举行，几乎所有代表都来自欧洲和美国的体育协会。尽管现在已经为覆盖各大洲的每项运动形成了国家联合会和区域机构，但国际总部通常仍然留在欧洲。瑞士拥有最多的总部，因为它拥有良好的法律环境、政治中立，以及与聚集在那里的其他国际组织的联系便利。

尽管主要体育项目的超级巨星获得天价薪酬，但其治理机构——国际的、国家的和地方的——通常以非营利组织形式运作。在民主国家，它们通常是独立的组织，而在威权主义国家，它们则处于体制的更直接控制之下。高知名度的职业参赛队通常以私人营利企业方式运作，但有些在技术上仍然是非营利组织。其中包括西班牙巴塞罗那足球俱乐部（FC Barcelona），该俱乐部由会员治理，会员投票选举俱乐部主席；还包括美国绿湾包装工队（Green Bay Packers），该俱乐部是一家社区拥有的非营利组织。几乎所有低于职业水平的参赛队都是非营利组织，而且，世界各地的无数正式和非正式体育俱乐部往往是当地公民和慈善生活的关键组成部分。

有组织的体育运动复制了现代社会的许多病灶：由试图利用它达到商业目的的富裕精英控制，被腐败和非法活动所玷污，而且它还可以强化排他性部落主义和男性支配（Goldblatt，2007）。与此同时，体育运动也被政府和非营利组织用作推进跨文化理解和全球公民责任的政策和项目工具，而且是为残疾人和退伍老兵等群体提供融合和康复活动的关键战略。戴维·戈德布拉特（David Goldblatt，2007）以全球足球为背景记录了这些矛盾，即将体育运动的剥削和排他性维度与对发展和共同体建设的承诺并置。许多国际发展项目都有与足球相关的内容，举办了许多促进全球和谐的足球比赛,包括无家可归者世界杯、反种族主义世界杯以及无代表国家和人民组织足球杯。

体育运动越来越多地融入国际援助和发展项目(Levermore and Beacom, 2009; Tiessen, 2011)。国际体育企业,特别是全球运动服装和鞋类品牌,正在与国际体育联合会、多边组织和新的体育类非营利组织的外联努力合作,致力于健康推进、性别平等、社会融合、和平建设、赈灾救灾、经济发展和社会动员等议题。

非营利组织认知共同体

认知共同体是指基于共同兴趣、理解或背景共享知识的个人组成的网络。在国际关系理论中,认知共同体标签主要应用于具有明确政策目标的跨部门专业人员网络(Haas, 1992; Iriye, 2002)。它与诸如国际关系"第二轨"(即不同国家的公务员与专业人员之间的政策和项目谈判)、跨国倡导网络和政策共同体等相关概念重叠。

认知共同体一词,这里被狭义地用来指代严格意义上的非政府、非营利网络,但在更广义上也指代任何非营利的共同利益网络,而不仅仅是那些被认为是专业或政策相关的网络。这个宽泛的界定涵盖各种各样的组织,如学术、专业和商业协会,智库,兴趣小组,校友会,国际艺术交流,以及任何给自己命名或描述为"国际协会"或其同源词的组织。认知共同体包括国际博物馆理事会(见专栏 6.1)、国际窗膜协会(见专栏 6.2)、国际青年、家庭法官和裁判官协会(见专栏 7.12)和城市写生者(见专栏 7.13)。

专栏 7.13 城市写生者

城市写生者(Urban Sketchers)将自己描述为一个"致力于提升场景描绘的艺术、叙事和教育价值的非营利组织,推广组织实践,联络世界写生者,描绘他们的居住和旅行场景"。该组织经营一个博客网站,展示全球 30 多个国家 100 位受邀艺术家的作品,通过网络相册(Flickr)和脸书拥有更广泛的艺术家在线共同体。志愿者们还在世界各地的城市和国家管理着 30 多个地区博客,其中许多人还拥有自己的姊妹网络相册小组和脸书,帮助写生者展示他们的作品,相互联系。

城市写生者由西班牙出生的西雅图插画家兼记者加布里埃尔·坎帕纳里奥（Gabriel Campanario）创建，坎帕纳里奥是《西雅图时报》的专职艺术家和博主。看到越来越多的人在博客圈分享他们的描绘场景后，坎帕纳里奥于2007年11月建立网络相册群（一个在线照片共享网站），展示城市写生。一年后，他决定通过一个邀请小组博客来扩大网络相册计划，请博主们承诺定期发布写生内容，分享写生背后的故事。坎帕纳里奥和其他博主将城市写生者打造为一个非营利组织，通过组织教育工作坊，筹集助学金和奖学金，帮助更好地服务于快速增长的在线共同体。

城市写生者于2011年成为美国501（c）（3）免税组织。当前，它拥有来自全球各地的约1100名写生者会员，由来自加拿大、多米尼加共和国、德国、中国香港、意大利、葡萄牙、瑞典、新加坡和美国的27名会员组成的董事会和咨询小组治理。它组织一年一度的国际城市写生研讨会。2010年的研讨会在美国俄勒冈州波特兰举行，2011年在葡萄牙里斯本举行，2012年在多米尼加共和国圣多明各举行。

资料来源：参见Urban Sketchers, http://www.urbansketchers.org。

使用关键词"国际协会"（international association）进行互联网搜索，结果显示，全世界有成千上万个这样的英语语言协会（English-language associations），有正式的，也有非正式的。通过点击随机选择的"联系我们"页面也表明，美国是大多数此类组织的所在地，特别是商业和业余领域的组织。美国人口的规模，公民参与和公益文化，美国相对富裕，以及在美国创建和维护非营利组织相对较低的交易成本，所有这些都确保美国成为这些组织的见枢纽中心。

青年交流项目和志愿旅游

学术奖学金、海外学期以及通过扶轮社等服务俱乐部的青年交流，都有很长的历史，但这类项目自20世纪90年代以来大幅增加，通过新

第七章 国际非营利组织活动领域

的国际志愿服务和临时工作项目而扩大。上一代来自工业化国家的年轻人可能花时间在世界各地背包旅行，或者在以色列人的集体农场中工作，但是，当代年轻人也参与到日益增多的非营利国际青年交流和志愿服务项目之中。

历史性组织，诸如1948年在伦敦成立的国际技术经验学生交流协会，作为欧洲技术学生交流工作经验的协会，已经扩大到世界上80个国家，其新一代项目提供不一定与教育直接相关的工作经验，包括营地辅导员和互惠生等工作，以及私营公司的许多实习。尽管大多数组织提供了有意义的文化交流，但也发现了一些滥用行为（见专栏7.14）。

专栏7.14 交换生纠察工厂

当200名国际交换生走出美国糖果工厂时，他们挥舞着标语牌，高喊着工会口号，引起了美国国务院的注意。该工厂是受派学习工作经验的地方。这些抗议学生的赞助商已经将来自18个国家的近400名外国人（其中许多是医学、工程和经济学研究生）安置在工厂从事艰苦的体力工作。抗议活动暴露了与美国国务院签约的近70家非营利组织赞助商中一些机构的严重失职，这些赞助商负责组织学生前往美国，为他们找到工作和住房。

本案例的赞助商是一家非营利教育和文化交流组织，CETUSA，总部设在加利福尼亚州，年收入700万美元。该赞助商是一家营利性的劳动管理和语言教育方面的国际企业 CET 管理集团（CET Management Group）的美国非营利分支机构，在英国、加拿大和德国设有办事处和学校。作为针对该糖果工厂相关情况的一项调查结果，该赞助商被禁止参与美国国务院签约项目至少两年。

资料来源：参见纽约时报（在线），http://www.nytimes.com/2012/02/02/us/company-firm-banned-in-effort-to-protect-foreign-students.html。

随着志愿服务市场的增长，这些项目已经出现了显著的商品化，现在它们甚至都拥有自己的指导手册：《孤独星球志愿者：改变世界旅行者指南》（Lonely Planet，2010）。参与者可以向非营利或营利经纪人支付可观的费用，到海外志愿参加环保项目、建筑队伍以及学校、孤儿院和医院的牧师项目（pastoral programs）。通常，这种安排是短期的，只持续几天或几周。志愿者们自己常常把这种经历描述为"改变生活"，而对许多非营利组织来说，无论是北方的派遣国，还是南方的目的地，这种志愿旅行都可以成为一种重要的收入来源。然而，它们的影响引起了争议，特别是当志愿服务涉及非技术劳工和与儿童接触之时（L. M. Richter and Norman, 2010; Wearing and McGehee, 2013）。最常见的批评是，受过教育的北方人从事他们知之甚少的工作，例如建筑，而该组织本可以为当地商人和非技术劳工提供就业机会。当活动涉及儿童，特别是孤儿院和医院的儿童时，志愿教师或看护人员的"旋转门"可能会产生负面情感影响，加剧儿童的遗弃感。对志愿旅行持批评态度的人声称，潜在参与者可以通过简单地捐出其旅程费用，就可以为这些组织做出更好的贡献。

还有谴责指出，为了获得短期志愿者和"穷游者"的捐款，建立了虚假机构，而现有机构故意保持肮脏，用儿童作展示，以供懵懂的游客参观。批评者指出，矛盾的是，北方人经常把发展中国家的孤儿院或贫民窟当作旅游景点，但如果他们自己国家的类似地方被如此利用，他们会感到震惊（L. M. Richter and Norman, 2010）。孤独星球公司（2010）的旅行指南专门推出关于道德志愿服务的部分——例如，建议潜在志愿者自问他们的到来，是否以及如何帮助东道社区——并向读者引介爱尔兰发展工作者协会制定的行为准则（更多行为守则的讨论，参见第八章问责部分）。

第八章 国际非营利组织的管理

为了创建可持续的、有弹性的国际非营利组织，高管们必须成功地与其所在国家的不同语言、文化、政治经济环境和组织规范进行交涉。在本章中，管理（stewardship）概念用于强调国际非营利组织的看护（caretaking）维度。有效管理（effective stewardship）旨在协调领导（leadership）、管理（management）和治理（governance）的七个关联维度（见图8.1）。

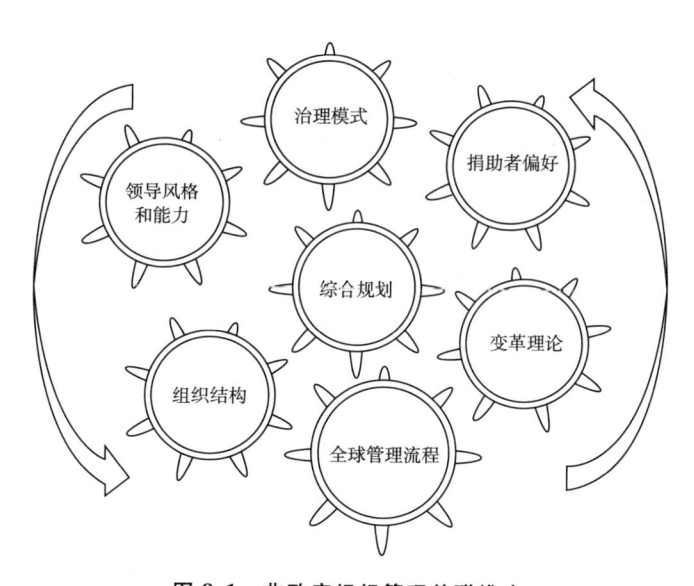

图 8.1 非政府组织管理关联维度

资料来源：参见 Crowley, Ryan, 2013: 190。

克里斯蒂娜·巴尔沃亚（Cristina Balboa, 2014）将管理能力（stewardship capacities）分为三类——政治、行政和技术——来确定它们在全球、各国和地方影响范围中的差异。由此产生的九宫表描述了广泛的可能知识领域，非营利组织必须在这些领域发展自己的能力，以便管理国际项目（见表8.1）。非营利组织必须在所有这三个领域有效地工作，并在它们之间建立富有成效的桥梁。

表8.1 国际非营利组织在各个具体领域的能力

全球	各国	地方
政治		
¤从多边、双边、基金会筹资 ¤国际和政府间法律程序 ¤反腐和道德规范 ¤国际条约和公约 ¤外国援助程序 ¤联合国语言 ¤全球媒体网络	¤各国政治行为体和联盟 ¤各国政治和政策文化 ¤各国语言 ¤与国际非政府组织互动的各国历史 ¤各国官僚机构的要求（例如工作许可证、驾驶执照）	¤关于伙伴关系、问责、领导力和合法性的当地观点 ¤与当地组织的合作伙伴关系 ¤当地冲突解决流程 ¤地方治理和任期制度（酋长、部族等） ¤沟通流程 ¤当地语言
行政		
¤全球组织的愿景、使命和战略 ¤报告要求和流程 ¤合同规范 ¤全球会计准则和法律 ¤领导和治理方法	¤各国非营利法律法规 ¤各国会计和税法	¤义务/合同观点 ¤能力建设和变革适应 ¤客户分析，创建适当报告要求 ¤当地工作方法
技术		
¤特定领域知识库 ¤国际政策流程 ¤全球技术实践规范	¤法律框架、各国生物多样性计划 ¤各国信息和数据网络	¤当地资源状态和利用 ¤当地数据监测 ¤关于自然、慈善、领导和商务实践的文化理念

资料来源：参见 Balboa, 2014。

第八章　国际非营利组织的管理

国际非营利组织的管理，正在通过与推动国内非营利部门变革类似的改革进程而发展演变。保罗·莱特（Paul Light，2000）谈到改革的浪潮，涉及更多地关注管理科学，关注愿景和使命，通过提高效能和效率来减少浪费以及打击欺诈。这些改革几乎总是将更多的商业做法引入国际组织，这与国内非营利部门向企业化和管理主义的转变相呼应（Roberts，Jones，and Fröhling，2005）。

怀疑者指出了有些改革的危险，因为在国际非营利部门内部，更加以业务为基础、等级管理方法与集体主义、非等级、任务驱动方法之间的张力仍在继续。正如 Michael Edwards 指出的：

> 有些组织无法得到支持，因为它们的工作没有产生"社会投资回报"，社区团体被迫互相竞争资源而不是在共同事务中相互协作……而且那些感觉被新一代撒玛利亚人遗弃的活动家，却在决定帮助之前，停下来计算自己会获得多少（2010a：vii）。

尽管商业价值的引入遭到某种抵制，但向专业化和企业化的转变对加强国际非营利组织的管理产生了重大影响。然而，该部门的大部分领域仍被描述为"不专业"，许多评论人士认为，该领域组织面临的选择是，或者容留无能的业余人士，或者变成冷漠的官僚机构。另一些人则从组织生命周期的角度分析这种动力机制，聚焦于随着组织的成长而出现的不可避免的同构和标准化，以及随之而来的可能丧失最初推动组织创建的原始核心价值而挣扎（Anheier，2014；DiMaggio and Powell，1983）。

从历史来看，宗教信仰一直是创建国际非营利组织的基本动力，仍然是人道组织的一个主要因素（R. James，2010）。与此同时，宗教现在也伴随着更为世俗的信仰变体，最常见的表达方式是创始人的"召唤"或"承诺"。由这样一种使命驱动的专注所产生的组织神话和热诚，常常遮蔽了其他许多组织的需求，而且能够通过可能是其他组织的丧钟危机来维持国际非营利组织。信仰本身就是一种价值，但同样重要的是，它也可以直接转化为收益流：成为捐赠者的承诺基础，甚至是一个单个的、大的捐赠者执着地为一个组织提供有保证的资源，也可以使这个组织具有弹性且可持续，即使其影响有限。当前许多研究生院非营利组织管理项目使用的一个研究案例是基于 20 世纪 90 年代初期一个中型国际非营利组织的组织和生存危机,该组织旨在抗击世界饥饿问题。在分析该组织面临的重大危机时,大多数学生预测该组织将进行重大改组,对其使命和活动进行彻底反思,甚至可能解散或合并。但学生们惊讶地发现,20 年后,该组织的结构、使命和活动依然如故,并且在资助它的教会网络培育下,该组织的规模已经增长了 3 倍。

关于国际非营利组织管理的操作手册越来越多(Crowley and Ryan, 2013;Fowler and Malunga, 2010;Lewis, 2007;Shah, 2012)并由许多大学、行业协会、多边组织以及私人、非营利技术援助和咨询公司提供培训和资源(见专栏 8.1)。

专栏 8.1　在线资源

许多组织提供关于国际非营利组织管理的在线资源。

¤ 非政府组织管理协会(NGO Management Association)是一家位于瑞士的由前国际援助工作者运营的咨询组织。该组织还有一个培训学院,即非政府组织管理学院(http://ngomanager.org/)。

¤ 芒果(Mango)是一家英国咨询非营利组织(http://www.mango.org.uk)。

¤ 学习网络(Network Learning)是荷兰的资源网站(http://www.networklearning.org/)。

¤ 哈佛大学豪泽市民社会研究所(Hauser Institute for Civil Society at Harvard University)有一个庞大的出版物图书馆(http://www.hks.harvard.edu/centers/hauser/publications)。

¤ 援助人员(People in Aid)是一个国际会员制的非政府组织援助和发展协会,提供培训和资源,以及提供质量标志认证项目(http://www.peopleinaid.org/)。

在本章中,我并不打算涉及与这些实践手册相同的内容。相反,我将重点放在管理的几个关键方面,特别是那些区分国内、国际层面领导、管理等方面。在从国家层面向国际舞台的转换中,组织概念和挑战如何转化,是关于国际非营利组织管理讨论的永恒主题。

全球领导力

对于非营利部门的领导者来说，他们工作的国际维度越来越广泛，需要更全面地了解全球背景和国际协作结构，并且掌握在各种文化和语言环境中工作的高级技能。成功的国际非营利组织建立在高管们世界性领导力的基础上（Kanter, 2006），他们可以在本地和全球范围内工作，有效地将概念从一种文化转换为另一种文化，跨越国界地整合业务活动。描述词"全球性"（cosmopolitan）的使用，是指将关注点从国际工作的制度层面转换到更宽广的全球领域工作的思维模式。

在国际舞台上，关于领导力的争论存在两种对立的表述。一种观点认为，"领导力就是领导力"，向国际舞台的扩展只是所有组织在成长、变得更加复杂和多样化时所面临同样挑战的延伸。相反，另一种观点认为，国际舞台上的跨国挑战是独一无二的，需要一种独特形式和风格的全球性、四海一家的领导力（Kanter, 2006; Osland, 2008）。但这两种观点都倾向于关注北方的非营利组织及其领导者，北方即工业化民主国家，主导着国际部门。这些领导力模式主要是建立在个人主义的基础上，却越来越没有等级观念，被推为当代北方领导力文献和教育中最理想和最有效的方法（尽管并不总是在组织中实践！）。

在争论国际舞台上的领导力是不是一个独特领域的同时，关于各国领导力风格的研究则要么强调文化差异，要么试图将其最小化。许多作者在基尔特·霍夫斯泰德（Geert Hofstede, 2001）对个人主义概念化、权力距离、不确定性规避和男性气质的文化差异进行分析等成果的基础上，记录了人际关系的国家差异，并分析了这种差异对领导者和被领导者的影响。然而，其他作者虽然接受文化差异具有一定的影响，但仍然坚持认为某些领导做法或能力是普适的。詹姆斯·库泽斯和巴里·波斯纳（James Kouzes and Barry Posner, 2007）指出，赞同由于文化差异而导致的行为差异是有效组织关系的关键，但这些差异并不一定比年龄、性别和背景差异具有更大的影响。尽管库泽斯和波斯纳承认有必要理解并对这些差异敏感，但他们确定了模范领导者的五种做法——以身作则、共同愿景、挑战现状、众人同行和激励人心——声称它们将在不同的国家环境中有效（Kouzes and Posner, 2007; Posner, 2011）。再者，北方的偏见是显而易见的，而且可以质疑：这项研究与那些非营利组织的领导力是更多建立在创始"伟人"或"大人物"的魅力型领导力（他们通常是男性，尽管越来越多地可能是一个"伟大的女性"）之上，还是家族王朝之上，抑或与传统血缘关系和社区集体结构之上的国家到底有多大关系。

尽管存在这样的争论，但现实似乎是，许多非营利部门的现任领导者可能没有承担新的国际责任需要的准备、经验或积极取向。为了有效地跨境工作，非营利组织领导者必须成功地与所在国和机构合作伙伴的文化、经济和政治环境以及组织规范进行交涉。当前的空白包括缺乏对其他国家和全球舞台上非营利组织的不同法律体制和制度支持结构的了解，对在其他国家工作和与外国同事合作的文化内涵缺乏敏感性，以及缺乏语言技能。

领导力理论关注的是领导者的特质或风格、应用领导方法的偶然性以及领导者的变革取向。与此同时，许多当代文献主要关注的是有效领导者的技能、知识和特性，并将之概括为"能力"或"素养"（Kouzes and Posner, 2007; Lombardo and Eichinger, 2001）。

许多用于处理国内层面多样性的素养和战略，同样也可以成为国际层面工作能力建设的一部分。非营利组织可以以多样性管理、文化素养和多样性产出等在国内已经使用的方法为基础，加强在更广泛的跨文化和国际背景中工作的素养。为了更高效地应对运营性挑战，可以采用一系列战略管理流程用于理解、评估和处理多样性。帮助建立这种组织能力的国内层面的培训材料俯拾皆是（Denver Foundation, 2010），但现在的挑战是将它们转化为一种全球性思维模式（Turley, 2010）。

对新技能的需求，以及开发新技能的承诺，都是从机构的高层开始的。马歇尔·戈德史密斯和凯茜·沃尔特（Marshall Goldsmith and Cathy Walt, 1999）坚持认为，所有未来的领导者都需要全球性思维、欣赏文化多样性，并建立跨越文化分歧的伙伴关系。但是，不仅高层级的领导力需要这些技能，而且对于在国际层面工作的各层级工作人员，都需要开发一种建立在以下素养之上的世界性方法：

    口 开放性：享受在国际上工作，接触他们不熟悉的想法和方法；

不受与自己的良好实践意识相冲突的工作做法所胁迫或容忍之；能对来自不同文化背景的人的假定和老套方法提出质疑和修正。

¤文化知识：花时间了解不熟悉的文化；有动力学习和使用外语，或借鉴其他语言的关键表达和词汇，建立信任和尊重；而且他们很注重对自己的沟通和行为模式的理解，并选择适合国际同行的语言和非语言行为。

¤情绪强度：即使在不熟悉的情况下也能应对变化和高强度压力，并且有效应对文化冲击带来的压力。

¤透明度：通过公开表明意图并将需要置于清晰、明确的背景中，可以建立和保持对国际背景的信任。

¤协同效应：注重以谨慎和系统的方式促进团队和团队合作，确保在解决问题的过程中使用不同的文化视角（World-Work Ltd., 2010）。

文化知识既包括"大事"，也包括"小事"（Goldsmith and Walt, 1999），因此聚焦于建立世界性领导力的教育和培训项目必须帮助参与者解决他们在国际工作中遇到的各种差异，减少制造文化失礼的机会。文化知识不仅包括对将与之进行国际协作的外国同事和当地居民的文化的理解，也包括对自己文化影响的自我意识。与此同时，现在需要开发一种批判性的方法，以便理解每一种文化中个人行为和信仰的较大差异，而且由于全球化、迁移和侨民对母国的影响，这种文化规范正在发生转变。

通过解决常因文化期望和行为差异而出现的摩擦，经常运作国际项目的工作人员无疑将更善于组建强大的跨国团队（Adler, 2008）。这些差异可能包括强调仪式和过程，而不仅仅是成效。有些文化相当注重正式仪式和层级结构，以及表示对层级较高者的尊重。对于那些对保持身份和"面子"感兴趣的团队成员来说，"让我们打破一些规则来完成工作"的概念可能是一种诅咒。另一个差异在于社交活动是建立团体关系的基础。有些文化期望团队中的参与者也会花相当多的时间进行社交活动，但这可能发生在一些让团队成员感到不舒服或不可接受的地方，比如酒吧。使用不同的时间和期限概念也会产生摩擦。有些文化中，骄傲和绝望交织在一起，用"我们按'岛屿时间'工作"这一表达变体，以解释为什么日程表、时间表和准时并不总是神圣不可侵犯。最后，对于有些人来说，给出体现礼貌而非准确性的答案是一种文化规范。在有些文化中，给出一个肯定的回答比说"我不知道"或提供一个矛盾的选择，会被认为更有礼貌。如果有人问你，"下周会准备好吗？"，答案可能总是"是"，即使下周准备不好。

尽管这些差异可能会给新手的协作带来挑战，但具有国际经验的人通常可以协商一个让整个团队都能接受的工作机制。但是，国际项目必须最终解决更深刻和棘手的文化问题，例如妇女的作用、童工的使用以及对一个民族或部族的忠诚。除非用技巧和敏感性处理这些问题，否则它们会对任何国际项目产生严重的后果。如果协作涉及在发展中国家的项目实施，那么政治动荡、基础设施薄弱和熟练劳动力稀缺都可能成为问题。而且当项目涉及紧急援助和救济时，顾名思义，这些组织将在贫困和混乱地区开展业务，在这些地区，他们可能面临腐败和寻租行为加剧。他们必须确保当地和外籍工作人员的安全，并且处理棘手的道德困境，权衡与交战派系的合作。

同样重要的是跨文化交流沟通技能，这些技能部分基于文化意识，但也基于更平凡的技能，即知道如何与不熟练使用自己语言的人进行有效沟通。任何一个从小只会一种语言、很少接触其他语言的人，都可能在跨语言沟通中遇到困难。来自工业化国家、只会说英语一种语言的人士，具有实践"语言帝国主义"的特殊名声，他们假定每个人都应该流利地说英语。改进口语风格，使用"国际英语"或"欧洲英语"（见专栏 8.2）促进沟通，以及学习如何有效地与口译和翻译员合作，是在国际领域工作的基本技能（Adler，2008）。

> **专栏 8.2　欧式英语**
>
> 在欧洲合作时，"欧式英语"（Euringlish）往往被用作工作语言。听起来像英语，但事实并非如此。英语和欧式英语之间可能存在混淆是一个主要的风险因素，而且有时也会成为合作中受挫的一个源头。不同母语人士与使用欧式英语人士合作涉及三个主要风险：第一，人们不愿意说出来，因为他们对自己的英语缺乏信心；第二，人们实际上不明白所说的是什么，因为他们的英语不够好，或者他

们不知道正在使用的单词；第三，人们编造单词——制造混乱和胡说八道。母语为英语的人和非母语使用者都可以发挥作用。管理这类问题和减少混淆的关键步骤是，要意识到这些风险，避免在说话时使用专门术语和花哨词语，并且在说话内容不清楚时要求解释或澄清。

资料来源：参见资助之道博客，http://www.grantcraft.org/blog/euringlish-fried-air-and-confusion。

治理和管理

国际非营利组织的"演示样带"（demos）尤其难以定义，因为其成员、捐赠者、接受者和他们声称代表的人之间，无论在字面上还是在概念上，都有很大差异。不管是直接服务、倡导、专业交流，还是人道援助，国际非营利组织都在寻求开发有效的管理流程，以克服在全球范围内工作的挑战，适应它们始终面临的深刻文化差异和权力失衡（Anheier and Themudo，2004）。

注册

国际非营利组织通常首先在创始人或网络主要成员的母国注册。有些随后转移到更有利的司法管辖区，或在一个以上的司法管辖区注册。许多国际非营利组织选择在荷兰建立法律意义上的总部，因为荷兰的社团法和税收环境特别有利。绿色和平组织成立于加拿大，但现在国际秘书处设在荷兰阿姆斯特丹，正式登记名为"绿色和平理事会基金会"（Stichting Greenpeace Council）（参见乐施会专栏6.4）。

无论它们在何处注册，国际非营利组织都必须在该国的监管环境和组织生态中运营（Bloodgood, Tremblay-Boire, and Prakash, 2014; Stroup, 2008; 2012）。随着非营利市场的日益全球化以及通信技术提供新后勤可能性，有些组织正在将总部迁至南方，努力推进更好的南北均衡，以及帮助克服帝国主义和殖民主义的污点。援助行动（ActionAid）和公民参与联盟（CIVICUS）最近都将它们的世界秘书处迁到了南非，南非是新兴的国际非营利活动中心之一。其他组织虽然没有搬迁总部，但正在建立更强大的区域办事处，承担以前由北方直接管理的许多责任。在南方设立办事处，需要找到能够提供有效运营的国际总部或区域办事处所需的稳定性、基础设施和熟练工作人员的地点。一个将总部迁到中等收入国家的国际会员制非营利组织发现，由于供电网络和互联网基础设施不足，没有单独的供应商可以保证互联网服务的连续性，因此它必须与两家独立的供应商签订维持在线通信合同，导致成本增加和更加脆弱。

国际非营利组织通常在多个国家/地区拥有某些形式的法律地位或登记。大多数政府要求在其境内运营的任何组织都具有当地法律地位，捐赠税收减免通常仅适用于当地注册的组织。多重注册可以通过附属机构实现（附属机构相对于总部的独立性取决于第六章讨论的组织模式），或者总部可以在许多国家或司法管辖区简单地注册或登记为同一组织。许多总部设在美国以外的大型国际非营利组织，比如国际奥委会、国际足联和诺贝尔基金会，也在美国国税局登记，并在美国提交纳税申报表。

理事会

尽管有些国际非营利组织的董事会成员几乎全部来自总部所在地，但大多数组织都寻求吸纳本组织全覆盖的董事会成员。复杂的物流、交通和通信成本共同限制了国际理事会见面的次数，从而使理事会成员之间建立信任和强大团队精神的过程变得复杂。国际理事会会议还面临着无数的语言和文化难题，从寻求确保工作语言为母语的人不过度支配，到决定是否允许吸烟，安排用餐时间以适应所有成员的习惯，以及适应不同的参与风格（Pearson，2004）。

国际理事会在代表谁的问题上也存在特别棘手的细微差别。理事会成员是优先考虑作为捐赠者资金的受托人角色，还是优先考虑作为最终用户和接受者的倡导者角色？理事会成员参与是为了代表所在地区或个别附属机构，还是为了提升本组织的集体需要？投票权是根据附属机构的规模分配，还是基于财务贡献分配？凯斯·约翰斯顿（Keith Johnston，2012）谈到了国际理事会从平衡成员竞争利益到共同创造更大公共利益的意会（sensemaking）过程。

第八章　国际非营利组织的管理

人员配置

国际非营利组织的人员结构和人事实践正在发生变化，这些变化既反映了国际劳工的动力机制，也反映了世界各地非营利组织不断演进的管理流程。外包、兼职顾问和基于绩效的雇用合同占据着突出地位。

或许大型国际非营利组织的最大转变是越来越多地使用本国工作人员而不是外籍人员。世界各地不断增长的熟练专业人才池，加之对建设当地能力和当地所有的兴趣，巩固了这样的理念，即国际组织应雇用当地工作人员，而不是派遣外籍人员。人道组织正在减少派遣北方工作者进入灾区人数，许多国际非营利组织在总部搬迁、设立分支机构或创立外国附属机构时，都在雇用当地专业人员。过去使用外籍人员总是造成某种不匹配，特别是在援助组织中，年轻的工作人员更愿意在海外工作，但往往缺乏所在职位上充分发挥作用所需的经验。想要外派工作的人并不总是完全合格，而更合格的人不想再与家乡分离，忍受外派生活的错位或者在发展中国家或冲突地区工作的艰苦。国际非营利组织提供的长期海外任务越来越少，因此工作人员待在离家较近的地方，但可能会更多出差，履行监测和评估等监督职能。

这些转变不时给组织带来损害，国际非营利组织未能幸免于劳工冲突。2012年，大赦国际的伦敦办事处（内驻大赦英国和国际秘书处）成为职员工会纠察队抗议国际秘书处改组的对象。该秘书处为了释放资源，加强区域办事处，正在缩小规模，而罢工的职员声称重组过程中管理不当和处置不公平（Independent，2012）。

使用更多当地雇用的工作人员也引发一些公平和安全问题。在发展中国家，当地雇员按照反映全国劳动力市场的比率获得报酬，因此通常比在同一组织工作的外籍人员收入少得多，这些外籍人员通常按其本国劳动力市场的费率支付。当危险或灾难发生时，外籍工作人员很容易撤离（他们通常没有家人，拥有有效护照，并且作为其本国的合法公民有其他地方可去），而当地工作人员往往因为个人和行政因素滞留，他们的行动受到限制（他们在当地有家人，可能没有旅行证件，如果他们离开自己的祖国，就成了难民）。外籍人员通过岗位轮换，拥有一个国际劳动力市场，在这个市场上，他们可以转换到其他地方的新职位。而对于当

非营利世界：市民社会与非营利部门的兴起

地工作人员——行政人员、直接服务提供者、司机、清洁工或保安人员——来说，由国际非营利组织活动创造的劳动力市场可能是他们唯一的工作机会。

对于援助组织而言，安全已经成为一个日益严重的问题。2011年，来自政府、多边组织和非营利组织的308名援助工作者被杀害、绑架或受伤，这是年度记录最高人数，也是事件数量和受害者人数上升趋势的一部分（Stoddard，Harmer，and Hughes，2012）。暴力对外籍员工和当地工作人员都有影响，主要发生在武装冲突活跃和国家不稳定的地区。作为回应，许多国际非营利组织制定了越来越复杂的安全协议——美国援外合作署（CARE）2004年出版了第一版《安保手册》（*Safety and Security Handbook*）（CARE International，2004）——并且已经进行了各种尝试，集中关注人道工作者所面临的危险，建议组织如何应对威胁和事件。2009年，联合国将8月19日定为世界人道日，以纪念在该领域遇害的人道工作者。这一天是联合国驻伊拉克特别代表塞尔希奥·比埃拉·德梅洛（Sérgio Vieira de Mello）和他的21名同事在联合国巴格达总部爆炸案中丧生的日子。

可持续性

尽管国际工作范式不断变化，资金存在任何不确定性，但国际非营利部门特别是高端组织，却非常稳定。即使国际非营利组织可以像跨国企业一样，创建全球品牌，扩大工作范围，不受主权因素的影响，但它们不会遭受与商业组织相同的市场波动或竞争压力。20世纪70年代和80年代的大型国际非营利组织通常仍然在同一组织身份下运营，而那个时期的大多数著名跨国企业公司已经消失，或通过收购和兼并而变得几乎无法识别。但是，即使看似很重要的组织，也可能因情况的变化而失败（见专栏8.3）。

专栏8.3 "全球儿童之心"破产清算

2012年，有18年历史的英国国际援助慈善机构"全球儿童之心"（Global Hearts for Children）进入破产清算，表明其收入已无法支付运营成本，此前两年，该机构收到的捐赠下降了45%。仅在几年前，该组织的年收入达到了700万美元的高峰，用于向长期需要或遭受饥荒或灾难的国家提供一揽子援助。该组织曾是一家总部位于美国的大型国际非营利组织的英国分支机构，但仅在几个月前才重新命名。该组织关于品牌重塑和随后关闭的公开声明，没有提及与美国组织的决裂，美国组织最近因其首席执行官辞职而陷入争议。"全球儿童之心"将剩余库存捐赠给了其他国际援助组织。

资料来源：参见第三部门，http：//www.thirdsector.co.uk/bulletin/third_sector_daily_bulletin/ article/ 1145362/ international-development-charity-global-hearts-children-goes-liquidation。

组织的可持续性和增长需要能够管理图 8.1 和表 8.1 中的所有要素，但是收入无疑是降低风险的关键。在以政府为中心的国家，以及非营利组织没有完全独立于政党或工会的国家，政治关系为稳定的收入铺平了道路。而在其他国家，非营利组织必须依赖商业联系。增长最快的国际非营利组织之一是总部位于美国的"阅读空间"（Room to Read），该组织自 2000 年成立以来，年收入已达 4000 万美元，跻身全球 100 家最佳公益组织名单（见第六章）。"阅读空间"通过建立学校和图书馆、出版当地语言的儿童书籍、培训教师以及支持女孩完成中学学业来推进发展中国家的教育。该组织的运作原则是向社区提供挑战性资助，社区也需要对项目做出贡献。这些目标和策略在许多发展和教育类非营利组织中都很常见，但"阅读空间"在这个有些拥挤的领域中特别成功。该组织成功的部分原因在于，创始人约翰·伍德（John Wood）曾是微软公司的高管，他为这个初创组织引入种子基金，成功地吸引到一个由蓝筹类科技公司和金融公司的首席执行官们和首席财务官们组成的精英董事会。他还熟练地管理公共关系，包括撰写两本面向大众市场的图书：《离开微软改变世界：一位创业者教育世界儿童的奇幻历险》（*Leaving Microsoft to Change the World：An Entrepreneur's Odyssey to Educote the World's Children*，Wood，2007）和《创造阅读空间：全球读写之战中的希望故事》（*Cyeating Room to Read：A story of Hope in the Battle for Global Literacy*，Wood，2013）。

问责

与问责相关的程序——包括平衡记分卡、基准、评估、监测、绩效衡量、投资回报、社会会计和透明度——在概念和操作上有些不同，但都共享一个使用组织分析来推动内部变革和提升的共同框架。它们都要求组织更好地理解它们必须使用的流程和标准，以建立信任并确保它们持续具有法律、政治、运营和道德合法性（L. D. Brown and Moore, 2001）。

国内非营利组织用于实现这些目标的许多系统，难以在国际层面维持。法律、文化习俗和执行监督流程能力的重大国家差异可以导致相当大的问责缺陷，无论问题是董事会成员的个人责任、组织账户的透明度，还是确保种族和性别代表的治理结构，抑或是收集和报告数据的机制。挑战是确保跨境和跨文化之间的回应性表现、专业管理和强有力的监督（Anheier and Themudo, 2004; Lewis, 2007）。

关于问责的文献强调回应所有利益相关者所需要的"方向"或"维度"。这些不同的描述包括：

¤ 向上（捐赠者、资助者和监管者），向外（合作者和同行），向内（工作人员和会员），向下（接受者和社区）（Ebrahim, 2003）。

¤ 代表（会员），委托-代理（捐赠者和承包商），或相互（盟友和同行）（L. D. Brown and Jagadananda, 2010）。

¤ 支持者基础（受益人利益），运动基础（运动价值），或使命基础（分支机构和会员期望）（L. D. Brown, Ebrahim, and Batliwala, 2012）。

¤ 职能（资源使用和产出短期核算），或战略（持续影响和关系核算）（Edwards and Hulme, 1996）。

¤ 完整（资源使用财务核算），解释（提供行动信息和解释），或回应（保持信任和信仰）（Lewis, 2007）。

问责意味着，如果一个组织证明自己不负责任，其后果是制裁和补救。捐助者可以撤回资助，决策者可以拒绝谈判，但是国际问责的多方向性，加上许多利益攸关方与在地成效之间在物质、政治和文化上的差异，导致信息和认知上的多重不对称，降低了制裁的可能性。北方的捐助者，特别是小捐助者，可能对他们在南方支持的援助项目的影响缺乏真正的了解，而远方会员往往无法核实国际专业协会声称的成效，铁杆支持者可能会继续相信倡导组织无效或适得其反的政治策略。即使在为非营利部门提供认证和评级机构的国家，这些流程也仅仅在处理诸如治理和会计结构等国内层面业务上有效，而监测和评估国外产出或成效上能力有限。

国际非营利组织的影响力和有效性，与其合法性和可信度一样，一直受到质疑。在非营利部门内部，围绕战略和意识形态会出现致命内讧，而且，不同意识形态之间，诋毁对手的非营利组织是斗争的常用工具。"非政府组织观察"（NGO Watch），是保守派的美国企业研究所（American Enterprise Institute）的一个项目，它谴责了"少数"改革派的倡导型组织（注意，美国企业研究所本身就是一个由一群筛选的富有捐赠者资助的非营利组织）；"非政府组织监测"（NGO Monitor，2015年）宣布，它的使命是"结束某些自称人道非政府组织者利用普世人权价值标签，推进政治和意识形态动机议程的做法"，但它的主要焦点是批评以色列特定的巴勒斯坦政策。这两个组织都不讨论具体的政治观点，而是常常攻击其他组织的合法性，"大赦国际"和"人权观察（Human Rights Watch）"是其表达愤怒的具体目标。

透明度

透明度已成问责的关键要素。知名国际非营利组织已经明白，非营利部门增长必然带来更高风险，而非营利部门的身份已被赋权、机会和参与的旗帜所裹挟，而且试图证明自己已经远离了削弱政府和企业的腐败。越来越多呼吁要求各国政府提供官方发展援助（例如，国际援助透明度倡议）分配的更大透明度，非营利组织也不得不做出同样的回应。

新世纪的问责章程和行为守则激增，这是非营利部门自律努力的一部分。国际非营利组织回应对其合法性的质疑时，联合起来制定共同的运营原则和标准，确保利益攸关者坚信组织的完整性和有效性。这一进程可以是"俱乐部问责"的一部分，也可以是条件性概念的适应性调整（Gugerty and Prakash, 2010）。这种监督和问责机制通过"会员"、"签约"或"认定"组织商定的标准和规则培育合规性。其中，有些章程只是一般性原则陈述，但是，其他一些章程提供详细的流程、工具和基准，旨在增强签署这些章程组织的合规性。制定章程并确保签署者的合规性，意味着来自全球各地的组织之间的复杂谈判，这些组织在不同的文化背景下工作，拥有不同的资源。合规性严重依赖信任，因为国际工作中固有的信息不对称，致使由同行组织和外部委托人验证几乎不可能。

2006年，一个由最大的国际援助和倡导非营利组织组成的团体发起《国际非政府组织（INGO）问责章程》，该章程要求签署方每年提交一份详细报告，以证明自己在以下领域的合规情况：（1）尊重人权，（2）独立性，（3）负责任的倡导，（4）多样性和包容性，（5）透明度，（6）善治，（7）道德筹资，（8）专业管理，（9）环境责任，（10）参与（INGO Accountability Charter, 2014）。

该章程是由公民参与联盟2003年开始创办的一系列"国际倡导非政府组织工作坊"的一部分。发起后，章程秘书处首先注册为国际非政府组织问责章程公司（International NGO Charter of Accountability Company），是一家英国非营利组织，设在伦敦的大赦国际办事处，但后来秘书处迁到柏林的国际市民社会中心。

同样，2010年9月在土耳其伊斯坦布尔，来自主要发展型非营利组织的代表通过了《市民社会组织发展有效性原则》（也称为"伊斯坦布尔原则"）。这些原则成为后来柬埔寨暹粒会议的基础，该会议通过了《国际市民社会组织发展有效性框架》（也称为"暹粒共识"）。这一框架后来被纳入联合国韩国釜山会议通过的更广泛的援助有效性进程（见第七章）。该原则和框架的关键要素是：尊重和推进人权和社会正义；推进妇女和女童权利的同时，体现性别平等和公平；注重人民赋权、民主和参与；推进环境可持续性；推行透明和问责；追求公平伙伴关系和团结；创造和分享知识，致力于相互学习；以及致力于实现积极的可持续变革（Open Forum for CSO Development Effectiveness, 2013）。

问责章程和有效性原则的关键要素基本上已成为执行手册，为合规性提供具体的基准。它们是许多地方、区域和国际自律倡议的两个比较知名的范本，包括《阿拉伯市民社会组织行为准则》(European-Arab Project, 2008)。英国非营利组织寰宇信托（One World Trust）开发了一个综合性数据库，提供全球数以百计这类倡议的全文访问，这类倡议通过行为准则、认证项目、报告框架、名录和奖项来界定共同标准和推进良好实践（参见 http://www.oneworld trust.org/csoproject）。

评估

除了这些一般章程之外，与问责有关的所有过程都出现了具体方法和工具的广泛发展，特别强调加强评估能力。许多国际援助从业者使用逻辑框架（通常称为 LogFrame）的变体作为规划、监控和评估的一般方法，他们使用逻辑矩阵作为确定特定评估流程的基础。逻辑矩阵以其最基本的形式，用于鼓励采用系统方法来理解项目的设计、实施和评估之间的关系，帮助确定衡量它们的指标和工具。表 8.2 展示了逻辑矩阵的基本结构。

表 8.2　简化的逻辑框架矩阵

项目描述	指标	验证	假设
目标：说明项目针对的目标影响	证明目标有意义，响应利益相关者的意见，以坚实的变革理论为基础	输入验证方法	确定目标框架的假设
产出：活动的有形服务和产品清单	用于证明产出实现的指标（数量、质量、时间表）	产出核查方法	可能对产出产生影响的假设
成效：目标群体的中长期利益清单	用于证明成效实现的指标（数量、质量、时间表）	成效验证方法	可能对成效产生影响的假设

注重商业实践和创业家精神正在推动更广泛的影响力评估，不乏技术和工具。也许许多组织面临的最大挑战是决定最适合其目的的工具。由澳大利亚、英国、美国和意大利的一群研发组织发起的倡议带来了更好的评估框架，该框架使用 BetterEvaluation.org（2013）列出的如下评估

方法，侧重于七个管理实务集群（管理、界定、框架、描述、理解原因、综合和报告）：

- 欣赏性询问
- 案例研究
- 协作-成效报告
- 贡献分析
- 关键系统试探法
- 发展评估
- 赋权评估
- 横向评估
- 创新的历史
- 机构的历史
- 最重大的变化
- 结果映射
- 参与式评估
- 参与式农村评价
- 积极的偏差
- 随机对照试验
- 现实主义评价
- 社会投资回报率
- 以应用为重点的评估

可以找到独立评级机构，如美国的慈善导航（Charity Navigator）和智慧捐赠联盟（Wise Giving Alliance）。然而，这些评级通常仅涉及组织的行政行为，以及与其在评级机构所在国家注册相关的活动。其他评级机构通过评估国际非营利组织的影响力，寻求更直接地帮助捐助者做出更好的选择（见专栏8.4）。

专栏8.4　为捐助者评估

英国和美国的各类组织，旨在向捐助者提供有关国际非营利组织工作的建议。在这里，介绍两个这样的评估组织的既定目标，一是英国的"捐赠我们所能"（Giving What We Can）和美国的"智慧捐赠"（GiveWell）。

"捐赠我们所能"声明，"我们希望帮助您支持那些能够为您的捐款做出最大贡献的慈善机构。我们非常重视慈善评估。选择捐赠到哪里是重要的：与选择捐赠多少相比，它可能是一个更重要的决定。有些援助项目的效率比其他项目高出许多倍：在发展中国家以贫困为重点的援助项目中，一个超过1000的因子将最符合和最不符合成本效益的因素区分开来。"

"智慧捐赠"将自己描述为"致力于寻找杰出捐赠机会，公布我们全部分析细节的非营利组织，以帮助捐赠者决定在哪捐赠。与专注于财务、评估行政或筹资成本的慈善评估者不同，我们开展深度研究，旨在确定特定项目的每一美元花得有多好（在挽救生命、改善生活等方面）。我们不是试图对尽可能多的慈善机构进行评级，而是专注于少数能够脱颖而出的慈善机构，以便寻找并自信地推荐可能最佳的捐赠机会。"

鉴于展示特定非营利组织发展影响力的困难，这些组织网站上的评估叙述可能有些清醒，类似于"几乎没有证据证明其有效性"的结论经常出现。

资料来源：参见 Giving What We Can, http://www.givingwh-atwecan.org; GiveWell, http://www.givewell.org。

虽然问责言论坚持认为，为了安全和继续获得资金、让更广泛的社区放心，行为守则和评估流程越来越有必要，但实施所需的复杂性和资源使其除最大和最专业化的组织外，其他所有组织都无法获得。尽管它们可能是"必要的"，但它们也是繁重的、昂贵的且通常是排他性的：目前国际非政府组织问责规章（INGO Accountability Charter）只有25个会员，这些会员的要求有助于维护大型精英组织的特权（Sparke, 2013）。评估过程往往侧重于向捐助者及其他公共及私营部门资助者进行上行问责，常常忽视对终端用户和受益人的下行问责（T. Wallace,

Bornstein, and Chapman, 2007)。虽然各种形式的"参与式问责"旨在加强受益者的参与，但捐助者的经济地位及问责的专业性使自上而下的问责得到优先重视（L. Jordan, 2005; T. Wallace, 2003）。

强调评估和问责，以及它们与持续捐助者支持之间的关系，不可避免地给组织带来更多只能报告成功的负担，这种情况常常会妨碍对结果的诚实反思。另一种方法是传播国际非营利组织善意误判的故事。网站"承认失败"（Admitting Failure, admittingfailure.com）是无国界工程师（Engineers Without Borders）加拿大分会和私人咨询公司"失败前行"（Fail Forward）的联合项目，记录失败案例研究，提供培训，将案例研究作为组织开发工具来驱动革新。它是"拥抱失败"论点的一部分，促使组织和捐赠者接受一个事实，即失败是开展业务、组织学习的自然组成部分。包括联合国机构国际农业发展基金组织在内的许多组织，举办"失败展览会"工作坊，人们在工作坊强调并"庆祝"失败。

为国际人道援助和发展筹资，是一个特别棘手的问责领域。虽然道德筹资是《国际非政府组织问责宪章》的合规领域之一，但事实是，向捐赠者"兜售"并吸引资金的，不一定是最有效的发展战略或对可能结果最诚实的评估，因此组织必须管理积极、成功的营销与道德、负责任的做法之间的潜在冲突。鉴于援助型非营利组织有兴趣强调其工作所在地区的贫困、功能失调和危机，筹资经常成为"逆向选美比赛"，资金竞争往往助长组织对其工作影响力夸大其词。随着新一代点对点众筹和聚合网站（包括非营利的和商业的）在筹资和结果之间形成更加脆弱的联系，对传播图像和消息的这种关注变得越来越严重。通过直接连接捐助者和接受者，互联网使即使是最小的组织也能进行全球筹资。但它也减少了监管，正在使筹资成为病毒视频和社交媒体"喜欢"的游戏。

筹资的经济和商业需要，也可能导致不良做法。人们特别关注商业筹资公司所采取的攻击性做法和高额管理费用，特别是向国际非营利组织提供街头邀捐服务的公司。在英国，街头邀捐者被称为"慈善抢劫者"（chuggers），是"慈善机构"（charity）和"拦路抢劫者"（muggers）的混合词。各种调查公开指控他们采取恐吓和非法手段，并表明在许多情况下，高达 80% 的捐款由邀捐者和雇用他们的组织截留。

与其他部门的非营利关系

正如第六章关于全球治理的讨论所指出的那样，20 世纪中叶的国际关系领域在很大程度上忽视了非营利组织。重点是国家之间的关系，这些领域的主要理论框架一般都是关于国家主权与政府间利益和机构之间的辩证法（Götz，2008；Karns and Mingst，2004）。非国家行为体的出现，及其在保护环境、减贫和安全等领域通过跨部门合作确定议程和提供服务方面不断扩大的潜力，被认为是 20 世纪下半叶国际关系的重大新发展（L. D. Brown et al.，2000；T. G. Weiss，Carayannis, and Jolly，2009）。非营利组织不能利用国家的法律、政治或军事权力，拥有脆弱的政治授权和有限的经济资源，但主权真空和多边主义所创造的新政策领域为非营利组织参与论争提供了机会。非营利组织必须主要依靠其软实力的潜能，而其软实力主要通过其专业知识以及跨境参与和动员公众的能力而增长。在某些政策领域，它们提高了声音触及范围和分贝（DeMars，2005；T. G. Weiss，Carayannis, and Jolly，200），通过这样做，它们成为"公众代理人"（Lang，2013）。

非营利组织被视为道德全球化的力量（Clark，2008；Willetts，2011），有助于创建和动员全球网络，向政府、多边组织和跨国公司施压。关于国际非营利组织的规范性论述强调其施压工作的进步和权利维度，但种族主义和宗教激进主义组织也在同一舞台上运营（Willetts，2011）。

非营利组织，是寻求教育政策制定者、帮助扩大政策选择，以及为政策问题对话提供中立空间的主要专业知识来源。它们在一系列国际政策会议上的表现日益突出，要么在会议之前与其国家政府的代表合作，要么在会议期间直接进行游说。它们在会议之前和会议期间推动公众参与，监督政策实施。重点是非政府、独立组织，但是商办非政府组织（business-organized NGOs，BONGO）、官办非政府组织（government-organized NGOs，GONGO）和跨国混合组织（transnational hybrid organizations，THO）——实际上由政府和企业创建的非营利组织——很常见，使其与国家、政府间组织和营利跨国公司之间复杂和多面的关系甚至更加复杂化。"公私伙伴关系"一词现在用来描述政府、企业、非营利部门这三个部门之间几乎任何组合的合作。

政府

在大多数国家政府面临国内非国家行为体激增的同时，国际非营利活动也越来越多地侵入国内事务。在发展中国家，许多国家级非营利组织都受到外部资金的支持，现在几乎所有政府都必须应对"事与愿违的倡导"，在全球范围内开展工作的当地非营利组织，将多边机构或国际非营利网络卷入参与有关国内议题的运动（Keck and Sikkink，1999）。

国际非营利组织与各国政府之间的关系，在母国和寻求开展工作的其他国家之间的关系，仍然是其运营的核心。非营利组织通常没有国际法人资格（少数例外包括国际红十字会——见专栏6.10）（Lindblom，2013），所以只有在国家层面，它们才有其法律基础，被赋予监管合法性。与各国政府的关系是基于前文章节中提到的文化框架和不同关系模式的组合。如第五章所述，丹尼斯·杨（2006）确定了政府与非营利组织之间关系的三种主要模式：对抗（反对者）；补充（替代）；互补（合作者）。这些模式不是相互排斥的，文化框架决定了它们在任何特定国家政府与该国家政府所关联的国内、国际非营利部门之间的持续动态中如何混合和匹配。

在对抗模式中，非营利组织通过下面的集体行动或从上面援引道德权威来挑战国家（DeMars，2005）。对抗关系的国际维度，往往表现为政府试图抵制或控制"外国影响"。几乎所有国家都有限制外国资金资助当地非营利组织的规定，要求在其境内开展业务的外国非营利组织进行登记注册（Moore and Rutzen，2011）。在发展中国家，大多数非营利资助可能来自外国，政府与任何被视为偏离人道援助严格限定的非营利组织之间往往会产生争议性关系（Carothers and Brechenmacher，2014）。尽管这些情况在发展中国家尤为突出，但工业化国家对外国支持国内非营利组织也有类似的限制和担忧：当发现当地文化中心、社区中心或倡导组织，是从"敌对"政府或私人捐助者那里获得资金时，任何一个国家都会感觉不舒服。专栏8.5说明了讨论可能限制外国资助以色列非营利组织的决定因素。

专栏 8.5　以色列政府支持限制对非营利团体的资助

2011 年，以色列内阁部长委员会投票支持两项法案，旨在削减外国政府对左翼非营利组织的支持。11∶5 的投票表明本杰明·内塔尼亚胡总理的政府支持这些法案，而人权组织谴责这些法案违反言论自由，政府试图使其批评者保持沉默。

一项建议法案将外国政府、政府支持的基金会或欧盟等国家集团对以色列"政治"团体的捐赠，每年限制为 5000 美元。另一项法案对此类捐赠征收重税。这些法案主要针对的是那些关注巴勒斯坦权利、公民自由以及以色列左翼所倡导的其他事业团体，其中许多都依赖欧洲各国政府的支持。以色列总理办公室的一位官员表示，内塔尼亚胡支持限制外国政府向这些团体捐款，因为在内塔尼亚胡看来，他们等于是干涉以色列政治。然而，内塔尼亚胡希望修改法案，以便缩小其影响。

法律专家表示，这些法案可能会在递交以色列议会之前修改，最终可能被以色列最高法院推翻。律师说，确定哪些群体是政治群体是一项不会通过法律审查的任务。吉沙（Gisha）是以色列一个致力于促进加沙巴勒斯坦人自由流动的团体，受到新法案的影响，吉沙的主任萨里·巴希（Sari Bashi）说，"虽然法案中一些最反民主的方面似乎很可能被软化，这实际上可能会使情况变得更糟，因为它以这样的方式定义政治言论使某些人沉默但不会使其他人沉默，法案可能成为法律。"在吉沙的年度预算中，一半来自欧洲各国政府的捐款和部分依赖政府支持的外国基金会。

资料来源：参见 New York Times（Online），http：//www.nytimes.com/2011/11/14/world/middleeast/israeli-government-backs-financing-limits-for-nonprofit-groups.html。

注：本书英文版 2016 年出版时，以色列议会仍在考虑此类立法版本，但没有一项成为法律。

在较穷或较弱国家，补充维度也最为明显，政府甚至依靠多边组织和非营利组织提供最基本的公共服务。海地和孟加拉国，是两个经常被引用的非营利组织作为影子政府或准政府的例子。然而，正如普通民众和国际评论人士所认为的那样，非营利组织在这些国家所取得的成效似乎是完全相反的（见专栏8.6）。这种形成对比的经历是讨论的核心，非营利活动是国家机构失灵的结果，或国家因非营利活动而失灵。伊萨·希夫吉（Issa Shivji）在其对坦桑尼亚发展非政府组织的作用的分析中断言，国际捐助者"看中了非政府组织，从而削弱了政府及其机构"（2007：56）。

专栏 8.6　非政府组织统治的政府

　　海地被普遍嘲笑为"非政府组织共和国"。关于非政府组织在海地发展中的作用的担忧已存在数十年，在2010年1月摧毁首都太子港大部分建筑物的地震发生之后，这种担忧愈加突出。从历史上看，通过非政府组织提供援助已使政府能力有限和政府机构薄弱的局面长期存在，因此海地人希望由非政府组织而不是由政府提供基本的公共服务。正如一位评论员人士所言，"怎么能有10000个非政府组织在海地工作，这个国家50年来一直在接受人道援助，每年它都变得更穷了吗？"他还描述了许多海地人对非政府组织所持的谨慎甚至仇恨情绪，同时还提及他们是如何希望当前多数自封的帮助者最好能让他们维持现状，尽管他们渴望得到帮助。

　　孟加拉国有许多大型本土非政府组织，包括社会进步协会（Association for Social Advancement）、孟加拉国农村发展委员会（见专栏6.7）、格莱珉银行（Grameen）和普罗什卡（Proshika）。孟加拉国农村发展委员会和格莱珉是其中两个最大和最受尊敬的国际非营利组织。正如《经济学人》最近指出的那样，"孟加拉国政治功能失调，私营部门发育不良，却出人意料地擅长改善贫困人口的生活。非政府组织的所作所为，使孟加拉国与贫困作斗争的方式独树一帜。"小额信贷发挥了重要作用，但关键是非政府组织的工作更为普遍。孟加拉国政府对非政府组织异常友好也许是因为，首先，它意识到需要能够获得的所有帮助。像孟加拉国农村发展委员会这样的非政府组织几乎可以做任何事情：20世纪80年代，它向孟加拉国每个家庭派出志愿者，向母亲们展示如何以适当比例混合盐、糖和水，为患有腹泻的儿童补充水分。孟加拉国农村发展委员会和孟加拉国政府联合开展一项计划,为每个孟加拉国人接种结核病疫苗。孟加拉国农村发展委员会开办的小学,是从政府学校辍学的儿童的安全网。孟加拉国农村发展委员会甚至拥有世界上最大的法律援助项目:孟加拉国拥有比警察局更多的孟加拉国农村发展委员会法律中心。已经出现了一些共识,认为非政府组织对孟加拉国产生了积极影响;然而,有人担心大型非政府组织会使政府边缘化,削弱政府,减少公共问责。

资料来源:参见 The Economist 2012; Haque 2002; New Yorker(Online), http://www.newyorker.com/online/blogs/newsdesk/2010/11/the-moral-hazards-of-humanitarian-aid-what-is-to-be-done.html; US Institute of Peace, Peace Watch, http://www.usip.org/sites/default/files/PB% 2023% 20Haiti% 20a% 20Republic% 20of%20NGOs.pdf。

政府和非营利组织结成伙伴、合作或共同制定政策和提供服务的互补型例子很多,类型多样,本书已有概述。政府和非营利组织在援助体系中有着千丝万缕的联系(Tvedt,2006),它们共同开展与新兴国际政府体系相关的一系列活动(Lewis,2007)。正如马修·博尔顿和托马斯·纳什(Matthew Bolton and Thomas Nash,2010)指出的那样,中等国家政府资助非营利组织帮助这些"中等强国"在制定有关地雷、国际刑事司法、儿童、童子军、残疾人权利和冲突钻石等议题的全球公共政策方面获得了更大的影响力。

官办非政府组织是一种特殊形式的互补,通常为更多威权政府采用,通过让官办非政府组织作为其国家市民社会代表参与国际论坛来赋予其合法性。如第四章所述,各国妇女组织通常由政权领导人的妻子领导,而许多其他非营利组织则由政权的核心圈领导(见专栏9.1)。与此同时,民主政府也建立或资助非营利组织,以推动其国内外议程(见专栏8.7)。

专栏8.7 政府资助的非营利组织

2011年12月,埃及检察官和警察突击搜查在该国开展活动的10个外国民主非政府组织的办公室。该次搜查,包括16名美国公民在内的43人被指控没有向政府登记，在侵犯埃及主权的情况下用非法资金资助抗议活动。这43名被告为5个非政府组织工作，它们分别是：自由之家（Freedom House）、国家民主研究所（National Democratic Institute）、国际共和研究所（International Republican Institute）、国际新闻工作者中心（International Center for Journalists, ICFJ）和康拉德·阿登纳基金会（Konrad Adenauer Foundation）。

由美国前国务卿马德琳·奥尔布赖特（Madeline Albright）担任主席的国家民主研究所（National Democratic Institute）和由参议员约翰·麦凯恩（John McCain）担任主席的国际共和研究所（International Republican Institute），分别代表美国民主党和共和党。这两个非营利组织和代表美国商会的国际私营企业中心（Center for International Private Enterprise）、代表美国劳工联合会和工业组织大会（AFL-CIO）的团结中心（Solidarity Center）一起，构成了国家民主基金会（National Endowment for Democracy）的四个核心机构。国家民主基金会是非营利资助机构，从美国政府获得超过90%的年度预算。

康拉德·阿登纳基金会是一个与德国基督教民主联盟有关的非营利组织。它从德国政府获得90%以上的资金收入。

资料来源：参见 http://www.globalpolicy.org/ngos/introduction/credibility-and-legitimacy/51688-qngoq-the-guise-of-innocence.html。

政府间组织

在政治和政策全球化的现代历史中，政府间组织和国际非营利组织之间的相互作用是一种不可或缺的动力（见专栏8.8）。

专栏8.8　维也纳会议

1814年9月至1815年6月举行的维也纳会议，试图在法国大革命和拿破仑战争之后在欧洲建立持久和平。许多评论人士认为，这是寻求促成国际协议的国家特使第一次多边面对面会议。在此之前，这种关系通常是双边关系，通过使者和信件处理。甚至在这次维也纳会议期间也没有召开过全体会议，只举行了一系列小型会议。

由于重点是欧洲的和平，最杰出的代表团成员代表当时欧洲五大强国：奥地利帝国、英国、法国、普鲁士和俄罗斯。与此同时，还有200余名来自小国和王室的代表。几乎所有国家的政府都是高度集权或绝对君主制（奥地利由皇帝弗朗茨一世统治，俄罗斯由沙皇亚历山大一世统治，普鲁士由威廉三世统治），大多数代表都是贵族、高级军官和其他传统精英中的杰出成员。

出席维也纳会议的还有来自宗教组织和利益集团的代表，其中包括要求版权法和新闻自由的德国出版商，以及众多反奴隶制的和平协会。反奴隶制倡导者与英国代表合作，向大会施压，支持废除奴隶制。它们成功了，大会的最后宣言谴责奴隶贸易与文明不一致，宣称应该废除奴隶贸易，尽管将实际废除奴隶贸易而生效日期留给各国进行谈判。

资料来源：Reinalda，2011。

如第六章所述，在19世纪，政府间组织和非政府组织之间尚未明确区分（Charnovitz，1997），那个时代新兴的国际机构往往包括两者的代表。1872年在伦敦举行的第一届预防和镇压犯罪国际大会（也称为国际监狱大会）上，与会者包括来自政府、倡导监狱改革的非政府组织协会和法学家协会的代表。

然而，到了20世纪初期，人们可以更清晰地区分政府间组织与非政府组织的角色。第一次世界大战结束时成立的国际联盟，其盟约没有为非政府组织参与制定正式条款。然而，国际联盟与非政府组织密切合作，定期发布公告，详细说明它们的活动和政策建议。国际联盟派代表参加主要的非政府组织的会议，许多非政府组织在日内瓦设立办事处，以推动与国际联盟的联系（Davies，2012）。

国际联盟的解散和第二次世界大战的爆发，大大减少了非政府组织的活动。然而，在第二次世界大战之后，1945年《联合国宪章》的制定者试图将非政府组织更正式地纳入联合国,既承认它们在联合国中发挥的作用,也获得其对新宪章的支持。《联合国宪章》第71条规定,经济及社会理事会(经社理事会)"可以就其权限范围内的事项与有关非政府组织进行协商,作出适当安排"。这些"安排"成为一系列经认可组织的名册,这些组织通过正式申请程序获得咨商地位。这种咨商地位实际上将"非政府组织"嵌入战后词汇和意识之中(Charnovitz, 1997; Lang, 2013)。

尽管有对非营利组织的这种承认,但因为世界大战、殖民解放斗争以及超级大国及其代理人在冷战冲突中确立了国家主权的神圣性20世纪大部分时间的国际关系都受国家和政府间组织利益的支配。尽管第二次世界大战后国际非营利组织数量不断增长,但非国家行为体被降为更加边缘化的角色。正如国际协会联盟数据所证实的那样,20世纪后期政府间组织稳步增长,而非营利组织呈指数级增长。

政府间组织和非营利组织的增长之间有什么关系?是联合国和世界银行等政府间多边机构通过推动技术合理性、独立于国家和志愿主义等价值观为国际非营利组织的兴起创造了条件,还是国际非营利组织(和其他私人和商业非国家行为体)的兴起,推动了政府间组织的增长,扩大了政府间组织的范围?相互合法化态势显而易见。政府间组织是许多国际非营利组织的机构资助者,非营利组织协助政府间组织弥补民主赤字,获得广大利益攸关者的实际同意。政府间组织和国际非营利组织的代表性经常受到质疑,因此它们相互寻求合法性,也许还相互寻求安慰。

这种共生还建立了较少受主权约束的运营能力。非营利组织与政府间组织合作,以将其议程扩展至全球舞台。非营利组织可以识别跨国挑战,随后,以规避对政府间实体限制的方式实施运营对策。随着非营利组织突出性增加,它们成为政府间组织工作的重要组成部分。有观察员指出,现在实际上有三个联合国:(除了联合国之外)国家论坛和国际公务员秘书处现在日益被视为市民社会的召集者。这个"第三联合国"(Weiss, Carayannis, and Jolly, 2009)创建了一个制定政策、使政策合法化的补充论坛,联合国对非营利组织的资助和合同允许进行现场测试和政策评估。

尽管有任何看似合作的方式,但政府间组织和非营利组织之间仍存在明显的权力差异。戴维·布朗和乔纳森·福克斯（David Brown and Jonathan Fox，2000）将世界银行和非营利组织之间的关系，描述为一直不仅在全球会议走廊，而且也在街头上演的"大卫和歌利亚"系列战争。这种局内人-局外人主题似乎是对当前政府与非营利部门之间相互作用大部分分析的基础，也是一些评论人士在非营利部门内进行区分的方式之一，后者将非政府组织视为局内人，将市民社会或社会运动贴上局外人标签（参见 Lyon，2010）。当然，可以在更专业化、科层化的非营利组织之间找出机构和运营逻辑的差异，因为他们与认可的代表进行内部对话，以及更松散地动员局外人高呼他们的要求（可能阻止处于暴力激进边缘的行为）。然而，正如第七章对倡导的分析所表明的那样，在人、机构和方法中可以发现相当多的重叠。

无论哪种解释受到青睐，人们都达成了下列共识，即非政府组织和非商业组织，无论贴的标签是"非政府组织""非营利组织""社会运动组织"还是"市民社会"，都通过其直接行动、动员公众舆论和引起媒体兴趣的能力，在政府间组织的政策制定和实施过程中发挥着不可或缺的作用。大部分分析都集中在非营利部门的扩张是否导致了其角色发生转变，即从被咨商的观察者和批评者转变为积极参与者和共同生产者（Popovski，2010）。

联合国

如前所述，《联合国宪章》确立了非政府组织的咨商地位。《联合国宪章》规定应与国际组织进行协商，在与有关联合国会员国达成协议后酌情与国家组织协商。具有咨商地位的非政府组织通常在其名称中使用国际或世界字样（例如，国际女律师联合会和世界穆斯林大会），但许多的国内组织也具有咨商地位（例如，新西兰女长老会）。

联合国对非政府组织设立了三类咨商地位：一般、特别和名册。"一般"类别的组织必须"关注联合国经济及社会理事会（经社理事会）及其附属机构的大部分活动"；"特别"类别适用于"在经社理事会所涵盖的活动领域中具有专门能力且特别关注的非政府组织"；"名册"适用于"可以对经社理事会或其附属机构的工作作出不定期和有用贡献的组织"。经济和社会事务部非政府组织处设有一个囊括具有咨商地位的非政府组织和其他市民社会组织的数据库,包括工会、雇主协会和与联合国机构和项目有某种联系的大学。该数据库目前包括约3800个具有咨商地位的非政府组织,以及经社理事会附属机构、可持续发展委员会或诸如粮食及农业组织、教科文组织和世界卫生组织等联合国机构认可的另外2万个市民社会组织(UN Department of Economic and Social Affairs, 2014)。

500多个具有咨商地位的非政府组织是联合国咨商关系非政府组织大会(CONGO)的会员,该会议是一个国际非营利会员协会,旨在促进非政府组织参与联合国辩论和决策。联合国咨商关系非政府组织大会旨在通过推动一系列非政府组织参与流程,确保讨论全球关注议题时,非政府组织在场。联合国咨商关系非政府组织大会成立于1948年,经历了不同的三"代"(Bloem, Agazzi Ben Attia, and Dam, 2008)。第一代恰逢冷战,具有咨商地位的国际非政府组织相对较少,因美国与苏联及其附庸国之间的冲突现实而几乎被政府间政策审议排斥在外。在南北对话和人权标准制定方面进行了一些尝试,但一般而言,非政府组织对话与联合国政府间审议分开进行,非政府组织的影响不大。在此期间,不成文的惯例是,联合国咨商关系非政府组织大会的理事会在西方和苏联集团之间平均分配。

第二代在冷战结束后出现。1996年,联合国向包括国家和区域非政府组织在内的更广泛组织开放咨商地位,鼓励南方国家和前苏联集团的非政府组织参与。1997年,非政府组织与联合国安理会举行第一次会议。第三代的特点是更加密切的非政府组织与联合国关系,在诸如千年发展目标、国际刑事法院和全球契约(企业社会责任协议)等议题上,进行更加稳定的合作安排和联合战略工作。

联合国还扩大了覆盖妇女地位、环境、人类健康和城市发展等议题的世界首脑会议战略。鉴于联合国关于咨商地位的正式规则不适用于首脑会议,联合国主办的上述议题的首脑会议向更广泛的非政府组织开放联合国审议过程,每个会议都可以建立自己的认证制度。此外,有些非营利组织最终组织平行活动和抗议,吸引了更广泛的组织。尽管对这些首脑会议的行为和成效提出了批评,但非营利组织对其影响仍然寄予厚望并大量参与,即使只是为了抗议会议程序和表达对全球精英的反感。许多评论人士引用1992年在里约热内卢举行的联合国环境与发展会议（也称为地球峰会），作为市民社会广泛参与联合国峰会的转折点（Charnovitz，1997），但大量妇女市民社会组织早在1975年就参加了在墨西哥城举行的第一届世界妇女大会。在那次会议上，来自政府的约2000名代表和来自非政府组织的6000名代表齐聚一堂，到1995年在北京举行的第四届世界妇女大会上，有6000名政府代表和40000名非政府组织代表参加会议（Krut，1997）。在里约热内卢举行的2012年可持续发展会议（被称为里约+20会议，因其被认为是1992年地球峰会的后续会议），约850名注册非营利组织的代表与包括57位国家元首和31位政府首脑的由联合国会员国组织官方代表团一起出席正式会议。据说约有5万人参加了包括非政府组织和国际商业共同体在内的平行活动。

2004年《联合国——市民社会关系知名人士小组报告》（称为卡多佐报告）（United Nations，2004）指出，需要增加非政府组织对政府间机构的参与，同时推动其在国家层面的参与。除了与联合国有关的组织数据库外，经济和社会事务部非政府组织处还开发了促进经济和社会发展良好实践的门户网站 CSO 网（UN Department of Economic and Social Affairs，2014），新闻部非政府组织科每周举行非政府组织简报会，并组织年度会议（United Nations，2014）。联合国非洲经济委员会的治理项目开发了非洲市民社会组织门户网站，这是一个信息交流中心，其中包括非洲市民社会组织名录和资源库。基于理解"积极、知情和可行的市民社会对巩固多元民主，促进可持续发展至关重要"，联合国非洲经济委员会希望该门户网站促进市民社会组织和机构之间的对话与合作（African CSO Network Portal，2014）。

虽然所有这些动态都表明非政府组织在联合国中的作用和影响越来越大，但作为政策合作伙伴和服务提供者，仍然可以在有些圈子中感受到谨慎和挫折。卡多佐报告的建议并未得到普遍支持。有些联合国成员国不接受非营利组织在其境内开展活动，因此对非营利组织在国际舞台上的影响力持谨慎态度，许多国家的代表团，甚至来自对非营利活动更加开放的国家的代表团，都表达了对某些寻求与联合国合作的非营利组织的代表性的疑虑。

欧洲委员会

欧洲委员会总部设在法国斯特拉斯堡,是一个促进欧洲国家之间对话的政府间组织,包括欧盟范围之外的对话(尽管随着欧盟的不断扩大,二者重叠部分正在增加)。欧洲委员会的决策权力相对较弱,在咨询和监督能力方面的行为更多,但仍有许多非政府组织和商业团体进行游说。

自1952年以来,欧洲委员会一直为国际非营利组织提供咨商地位(官方文献中使用"国际非政府组织"名称)。2003年,欧洲委员会"确信市民社会提出的倡议、想法和建议可被视为欧洲公民的真实表达",并通过一项决议,将与国际非政府组织的"协商"升级为"参与"(Council of Europe, 2003)。该决议将非营利组织的地位制度化,将其视为"四方对话"审议程序的四大支柱之一,"四方对话"由部长委员会及其附属机构、议会大会、欧洲地方和地区政权代表大会、国际NGO构成。作为对这种新的参与地位的回报,国际非政府组织必须在参与该机构的活动方面对欧洲委员会作出更大的承诺。为了换取承诺,国际非政府组织获得以下特权:

- 允许向秘书长提交备忘录,以提交委员会和人权事务专员。
- 受邀为欧洲委员会的政策、项目和行动提供专家建议。
- 发布议会大会的议程和公开文件,以便利其出席议会大会的公开会议。
- 受邀参加欧洲地方和地区政权代表大会的公开会议。
- 邀请秘书处参加其组织的活动。
- 根据适用的欧洲委员会规则(Council of Europe, 2003),邀请参加其工作所关注的研讨会、会议和会谈。

具有参与地位的国际非政府组织是国际非政府组织会议的一部分,国际非政府组织会议在议会常会期间,每年两次在斯特拉斯堡举行会议。目前具有参与地位的约400个国际非政府组织,反映了非政府组织最广泛的定义;它们包括国际法医学院(International Academy of Legal Medicine)、世界医师协会(Médecins du Monde)、刑法改革国际(Penal

第八章 国际非营利组织的管理

Reform International)、国际扶轮社（Rotary International)、世界女企业家协会（World Association of Women Entrepreneurs）和世界退伍军人联合会（World Veterans Federation)。

国际非政府组织会议还与欧洲委员会合作，推动非营利组织参与成员国的决策进程。2009年，会议通过《公民参与决策过程良好实践守则》，希望通过为公民参与政策过程制定一套一般原则、指南、工具和机制，为成员国非营利组织创造更有利的环境（Council of Europe，2009）。该守则类似于第五章概述的通过框架协议流程在国家层面生成的政策参与守则。

世界银行

布雷顿森林体系，包括国际货币基金组织和世界银行集团（包括其附属开发银行和贸易组织)，与国际非营利组织的关系更加模棱两可。特别是世界银行，成为进步非营利部门的"黑衣人"。许多进步人士认为，世界银行是新自由主义全球化议程的一种形式，因此通过其结构调整和紧缩项目（Ebrahim and Herz，2007)，对发展中国家的贫困和债务负责。即使那些将世界银行视为必要的多边全球发展行为体的人，也一直在推动改革，推动市民社会组织更多地参与其治理和政策进程。

自20世纪70年代末以来，国际非营利组织已持续开展倡导运动，要求世界银行对其运营所产生的负面经济和社会影响负责。1981年，世界银行成立非政府组织——世界银行委员会，随后该委员会的一些非政府组织成员（主要来自南方）成立了自治工作组，以协调其倡导议程。这项协作工作有助于推动世界银行扩大参与议程，扩大南方声音在制定政策和设计项目中的作用。自世界银行委员会和自治工作组成立以来，在监督、评估和制定政策议程（如世行的减贫战略）方面，世界银行资助的非营利参与项目稳步上升。

由非营利倡导组织领导的广泛批评者联盟，于1994年举行集会，开展"五十年足够"运动，随后于2004年举行集会，开展"六十年足够"运动，试图削弱世界银行的力量，推动改革或以更民主的机构取而代之。世界银行和其他布雷顿森林体系会议现在经常吸引大规模的街头抗议活动，经常遭受诸如英国布雷顿森林项目等更加制度化形式的监督。对世界银行工作的批评仍在继续，但2014年没有有组织的"七十年足够"运动的事实，似乎表明了不断变化的倡导和发展前景。相反，更值得关注的是2014年，金砖国家发起的替代性国际金融机构新开发银行成立之年，新开发银行旨在挑战世界银行和国际货币基金组织在贷款和经济政策方面的主导地位，促进发展中国家更大的经济参与。

跨国公司

国际非营利组织和跨国公司之间不断发展的关系，最常被描述为从冲突转向合作，或者像西蒙·扎德克（Simon Zadek，2011）所说的那样，从"偷猎者和猎场看守人"到"不舒服的同床共枕"。国际非营利组织之前是批评者和外部监管机构，现在经常与跨国公司在多方面密切合作，包括资助，与事业相关的营销，生态标签和服务合作伙伴关系。跨国公司对其品牌脆弱性敏感，意识到与非营利组织合作有改善与利益相关者的对话、提升企业形象、提高员工士气和加强内部治理的优势。

非营利组织和跨国公司之间的新合作，在环境问题上尤为明显（Lyon，2010），但也包括人权和劳工权利、援助物流和公平贸易，以及专业、学术和体育非营利组织的产品和服务认可（包括诸如国际标准组织等组织的第三方认证——见专栏6.8）等方面。如第三章所述，越来越多的企业基金会和企业社会责任变体，已经成为非营利部门增长的一个组成部分，跨国公司反映了这一趋势，成为非营利组织的主要资金来源。在发展中国家，跨国公司的当地子公司往往是当地非营利组织的最大捐赠者。非营利组织、政府和企业之间的人员流动越来越多，它们之间的关系也因之得到巩固。

非营利组织通常被描述为跨国公司经济全球化、文明化的关键因素，通过参与监督市场力量的影响，推动全球监管标准进程，特别是有关诸如剥削童工、倾销污染或过期食品药品、破坏环境等历史关切。

莫顿·温斯顿（Morton Winston，2002）确定了一系列策略，类似前文倡导用局内人-局外人方法确定从参与到对抗，这个连续统一体有八个典型策略：（1）旨在推动自愿采用行为守则的对话；（2）社会核算和独立核查方案；（3）股东决议；（4）记录滥用和道德蒙羞；（5）抵制公司产品或撤资；（6）倡导选择性购买法；（7）政府规定的标准；（8）寻求惩罚性赔偿诉讼。

扎德克（Zadek，2011）关注非营利倡导对跨国公司三个层面的预期影响：战术（例如，针对单一公司的运动），战略（变革实践、行业和思维模式），以及系统性（例如，改变培养滥用的基本条件）。与表7.4中确定的影响一样，较低级别的影响更容易实现和衡量：可以找到由于倡导网络的压力，跨国公司修改策略和采用新运营原则的多个例子。而系统效应更难界定和评估。

在环境领域，营利跨国公司创建自己的非营利组织——全球环境管理倡议组织（Global Environmental Management Initiative，GEMI），该组织正在寻求强调非营利组织和跨国公司之间的合作伙伴关系如何实现倡导目标（见专栏8.9）。

专栏8.9 跨国公司创建自己的环境非营利组织

全球环境管理倡议组织是一家非营利组织，成立于1990年，由包括3M、可口可乐、杜邦和辉瑞在内的领先跨国公司创立，其使命宣言为"致力于通过工具和信息共享，推动环境、健康、安全和可持续发展的全球卓越，帮助企业实现卓越的环境可持续性"。总部设在美国华盛顿特区的全球环境管理倡议组织，年度预算为50万美元。

全球环境管理倡议组织与总部位于纽约的环境保护基金会（Environmental Defense Fund，世界上最大的环境倡导组织之一）合作，出版《成功的企业—非政府组织伙伴关系指南》，突出成功合作伙伴关系的案例研究，以下列用词兜售其优势："相较于诸如倡导立法或监管变革等其他方法，通过企业—非政府组织伙伴关系，只要设计和执行得当，通常可以更快地实现可测量的结果。公司和非政府组织已经发现许多成为合作伙伴的理由：创造商业价值和环境效益；提高环境绩效标准；利用组织中没有的技能和观点；建立尊重和信誉；提供独立验证；帮助实现长期愿景。"

资料来源：Global Environmental Management Initiative，www.-gemi.org。

这种伙伴关系是双方的潜在雷区。最近由一名记者发起的"刺痛行动",试图揭露一个环境组织与一个跨国公司之间看似温和的关系,这表明记者的工作存在一些风险(见专栏8.10)。

专栏8.10　保护国际

2011年,英国杂志《别慌》(*Do not Panic*)派记者伪装成国防承包商洛克希德·马丁公司的高管,与保护国际的代表会面,保护国际是一家年收入1.2亿美元的美国环境保护非营利组织。据称这些假冒高管正在寻求非营利组织的帮助,以"洗白"公司可能生态不友好的公众形象。来自"刺痛"的视频和录音,似乎提供了一位保护国际代表的可恶肖像,他似乎非常愿意满足假冒高管的需求,甚至暗示该公司采用濒临灭绝的秃鹰作为吉祥物。保护国际的批评者声称,这些录音表明它是无可救药的妥协,代表了一种变得富有且对污染严重公司的慷慨捐赠上瘾的环境运动。

保护国际的联合创始人兼首席执行官在一系列评论文章中对批评进行回击。他声称,《别慌》的报道忽略提及恶作剧期间发生多次交流的关键要素,使用其他脱离背景的内容来描绘保护国际的工作,是非常不准确、偏颇和不完整的。具体而言,他声称这些录音省略了对尽职调查流程的讨论,省略了保护国际坚持认为需要重点关注真正的技术工作的讨论,真正的技术工作对作为任何企业合作伙伴关系核心的自然有益。他指出,保护国际已经积极透明地与企业合作了20多年,目的是改善环境实践。他表示,"我们认为找到解决方案的最有效方式是与其他组织合作,包括公司、政府和其他非政府组织。仅仅从边线投掷石块是不够的;我们必须共同努力,以满足迅速增长的全球人口的需求,这些人口依赖于脆弱、已经过度紧张的环境。"

资料来源:参见 Huffington Post, http://www.huffingtonpost.com/2011/05/17/conservation-international-lockheed-martin-video_n_863205.html, and http://www.huffingtonpost.com/peter-seligmann/conservation-international-lockheed-martin_b_863876.html。

第八章 国际非营利组织的管理

政府间组织,一直是国际非营利组织和跨国公司之间交往的主要经纪人。自2000年以来,有关企业社会责任的联合国全球契约,一直是监督跨国公司行为的重要组成部分。全球契约的签署方,通过鼓励公司自愿将其运营和战略与人权、劳工、环境和反腐败等十项核心原则相结合,寻求加强对社会负责的做法(UN Global Compract, 2013)。其复杂的多层治理,是处理重大全球议题的跨部门网络参数一个很好的例子。在核心方面,即联合国一级,全球契约的执行情况由联合国指定的理事会监督,该理事会包括商业企业、劳工组织,以及透明国际和国际自然保护联盟等国际非营利组织。此外,联合国还资助设立全球契约基金会,这是一家在美国注册的非营利组织,2012年从广泛的企业捐助者那里筹集1300万美元用于支持全球契约实施,现已推动100多个国家和地区创建全球契约本地网络,其中有些是半正式网络,有些则建立新的当地非营利组织。在每个级别,理事会和工作组都包括来自政府、企业、非营利部门的代表。

全球契约有超过10000个签署方,但没有任何附属制度化机构具有执法权力。因此,外部监管机构继续发挥作用,包括诸如位于阿姆斯特丹的跨国公司研究中心的全球契约评论项目等专注于全球契约本身的机构,以及继续监督跨国公司一般工作的其他机构,如美国非营利组织潮汐(Tides)的国际企业责任圆桌会议项目。圆桌会议作为人权、环境、劳工和发展组织联盟的秘书处,创建、推动和捍卫法律框架,以确保公司在其全球业务中尊重人权。联合国还出版了《商业与人权指导原则》(UN Office of the High Commissioner for Human Rights, 2011),其中概述了各国监督其商业部门侵犯人权行为的责任。

诸如美体小铺和谷歌等好几家公司,经常被列为社会行动主义和可持续实践的典范,它们通常与当地非营利组织和国际非营利组织密切合作。然而,企业和国际非营利组织之间不断发展的关系中最引人注目的方面,是新一代全球富豪的出现。乔治·索罗斯、比尔·盖茨和理查德·布兰森等著名慈善家立即浮现脑海,同时,除这些人之外数百名富人也将商业技能和慈善本能结合在一起。许多互联网企业富豪相当年轻,现在他们寻求用其资金和技能来解决社会问题。他们提供资金,创办自己的新组织,或寻求在其企业和国际非营利组织之间建立更密切的关系。

第九章 发展趋势

已去世的彼得·德鲁克（1994）曾预言，志愿组织和非营利组织将日益推动知识经济的发展，人们可以发现，公共服务、学术界和媒体不乏宣称 21 世纪是"非营利世纪"的人（Eberly, 2008；Lang, 2013；D. H. Smith, 2010）。甚至那些不使用这种夸张手法的评论人士也指出，非营利组织的社会、政治和经济空间在不断扩大（特别是莱斯特·萨拉蒙和赫尔穆特·安海尔的许多著作），或者他们预告社会责任、社会经济和协作共享等伴生性概念的兴起，该类概念倾向于在非营利部门找到自己的"家园"（Cheema and Popovski, 2010；Nicholls and Murdock, 2012；Rifkin, 2014）。非营利组织形式及其相关逻辑，甚至被吹捧为印刷媒体等行业的可持续性未来选择，这些行业的传统商业模式已经被新的经济和技术现实日渐消解。

或许这是现代非营利组织出现两个世纪以来的第一次，即一种广泛共识已经产生，即它们是有益的——无论是在意识形态上还是在操作上——而且，它们的增长应该获得鼓励。为什么非营利组织不受欢迎呢？它们可能提供社会资本建设、公民参与、志愿服务、服务创新以及有效的服务供给，而且同时确保重要支持者的忠诚度。在国际领域，非营利组织推动着世界性交流和对话共同体的扩展，提升全球公民责任。对于许多学者和实践者来说，非营利组织是现代性的体现。

在第一章到第四章中，我追溯了全球不同国家非营利部门的兴起，强调了其巨大的多样性。该部门涉及广泛的利益，由各种规模和能力的组织构成。尽管非营利部门经常与公共部门和营利部门重叠，但非营利组织的特点是独立于政府，缺乏直接的利润动机，以及服务于成员和公众利益的基本使命。通过本书的分析，我探讨了不断增长的国内和国际非营利部门参数，研究了它们当前面临的许多政策和运营困境。

鉴于非营利部门中的组织的巨大多样性，很难提供简单或全面的结论。然而，本书贯穿了一些关键主题：20世纪70年代以来，国内和国际非营利部门迅猛增长；非营利组织服务和表达功能专业化；与政府和企业的关系转变；引进新技术；以及证明非营利组织的工作和成效需要更大的举证责任。

尽管本书的主要论点是，非营利组织在不久的将来可能会继续增长，但这一论点并非无可争议。质疑来自各个政治流派：威权政府对非营利组织的独立性持谨慎态度；保守派谴责它们是极端主义特殊利益的工具（尽管保守派当然也享受过通过非营利组织进行组织的好处）；改革派指责它们充当资本主义和帝国主义的侍女；所有意识形态的组织理论家都担心它们运营能力有限，缺乏问责。政府镇压非营利组织的活动，在世界各地已经司空见惯——无论是为了限制政治活动，打击腐败，要求更多的有效结果证据，还是减少税收优惠。

在第五章的第一部分，我探讨了受美国启发的模式汇聚的可能性，结论是经济、政治、社会和行政背景的巨大差异将使世界各地非营利部门的差异永久化。当世界任何地方的读者看到非营利组织或基金会等词语时，他们会立即根据自己的国家经验和背景形成一个概念性图景，说明这些组织是如何治理和运作的。如果他们正读到的非营利组织是在与自己不同的文化背景下运作，那么他们脑中的图景很有可能是错误的。专栏9.1探讨了一个非营利基金会如何在一个以政府为中心的国家运作。 292

专栏9.1 哈桑二世基金会

1990年，哈桑二世海外摩洛哥人基金会（Hassan II Foundation for Moroccans Residing Abroad）在摩洛哥拉巴特成立。该基金会是根据已故国王哈桑二世颁布的王室法令建立的，官方描述为"具有社会使命、道德人格和财务自主权的非营利机构"。哈桑二世基金会是一个运营性基金会，旨在为海外摩洛哥人提供社会和法律援助，帮助改善海外移民的经济状况。

像世界各地许多由政府资助的基金会一样，哈桑二世基金会与政府的关系非常密切。现任理事长是摩洛哥公主拉拉·玛利亚（Lalla Meryem），是已故国王哈桑二世的女儿，也是现任国王穆罕默德六世（Mohammed VI）的妹妹。曾有一段时间，负责与国外摩洛哥人合作的政府部长也负责运营该基金会。

一位摩洛哥政府官员指出，一个基金会比一个政府部门更可取，因为当一个基金会代表移民进行干预时，它不会激起像政府部门那样的敏感性，而且因为对于摩洛哥移民定居国的政府而言，一个非政府组织拥有更强的发言权。

资料来源：参见哈桑二世海外摩洛哥人基金会，http://www.fh2mre.ma/。

支撑本书分析的制度框架认为，非营利组织不只是其他行为体让与社会空间的被动居民。相反，它们积极运作，重新界定其角色以及与其他行为体的关系，重建它们所在的社会。然而，本书已分析非营利组织独立机构的局限性，证据表明，它们可能比许多人渴望或相信自己成为的行为体更小。非营利部门的边界和权力一般由非营利部门控制之外的力量决定，无疑不受单个组织的控制。

对非营利组织的未来的看法，取决于观察者的世界观及其对过去和现在动力机制的解析。非营利组织的工作与社会进化之间的联系，似乎是一块白板，不同的意识形态和学科传统在上面蚀刻着自己的观点。在工业化民主国家，非营利组织被视为福利国家衰落的原因，也是它的救星。在发展中国家，非营利组织被视为是帮助人们摆脱贫困的行动者或是被谴责继续剥削。这些主观现实（subjective realities）受时间和地点的限制，取决于复杂的历史结合。在向更民主的体制转型的时期，非营利部门可能被称赞为进步的和解放的，而在更稳定的情况下，它可能被蔑视为反动和根深蒂固的精英特权。20世纪80年代以来，许多工业化民主国家的非营利部门的兴起恰好伴随着不平等重新抬头和财富向精英手中集中，但同时人权、健康、教育和环境等方面取得重大进展。非营利组织是抵御更糟糕经济不平等的保护者，还是社会收益的推动者，抑或仅仅是其他行动者推动的动力机制的旁观者？

在第一章和第七章中，我注意到，非营利领域的学者经常清醒地意识到，其他不太熟悉非营利辩论的评论人士似乎没有多少时间和空间专注于该领域。在许多关于经济、社会和政治未来的分析中，非营利组织只出现在关于加强市民社会必要性的一般性陈述中，即使这样，它们通常也只被视为其他机构和政策的代理人。由世界上最受尊敬的权威人士撰写的分析未来趋势的书籍，通常没有关于非营利组织、市民社会或本书中使用的任何其他同等术语的索引条目。也许这个问题只是对分析单元辨识的错误之一，因为对未来主义文献更仔细的研究表明，被引用作为未来动力机制的关键行动者的许多机构实际上是非营利组织，尽管它们并没有被识别出来。

大趋势

关于当前社会动力机制的大多数评述对非营利部门来说是个好兆头。这很可能是由于意识形态相互对立、相互冲突，但结果是，许多当前世界趋势指向可能推动非营利部门扩张的条件。本书已经确定的推动非营利部门增长的众多因素中，以下几个可以说是最重要的：

¤几乎在所有体制下，政府部门精简缩编。工业化民主国家、中央集权国家和政府间实体都在给非国家行为体让出政治和业务空间。

¤公共问题向私有化解决方案转换，更广泛的准公共物品兴起。

¤通过政府合同、企业赞助和私人公益，非营利组织的资助基础扩大。

¤南方国家不断增长的中产阶级正在寻求更多的参与，而且拥有更多的可支配收入，用来支持公益活动。

¤南北人口和文化的关键转变，包括活跃的老年人和接受公益教育的青年一代增加。人口受教育程度、赋权水平和创业能力都不断提高。

¤新技术的出现，可以降低创立和运营组织的交易成本。

¤非营利思维模式和工具包的全球传播。

294

中国非营利部门的增长显示了其中许多趋势（见专栏9.2）。

专栏 9.2　中国非营利部门

中国有约 13 亿人口，是世界上人口最多的国家。它拥有慈善和互助福利组织的历史悠久。

1976 年毛泽东逝世后的经济和社会改革，让一个更加独立的市民社会暂时开花结果。新的组织登记需要政府实体作为业务主管部门，而大多数早期登记的非营利组织实际上是政府或前官员设立的官办非政府组织。

近年来，非营利组织登记数量也急剧增加。1990 年，只有约 2 万个组织正式登记，但到 2011 年，这一数字已攀升到接近 50 万个。这些登记的非营利组织在健康、教育、扶贫、文化、体育和专业交流等领域开展工作，现在许多非营利组织都与政府签约提供服务。政府还开始允许外国非营利组织在中国开展业务，甚至鼓励引进外国运营模式。2002 年，国际狮子会成为第一个获得官方认可的国际志愿服务俱乐部组织。中国政府发布了一项行政命令，由国务院总理签署，正式在深圳和广东成立两家试点狮子会。当前，中国有大约 200 家狮子会。

除了正式登记的组织之外，许多其他组织都是由个体创业者在正式的非营利法律体制之外运营的。它们大多是小型组织，通常被称为未登记的社会组织。估计这些组织的数量在 150 万到 1000 万个之间，其中许多已登记为企业。

2008 年四川地震，常常被视为中国政府和民众对国内外非营利组织态度的关键转折点。现在，政府官员承认，国内外非营利组织可以帮助满足广泛的社会需求，而且不断增长的中产阶层正转向非营利组织，寻求参与社会的新途径，成为更积极更有公益意识的公民。中国是比尔·盖茨（Bill Gates）和沃伦·巴菲特（Warren Buffett）最先访问的国家之一，目的是推广他们的捐赠承诺（见专栏 6.15），中国尽管限制筹款，但在线捐赠正在蓬勃发展。

2012 年，中国政府宣布非营利组织登记不再需要业务主管部门，放宽许多要求政府直接监督国内和国际非营利组织工作的规定。登记和监督系统下放，由中国民政部将这些责任移交给省级民政部门。

中国的非营利部门通常具有"新兴"、"年轻"和"脆弱"等典型特征。非营利部门正在迅速扩张，但仍面临着资金基础薄弱和缺乏管理经验的挑战。

资料来源：Guo et al.，2012；J. Richter and Hatch，2013。

保持合法性

非营利部门的未来取决于其持续的合法性，但在自身矛盾的重压下，它总是处于摇摇欲坠的危险之中。如果非营利部门不能持续证明它比政府和企业更有效果、更有效率和更值得信赖，那么它可能会被一个复兴的公共部门和一个越来越具社会责任感的营利部门排挤出去。最令人担忧的是非营利组织的渎职和寻租行为，但秉持正义、管理良好的组织在展示其影响力和公共利益方面依然面临着相当大的挑战。即使是非营利部门的热心支持者也谴责说，许多国内和国际非营利组织已经"迷失方向"，变成了官僚主义、非政治化的组织，主要回应政府和捐助者的议题，而不是成为（像它们曾经被认为的那样）自治、草根导向和创新的组织。在第八章关于问责的部分，我阐述了当前国际舞台上加强非营利组织展示和传播影响力的许多关键举措。

随着非营利部门的发展，其基础将变得更加广泛，但代表组织收入的人口金字塔的峰值将更高。一小群超级非营利组织的增长，推动了企业化重量级人物与草根基层之间的分离。一场"大与小"的争论，继续困扰着每一个非营利生态系统。不仅可以感知到非营利寡头的出现，而且还可以感知到非营利部门分裂成没有代理的小型组织。更大的非营利组织被视为更专业、更有能力提供复杂的服务，并且由于这些原因，更有可能受到来自政府和营利部门的强大利益相关者的平等对待。较小的非营利组织被认为更具响应性、更敏捷，能够融合多样性。随着社会创新成为新的信条，注意力转向庆祝创业家精神，而可持续性问题往往会退居其后。第六章的国际机构中合并与权力下放之间的离心-向心张力，同样回应了有关组织最佳规模的争论。

南方的崛起

过去几十年来，全球非营利部门的增长经历了各种各样的浪潮，有些是连续的，有些是平行的。工业化、说英语的自由主义国家实施新公共管理，东欧和拉丁美洲向更民主体制转型，社会民主和社团主义福利国家重组，以及亚洲经济增长，都推动了非营利部门的增长。当前的浪潮似乎是全球南方经济和政治影响的上升。一定程度上，这一浪潮与上述拉丁美洲、东欧和亚洲的变革重叠，但它也是一种新的动力机制，这种动力机制是由于一些早期的变革达到其全球预测所需要的"临界质"（critical mass），撒哈拉以南非洲的经济和政治发展，以及阿拉伯国家最近的转型所产生的。更多、更强的非营利组织正在北方以外的国家发展，包括低收入国家和中等收入国家的新型草根和国内组织，以及来自金砖国家、海湾国家和其他新兴经济体的新型区域和国际组织。该发展趋势侧重于知名的人道援助和倡导型非营利组织，但正如第六章和第七章所述，非营利活动的国际维度涉及广泛的问题和许多跨境联系模式。专栏9.3中，记录了土耳其一家专注于加强法人治理的国内非营利组织，作为类似组织复杂国际网络的一部分是如何运作的。

专栏9.3 土耳其法人治理协会

土耳其法人治理协会（Türkiye Kurumsal Yönetim Derneği，TKYD）成立于2003年，是一个志愿性非政府组织，使命是在私人部门、公共部门、媒体、监管机构、市民社会组织和学术界实施以透明、问责和责任为基础的法人治理实践国际标准。

TKYD的会员包括在土耳其经营的跨国企业，包括可口可乐和德勤会计师事务所，以及当地公司。TKYD为所有部门的组织提供资源，提供定期培训项目，包括2010年的一个重点是土耳其足球俱乐部的治理的项目。

TKYD是《联合国全球契约（UN Global Compact）》（见第八章）的签署方，资金来源包括会费，来自经合组织和世界银行集团等政府间组织的资助，以及旨在改善公共部门、私人部门和非营利部门治理的非政府倡议。非政府组织资助者包括全球报告倡议

（Global Reporting Initiative），这是一个总部设在阿姆斯特丹的组织，它开发了一个框架，用于衡量和报告非政府组织活动、产品和服务的经济、环境和社会维度。

资料来源：参见土耳其法人治理协会，http：//www.tkyd.org/tr/；全球报告倡议，https：//www.globalreporting.org/reporting/sector-guidance/sector-guidance/ngo/Pages/default.aspx。

乐观主义者认为，这一不断变化的地缘政治发展阶段，将为更多与当地相关的南方组织的出现铺平道路，并将使用与北方同行不一定相同的运作哲学，采用自下而上的本土方法动员。然而，南方非营利组织的大部分资助将继续从北方流入，而对全球标准的推动表明，在很大程度上，建立在自由的非营利组织模式上的国际运营规范是同构的。与此同时，还有待观察的是，政治动力机制对非营利部门会产生什么样的影响，华盛顿与北京、安卡拉（土耳其）和其他非自由主义体制对非营利部门的影响是否一样。世界各地的非营利部门可能会增长，尽管许多体制将继续设置重大的制度障碍，以吸纳和引导非营利组织的扩张，偶尔也会诉诸硬权力压制。卡内基国际和平基金会（Carnegie Endowment for International Peace）报告称，限制向国内非营利组织提供外国资金的新法律"像病毒一样蔓延"，独立市民社会的政治空间正在缩小（Carothers and Brechenmacher，2014）。转型国家和新兴国家的各种非营利组织都出现了增长，但它们也是"结社反革命运动"的中心，因为各国政府收紧了对外国资金的限制，试图约束非营利组织的运营（Rutzen，2015）。

跨部门趋势

第二章阐释了非营利组织作为独立第三部门的概念。然而，书中强调的新兴的社会企业话语以及与政府和营利企业的更强整合，表明了各部门之间以前的界限现在越来越模糊。这不仅决定了各类组织之间如何跨部门协作，而且还决定哪个部门被视为实现社会目标的最佳平台。公共部门、私人部门和非营利部门的组织并行提供特定物品和服务已有很长历史，但是这些部门之间的交互活动清单似乎正在扩大。城市共享单车系统，是实施公共项目做出的典型选择（见专栏 9.4）。

> **专栏 9.4　城市共享单车**
>
> 　　自 2005 年以来，世界各地城市的公共单车共享系统呈指数级增长。参与费只覆盖了部分成本，因此它们通过公共部门、私人部门和非营利部门三种典型策略之一获得资助。
>
> 　　在西班牙巴塞罗那，被视为市政公共交通系统一部分的公共单车（Bicing）通过停车计时器的收入获得补贴。为了减轻城市的成本负担，中右翼市长与一家著名的移动电话公司签订赞助合同，授予其在单车挡泥板上做小广告的权利。中左翼反对者发誓称，如果赢得大选，就撕毁这项合同，声称这是公共服务私有化和商业化的一部分。
>
> 　　在纽约市，花旗单车（Citi Bike）是一家营利公司，由同名的私人银行花旗银行（Citibank）赞助。花旗单车采用该银行的企业颜色绘制，该单车标识复制了该银行标识的字体和图案。在花旗单车停放区和支付亭，可以看到该银行和信用卡公司的广告。2014 年初，当报道称花旗单车存在巨额赤字时，新当选的中左翼市长比尔·白思豪（Bill de Blasio）宣布，将不会有一分钱的公共资金用于该系统。
>
> 　　在西雅图，共享单车系统由普龙托（Pronto）管理，它是一家 501（c）（3）非营利组织。捐助者包括州政府和市政府，以及当地基金会和营利公司，后者包括阿拉斯加航空公司和户外装备公司 REI。
>
> 资料来源：公共单车（Bicing），http://www.bicing.cat；Citi Bike, http://www.citibikenyc.com；普吉特湾共享单车（Puget Sound Bike Share），http://www.pugetsoundbikeshare.org；Pronto http://www.pronto cycleshare.com。

　　这三个部门都越来越具有创业家精神，都在开拓与其他两个部门曾经有关的活动领域。"变形"可以看作组织和项目在不同部门之间的迁移，新的混合型法人形式正在形成。非营利部门面临的挑战是，尽管各部门之间的边界日益渗透，但作为公共行为体，该部门仍保持比较优势。

如第三章和第八章所述，较大的非营利组织正在采用企业的原则和战略，雇佣具有商业背景的员工，使用越来越复杂的企业结构和金融工具，其中可能包括创建营利性的分支机构。它们的资产和活动的货币化程度更高，以及各种形式影响力投资的出现，正在引领非营利组织进入可以潜在地给组织带来效率、规模和影响力的新领域。但是，必须权衡利润动机可能导致忽视低回报结果、降低商品或服务质量，以及疏远传统支持者的危险。商业化可能正在提升许多非营利组织的底线，但也使它们与其他部门的区别更小。

普通人可能对各部门之间的区别感到困惑，或者可能根本不知道或不关心组织形式，只要其需求得到满足。向任何纽约人询问有关中央公园的信息，他或她会钦佩地谈论其复兴。然而，很少有人知道中央公园是由一个非营利组织管理的，甚至更少有人会对这个非营利组织中央公园保护协会是否应该将其可观的公益收入部分转移到较贫穷的公园提出意见（见专栏3.1）。这种模糊界限在网络环境中更加明显，营利组织和非营利组织模糊地创建虚拟社交和政治社区，而点对点（peer-to-peer）众筹网站为非营利慈善活动和商业初创企业平等地筹集资金。脸书（Facebook）创建了大规模的私有化社交社区，众筹网Kickstarter重新定义了什么是值得贡献的"事业"的概念，Change.org已证明了政治组织的巨大利润。

如第八章所述，通过允许捐赠者更直接地向世界各地的接收者捐赠，点对点网站和社交媒体正在绕过非营利组织特别是国际组织的中介职能。这种能力对以前垄断筹资的大型组织构成潜在威胁，但也是世界任何地方的小型组织接触全球受众的机会。新技术的这种潜在破坏性非中介效应，对营利组织的集聚功能同样如此。互动式、参与式网络正在实现新形式的结社生活和参与。"数字市民社会"（Bernholz, Cordelli, and Reich, 2013a）、"没有组织的组织"（organizing without organizations）（Shirky, 2008）和"政府2.0"（Newsom and Dickey, 2014）只是为了捕捉这一新兴现象而创制的三个标签。廉价计算和移动技术正在创造一种"虚拟中产阶级"，与传统的武装基础相比，它可以赋予更广泛的人群政治发言权（Friedman, 2013）。非营利组织面临的挑战是，了解这些技术和社交媒体的组织模式是否正在产生新的自主流程，这些流程将与传统的非营利组织模式竞争并最终取代传统的非营利组织模式，或者它们是否只是非营利组织用于扩展其影响范围和影响力的工具。

尽管面临这些挑战，但在可预见的未来，非营利组织的活动和突出性将继续在国内和国际上扩展。表面上对立的意识形态现在一致认为，非营利组织是服务提供和政策制定制度框架的必要元素，尽管参数大不相同。每个国家和国际舞台上的非营利组织，其前景将由政府、市场和非营利组织争夺政治空间、资源和公众信任的平衡关系决定。

世界各地非营利部门的历史，清楚地记录了公共部门、营利部门和非营利部门的兴衰。一个部门的增长，可能导致另一个部门的衰退。然而，这种趋势不一定是零和游戏，也不一定是三个部门之间相互竞争的三难问题。更多的非营利组织，并不一定意味着更少的政府组织：一个国家可以拥有更多的政府组织和更多的非营利组织。不断增长的人口和不断扩大的经营领域为这三个部门的创业者们提供了机会。一场机构逻辑的全球性交叉正在发生，但组织形式和经营战略仍然反映出深刻的文化差异和意识形态抵牾。第四章确定的文化框架代表了这些均衡将在国家层面延伸的背景，而国际非营利活动将主要反映一些有影响力的国家出现的结构和流程，这些国家具有足够的经济、政治和道德分量来塑造世界各地的非营利部门轮廓。

参考文献

Abbott, Kenneth W., and Duncan Snidal. 2009. "The Governance Triangle: Regulatory Institutions and the Shadow of the State." In *The Politics of Global Regulation*, edited by Walter Mattli and Ngaire Woods, 44-88. Princeton, NJ: Princeton University Press.

Abrahamsen, Rita. 2004. "The Power of Partnerships in Global Governance." *Third World Quarterly* 25 (8): 1453-1467.

Abzug, Rikki, and Natalie J. Webb. 1996. "Another Role for Nonprofits: The Case of Mop-Ups and Nursemaids Resulting from Privatization in Emerging Economies." *Nonprofit and Voluntary Sector Quarterly* 25 (2): 156-173.

Adler, Nancy J. 2008. *International Dimensions of Organizational Behavior*. 5th ed. Eagan, MN: Thomson/South-Western.

African CSO Network Portal. 2014. "About Us." http://www.africancso.org/web/guest/about-us.

Agg, Catherine. 2006. *Trends in Government Support for Non-Governmental Organizations Is the "Golden Age" of the NGO Behind Us?* UNRISD/PPCSSM23/06/2. Civil Society and Social Movements Programme Papers. United Nations Research Institute for Social Development. http://www.unrisd.org/80256B3C005BCCF9/(httpAuxPages)/E8BC05C1E4B8AD6FC12571D1002-C4F0B/$file/Agg.pdf.

Agunias, Dovelyn Rannveig, and Kathleen Newland. 2012. *Developing a Road Map for Engaging Diasporas in Development: A Handbook for Policymakers* and Practitioners in Home and Host Countries. Geneva: International Organization for Migration.

Ahmed, Shamima, and David M. Potter. 2006. *NGOs in International Politics*. Bloomfield, CT: Kumarian.

Aiken, Mike. 2010. "Social Enterprise: Challenges from the Field." In *Hybrid Organizations and the Third Sector: Challenges for Practice, Theory and Policy*, edited by David Billis, 153–174. Basingstoke, UK: Palgrave Macmillan.

Ainsworth, David. 2011. "Charities Can Be 'Conservative and Self-Satisfied', Says RNIB Chair." *Third Sector*, No. 12 May. http://www.thirdsector.co.uk/News/DailyBulletin/1069568/Charities-conservative-self-satisfied-says-RNIB-chair.

Al Bawaba. 2011. "Forbes Middle East Supports Charitable Work and Reveals the Top Transparent Charities in the Arab World." *Al Bawaba* (Online). http://www.albawaba.com/forbes-middle-east-supports-charitable-work-and-reveals-top-transparent-charities-arab-world-387193.

Alcock, Pete, and Jeremy Kendall. 2011. "Constituting the Third Sector: Processes of Decontestation and Contention Under the UK Labour Governments in England." *Voluntas* 22 (3): 450–469.

Alexander, Jessica. 2013. *Chasing Chaos: My Decade in and Out of Humanitarian Aid*. New York: Broadway Books.

Andersson, Fredrik O. 2012. "Social Entrepreneurship as Fetish." *Nonprofit Quarterly* (Online). http://nonprofitquarterly.org/management/20140-social-entrepreneurship-as-fetish.html.

Andrews, Kevin. 2012. "Coalition's Approach to the Charitable Sector." http://kevinandrews.com.au/media/public-speech/coalition-approach-to-the-charitable-sector.

Anheier, Helmut. 1990. "Themes in International Research on the Nonprofit Sector." *Nonprofit and Voluntary Sector Quarterly* 19 (4): 371–391.

——. 2005. *Nonprofit Organizations: Theory, Management, Policy*. London: Routledge.

——. 2014. *Nonprofit Organizations: Theory, Management, Policy*. 2nd ed. London: Routledge.

Anheier, Helmut, and Jeremy Kendall, eds. 2001. *Third Sector Policy at the Crossroads: An International Non-Profit Analysis*. London: Routledge.

Anheier, Helmut, and Nuno Themudo. 2004. "Governance and Management of International Membership Organizations." *Brown Journal of World Affairs* 11 (2): 185-198.

Applbaum, Kalman. 1996. "The Endurance Of Neighborhood Associations In A Japanese Commuter City." *Urban Anthropology* 25 (1): 1-37.

Applebaum, Anne. 2012. "The Dead Weight of Past Dictatorships." *The New York Times* (Online), November 3 edition. http://www.nytimes.com/2012/11/04/opinion/sunday/the-dead-weight-of-past-dictatorships.html.

Archambault, Edith. 2001. "Historical Roots of the Nonprofit Sector in France." *Nonprofit and Voluntary Sector Quarterly* 30 (2): 204-220.

Archibugi, Daniele. 2008. *The Global Commonwealth of Citizens Toward Cosmopolitan Democracy*. Princeton: Princeton University Press. http://public.eblib.com/EBLPublic/PublicView.do?ptiID=457744.

Arndt, Channing, Sam Jones, and Finn Tarp. 2010. *Aid, Growth, and Development: Have We Come Full Circle?* . Helsinki: WIDER. http://hdl.handle.net/10419/54076.

Asian Philanthropy Advisory Network. 2012. "Reports on Diaspora Philanthropy." http://asianphilanthropy.org/?s=diaspora.

Aspen Institute. 2002. *The Nonprofit Sector and Government: Clarifying the Relationship*. Washington, DC: Aspen Institute. http://www.aspeninstitute.org/publications/nonprofit-sector-and-government-clarifying-relationship.

Australian Productivity Commission. 2010. *Contribution of the Not-for-Profit Sector*. Canberra, Australia: Australian Government Productivity Commission.

Baggot, Rob. 1995. *Pressure Groups Today*. Manchester, UK: Manchester University Press.

Balboa, Cristina. 2014. "How Successful Transnational Non-Governmental Organizations Set Themselves up for Failure on the Ground." *World*

Development 54（February）：273-287.

Baldwin, Peter. 2009. *The Narcissism of Minor Differences: How America and Europe Are Alike.* New York: Oxford University Press.

Banks, Nicola, and David Hulme. 2012. *The Role of NGOs and Civil Society in Development and Poverty Reduction.* Brooks World Poverty Institute Working Paper No. 171. Manchester University. http://papers.ssrn.com/sol3/papers.cfm?abstract_id=2072157.

Barraket, Jo. 2008. "Social Enterprise and Governance: Implications for the Australian Third Sector." In *Strategic Issues for the Not-for-Profit Sector*, edited by Jo Barraket, 126-142. Sydney: UNSW Press.

Batliwala, Srilatha, and L. David Brown. 2006. *Transnational Civil Society: An Introduction.* Bloomfield, CT: Kumarian.

Bauer, Peter T. 1969. "Dissent on Development." *Scottish Journal of Political Economy* 16（3）：75-94.

Benessaieh, Afef. 2011. "Global Civil Society Speaking in Northern Tongues?" *Latin American Perspectives* 38（6）：69-90.

Beng-Huat, Chua. 2003. "Non-Transformative Politics: Civil Society in Singapore." In *Civil Society in Asia*, edited by David Schak and Wayne Hudson. Burlington, VT: Ashgate.

Bernal, Victoria, and Inderpal Grewal, eds. 2014. *Theorizing NGOs: States, Feminisms, and Neoliberalism.* Next Wave: New Directions in Women's studie. Durham, NC: Duke University Press.

Bernholz, Lucy, Chiara Cordelli, and Rob Reich. 2013a. *The Emergence of Digital Civil Society*, CA. Stanford: Stanford Center on Philanthropy and Civil Society. http://www.grantcraft.org/index.cfm?fuseaction=Page.ViewPage&pageId=3796.

——. 2013b. *Good Fences: The Importance of Institutional Boundaries in the New Social Economy.* Stanford, CA: Stanford Center on Philanthropy and Civil Society. http://www.grantcraft.org/index.cfm?fuseaction=Page.ViewPage&pageId=3796.

BetterEvaluation.org. 2013. "Approaches." http://betterevaluation.org/

approaches.

Biekart, Kees. 2008. "Learning from Latin America: Recent Trends in European NGO Policymaking." In *Can NGOs Make a Difference? The Challenge of Development Alternatives*, edited by Anthony Bebbington, Samuel Hickey, and Diana Mitlin, 71-89. London: Zed Books.

Birchall, Johnston. 2001. *The New Mutualism in Public Policy*. London: Routledge. http://search.ebscohost.com/login.aspx? direct = true&scope = site&db = nlebk&db = nlabk&AN = 71378.

Bislev, Sven. 2004. "Globalization, State Transformation, and Public Security." *International Political Science Review* 25 (3): 281-296.

Blair, Elizabeth. 2011. "World Art Managers Find New Funding Models in D. C.," National Public Radio, August ‖, http://www.npr.orgl.

Blair, Tony, and Gerhard Schroeder. 1999. "The Blair Schroeder Manifesto." *Amsterdam Post*, June, 11. http://adampost.home.xs4all.nl/Archive/arc000 006.html.

Bloem, Renate, Isolda Agazzi Ben Attia, and Phillpe Dam. 2008. "The Conference of Nos (CONGO): The story of Strengthening Civil Society Engagement with the United Nations. In *Critical Make: The Emergence of Global Civil Society*. edited by James W. S. G. Walker and Andrew S. Thompson. Waterloo. Canada: Wilfried Laurier.

Bloodgood, Elizabeth A., Joannie Tremblay-Boire, and Aseem Prakash. 2014. "National Styles of NGO Regulation." *Nonprofit and Voluntary Sector Quarterly* 43 (4): 716-736.

Bloom, Paul, and Brett Smith. 2010. "Identifying the Drivers of Social Entrepreneurial Impact: Theoretical Development and an Exploratory Empirical Test of SCALERS." *Journal of Social Entrepreneurship* 1 (1): 126-145.

Board Source. 2012. "What Is the Nonprofit Sector? (Reprinted from 2009)." In *The Nature of the Nonprofit Sector*, 2nd ed., edited by J. Steven Ott and Lisa A. Dicke, 10-11. Philadelphia: Westview.

Bob, Clifford. 2011. "Civil and Uncivil Society." In *The Oxford Handbook of*

Civil Society, edited by Michael Edwards, 209-219. New York: Oxford University Press.

———. 2012. *The Global Right Wing and the Clash of World Politics*. Cambridge Studies in Contentious Politics. New York: Cambridge University Press.

Bolder Advocacy. 2014. *International Advocacy Capacity Tool*. Washington, DC: Alliance for Justice. http://bolderadvocacy.org/tools-for-effective-advocacy/evaluating-advocacy/international-advocacy-capacity-tool.

Boli, John. 1992. "The Ties That Bind: The Nonprofit Sector and the State in Sweden." In *The Nonprofit Sector in the Global Community: Voices from Many Nations*, edited by Kathleen McCarthy, Virginia Ann Hodgkinson, and Russy D. Sumariwalla, 240-253. San Francisco: Jossey-Bass.

———. 2006. "International Nongovernmental Organizations." In *The Nonprofit Sector: A Research Handbook*, 2nd ed., edited by Walter W. Powell and Richard Steinberg,, 333-351. New Haven, CT: Yale University Press.

Boli, John, and George M. Thomas, eds. 1999. *Constructing World Culture: International Nongovernmental Organizations Since 1875*. Stanford, CA: Stanford University Press.

Bolton, Matthew, and Thomas Nash. 2010. "The Role of Middle Power-NGO Coalitions in Global Policy: The Case of the Cluster Munitions Ban." *Global Policy* 1 (2): 172-184.

Bond, Patrick. 2008. "Reformist Reforms, Non-Reformist Reforms and Global Justice: Activist, NGO and Intellectual Challenges in the World Social Forum." *Societies Without Borders* 3: 4-19.

Bornstein, David. 2007. *How to Change the World*. Updated ed. New York: Oxford University Press.

Bornstein, David, and Susan Davis. 2010. *Social Entrepreneurship: What Everyone Needs to Know*. New York: Oxford University Press.

Borzaga, Carlo, and Luca Fazzi. 2010. "Processes of Institutionalization and Differentiation in the Italian Third Sector." *Voluntas* 22 (3): 409-427.

Brecher, Charles, and Oliver Wise. 2008. "Looking a Gift Horse in the Mouth: Challenges in Managing Philanthropic Support for Public Services."

Public Administration Review 68 [S1 (December)]: S146-S161.

Brown, Kevin M., and Susan Kenny. 2000. *Rhetorics of Welfare: Uncertainty, Choice and Voluntary Associations*. Basingstoke, UK: Macmillan.

Brown, L. David, Alnoor Ebrahim, and Srilatha Batliwala. 2012. "Governing International Advocacy NGOs." *World Development* 40 (6): 1098-1108.

Brown, L. David, and Jonathan Fox. 2000. *Transnational Civil Society Coalitions and the World Bank: Lessons From Project and Policy Influence Campaigns*. Working PaperNO. 3. Cambridge, MA: The Hauser Center for Nonprofit Organizations, Kennedy School of Government, Havard University.

Brown, L. David, and Jagadananda. 2010. "Civil Society Legitimacy and Accountability: Issues and Challenges." In *NGO Management: The Earthscan Companion*, edited by Alan Fowler and Chiku Malunga, 115-135. London: Earthscan.

Brown, L. David, Sanjeev Khagram, Mark H. Moore, and Peter Frumkin. 2000. *Globalization, NGOs and Multi-Sectoral Relations*. Working Paper No. 1. Cambridge, MA: The Hauser Center for Nonprofit Organizations, Kennedy School of Government, Havard University.

Brown, L. David, and Mark H. Moore. 2001. "Accountability, Strategy, and International Nongovernmental Organizations." *Nonprofit and Voluntary Quarterly* 30 (3): 569-587.

Brown, Rajeswary Ampalavanar, and Justin Pierce, eds. 2013. *Charities in the Non-Western World: The Development and Regulation of Indigenous and Islamic Charities*. New York: Routledge.

Buckley, Charles. 2013. "China Takes Aim at Western Ideas." *New York Times Conline*, August 20. http://www.nytimes.com/2013/08/20/world/asia/chinas-new-leadership-tafes-hard-line-in-secret-memo.html.

Buffett, Peter. 2013. "The Charitable-Industrial Complex." *New York Times* (Online), July 27. http://www.nytimes.com/2013/07/27/opinion/the-charitable-industrial-complex.html.

Bullain, Nilda, and Radost Toftisova. 2005. "A Comparative Analysis of European Policies and Practices of NGO-Government Cooperation."

International Journal of Not-for-Profit Law 7 (4): 64–112.

Burnstein, Paul, Rachel Einwohner, and Jocelyn A. Hollander. 1995. "The Success of Political Movements: A Bargaining Perspective." In *The Politics of Social Protest*, edited by J. Craig Jenkins and Bert Klandermans, 275-295. Minneapolis: Minnesota University Press.

Buthe, Tim, and Cindy Cheng. 2014. "Private Transnational Governance of Economic Development: International Development Aid." In *Handbook of Global Economic Governance*, edited by Manuela Moschella and Catherine Weaver, 322–342. New York: Routledge. http://www.ssrn.com/abstract=2290424.

Cain, Kenneth, Heidi Postlewait, and Andrew Thomson. 2004. *Emergency Sex and Other Desperate Measures: A True Story from Hell on Earth*. New York: Hyperion.

CARE International. 2004. "Safety and Security Handbook." Care International. http://www.coe-dmha.org/care/pdf/EntireBook.pdf.

Carey, Henry F. 2012. *Privatizing the Democratic Peace: Policy Dilemmas of NGO Peacebuilding*. Basingstoke, UK: Palgrave Macmillan.

Carothers, Thomas, and Saskia Brechenmacher. 2014. *Closing Space: Democracy and Human Right Support Under Fire*. Washington, DC: Carnegie Endowment for International Peace.

Carter, Susan, and Paula Speevak Sladowski. 2008. *Deliberate Relationships between Government and the Nonprofit/Voluntary Sector: An Unfolding Picture*. Ottawa: Wellesley Institute and the Centre for Voluntary Sector Research and Development.

Casa Amiga. 2013. "Financiadores." http://www.casa-amiga.org.mx/index.php/Contenido/financiadores.html.

Casey, John. 2004. "Third Sector Participation in the Policy Process: A Framework for Comparative Analysis." *Policy and Politics* 32 (2): 239–256.

———. 2011. "A New Era of Collaborative Government-Nonprofit Relations in the U.S.?" *Nonprofit Policy Forum* 2 (1). http://www.degruyter.com/

view/j/npf. 2011. 2. 1/npf. 2011. 2. 1. 1010/npf. 2011. 2. 1. 1010. xml.

——. 2013. "Hybrid Discourses on Social Enterprise: Unpacking the Zeitgeist." In *Social Entrepreneurship*, Vol. 1, edited by Thomas Lyons, 71-90. Santa Barbara, CA: Praeger.

Casey, John, and Bronwen Dalton. 2006. "The Best of Times, the Worst of Times: Community-Sector Advocacy in the Age of 'Compacts.'" *Australian Journal of Political Science* 41 (1): 23-38.

Casey, John, Bronwen Dalton, Rose Melville, and Jenny Onyx. 2010. "Strengthening Government-Nonprofit Relations: International Experiences with Compacts." *Voluntary Sector Review* 1 (1): 59-76.

CECP (Committee Encouraging Corporate Philanthropy). 2014a. *Giving in Numbers* 2014 Edition. New York: CECP and The Conference Board.

——. 2014b. *Giving Around the Globe* 2014 Edition. New York: CECP.

Center on Wealth and Philanthropy. 2010. "Transfer of Wealth." http://www. bc. edu/research/cwp/features/wealthtransfer. html.

Chandhoke, Neera. 2005. "How Global Is Global Civil Society?" *Journal of World-Systems Research* 11 (2): 354-371.

Charities Aid Foundation. 2006. *International Comparisons of Charitable Giving*. CAF Briefing Paper. Kent, UK: Charities Aid Foundation.

——. 2010. "World Giving Index 2010." https://www. cafonline. org/navigation/footer/about-caf/publications/2010-publications/world-giving-index. aspx.

——. 2011. "World Giving Index 2011." https://www. cafonline. org/publications/2011-publications/world-giving-index-2011. aspx.

——. 2012. "World Giving Index 2012." https://www. cafonline. org/PDF/WorldGivingIndex2012WEB. pdf.

——. 2014. *Give Me a Break: Why the UK Should Not Aspire to a "US-Style" Culture of Charitable Giving*. 1. Giving Thought Discussion Paper. Kent, UK: Charities Aid Foundation.

Charnovitz, Steven. 1997. "Two Centuries of Participation: NGOs and International Governance." *Michigan Journal of International Law* 18 (2):

183-286.

Cheema, G. Shabbir. 2010. "Civil Society and Democratic Governance: An Introduction." In *Engaging Civil Society Emerging Trends in Democratic Governance*, edited by G. Shabbir Cheema and Vesselin Popovski, 1-20. New York: United Nations University.

Cheema, G. Shabbir, and Vesselin Popovski, eds. 2010. *Engaging Civil Society Emerging Trends in Democratic Governance*. New York: United Nations University.

CIDC (Council of International Development Companies). 2014. "Did You Know?" http://www.cidc.us/did-you-know/.

CIVICUS. 2012. *State of Civil Society* 2011. Johannesburg, South Africa. http://socs.civicus.org/2011/wp-content/uploads/2012/04/State-of-Civil-Society-2011.pdf.

——2013a. *State of Civil Society* 2013. Johannesburg, South Africa. http://socs.civicus.org/wp-content/uploads/2013/04/2013 Stateof Civil Society Report_full.pdf.

——. 2013b. *The CIVICUS 2013 Enabling Environment Index*. Johannesburg, South Africa. https://civicus.org/eei/downloads/Civicus_EEI%20REPORT-%202013_WEB_FINAL.pdf.

Clark, John D. 2008. "The Globalization of Civil Society." In *Critical Mass: The Emergence of Global Civil Society*, edited by James W. St. G Walker and Andrew S. Thompson. Waterloo, ON: Wilfried Laurier, university Press.

Colás, Alejandro. 2002. *International Civil Society: Social Movements in World Politics*. Cambridge, UK: Polity.

Cole, Teju. 2012. "The White Savior Industrial Complex." *The Atlantic* (Online). http://www.theatlantic.com/international/archive/2012/03/the-white-savior-industrial-complex/254843/.

Cooley, Alexander, and James Ron. 2002. "The NGO Scramble: Organizational Insecurity and the Political Economy of Transnational Action." *International Security* 27 (1): 5-39.

Corry, Olaf. 2010. "Defining and Theorizing the Third Sector." In *Third*

Sector Research, edited by Rupert Taylor, 11-20. New York: Springer.

Council of Europe. 2003. *Participatory Status for International Non-Governmental Organisations with the Council of Europe.* Resolution No. 8 (2003), Council of Europe Committee of Ministers. Strasbourg, France: Council of Europe. http://wcd.coe.int/ViewDoc.jsp?id: 88953 site: CM.

——. 2009. *Code of Good Practice for Civil Participation in the Decision-Making Process.* CONF/PLE (2009) CODE1. Strasbourg, France: Conference of INGOs, Council of Europe. http://www.coe.int/t/ngo/Source/Code _ English_final.pdf.

Craig, Gary, Marilyn Taylor, and Tessa Parkes. 2004. "Protest or Partnership? The Voluntary and Community Sectors in the Policy Process." *Social Policy and Administration* 38 (3): 221-239.

Cravens, Jayne, and Susan J. Ellis. 2000. *The Virtual Volunteering Guidebook.* Philadelphia: Energize, Inc.

Crowley, James, and Morgana Ryan. 2013. *Building a Better International NGO: Greater Than the Sum of the Parts?*, Boulder, CO: Kumarian.

Curry, Bill. 2011. "Ottawa Looks at Rewriting Rules on Charitable Giving-the Globe and Mail." *The Globe and Mail* (Online), October 28. http://www.theglobeandmail.com/life/giving/giving-news/ottawa-looks-at-rewriting-rules-on-charitable-giving/article2216738/.

CVSRD. 2009. *A Gathering of Counterparts.* Ottawa: The Centre for Voluntary Sector Research and Development. http://www.cvsrd.org/eng/connections-communities/cc_counterparts.html.

Dalton, Russell J. 1993. *Citizens, Protest and Democracy.* Newbury Park, CA: Sage.

Dalton, Russell J., and Manfred Keuchler. 1990. *Challenging the Political Order: New Social and Political Movements in Western Democracies.* Cambridge, UK: Polity.

Davies, Thomas. 2012. "A 'Great Experiment' of the League of Nations Era: International Nongovernmental Organizations, Global Governance, and Democracy Beyond the State." *Global Governance* 18 (4): 405-423.

——. 2014. *NGOs: A New History of Transnational Civil Society*. London: C. Hurst.

Deaton, Angus. 2013. *The Great Escape: Health, Wealth, and the Origins of Inequality*. Princeton, NS: Princeton University Press.

Dees, J. Gregory. 2001. "The Meaning of Social Entrepreneurship." http://www.caseatduke.org/documents/dees_sedef.pdf.

Dees, J. Gregory, and Peter Economy. 2001. "Social Entrepreneurship." In *Enterprising Nonprofits: A Toolkit for Social Entrepreneurs*, edited by J. Gregory Dees, Jed Emerson, and Peter Economy, 1-18. New York: Wiley.

Defourny, Jacques, and Marthe Nyssens. 2010. "Conceptions of Social Enterprise and Social Entrepreneurship in Europe and the United States: Convergences and Differences." *Journal of Social Entrepreneurship* 1 (1): 32-53.

DeMars, William E. 2005. *NGOs and Transnational Networks: Wild Cards in World Politics*. London: Pluto.

Denhardt, Janet Vinzant, and Robert B Denhardt. 2003. *The New Public Service: Serving, Not Steering*. Armonk, NY: M. E. Sharpe.

Diani, Mario, and Ron Eyerman, eds. 1992. *Studying Collective Action: Sage Modern Politics Series*, V. 30. London: Sage Publications.

DiMaggio, Paul, and Helmut Anheier. 1990. "The Sociology of Nonprofit Organizations and Sectors." *Annual Review of Sociology* 16: 137-159.

DiMaggio, Paul, and Walter W. Powell. 1983. "The Iron Cage Revisited: Institutional Isomorphism and Collective Rationality in Organizational Fields." *American Sociological Review* 48 (2): 147-160.

Donovan, Doug, and Caroline Preston. 2012. "Charity Lowers Revenue Figure by $135-Million-Government." *Chronicle of Philanthropy*, November 29, edition. http://philanthropy.com/article/Charity-Lowers-Revenue-Figure/135982/.

Douglas, James. 1987. "Political Theories of Nonprofit Organizations." In *The Nonprofit Sector: A Research Handbook*, edited by Walter W. Powell and Richard steinberg, 43-54. New Haven, CT: Yale University Press.

Douglas, Stephen A., and Paul Pedersen. 1973. *Blood, Believer and Brother: The Development of Voluntary Associations in Malaysia.* Athens: Ohio University Center for International Studies.

Drucker, Peter. 1990. *Managing the Non-Profit Organization.* New York: Harper Collins.

——. 1994. "The Age of Social Transformation." *The Atlantic* 274 (5): 53-80.

Eberly, Don E. 2008. *The Rise of Global Civil Society: Building Communities and Nations from the Bottom Up.* New York: Encounter.

Ebrahim, Alnoor. 2003. "Making Sense of Accountability: Conceptual Perspectives for Northern and Southern Nonprofits." *Nonprofit Management and Leadership* 14 (2): 191-212.

——. 2005. *NGOs and Organizational Change: Discourse, Reporting, and Learning.* Cambridge, UK: Cambridge University Press.

Ebrahim, Alnoor, and Steve Herz. 2007. *Accountability in Complex Organizations: World Bank Responses to Civil Society.* 08-027. Kennedy School of Government Working Papers. Harvard University. http://www.hbs.edu/faculty/Publication%20Files/8-27_18c99232-358f-456e-b619-3056cb59e915.pdf.

Edelman Trust Barometer. 2012. "NGOs Most Trusted Institution Globally." http://trust.edelman.com/trusts/trust-in-institutions-2/ngos-remain-most-trusted/.

Edgington, Nell. 2011. "The Danger Of Abandoning the Nonprofit Sector." *Change.org News.* Accessed February 21. http://news.change.org/stories/the-danger-of-abandoning-the-nonprofit-sector.

Edwards, Michael. 2009. *Civil Society.* 2nd ed. Cambridge, UK: Polity.

——. 2010a. *Small Change: Why Business Won't Save the World.* San Francisco: Berrett-Koehler.

——. 2010b. "Have NGOs 'Made a Difference'?." In *NGO Management: The Earthscan Companion*, edited by Alan Fowler and Chiku Malunga,

13–25. London: Earthscan.

——., ed. 2011a. *The Oxford Handbook of Civil Society*. New York: Oxford University Press.

——. 2011b. "Introduction: Civil Society and The Geometry of Human Relations." In *The Oxford Handbook of Civil Society*, edited by Michael Edwards, 3–14. New York: Oxford University Press.

Edwards, Michael, and David Hulme. 1996. *Beyond the Magic Bullet: NGO Performance and Accountability in the Post-Cold War World*. West Hartford, CT: Kumarian.

Eikenberry, Angela M. 2009. "The Hidden Costs of Cause Marketing." *Stanford Social Innovation Review* (Summer): 51–55.

Einolf, Christopher, and Susan M. Chambré. 2011. "Who Volunteers? Constructing a Hybrid Theory: Who Volunteers? Constructing a Hybrid Theory." *International Journal of Nonprofit and Voluntary Sector Marketing* 16 (4): 298–310.

Eisenberg, Pablo. 2011. "Nonprofits Need to Put Aside Self-Interest in Tax Debate." *Chronicle of Philanthropy*. http://philanthropy.com/article/Nonprofits-Need-to-Put-Aside/129378.

Elkington, John, and Seb Beloe. 2010. "The Twenty-First-Century NGO." In *Good Cop/Bad Cop: Environmental NGOs and Their Strategies Toward Business*, edited by Thomas P. Lyon, 17–47. Washington, DC: Resources for the Future.

Elson, Peter. 2006. "Tracking the Implementation of Voluntary Sector-Government Policy Agreements: Is the Voluntary and Community Sector in the Frame?" *International Journal of Not-for-Profit Law* 8 (4): 34–49.

Encarnación, Omar Guillermo. 2003. *The Myth of Civil Society: Social Capital and Democratic Consolidation in Spain and Brazil*. New York: Palgrave Macmillan.

Esman, Milton J., and Norman Thomas Uphoff. 1984. *Local Organizations: Intermediaries in Rural Development*. Ithaca, NY: Cornell University Press.

Esping-Andersen, Gøsta. 1990. *The Three Worlds of Welfare Capitalism*. Princeton,

NJ: Princeton University Press.

Etzioni, Amatai. 1967. "Mixed Scanning: A 'Third' Approach to Decision Making." *Public Administration Review* 27 (5): 385-392.

——. 1973. "The Third Sector and Domestic Missions." *Public Administration Review* 33 (4): 314-323.

European-Arab Project. 2008. "A Code of Conduct for Arab Civil Society Organizations." European-Arab Project on: Freedom of Association in the Arab world, The Friedrich Naumann Foundation. http://www.archive-oyg.Com/page/1178582/2013-01-17/; http://www.onewornst.org/csoproject/cso/initiatives/642/a-code-of-conduct-for-arab-civil-society-organizations-2008-.

European Social Survey. 2013. "About the European Social Survey." http://www.europeansocialsurvey.org/.

European Values Study. 2011. "About European Values Study." http://www.europeanvaluesstudy.eu/evs/about-evs/.

Evetts, Julia. 1995. "International Professional Associations: The New Context for Professional Projects." *Work, Employment & Society* 9 (4): 763-772.

Farouk, Azeem Fazwan Ahmad. 2011. "The Limits of Civil Society in Democratising the State: The Malaysian Case." *Kajian Malaysia: Journal of Malaysian Studies* 29 (1): 91-109.

Fechter, Anne-Meike, and Heather Hindman, eds. 2011. *Inside the Everyday Lives of Development Workers: The Challenges and Futures of Aidland*. Sterling, VA: Kumarian.

Filer Commission. 1975. *Giving in America: Toward a Stronger Voluntary Sector: Report of the Commission on Private Philanthropy and Public Needs*. Washington, DC: Commission on Private Philanthropy and Public Needs.

Fisher, Julie. 1998. *Nongovernments: NGOs and the Political Development of the Third World*. West Hartford, CT: Kumarian.

Fishman, James J. 2008. "The Political Use of Private Benevolence: The Statute of Charitable Uses." *Pace Law Faculty Publications* Paper

287. http：//digitalcommons. pace. edu/lawfaculty/487.

Florini, Ann, ed. 2000. *The Third Force: The Rise of Transnational Civil Society*. Washington, DC: Carnegie Endowment for International Peace.

Foley, Michael, and Bob Edwards. 1996. "The Paradox of Civil Society and Democratic Social Change." *Journal of Democracy* 7 (3): 38-52.

Forbes. 2011. "The World's Biggest Companies." http://www. forbes. com/2011/04/20/biggest-world-business-global-2000-11-intro. html.

Forbes Middle East. 2013. "The Most Transparent Charities in the MENA Region." http：//english. forbesmiddleeast. com/view. php? list = 35.

Foreman, Karen. 1999. "Evolving Global Structures and the Challenges Facing International Relief and Development Organizations." *Nonprofit and Voluntary Sector Quarterly* 28 (4): 178-197.

Foundation Center. 2014. *Key Facts on U. S. Foundations*. New York: Foundation Center. http：//foundationcenter. org/gainknowledge/research/pdf/keyfacts 2014. pdf.

Fowler, Alan. 2012. "Measuring Civil Society: Perspectives on Afro-Centrism." *Voluntas* 23 (1): 5-25.

Fowler, Alan, and Chiku Malunga, eds. 2010. *NGO Management: The Earthscan Companion*. London: Earthscan.

Frances, Nic. 2008. *The End of Charity: Time for Social Enterprise*. Crows Nest, NSW: Allen & Unwin.

Freedom House. 2011. "Freedom in the World 2011 Survey Release." http：//www. freedomhouse. org/template. cfm? page = 594.

Friedman, Thomas L. 2013. "The Virtual Middle Class Rises." *New York Times* (Online), February 2. http://www. nytimes. com/2013/02/03/opinion/sunday/friedman-the-virtual-middle-class-rises. html.

Frumkin, Peter. 2005. *On Being Nonprofit: A Conceptual and Policy Primer*. Cambridge, MA: Harvard University Press.

Fyfe, Nicholas R. 2005. "Making Space for 'Neo-Communitarianism'? The Third Sector, State and Civil Society in the UK." *Antipode* 37 (3): 536-557.

Gaudiani, Claire. 2007. "Let's Put the Word 'Nonprofit' Out of Business." *Chronicle of Philanthropy*. http://philanthropy.com/article/Lets-Put-the-Word-Nonprofit/55354/.

Gaudiani, Claire, and D. Graham Burnett. 2011. *Daughters of the Declaration: How Women Social Entrepreneurs Built the American Dream*. New York: Public Affairs.

Gibelman, Margaret. 2000. "The Nonprofit Sector and Gender Discrimination." *Nonprofit Management and Leadership* 10 (3): 251–269.

Gidron, Benjamin. 2010. "Policy Challenges in Light of the Emerging Phenomenon of Social Businesses." *Nonprofit Policy Forum* 1 (1). http://www.degruyter.com/view/j/npf.2010.1.1/npf.2010.1.1.1003/npf.2010.1.1.1003-xml.

Glasius, Marlies, David Lewis, and Hakan Seckinelgin, eds. 2004. *Exploring Civil Society: Political and Cultural Contexts*. London: Routledge.

Global Policy Forum. 2012. "Tables and Charts on NGOs." http://www.globalpolicy.org/ngos/tables-and-charts-on-ngos.html.

Global Volunteer Measurement Project. 2011. "The Global Volunteer Measurement Project." http://volunteermeasurement.org/.

Goldblatt, David. 2007. "The Odd Couple: Football and Global Civil Society." In *Global Civil Society* 2006/7, edited by Helmut Anheier, Mary Kaldor, Marlies Glasius, and Martin Albrow, 160–186. London: Sage. http://site.ebrary.com/id/10218175.

Goldsmith, Marshall, and Cathy Walt. 1999. "The Global Leader of the Future: New Competencies for a New Era." http://www.marshallgoldsmithlibrary.com/cim/articles_display.php?aid=128.

Götz, Norbert. 2008. "Reframing NGOs: The Identity of an International Relations Non-Starter." *European Journal of International Relations* 14 (2): 231–258.

———. 2010. "Civil Society and NGO: Far from Unproblematic Concepts." In *Third Sector Research*, edited by Rupert Taylor, 185–196. New York: Springer.

Government of India. 2009. *Compilation of Accounts for Non Profit Institutions in India in the Framework of System of National Accounts*（Report of Phase-1 of the Survey）. New Dechi. National Accounts Division Central Statistical Organisation Ministry of Statistics and Programme Implementation.

Government of Liberia. 2008. *National Policy on Non-Governmental Organizations in Liberia.* Monrovia：Minister of Planning and Economic Affairs. www. emansion. gov. lr/doc/NGOPolicguidelines. pdf.

GrantCraft. 2005. *Advocacy Funding：The Philanthropy of Changing Minds.* New York：GrantCraft, Ford Foundation. http：//www. grantcraft. org/index. cfm? fuseaction=Page. ViewPage&pageId=1309.

Grant, Wyn. 1995. *Pressure Groups, Politics and Democracy in Britain.* New York：Macmillan.

Green, Jessica F. 2014. *Rethinking Private Authority：Agents and Entrepreneurs in Global Environmental Governance.* Princeton, NJ：Princeton University Press.

Grønbjerg, and Lester M. Salamon. 2012. "Devolution, Marketization, and the Changing Shape of Government-Nonprofit Relations." In *The State of Nonprofit America*, edited by Lester M. Salamon, 447–470. Washington, DC：Brookings Institution Press.

Gugerty, Mary Kay, and Aseem Prakash. 2010. *Voluntary Regulation of NGOs and Nonprofits an Accountability Club Framework.* Cambridge, UK：Cambridge University Press.

Gundelach, Peter, and Lars Torpe. 1996. *Voluntary Associations, New Types of Involvement and Democracy.* Aalborg：Department of Economics, Politics and Public Administration, Aalborg University. http：//books. google. com/books? id = mhcYcgAACAAJ&dq = Gundelach + and + Torpe&hl = en&sa = X&ei=cMwzUbS9Lqm20QHPsYGADg&ved=0CDAQ6AEwAA.

Guo, Chao, Jun Xu, David Horton Smith, and Zhibin Zhang. 2012. "Civil Society, Chinese Style：The Rise of the Nonprofit Sector in Post-Mao China." *Nonprofit Quarterly*（Online）. https：//nonprofitquarterly. org/policysocial-context/21246-civil-society-chinese-stylethe-rise-of-the-nonprofit-sector-in-post-mao-chinaby. html.

Haas, Peter M. 1992. "Epistemic Communities and International Policy Coordination." *International Organization* 46 (1): 1–35.

Hager, M. A. 2001. "Financial Vulnerability among Arts Organizations: A Test of the Tuckman-Chang Measures." *Nonprofit and Voluntary Sector Quarterly* 30 (2): 376–392.

Hague, Rod, and Martin Harrop. 2010. *Comparative Government and Politics: An Introduction.* New York: Palgrave Macmillan.

Hall, Peter Dobkin. 1992. *Inventing the Nonprofit Sector and Other Essays on Philanthropy, Voluntarism, and Nonprofit Organizations.* Baltimore: Johns Hopkins University Press.

——. 2010. "Historical Perspectives on Nonprofit Organizations in the United States." In *The Jossey-Bass Handbook of Nonprofit Leadership and Management*, 3rd ed., edited by David Renz, 262–298. San Francisco: Jossey-Bass.

Halper, Stefan. 2012. *The Beijing Consensus Legitimizing Authoritarianism in Our Time: With a New Preface by the Author.* New York: Basic.

Hamilton, Clive, and Sarah Maddison. 2007. *Silencing Dissent: How the Australian Government Is Controlling Public Opinion and Stifling Debate.* Crows Nest, New South Wales, Australia: Allen & Unwin.

Hammack, David C., and Steven Heydemann, eds. 2009. *Globalization, Philanthropy and Civil Society: Projecting Institutional Logics Abroad.* Philanthropic and Nonprofit Studies. Bloomington: Indiana University Press.

Hansmann, Henry B. 1980. "The Role of Nonprofit Enterprise." *The Yale Law Journal* 89 (5): 835–901.

——. 1987. "Economic Theories of Nonprofit Organization." In *The Nonprofit Sector: A Research Handbook*, edited by Walter W. Powell and Richard Steinberg, 27–42. New Haven, CT: Yale University Press.

Haque, M. Shamsul. 2002. "The Changing Balance of Power between the Government and NGOs in Bangladesh." *International Political Science Review* 23 (4): 411–435.

Hewa, Soma, and Darwin H. Stapleton, eds. 2005. *Globalization, Philanthropy,* and Civil Society: Toward a New Political Culture in the Twenty-First Century. Nonprofit and Civil Society Studies. New York: Springer.

Hodgson, Lesley. 2004. "Manufactured Civil Society: Counting the Cost." *Critical Social Policy* 24 (2): 139–164.

Hofstede, Geert H. 2001. *Culture's Consequences: Comparing Values, Behavior, Institutions and Organizations Across Nations.* Thousand Oaks, CA: Sage.

Holdridge, David. 2011. "Foreign Assistance: Time for a Change." *Stanford Social Innovation Review: Civil Society Blog.* http://www.ssireview.org/blog/entry/foreign_assistance_time_for_a_change.

Home Office. 1998. "Compact on Relations Between the Government and the Voluntary and Community Sector in England." Home Office, Voluntary and Community Unit. http://www.nationalarchives.gov.uk/ERORecords/HO/421/2/P2/ACU/COMPACT.PDF.

Hudson Institute. 2010. "Too Close for Comfort? Obama and the Foundations." http://www.hudson.org/events/749-too-close-for-Comfort-Obama-and-the-foundations 2010.

——. 2012. *Index of Global Philanthropy and Remittances* 2012. Washington: Center for Global Prosperity, Hudson Institute. http://www.hudson.org/content/researchattachments/attachment/1015/2012indexofglobalphilanthropyandremittances.pdf.

——. 2013a. *Index of Global Philanthropy and Remittances* 2013. Washington, DC: Center for Global Prosperity, Hudson Institute. http://www.hudson.org/content/researchattachments/attachment/1229/2013_indexof_global_philanthropyand_remittances.pdf.

——. 2013b. *Philanthropic Freedom: A Pilot Study.* Washington, DC: Center for Global Prosperity, Hudson Institute. http://www.hudson.org/files/documents/Final Online Version Philanthropic Freedom A Pilot Study3.pdf.

Hunter, James Davidson, and Joshua Yates. 2002. "The World of American Globalizers." In *Many Globalizations: Cultural Diversity in the Contemporary World*, edited by Peter L. Berger and Samuel P. Huntington, 323–357. New

York: Oxford University Press.

Hurrell, Scott A., Chris Warhurst, and Dennis Nickson. 2011. "Giving Miss Marple a Makeover: Graduate Recruitment, Systems Failure, and the Scottish Voluntary Sector." *Nonprofit and Voluntary Sector Quarterly* 40: 336–355.

Huysentruyt, Marieke. 2011. "Development Aid by Contract: Outsourcing and Contractor Identity." London School of Economics (unpublished). http://personal.lse.ac.uk/huysentr/Development%20Aid%20by%20Contract%20%28Full%29.pdf.

Hyden, Goran. 2010. "Civil Society in Africa: Constraints and Opportunities for Democratic Change." In*Engaging Civil Society: Emerging Trends in Democratic Governance*, edited by G. Shabbir Cheema and Vesselin Popovski, 249–264. New York: United Nations University.

IMF. 2014. "Factsheet—Poverty Reduction Strategy Papers (PRSP)." https://www.imf.org/external/np/exr/facts/prsp.htm.

Incite. 2007. *The Revolution Will Not Be Funded: Beyond the Non-Profit Industrial Complex*. Cambridge, MA: South End Press.

INGO Accountability Charter. 2013. "The Charter Principles." http://www.ingoaccountabilitycharter.org/home/the-charter-principles/.

International Center for Not-for-Profit Law (ICNL). 2011a. "ICNL: Programs by Focus Area." http://www.icnl.org/programs/focus/index.htm.

——. 2010b. "NGO Law Monitor—Saudi Arabia." http://www.icnl.org/knowledge/ngolawmonitor/saudiarabia.htm.

——. 2013. "The Legal and Regulatory Framework for Civil Society." http://www.icnl.org/research/trends/trends4-2.html.

——. 2014. "Assessment Tools for Measuring Civil Society's Enabling Environment." *ICNL: Global Trends in NGO Law* (Online) 5 (1). http://www.icnl.org/research/trends/trends5-1.pdf.

Iriye, Akira. 2002. *Global Community the Role of International Organizations in the Making of the Contemporary World*. Berkeley: University of California Press. http://hdl.handle.net/2027/heb.90009.

Islamic Development Bank. 2005. *Report of "IDB 1440H Vision"*: *Regional Workshop for Africa.* Jeddah, Saudi Arabia: Islamic Development Bank. http://www.isdb.org/irj/go/km/docs/documents/IDBDevelopments/Internet/English/IDB/CM/About%20IDB/IDB%201440H%20Vision/Africa_Regional_Workshop_Report.pdf.

Jackson, Ashley, and Abdi Aynte. 2013. *Talking to the Other Side Humanitarian Negotiations with Al-Shabaab in Somalia.* Humanitarian Policy Group Working Paper. London: Overseas Development Institute. http://www.odi.org.uk/sites/odi.org.uk/files/odi-assets/publications-opinion-files/8744.pdf.

Jad, Islah. 2007. "NGOs: Between Buzzwords and Social Movements." *Development in Practice* 17 (4-5): 622–629.

James, Estelle, ed. 1989. *The Nonprofit Sector in International Perspective: Studies in Comparative Culture and Policy.* Yale Studies on Nonprofit Organizations. New York: Oxford University Press.

James, Rick. 2010. "Managing NGOs with Spirit." In *NGO Management: The Earthscan Companion*, edited by Alan Fowler and Chiku Malunga, 255–268. London: Earthscan.

Jenkins, Craig J. 2006. "Nonprofit Organizations and Policy Advocacy." In *The Nonprofit Sector: A Research Handbook*, 2nd ed. edited by Walter Powell and Richard Steinberg, 307–332. New Haven, CT: Yale University Press.

Jenkins, Garry. 2011. "Who's Afraid of Philanthrocapitalism?" *Case Western Reserve Law Review* 61 (3): 753–821.

Joassart-Marcelli, Pascuale. 2012. "For Whom and for What? Investigating the Role of Nonprofits as Providers to the Neediest." In *The State of Nonprofit America*, edited by Lester M. Salamon, 657–682, Washington, DC: Brookings Institution Press.

Johansson, Håkan, and Mairon Johansson. 2012. "From a 'Liberal' to a 'Social Democratic' Welfare State: The Translation of the English Compact into a Swedish Context." *Nonprofit Policy Forum* 3 (2). http://

www. degruyter. com/view/j/npf. 2012. 3. issue-2/2154-3348. 1057/2154-3348 . 1057. xml.

Johnston, Keith. 2012. "Acting Globally Thinking Globally Stepping up to Govern an International NGO. " Cultivating Leadership. http：// www. cultivatingleadership. co. nz/wordpress/wp-content/uploads/2012/ 01/Acting-Globally-Thinking-Globally-January-29-2012-CL. pdf.

Jönsson, Christer, and Jonas Tallberg, eds. 2010. *Transnational Actors in Global Governance：Patterns, Explanations, and Implications.* New York：Palgrave Macmillan.

Jordan, Grant. 2001. *Shell, Greenpeace, and the Brent Spar.* Basingstoke, UK：Palgrave.

Jordan, Lisa. 2005. *Mechanisms for NGO Accountability.* Research Paper No. 3. Global Public Policy Institute. http：//www. gppi. net/fileadmin/ gppi/Jordan_Lisa_05022005. pdf.

Kaldor, Mary. 2000. " 'Civilising' Globalisation? The Implications of the 'Battle in Seattle' ." *Millennium-Journal of International Studies* 29 (1)：105–115.

Kanter, Rosabeth M. 2006. "How Cosmopolitan Leaders Build Confidence：A Profile of the Future. " In *The Leader of the Future 2：Visions, Strategies, and Practices for the New Era.* edited by Frances Hesselbein and Marshall Goldsmith, 61–72. San Francisco：Jossey-Bass.

Karns, Margaret P., and Karen A. Mingst. 2004. *International Organizations：The Politics and Processes of Global Governance.* Boulder, CO：Lynne Rienner.

Keane, John. 2003. *Global Civil Society?* Cambridge, UK：Cambridge University Press.

Keck, Margaret E., and Kathryn Sikkink. 1999. "Transnational Advocacy Networks in International and Regional Politics. " *International Social Science Journal* 51 (159)：89–101.

Kendall, Jeremy. 2003. *The Voluntary Sector：Comparative Perspectives in the UK.* London：Routledge.

———. 2009. "Beyond the Compact in England: Policy Options in a Post-Compact World." In *ARNOVA Annual Conference, Philanthropy in Communities: Finding Opportunity in Crisis*. Cleveland, OH: (unpublished conference paper).

Keohane, Georgia Levenson. 2013. *Social Entrepreneurship for the 21st Century: Innovation Across the Nonprofit, Private, and Public Sectors*. New York: McGraw-Hill.

Kernot, Cheryl. 2010. "Social Entrepreneurs Change Bottom Line." *Newcastle Herald*, October 25. http://csi.edu.au/latest-csi-news/opinion-piece-social-entrepreneurs-change-bottom-line/.

Khagram, Sanjeev, James V. Riker, and Kathryn Sikkink. 2002. *Restructuring World Politics: Transnational Social Movements, Networks, and Norms*. Social Movements, Protest, and Contention, Vol. 14. Minneapolis: University of Minnesota Press.

Kim, Hyuk-Rae. 2003. "Unravelling Civil Society in South Korea: Old Discourses and New Visions." In *Civil Society in Asia*, edited by David Schak and Wayne Hudson, 192-208. Burlington, VT: Ashgate.

Kim, Inchoon, and Changsoon Hwang. 2002. *Defining the Nonprofit Sector: South Korea*. Working Paper No. 41. Baltimore: Center for Civil Society Studies, John Hopkins University. http://ccss.jhu.edu/wp-content/uploads/downloads/2011/09/Korea_CNP_WP41_2002.pdf.

Kingdon, John W. 1995. *Agendas, Alternatives, and Public Policies*. 2nd ed. New York: Longman.

Kiran, Ravi, and Anupam Sharma. 2011. "Corporate Social Responsibility: A Corporate Strategy for New Business Opportunities." *Journal of International Business Ethics* 4 (1): 10-17.

Kleiman, Kelly. 2011. "Everything Old Is New Again, and Nonprofits Should Stay That Way." *Stanford Social Innovation Review*, May 3. http://www.ssireview.org/blog/entry/everything_old_is_new_again_and_nonprofits_should_stay_that_way/.

Knoke, David. 1990. *Organizing for Collective Action: The Political Economies* of Associations. New York: Aldine de Gruyter.

Koppell, Jonathan G. S. 2008. "Global Governance Organizations: Legitimacy and Authority in Conflict." *Journal of Public Administration Research and Theory* 18 (2): 177-203.

Korn, Melissa. 2011. "M. B. A. s Choosing Nonprofits over For-Profits." *Wall St Journal* (Online), December 1. http://online.wsj.com/article/SB10001424052970204397704577070560859827978.html.

Korten, David C. 1987. "Third Generation NGO Strategies: A Key to People-Centered Development." *World Development* 15 (Supplement): 145-159.

———. 1990. *Getting to the 21st Century: Voluntary Action and the Global Agenda*. West Hartford, CT: Kumarian.

Kouzes, James M., and Barry Z. Posner. 2007. *The Leadership Challenge: How to Keep Getting Extraordinary Things Done in Organizations*. San Francisco: Jossey-Bass.

Kramer, Ralph M. 1981. *Voluntary Agencies in the Welfare State*. Los Angeles: University of California Press.

Krause, Monika. 2014. *The Good Project: The Field of Humanitarian Relief NGOs and the Fragmentation of Reason*. Chicago: The University of Chicago Press.

Kreinin Souccar, Miriam. 2011. "Philanthro-Teens Delving into Nonprofit World." *Crain's New York Business*. http://www.crainsnewyork.com/article/20110130/FREE/301309972.

Krige, John, and Helke Rausch, eds. 2012. *American Foundations and the Coproduction of World Order in the Twentieth Century*. Göttingen, Germany: Vandenhoeck & Ruprecht. http://site.ebrary.com/id/10569567.

Krut, Riva. 1997. *Globalization and Civil Society: NGO Influence in International Decision-Making*. Discussion Paper No. 83. United Nations Research Institute for Social Development. http://www.unrisd.org/unrisd/website/document.nsf/%28httpPublications%29/87428A38D3E040338-0256B650043B768?OpenDocument.

Kupchan, Charles. 2012. *No One's World: The West, the Rising Rest, and the Coming Global Turn.* New York: Oxford University Press.

Lang, Sabine. 2013. *NGOs, Civil Society, and the Public Sphere.* New York: Cambridge University Press.

Lawrence, Steven, and Christen Dobson. 2013. *Advancing Human Rights: The State of Global Foundation Grantmaking.* New York: The Foundation Center. http://foundationcenter.org/gainknowledge/humanrights/.

Layton, Michael. 2009. "A Paradoxical Generosity: Resolving the Puzzle of Community Philanthropy in Mexico." *Giving: Thematic Issues on Philanthropy and Social Innovation*, 1 (9): 87–101.

Lentfer, Jennifer. 2011. "Missionaries, Mercenaries & Misfits: How Two Aid Workers Came Full Circle in the Development World." *How Matters.* http://www.how-matters.org/2011/02/11/missionaries-mercenaries-misfits/.

Levermore, Roger, and Aaron Beacom, eds. 2009. *Sport and International Development.* Global Culture and Sport. Basingstoke, UK: Palgrave Macmillan.

Levi's. 2010. "Levi's Go Forth." http://us.levi.com/shop/index.jsp?categoryId=2843575&Camp=Brand: GoForth.

Lewis, David. 2007. *The Management of Non-Governmental Development Organizations.* 2nd ed. London: Routledge.

——. 2014. "Heading South: Time to Abandon the 'Parallel Worlds' of International Non-Governmental Organization (NGO) and Domestic Third Sector Scholarship?." *Voluntas* 25 (5): 1132–1150.

Light, Paul. 2000. *Making Nonprofig Worlc: A Report on the Tides of Nonprofit Manage-ment Reform.* Washington, DC: Brookings Institution Press.

——. 2008. *The Search for Social Entrepreneurship.* Washington, DC: Brookings Institution Press.

Lindblom, Anna-Karin. 2013. *Non-Governmental Organisations in International Law.* Cambridge, UK: Cambridge University Press.

Lindenberg, Marc, and Coralie Bryant. 2001. *Going Global: Transforming Relief and Development NGOs.* Bloomfield, CT: Kumarian.

Lindenberg, Marc, and J. Patrick Dobel. 1999. "The Challenges of

Globalization for Northern International Relief and Development NGOs." *Nonprofit and Voluntary Sector Quarterly* 28 (4): 4–24.

Lohmann, Roger. 1992. *The Commons: New Perspectives on Nonprofit Organizations and Voluntary Action.* San Francisco: Jossey-Bass.

Lombardo, Michael M., and Robert W. Eichinger. 2001. *The Leadership Machine: Architecture to Develop Leaders for Any Future.* Minneapolis, MN: Lominger.

Lonely Planet. 2010. *Lonely Planet Volunteer: A Traveller's Guide to Making a Difference Around the World.* London: Lonely Planet.

Lublin, Nancy. 2010. *Zilch: The Power of Zero in Business.* New York: Portfolio.

Lyons, Mark. 1993. "The History of Non-Profit Organizations in Australia as a Test of Some Recent Non-Profit Theory." *Voluntas* 4 (3): 301–325.

Lyons, Mark, and Bronwen Dalton. 2011. "Australia—A Continuing Love Affair with the New Public Management." In *Governance and Regulation in the Third Sector*, edited by Steven Rathgeb Smith and Susan D. Phillips. New York: Routledge.

Lyon, Thomas P., ed. 2010. *Good Cop/Bad Cop: Environmental NGOs and Their Strategies Toward Business.* Washington: Resources for the Future.

M4P Hub. 2013. "What Is M4P?" http://www.m4phub.org/what-is-m4p/introduction.aspx.

Macmillan, Robert, and Heather Buckingham. 2013. *A Strategic Lead for the Third Sector? Some May Lead but Not All Will Ever Follow.* Third Sector Futures Dialogues: Big Picture Paper 5. Third Sector Research Centre. http://www.biymingham.ac.UK/generic/tsyc/doca-ments/tsyc/news/a-strategic-lead-for-the third-sectorphf.

Maloney, William A., and Grant Jordan. 1997. "The Rise of the Protest Business in Britain." In *Private Groups and Public Life: Social Participation, Voluntary Associations and Political Involvement in Representative Democracies*, edited by Jan W. van Deth, 106–126. New York: Routledge.

Mansfield, Heather. 2012. *Social Media for Social Good: A How-to Guide for*

Nonprofits. New York: McGraw-Hill.

Martin, Maximilian. 2011. *Four Revolutions in Global Philanthropy*. Vol. 1. Impact Economy Working Papers. Geneva. www.impacteconomy.com/four-revolutions-global-philanthropy.

Martin, Roger L., and Sally Osberg. 2007. "Social Entrepreneurship: The Case for Definition." *Stanford Social Innovation Review* (spring): 29–39.

McCambridge, Ruth. 2011. "Social Entrepreneurship and Social Innovation: Are They Potentially in Conflict?" *Nonprofit Quarterly* (Online). http://www.nonprofitquarterly.org/management/18681-social-entrepreneurship-and-social-innovation-are-they-poten-tially-in-conflict.html.

McCarthy, John D., and Mayer N. Zald. 1977. "Resource Mobilization and Social Movements: A Partial Theory." *American Journal of Sociology* 82 (6): 1212–1241.

McCarthy, Kathleen, Virginia Ann Hodgkinson, and Russy D. Sumariwalla, eds. 1992. *The Nonprofit Sector in the Global Community: Voices from Many Nations*. San Francisco: Jossey-Bass.

McCollum, Betty. 2010. "Giving the US Nonprofit Sector a Seat at the Federal Table." http://thehill.com/blogs/congress-blog/campaign/109795-giving-the-us-nonprofit-sector-a-seat-at-the-federal-table-rep-betty-mccollum.

McGregor-Lowndes, Myles, and Emma Pelling. 2013. *An Examination of Tax Deductible Donations Made by Individual Australian Taxpayers in* 2010-2011. Working Paper No. ACPNS 60. Brisbane: Australian Centre for Philanthropy and Nonprofit Studies, Queensland University of Technology.

McKinsey & Company. 2009. "Valuing Corporate Social Responsibility-Mckinsey Quarterly-Corporate Finance-Valuation." http://www.mckinseyquarterly.com/Valuing_corporate_social_responsibility_McKinsey_Global_Survey_Results_2309.

Mendel, Stuart. 2011. "Book Review: Thomas Adam. Buying Respectability: Philanthropy and Urban Society in Transnational Perspective, 1840s to 1930s." *Nonprofit and Voluntary Sector Quarterly* 40 (March): 404–406.

Meyer, David S., and Douglas R. Imig. 1993. "Political Opportunity and the

Rise and Decline of Interest Group Sectors." *The Social Science Journal* 30 (3): 253-270.

Michael, Sarah. 2002. *The Role of NGOs in Human Security*. Working Paper No. 12. Cambridge, MA: The Hauser Center for Nonprofit Organizations, Kennedy School of Government, Harvrd university.

Minkoff, Debra C. 1994. "From Service Provision to Institutional Advocacy: The Shifting Legitimacy of Organizational Forms." *Social Forces* 72 (4): 943-969.

Mirabella, Roseanne. M. 2014. "Nonprofit Management Education." http://academic.shu.edu/npo/list.php?sort=degree&type=gconc.

Mirabella, Roseanne. M., Giuliana Gemelli, Margy-Jean Malcolm, and Gabriel Berger. 2007. "Nonprofit and Philanthropic Studies: International Overview of the Field in Africa, Canada, Latin America, Asia, the Pacific, and Europe." *Nonprofit and Voluntary Sector Quarterly* 36 (4 Supplement): 110S-135S.

Missoni, Eduardo, and Daniele Alesani. 2013. *Management of International Institutions and NGOs: Frameworks, Practices and Challenges*. Abingdon, UK: Routledge.

Moog, Sandra. 2009. "Exporting Institutional Logics into the Amazon? American and German Efforts to Protect the Ecosystem and Traditional Peoples of the Amazon Basin." In *Globalization, Philanthropy, and Civil Society: Projecting Institutional Logics Abroad*, edited by David C. Hammack and Steven Heydemann, 258-292. Philanthropic and Nonprofit Studies. Bloomington: Indiana University Press.

Moore, David, and Douglas Rutzen. 2011. "Legal Framework for Global Philanthropy: Barriers and Opportunities." *The International Journal of Not-for-Profit Law* 13 (1-2): 5-41.

Morgenthau, Hans. 1962. "A Political Theory of Foreign Aid." *American Political Science Review* 56 (2): 301.

Mortenson, Greg. 2006. *Three Cups of Tea: One Man's Mission to Fight Terrorism and Build Nations—One School at a Time*. New York: Viking.

Mosse, David. 2011. *Adventures in Aidland: The Anthropology of Professionals in International Development.* Oxford, UK: Berghann.

Moyo, Dambisa. 2009. *Dead Aid: Why Aid Is Not Working and How There Is a Better Way for Africa.* New York: Farrar, Straus and Giroux.

——. 2012. "Beijing, a Boon for Africa." *The New York Times* (Online), June 27 edition. http://www.nytimes.com/2012/06/28/opinion/beijing-a-boon-for-africa.html.

Mozilla Foundation. 2013. "The Mozilla Manifesto." http://www.mozilla.org/en-US/about/manifesto/.

Muukkonen, Martti. 2002. *Ecumenism of the Laity: Continuity and Change in the Mission View of the World's Alliance of Young Men's Christian Associations, 1855-1955.* Joensuun Yliopiston Teologisia Julkaisuja, No. 7. Joensuu, Finland: University of Joensuu.

——. 2009. "Framing the Field: Civil Society and Related Concepts." *Nonprofit and Voluntary Sector Quarterly* 38 (4): 684-700.

Najam, Adil. 1996. "Understanding the Third Sector: Revisiting the Prince, the Merchant, and the Citizen." *Nonprofit Management and Leadership* 7 (2): 203-219.

——. 2000. "The Four C's of Government Third Sector-Government Relations." *Nonprofit Management and Leadership* 10 (4): 375-396.

Nash, Mathew T. A. 2010. "Social Entrepreneurship and Social Enterprise." In *The Jossey-Bass Handbook of Nonprofit Leadership and Management*, 3rd ed., edited by David Renz, 262-298. San Francisco CA: Jossey-Bass.

National Center for Charitable Statistics. 2012. "Registered International Nonprofit Organizations by Level of Total Revenue." http://nccsdataweb.urban.org/NCCS/V1Pub/index.php.

——. 2014. "Registered Nonprofit Organizations." http://nccsdataweb.urban.org/tablewiz/tw_bmf.php.

Neal, Alan C. 2008. "Corporate Social Responsibility: Governance Gain or Laissez-Faire Figleaf?" *Comparative Labor Law and Policy* 29 (4): 459-474.

Newsom, Gavin Christopher, and Lisa Dickey. 2014. *Citizenville: How to Take the Town Square Digital and Reinvent Government*. New York: Penguin.

Newton, Kenneth. 1997. "Social Capital and Democracy." *American Behavioral Scientist* 40 (5): 574-585.

Nicholls, Alex, and Alexander Murdock. 2012. "The Nature of Social Innovation." In *Social Innovation: Blurring Boundaries to Reconfigure Markets*, edited by Alex Nicholls and Alexander Murdock, 1-32. Basingstoke, UK: Palgrave Macmillan.

Nickel, Patricia M., and Angela M. Eikenberry. 2009. "A Critique of the Discourse of Marketized Philanthropy." *American Behavioral Scientist*, 52 (7): 974-989.

Odendahl, Teresa, and Michael O'Neill, eds. 1994. *Women and Power in the Nonprofit Sector*. San Francisco: Jossey-Bass.

OECD (Organisation for Economic Co-operation and Development). 2011. "DAC List of ODA Recipients Used for 2008, 2009 and 2010 Flows." http://www.oecd.org/document/45/0, 2340, en_2649_34447_2093101_1_1_1_1, 00.html.

——. 2013a. "Aid Statistics—Charts, Table and Databases." http://www.oecd.org/dac/stats/data.htm.

——. 2013b. "Aid Statistics—Resource Flows to Developing Countries." http://www.oecd.org/development/stats/statisticsonresourceflowstodevelopingcountries.htm.

Offe, Claus. 2000. "Civil Society and Social Order: Demarcating and Combining Market, State and Community." *European Journal of Sociology* 41 (1): 71.

Olson, Mancur. 1965. *The Logic of Collective Action*. Cambridge, MA: Harvard University Press.

Omidyar Network. 2013. "Omidyar Network: About Us." http://www.omidyar.com/about_us.

O'Neill, Michael. 2002. *Nonprofit Nation: A New Look at the Third America*. 2nd ed. San Francisco: Jossey-Bass.

Open Forum for CSO Development Effectiveness. 2013. "International Framework-Open Forum for CSO Development Effectiveness." http: //cso-effectiveness. org/InternationalFramework.

Orozco, Manuel. 2008. "Diasporas and Development: Issues and Impediments." In *Diasporas and Development: Exploring the Potential*, edited by Jennifer M. Brinkerhoff, 207-230. Boulder, CO: Lynne Rienner Publishers.

Osborne, Stephen, and Kate McLaughlin. 2002. "Trends and Issues in the Implementation of Local 'Voluntary Sector Compacts' in England." *Public Money and Management* 22: 55-64.

Osland, Joyce. 2008. "Overview of the Global Leadership Literature." In *Global Leadership: Research, Practice, and Development*, 40-79. Routledge Global Human Resource Management Series. London: Routledge.

Oster, Sharon. 1996. "Nonprofit Organizations and Their Local Affiliates: A Study in Organizational Forms." *Journal of Economic Behavior & Organization* 30 (1): 83-95.

Page, Susan. 2013. "Poll: Public Service Valued; Politics —Not so Much." *USA Today*, July 22 edition. http: //www. usatoday. com/story/news/nation/2013/07/21/public-service-valued-politics--not-so-much/2573743/.

Paletta, Anthony. 2010. "The Fawning of the Foundations as Philanthropists Pledge Allegiance to the Administration's Political Agenda." *Wall St Journal* (Online), April 30. http: //online. wsj. com/news/articles/SB10001424052748704471204575210751254846816.

Panel on the Independence of the Voluntary Sector. 2012. *Protecting Independence: The Voluntary Sector in* 2012. http: //www. independencepanel. org. uk/wp-content/uploads/2012/01/Protecting-Independence-final. pdf.

PBS (Public Broadcasting Service). 2005a. "The New Heroes." http: //www. pbs. org/opb/thenewheroes/.

——. 2005b. "The New Heroes. What Is Social Entrepreneurship?" http: //www. pbs. org/opb/thenewheroes/whatis/.

Pearson, Kate. 2004. "Creating a Board Without Borders." *Association Management* 56 (1): 87-88.

Pestoff, Victor. 2009. *A Democratic Architecture for the Welfare State*. Routledge Studies in the Management of Voluntary and Non-Profit Organizations No. 11. London: Routledge.

Pestoff, Victor, and Taco Brandsen. 2010. "Public Governance and the Third Sector: Opportunities for Co-Production and Innovation?" In *The New Public Governance? Emerging Perspectives on the Theory and Practice of Public Governance*, edited by Stephen Osborne, 270–300. London: Routledge.

Pfeffer, Jeffrey, and Gerald R. Salancik. 1978. *The External Control of Organizations: A Resource Dependence Perspective*. New York: Harper & Row.

Popovski, Vesselin. 2010. "The Role of Civil Society in Global Governance." In *Engaging Civil Society: Emerging Trends in Democratic Governance*, edited by G. Shabbir Cheema and Vesselin Popovski, 23–43. New York: United Nations University.

Posner, Barry Z. 2011. *The Impact of Leadership Practices Within Cultures.* - leadershipchallenge.com. http://www.leadershipchallenge.com/UserFiles/ATE0212_CrossCulturalMgtPaper.pdf.

Prahalad, Coimbatore K. 2006. *The Fortune at the Bottom of the Pyramid*. Delhi, India: Dorling Kindersley.

Pryor, Frederic L. 2012. "Determinants of the Size of the Nonprofit Sector." *The European Journal of Comparative Economics* 9 (3): 337–348.

Putnam, Robert. 1993. *Making Democracy Work: Civic Tradition in Modern Italy*. Princeton, NJ: Princeton University Press.

Read, Benjamin L. 2012. "State-Linked Associational Life: Illuminating Blind Spots of Existing Paradigms (Reprinted from 2003)." In *The Nature of the Nonprofit Sector*, 2nd ed. edited by J. Steven Ott and Lisa A. Dicke, 385–401. Philadelphia: Westview Press.

Reinalda, Bob, ed. 2011. *The Ashgate Research Companion to Non-State Actors*. Burlington, VT: Ashgate.

Reinicke, Wolfgang H. 1998. *Global Public Policy: Governing Without Government?* Washington, DC: Brookings Institution Press.

Reuter, Marta, Filip Wijkström, and Johan von Essen. 2012. "Policy Tools or

Mirrors of Politics. Government-Voluntary Sector Compacts in the Post-Welfare State Age." *Nonprofit Policy Forum* 3 (2) http://www.degruyter.Com/View/j/npf.2012.3.issue-2/2154-3348.1062/2154-3348-1062.Xml.

Rey, Marta, and Luis I. Alvarez. 2011. "Foundations and Social Economy: Conceptual Approaches and Socio-Economic Relevance." *Revista de Economía Pública, Social Y Cooperativa*, No. 73: 61-80.

Richardson, Jeremy J., ed. 1993. *Pressure Groups*. Oxford: Oxford University Press.

Rich, Richard. 1988. "A Cooperative Approach to the Logic of Collective Action: Voluntary Organizations and the Prisoners' Dilemma." *Journal of Voluntary Action Research* 17 (3-4): 5-18.

Richter, James, and Walter F. Hatch. 2013. "Organizing Civil Society in Russia and China: A Comparative Approach." *International Journal of Politics, Culture, and Society* 26 (4): 323-347.

Richter, Linda M., and Amy Norman. 2010. "Aids Orphan Tourism: A Threat to Young Children in Residential Care." *Vulnerable Children and Youth Studies* 5 (3): 217-229.

Rifkin, Jeremy. 2014. *The Zero Marginal Cost Society: The Internet of Things, the Collaborative Commons, and the Eclipse of Capitalism*. New York: Palgrave Macmillan.

Robertson, D. B., ed. 1966. *Voluntary Associations: A Study of Groups in Free Societies; Essays in Honor of James Luther Adams*. Louisville, KY: John Knox.

Roberts, Susan M., John Paul Jones, and Oliver Fröhling. 2005. "NGOs and the Globalization of Managerialism: A Research Framework." *World Development* 33 (11): 1845-1864.

Roelofs, Joan. 1987. "Foundations and Public Policy: The Mask of Pluralism." *Insurgent Sociologist* 14 (3): 31-72.

——. 2003. *Foundations and Public Policy: The Mask of Pluralism*. New York: SUNY Press.

——. 2006. "Why They Hate Our Kind Hearts, Too." *CounterPunch*, no. Weekend Edition, May 13/14. http://www.counterpunch.org/roelofs05132006.html.

Ronalds, Paul. 2010. *The Change Imperative: Creating the Next Generation NGO*. Boulder, CO: Kumarian.

Rosenman, Mark. 2011. "Calling All Boomers: Don't Start More Nonprofits." *Chronicle of Philanthropy*. http://philanthropy.com/article/Calling-All-Boomers-Don-t/157505.

Rutzen, Douglas. 2015. "Aid Barriers and the Rise of Philanthropic Protectionism." *The International Journal of Not-for-Profit Law* 17 (1): 5-44.

Saidel, Janet R. 1991. "Resource Interdependence: The Relationship between State Agencies and Nonprofit Organizations." *Public Administration Review* 51 (6): 543-553.

——. 2011. "Proxy-Partnership Governance Continuum: Implications for Nonprofit Managers." In *The State of Public Administration: Issues, Challenges, and Opportunities*, edited by Donald C. Menzel and Harvey L. White, 156-170. Armonk, NY: M. E. Sharpe.

Salamon, Lester M. 1987. "Of Market Failure, Voluntary Failure, and Third-Party Government: Toward a Theory of Government-Nonprofit Relations in the Modern Welfare State." *Nonprofit and Voluntary Sector Quarterly* 16 (1-2): 29-49.

——. 1994. "The Rise of the Nonprofit Sector." *Foreign Affairs*, no. 1 July. http://www.forcignaffairs.com/articles/50105/lester-m-salamon/the-rise-of-the-nonprofit-sector.

——. 1995. *Partners in Public Service*. Baltimore: Johns Hopkins University Press, .

——., ed. 1999. *Global Civil Society*. Baltimore: Johns Hopkins Center for Civil Society Studies.

——. 2002a. *The Tools of Government: A Guide to the New Governance*. Oxford, UK: Oxford University Press.

——. 2002b. *Explaining Nonprofit Advocacy: An Exploratory Analysis*. Working Paper No. 21. Baltimore: Center for Civil Society Studies, John Hopkins

University. http：//www.jhu.edu/~ccss/publications/ccsswork/working-paper21.pdf.

——. 2006. "Government-Nonprofit Relations from an International Perspective." In *Nonprofits and Government*: *Collaboration and Conflict*, 2nd ed. edited by Elizabeth T. Boris and C. Eugene Steuerle, 399–436. Washington, DC： Urban Institute Press.

——. 2010. "Putting the Civil Society Sector on the Economic Map of the World." *Annals of Public and Cooperative Economics* 81（2）：167–210.

Salamon, Lester M., and Helmut Anheier. 1992a. "In Search of the Non-Profit Sector. I：The Question of Definitions." *Voluntas* 3（2）：125–151.

——. 1992b. "In Search of the Non-Profit Sector II： The Problem of Classification." *Voluntas* 3（3）：267–309.

——. 1997. *Defining the Non-Profit Sector*：*A Cross- National Analysis*. New York：Manchester University Press.

——. 1998. "Social Origins of Civil Society：Explaining the Nonprofit Sector Cross-Nationally." *Voluntas* 9（3）：213–248.

Salamon, Lester M., Helmut K. Anheier, Regina List, Stefan Toepler, and S. Wojciech Sokolowski. 1999. *Global Civil Society*. The John Hopkins Comparative Nonprofit Sector Project. Baltimore（MD）： Johns Hopkins Center for Civil Society Studies. http：//ccss.jhu.edu/publications-findings?did=47.

Salamon, Lester M., and Stephanie L. Geller. 2008. *Nonprofit America*： *A Force for Democracy?* .9. Listening Post Project, Communiquè. Baltimore： Center for Civil Society Studies, John Hopkins University. http：// www.clpi.org/images/pdf/advocacy%20communique%20final%207-30-08.pdf.

Salamon, Lester M., and S. Wojciech Sokolowski, eds. 2010. *Global Civil Society*：*Dimensions of the Nonprofit Sector*. 3rd ed. Bloomfield, VT： Kumarian.

Salamon, Lester M., S. Wojciech Sokolowski, and Regina List. 2003. *Global Civil Society*：*An Overview*. Baltimore： Center for Civil Society Studies, John Hopkins University.

Salamon, Lester M., and Stefan Toepler. 1997. *The International Guide to*

Nonprofit Law. New York: Wiley.

Sankore, Rotimi. 2005. "What Are the NGOs Doing?" *New African*, No. 443 (September): 12-15.

Schak, David, and Wayne Hudson, eds. 2003. *Civil Society in Asia*. Burlington, VT: Ashgate.

Schechter, Michael G. 2010. *Historical Dictionary of International Organizations*. Lanham, MD: Scarecrow.

Scher, Daniel, and Christine MacAulay. 2010. *The Promise of Imihigo: Decentralized Service Delivery in Rwanda*, 2006-2010. Innovations for Successful Societies. Princeton University. http://www.princeton.edu/successfulsocieties/content/data/policy_note/PN_id133/Policy_Note_ID133.pdf.

Selznick, Philip. 1996. "Institutionalism 'Old' and 'New.'" *Administrative Science Quarterly* 41 (2): 270-277.

Shah, Iqbal. 2012. *A Practical Guide to NGO and Project Management*. Kindle Edition. Amazon Digital Services.

Shane, Scott A. 2008. *The Illusions of Entrepreneurship: The Costly Myths That Entrepreneurs, Investors, and Policy Makers Live By*. New Haven, CT: Yale University Press.

Sherlock, Molly F., and Jane G. Gravelle. 2009. *An Overview of the Nonprofit and Charitable Sector*. RS Report for Congress 7-5700. Washington, DC: Congressional Research Office. www.fas.org/sgp/crs/misc/R40919.pdf.

Shirky, Clay. 2008. *Here Comes Everybody: The Power of Organizing Without Organizations*. New York: Penguin.

Shivji, Issa G. 2007. *Silences in NGO Discourse: The Role and Future of NGOs in Africa*. Nairobi: Fahamu.

Sidel, Mark. 2010. *Regulation of the Voluntary Sector: Freedom and Security in an Era of Uncertainty*. Critical Approaches to Law. New York: Routledge.

Siméant, Johanna. 2005. "What Is Going Global? The Internationalization of French NGOs 'Without Borders.'" *Review of International Political Economy* 12 (5): 851-883.

Sinclair, Hugh. 2012. *Confessions of a Microfinance Heretic: How Microlending*

Lost Its Way and Betrayed the Poor. San Francisco: Berrett-Koehler.

Skocpol, Theda. 2011. "Civil Society in the United States." In *The Oxford Handbook of Civil Society*, edited by Michael Edwards. New York: Oxford University Press.

Slaughter, Anne-Marie. 2011. "Problems Will Be Global-And Solutions Will Be, Too." *Foreign Policy*, September/October. http://www.foreignpolicy.com/articles/2011/08/15/problems_will_be_global_and_solutions_will_be_too.

Smith, Constance E., and Anne E. Freedman. 1972. *Voluntary Associations: Perspectives on the Literature.* Cambridge, MA: Harvard University Press.

Smith, David Horton. 1981. "Altruism, Volunteers, and Volunteerism." *Nonprofit and Voluntary Sector Quarterly* 10 (1): 21-36.

——. 1997. "The Rest of the Nonprofit Sector: Grassroots Associations as the Dark Matter Ignored in Prevailing 'Flat Earth' Maps of the Sector." *Nonprofit and Voluntary Sector Quarterly* 26 (2): 114-131.

——. 2008. "Accepting and Understanding the 'Dark Side' of the Nonprofit Sector: One Key Part of Building a Healthier Civil Society." http://www.davidhortonsmithinternational.com/assets/documents/ARN08.DHSmith.pdf.

——. 2010. "Grassroots Associations." In *International Encyclopedia of Civil Society*, edited by Helmut Anheier and Stephan Toepler, 804-810. New York: Springer.

——. 2012. "The Impact of the Voluntary Sector on Society." In *The Nature of the Nonprofit Sector*, 2nd ed., edited by J. Steven Ott and Lisa A. Dicke, 71-87. Philadelphia: Westview.

——. 2014. "Growth of Research Associations and Journals in the Emerging Discipline of Altruistics." *Nonprofit and Voluntary Sector Quarterly* 43 (4): 638-656.

Smith, Steven Rathgeb. 2012. "Government-Voluntary Sector Compacts Reconsidered." *Nonprofit Policy Forum* 3 (2). http://www.degruyter.Com/view/j/npf.2012.3.issue-2/2154-3348.1064/2154-3348.1064.xml.

Smith, Steven Rathgeb, and Kirsten A. Grønbjerg. 2006. "Scope and Theory of Government-Nonprofit Relations." In *The Nonprofit Sector: A Research*

Handbook, 2nd ed. edited by Walter Powell and Richard Steinberg, 221-242. New Haven, CT: Yale University Press.

Sparke, Matthew. 2013. *Introducing Globalization: Ties, Tension, and Uneven Integration.* Malden, MA: Wiley-Blackwell.

Spero, Joan E. 2010. *The Global Role of U. S. Foundations.* New York: The Foundation Center.

Stares, Sally, Sean Deel, and Jill Timms. 2012. "Bordering on the Unknown: Approaches to Global Civil Society Data." In *Global Civil Society 2012: Ten Years of Critical Reflection*, edited by Mary Kaldor, Henrietta L. Moore, and Sabine, 184-203. Selchow. London: Sage.

Steinberg, Richard. 2006. "Economic Theories of Nonprofit Organizations." In *The Nonprofit Sector: A Research Handbook*, 2nd ed., edited by Walter W. Powell and Richard Steinberg, 333-351. New Haven, CT: Yale University Press.

Stoddard, Abby, Adele Harmer, and Morgan Hughes. 2102. *Aid Worker Security Report* 2012. The Aid Worker Security Database, Humanitarian Outcomes. http://www.humanitarianoutcomes.org/sites/default/files/resources/AidWorkerSecurityReport20126.pdf.

Streek, Wolfgang, and Philippe C. Schmitter. 1986. "Community, Market, State-and Associations? The Prospective Contribution of Interest Governance to Social Order." In *Private Interest Government: Beyond Market and State*, edited by Wolfgang Streek and Phillipe C. Schmitter, 1-29. London: Sage.

Stroup, Sarah S. 2008. "National Diversity and Global Activism: INGOs, States, and Country of Origin Effects." In *Conference Papers—International Studies Association*, 49th Annual Conference, San Franclso, March 26, 1-44.

——. 2012. *Borders Among Activists: International NGOs in the United States, Britain, and France.* Ithaca, NY: Cornell University Press.

Sugden, John Peter, and Alan Tomlinson. 1998. *FIFA and the Contest for World Football: Who Rules the People's Game?*. Cambridge, UK: Polity.

Suleiman, Lina. 2013. "The NGOs and the Grand Illusions of Development and Democracy." *Voluntas* 24 (1): 241-261.

Tanaka, Masako. 2010. "The Changing Roles of NGOs in Nepal: Promoting Emerging Rights-Holder Organizations for Inclusive Aid." *Voluntas*, December. http://www.springerlink.com/index/10.1007/s11266-010-9173-1.

Tarrow, Sidney. 1994. *Power in Movement*. Cambridge, UK: Cambridge University Press.

Taylor, Marilyn. 2010. "Transforming Democracy?" In *Third Sector Research*, edited by Rupert Taylor, 235-252. New York: Springer.

Taylor, Marilyn, Joanna Howard, Vicki Harris, John Lever, Antaoneeta Mateeva, Christopher Miller, Rumen Petrov, and Luis Serra. 2009. "Dilemmas of Engagement: The Experience of Non-Governmental Actors in New Governance Spaces." Non-Government Public Action Programme, London School of Economics. http://www2.lse.ac.uk/internationalDevelopment/research/NGPA/publications/ngpa_wp31.aspx.

Taylor, Rupert, ed. 2010. *Third Sector Research*. New York: Springer.

Teasdale, Simon. 2010. "What's in a Name? The Construction of Social Enterprise." Third Sector Research Center, Working Paper No. 46. http://www.tsrc.ac.uk/Research/SocialEnterprise/Whatsinaname/tabid/749/Default.aspx.

TechSoup Global. 2013. "The 'BRIDGE' Project-A New Data Base of 3 Million NGOs." http://www.techsoupglobal.org/The%20BRIDGE%20Project%20A%20New%20Data%20Base%20of%203%20Million%20NGOs.

TercerSector.net. 2011. "Temes Clau per Enfortir Les Organitzacions No Lucratives." http://www.tercersector.net/?p=640&lang=ca.

The Denver Foundation. 2010. "Inclusiveness at Work: How to Build Inclusive Nonprofit Organizations." http://www.nonprofitinclusiveness.org/inclusiveness-work-how-build-inclusive-nonprofit-organizations.

The Economist. 2012. "Bangladesh and Development: The Path Through the Fields." *The Economist*. http://www.economist.com/news/briefing/21565617-bangladesh-has-dysfunctional-politics-and-stunted-private-sectoryet-it-has-been-surprisingly.

——. 2000. "Angry and Effective." *The Economist*. http://www.economist.com/node/374657.

The Global Journal. 2012. "The Top 100 NGOs 2012." *The Global Journal* 9.

——. 2013. "The Top 100 NGOs 2013." *The Global Journal* 15 (Special Edition).

The Independent. 2012. "Animosity International: Staff on Strike in Amnesty Offices Across the Globe," November 15 edition. http://www.independent.co.uk/news/world/politics/animosity-international-staff-on-strike-in-amnesty-offices-across-the-globe-8317303.html.

The Management Centre. 2013. "The Management Centre Launches The Big Mac Philanthropy Index." http://www.managementcentre.co.uk/knowledgebase/the-management-centre-seeks-data-for-the-big-mac-philanthropy-index.

Themudo, Nuno S. 2013. *Nonprofits in Crisis: Economic Development, Risk, and the Philanthropic Kuznets Curve*. Philanthropic and Nonprofit Studies. Bloomington: Indiana University Press.

The New York Times. 2008. "Faces of Social Entrepreneurship." March 9. http://www.nytimes.com/slideshow/2008/03/09/magazine/0309-FACES_index.html.

The Washington Post. 2014. "Hungary's Prime Minister a Champion for Illiberalism." August 6. http://www.washingtonpost.com/opinions/harold-meyerson-hungarys-prime-minister-is-a-champion-of-illiberalism/2014/08/06/143a53ae-1d9d-11e4-82f9-2cd6fa8da5c4_story.html.

Third Sector. 2013. "Home Page." http://www.thirdsector.co.uk/.

Thomas, Clive S. 1993. *First World Interest Groups: A Comparative Perspective*. Westport, CT: Greenwood.

Tiessen, Rebecca. 2011. "Global Subjects or Objects of Globalisation? The Promotion of Global Citizenship in Organisations Offering Sport for Development And/or Peace Programmes." *Third World Quarterly* 32 (3): 571–587.

Turley, James. 2010. "The New Global Mindset." *Bloomberg Businessweek*

(Online). http://www.businessweek.com/managing/content/jan2010/ca20100126_437043.htm.

Tvedt, Terje. 1998. *Angels of Mercy or Development Diplomats? NGOs & Foreign Aid.* Trenton, NJ: Africa World Press.

——. 2006. "The International Aid System and the Non-Governmental Organisations: A New Research Agenda." *Journal of International Development* 18 (5): 677–690.

"Ubuntu in Evaluation." 2013. *Better Evaluation Blog.* http://betterevaluation.org/blog/ubuntu_in_evaluation.

Ullman, Claire. 1998. *The Welfare State's Other Crisis: Explaining the New Partnership Between Nonprofit Organizations and the State in France.* Bloomington: Indiana University Press.

UN Department of Economic and Social Affairs. 2014. "United Nations Civil Society Participation (iCSO)." http://esango.un.org/civilsociety/login.do.

UNDP. 2004. *Unleashing Entrepreneurship: Making Business Work for the Poor.* New York: UNDP Commission on the Private Sector and Development. http://web.undp.org/cpsd/report/index.html.

UN Global Compact. 2013. "The Ten Principles." http://www.unglobalcompact.org/AboutTheGC/TheTenPrinciples/index.html.

UN Human Rights. 2011. *Guiding Principles on Business and Human Rights.* HR/PUB/11/04. United Nations. http://www.ohchr.org/Documents/Publications/GuidingPrinciplesBusinessHR_EN.pdf.

Union of International Associations. 2012. *Yearbook of International Organizations.* Leiden: Brill.

UN (United Nations). 2003. *Handbook on Non-Profit Institutions in the System of National Accounts.* ST/ESA/STAT/SER.F/91. New York: UN Department of Economic and Social Affairs.

——. 2004. *Report of the Panel of Eminent Persons on United Nations—Civil Society Relations.* A/58/817. New York: United Nations General Assembly.

——. 2011. *Accelerating Progress Towards the Millennium Development Goals:*

Options for Sustained and Inclusive Growth and Issues for Advancing the United Nations Development Agenda Beyond 2015: *Annual Report of the Secretary-General*. A/66/126. . New York: United Nations General Assembly.

——. 2012. "UN Officials Highlight Costs of Corruption on Societies." http://www.un.org/apps/news/story.asp? NewsID = 42430.

——. 2013. *Resolution Adopted by the General Assembly*: *International Day of Charity*. A/RES/67/105. New York: United Nations General Assembly.

——. 2014. "Department of Public Information: NGOs." http://outreach.un.org/ngorelations/.

UN Volunteers. 2011. *State of the World's Volunteerism Report*, 2011 *Universal Values for Global Well-Being*. Bonn, Germany: United Nations Volunteers. http://www.unv.org/swvr2011.html.

USAID. 2011a. "USAID: Europe and Eurasia: The NGO Sustainability Index." http://www.usaid.gov/locations/europe_eurasia/dem_gov/ngoindex/.

——. 2011b. "USAID: NGO Sustainability Index for Sub-Saharan Africa." http://www.usaid.gov/our_work/democracy_and_governance/technical_areas/civil_society/angosi/.

——. 2013. "Top 40 Vendors." http://www.usaid.gov/results-and-data/budget-spending/top-40-vendors.

Vallory, Eduard. 2012. *World Scouting*: *Educating for Global Citizenship*. New York: Palgrave Macmillan.

Van Huijstee, Mariette, and Pieter Glasbergen. 2010. "Business-NGO Interactions in a Multi-Stakeholder Context." *Business & Society Review* (00453609) 115 (3): 249-284.

Van Til, Jon. 2008. *Growing Civil Society*: *From Nonprofit Sector to Third Space*. Philanthropic and Nonprofit Studies. Bloomington: Indiana University Press.

Walker, James W. St. G., and Andrew S. Thompson, eds. 2008. *Critical Mass*: *The Emergence of Global Civil Society*. Waterloo, ON: Wilfried Laurier.

Wallace, Michael, and J. Craig Jenkins. 1995. "The New Class, Postindustrialism, and Neocorporatism: Three Images of Social Protest in

Western Democracies." In *The Politics of Social Protest*, edited by J. Craig Jenkins and Bert Klandermans, 96–137. Minneapolis: Minnesota University Press.

Wallace, Tina. 2003. "NGO Dilemmas: Trojan Horses for Global Neoliberalism." In *Socialist Register* 2004. London: The Merlin Press.

Wallace, Tina, Lisa Bornstein, and Jennifer Chapman. 2007. *The Aid Chain: Coercion and Commitment in Development NGOs*. Rugby, UK: Practical Action.

Walzer, Michael. 1992. *The Civil Society Argument*. London: Verso.

———. 1998. *Toward a Global Civil Society*. Providence, RI: Berghahn.

Warburton, Jeni, and Jennifer Smith. 2003. "Out of the Generosity of Your Heart: Are We Creating Active Citizens through Compulsory Volunteer Programmes for Young People in Australia?" *Social Policy and Administration* 37 (7): 772–786.

Wearing, Stephen, and Nancy Gard McGehee. 2013. "Volunteer Tourism: A Review." *Tourism Management* 38: 120–130.

Weisbrod, Burton A. 1977. *The Voluntary Nonprofit Sector. An Economic Analysis*. Lexington MA: Lexington Books.

———. 1988. *The Nonprofit Economy*. Cambridge: Harvard University Press.

Wei-Skillern, Jane, James E. Austin, Herman Leonard, and Howard Stevenson. 2007. *Entrepreneurship in the Social Sector*. Los Angeles: Sage Publications.

Weiss, Meredith, and Saliha Hassan. 2003. *Social Movements in Malaysia: From Moral Communities to NGOs*. London: Routledge Curzon.

Weiss, Thomas G. 2013. *Humanitarian Business*. Cambridge, UK: Polity.

Weiss, Thomas G., Tatiana Carayannis, and Richard Jolly. 2009. "The 'Third' United Nations." *Global Governance* 15: 123–142.

Wiggins, Kaye. 2011. "Panel Underestimates Threat to Charities' Independence, Campaign Group Says." *Third Sector* (Online). http://www.thirdsector.co.uk/news/1097770/?DCMP=EMC-CONDailyBulletin.

Willetts, Peter. 2011. *Non-Governmental Organizations in World Politics: The*

Construction of Global Governance. Routledge Global Institutions No. 49. New York: Routledge.

Wilson, Graham K. 1990. *Interest Groups*. Oxford, UK: Basil Blackwell.

Wilson-Grau, Ricardo, and Heather Britt. 2013. *Outcome Harvesting*. Cairo: Ford Foundation's Middle East and North Africa Office. http://www.outcomemapping.ca/download.php?file=/resource/files/wilsongrau_en_Outome Harvesting Brief_revised Nov 2013.pdf.

Winston, Morton. 2002. "NGO Strategies for Promoting Corporate Social Responsibility." *Ethics & International Affairs* 16 (1): 71–87.

Wolch, Jennifer R. 1990. *The Shadow State: Government and Voluntary Sector in Transition*. New York: The Foundation Center.

Wong, Wendy H. 2012. *Internal Affairs: How the Structure of NGOs Transforms Human Rights*. Ithaca, NY: Cornell University Press.

Wood, John. 2007. *Leaving Microsoft to Change the World: An Entrepreneur's Odyssey to Educate the World's Children*. New York: Collins.

———. 2013. *Creating Room to Read: A Story of Hope in the Battle for Global Literacy*. New York: Viking Penguin Group.

World Bank. 2013. *Migration and Remittance Flows: Recent Trends and Outlook*, 2013-2016. 21. Migration and Development Brief. http://siteresources.worldbank.org/INTPROSPECTS/Resources/334934-1288990760745/MigrationandDevelopmentBrief21.pdf.

World Values Survey. 2011. "The World Values Survey Cultural Map of the World." http://www.worldvaluessurvey.org/wvs/articles/folder_published/article_base_54.

———. 2013. "Word Values Survey-Organization." http://www.worldvaluessurvey.org/index_organization.

WorldWork Ltd. 2010. "International Competency Set." http://www.worldwork.-biz/legacy/www/docs3/competencies.html.

Young, Dennis R. 2006. "Complementary, Supplementary, or Adversarial?" In *Nonprofits and Government: Collaboration and Conflict*, 2nd ed, edited by Elizabeth T. Boris and C. Eugene Steuerle, Washington, DC: Urban Institute

Press.

Young, Dennis R., Bonnie L. Koenig, Adil Najam, and Julie Fisher. 1999. "Strategy and Structure in Managing Global Associations." *Voluntas* 10 (4): 323-343.

Zadek, Simon. 2011. "Civil Society and the Market." In *The Oxford Handbook of Civil Society*, edited by Michael Edwards, 428–440. New York: Oxford University Press.

Zakaria, Fareed. 2009. *The Post-American World*. New York: W. W. Norton.

索　引

（本索引的页码是原书页码，即本书边码）

雅培实验室（Abbott Laboratories），225（专栏）

废奴主义（Abolitionism），17（专栏）

原住民（Aboriginal peoples）。见土著组织和原住民（Indigenous organizations and peoples）

Abt 协会（Abt Associations），223（表）

美国人在其他国家的社区合作（Accion），1

问责（Accountability）：釜山援助有效性论坛（Busan Forum on Aid Effectiveness），229-230（专栏）；对发展援助的批评（critiques of develo-pment aid），228；解放发展（emancipatory development），228；程序和目的（procedures and purposes of），266-273；基于权利的援助方法（rights-based approach to aid），218；透明度（transparency），267-269；美国非营利模式（US nonprofit model），134

行动援助（Action Aid），262

激进组织（Activist organizations），71

睿智基金（Acumend fund），198

承认失败的项目（Admitting Failure project），272

前进澳大利亚（Advance Australia），60（专栏）

政府-非营利部门之间关系的对抗性模式（Adversarial mode of government-nonprofit relations），143-144，274

倡导（Advocacy）：对倡导的态度（attitudes toward），240；集体社会事业（collective social endeavors），17，17（专栏）；企业非营利组织（corporate nonprofits），75；全球倡导（global advocacy），235-244；全球公民共享（Global Civic Sharing），129（专栏）；国际非营利组织和全球市民社会（international nonprofits and global civil society），185-188；约翰·霍普金斯比较研究项目（Johns Hopkins comparative research project），97；影响力测量（measuring the impact of），241-242；非营利发展新自由主义框架

(neoliberal frame of nonprofit development), 117; 倡导网络 (networks), 242-244; 针对跨国公司的非营利倡导方法 (nonprofit advocacy approaches with multinational corporations), 286-287; 非营利组织的非营利部门资助 (nonprofit sponsorship of nonprofits), 63-64; 非营利倡导组织 (nonprofits as), 27-28; 社会民主框架 (social democratic frame), 118; 国际非营利组织的战略和活动 (strategies and activities for international nonprofits), 237-241; 透明度措施 (transparency measures), 268; 世界银行问责 (World Bank accountability), 285

美国劳工联合会和工业组织大会 (AFL-CIO), 277 (专栏)

非洲 (Africa): 中国对非洲的援助、救济和发展战略 (China's aid, relief, and development strategies), 217; 比较研究项目 (comparative research projects), 97 (图); 对发展援助的批评 (critiques of development aid), 227; 市民社会可持续发展指数 (CSO Sustainability Index), 103-104, 104 (专栏); 民主和市民社会 (democracy and civil society), 38; 失败的干净水战略 (failed clean water strategies), 230-233; 全球公民共享 (Global Civic Sharing), 129 (专栏); 增长纪事 (growth narratives), 22 (表); 匈牙利非洲基金会 (Hungary's Afrikáért Alapítvány), 133 (专栏);, 利比里亚援助项目 (Liberian Assistance Program), 212 (专栏); 小额信贷项目 (microfinance programs), 1; 易卜拉欣非洲领导力成就奖 (Mo Ibrahim Prize for Achievement in African Leadership), 208 (专栏); 非营利发展模式 (models of nonprofit development), 115-116; 玩泵的失败 (PlayPump failure), 232; 提供服务的政治行政传统 (political-administrative traditions in service delivery), 81; 各洲人口及其咨商地位 (population and consultative status by continent), 181 (表); 利润分配 (profit distribution), 25; 阻碍非营利部门增长 (pushback against nonprofit growth), 21; 基于权利的援助 (rights-based approach to aid), 218; 塞拉利昂市民社会指数 (Sierra Leone CSI index), 103 (专栏)。另见具体国家 (specific countries)

非洲基金会 (Afrikáért Alapítvány), 133 (专栏)

《援助链》(华莱士, 伯恩斯坦和查普曼)【The Aid Chain (Wallace, Bornstein, and Chapman)】, 227-228

为援助而援助 (虚构的非政府组织) (Aid for Aid), 234

援助组织 (Aid organizations)。见人道援助, 救助和发展 (Humanitarian aid, relief, and development)

援助捐赠者: 界定 (Aid-donors: defining), 7

援助接受者: 界定 (Aid-recipients: defining), 7

阿尔巴尼亚：可持续发展指数（Albania：Sustainability Index），104（图）

奥尔布赖特，马德琳（Albright, Madeline），277（专栏）

联盟连锁（Alliance Française），59

利他主义（Altruistics），45

官员空降（Amakduri），140

阿马泰·埃齐奥尼（Amatai Etzioni），34

业余主义（Amateurism），52

美国企业研究所（American Enterprise Institute），267

美国犹太人联合分配委员会（American Jewish Joint Distribution Committee），196（表）

"美国模式"（"American" model）：文化框架（cultural frames），113-114，292；界定与特征（defining and characterizing），133-137；美国非营利模式的全球趋同（global convergence of nonprofit development models），132，137-143；部门特征（sector characteristics），135-137；形成援助战略和方法（shaping aid strategies and approaches），217

美国革命（American Revolution），77-78

美国关怀（AmeriCares），196（表）

大赦国际（Amnesty International），209，243-244，263，267-268

古代文明：全球化的历史（Ancient civilizations：history of globalization），172

英国圣公会协会（Anglican Mission societies），195

安海尔，赫尔穆特（Anheier, Helmut），29，77，97

安南，科菲（Annan, Kofi），168

反全球化运动（Antiglobalization movement），201-202

反贫困团体和项目（Antipoverty groups and programs）：企业专家（corporate expertise），225（专栏）；Cotton On 基金会（Cotton On Foundation），205-206；发展援助与救助组织（development of aid and relief organizations），214；人道干预的代际割裂（generational divisions of humanitarian intervention），215-216；小额信贷（microfinance），220（专栏）；国际计划（Plan International），213（专栏）；有关减贫战略的论文（poverty reduction strategy papers），218

废奴国际（Antislavery International），17，17（专栏）

"阿拉伯之春"（Arab Spring）：非营利部门的分类（categorizing the nonprofit sector），116；市民社会在"阿拉伯之春"中的作用（role of civil society in），38

阿拉伯世界（Arab world）：比较研究（comparative research），108-109；增长纪事（growth narratives），22（表）；现代非营利组织的力量不断增长，范围不断扩大（increasing power and scope of modern nonprofits），18-19

阿根廷：五月广场母亲（Argentina：Madres de Plaza de Mayo），94-95（专栏）

艺术与文化（Arts and culture）：非营利

组织的国际化（internationalization of nonprofits），1-2；城市写生者（Urban Sketchers），249（专栏）。另见文化差异（Cultural differences）

阿育王（Ashoka），159，160（专栏）

亚洲（Asia）：柬埔寨的儿童基金会（Cambodia's children's foundation），198；对发展援助的批评（critiques of development aid），227；全球公民共享（Global Civic Sharing），129（专栏）；美国非营利模式的全球趋同（global convergence of the US nonprofit model），140；小额信贷项目（microfinance programs），1，219；国际计划扩张（Plan International expansion），213（专栏）；各洲人口及其咨商地位（population and consultative status by continent），181（表）。另见中国（China）；日本（Japan）

非营利部门发展的亚洲模式（Asian model of nonprofit development），115-116

愿望差距（Aspiration gap），147

阿桑奇，朱利安（Assange, Julian），210

志愿行动学者协会（后来的非营利组织和志愿行动研究协会[ARNOVA]）（Association of Voluntary Action Scholars（later the Association for Research on Nonprofit Organization and Voluntary Action），22-23

联合反革命（Associational counterrevolution），299

联合主义（Associationalism），35，80（表）

社团和关联结构（Associations and associative structures）：界定（defining），43-44；作为第四部门的社区（as fourth sector），34-35；日本的邻里协会（Japan's jichikai），93（专栏）；各国的相似性和差异（national similarities and differences），92-95

澳大利亚（Australia）：前进澳大利亚（Advance Australia），60（专栏）；公民参与世界联盟市民社会指数（CIVICUS civil society index），102；社区组织（community-based organizations），42；市民社会的保守主义（conservatism in civil society），40；非营利组织对GDP的贡献（contribution of nonprofits to GDP），100（表）；Cotton On基金会（Cotton On Foundation），205-206；非营利组织的文化框架（cultural frame of nonprofits），89（专栏）；协商关系（deliberate relations），150（表）；信仰组织（faith-based organizations），113；营利开发资金流转（for-profit development flows），224；美国非营利模式的全球趋同（global convergence of the American nonprofit model），141；非营利组织的政府资助（government sponsorship of nonprofits），59；非营利部门的非正式组成部分（informal components of the nonprofit sector），24-25；网络域扩名（Internet domain extensions），164-165（专栏）；自由主义和保守主义（liberalism and conservatism），7-8；圣公会

团体（mission societies），16；社会企业的公共话语体系（public discourse on social enterprise），157-158；美国非营利模式（US nonprofit model），138

澳大利亚理事会（Australia Council），1-2

澳大利亚生产力委员会（Australian Productivity Commission），24，33

威权体制（Authoritarian regimes）：发展援助的替代方案（alternatives to development aid），228；非营利部门发展的障碍（barriers to nonprofit development），126-128；比较研究（comparative research），108-109；借鉴童子军运动（coopting the Scout Movement），9；美国非营利模式的全球趋同（global convergence of the US nonprofit model），142-143；非政府组织（GONGOs），25；非营利组织的政府资助（government sponsorship of nonprofits），59；对独立非营利组织的敌视（hostility toward independent nonprofits），18；非营利组织提供服务的重要性日益增加（increasing importance of nonprofits for service delivery），19-20；国内非营利组织的国际扩展（international outreach of domestic nonprofits），200-201；非营利部门发展的各国差异（national differences in nonprofit development），79-80；新兴国家的非营利部门发展（nonprofit development in emerging democracies），120-122；阻碍独立非营利组织（pushback against independent nonprofits），292；市民社会在威权国家中的作用（role of civil society in），38-40；韩国非营利部门的发展（states of nonprofit sector evolution in South Korea），128-129。另见工业化民主国家（Industrial democracies）

本土组织：定义（Autochthonous organizations: defining），7

B公司（B corporations），155

鲍德温，彼得（Baldwin, Peter），113-114

潘基文（Ban Ki-moon），218

孟加拉国（Bangladesh）：救助，援助与发展战略（aid, relief, and development strategies），217；非政府组织统治的政府（government by NGOs），276（专栏）；作为准国家的非营利组织（nonprofits as quasi state），274-275

巴塞罗那足球俱乐部（Barcelona football club），2，248

独立晴雨表（Barometer of Independence），25

巴希，萨里（Bashi, Sari），275（专栏）

识别全球实体基本注册表（BRIDGE）（Basic Registry of Identified Global Entities），174

北京共识（Beijing Consensus），142

白俄罗斯：可持续发展指数（Belarus: Sustainability Index），104（图）

比利时（Belgium）：比利时的非营利组织对GDP的贡献（contribution of nonprofits to GDP），100（表）；社团主义（corporatism），119

更好的评估框架（Better Evaluation Framework），270

共享单车系统（Bicing）（Bicycle-sharing systems），300（专栏）

巨无霸公益指数（Big Mac Philanthropy Index），111

大社会讨论（英国）[Big Society debate (UK)]，40，140

比尔及梅琳达·盖茨基金会（Bill and Melinda Gates Foundation），197（表），207

布莱尔，托尼（Blair, Tony），138，146

美体小铺（The Body Shop），289

博娜芬妮，白德（Bonafini, Hebe de），95（专栏）

商业导向的非政府组织（BONGOs）（business-oriented NGOs），273

波诺（Bono），218

伯恩斯坦，大卫（Bornstein, David），157

自下而上的多边主义（Bottom-up multi-lateralism），177

布尔迪厄，皮埃尔（Bourdieu, Pierre），11

"作坊式"国际非营利组织（"Boutique" international nonprofits），175，210

男童子军/女童子军（Boy Scouts/Girl Scouts），8-9，197，206

孟加拉国复兴援助委员会（孟加拉国农村发展委员会的前身）（BRAC）(formerly Bangladesh Rural Advancement Committee)：孟加拉国复兴援助委员会的扩张（expansion of），182（专栏）；非政府组织统治的政府（government by NGOs），276（专栏）；最大的国际非营利组织（largest international nonprofits），195；孟加拉国复兴援助委员会的规模和范围（size and scope of），20；"百强"非营利组织（Top 100 nonprofits），198

品牌，全球（Branding, global），203-206

布兰森，理查德（Branson, Richard），62，289

巴西（Brazil）：非营利组织对GDP的贡献（contribution of nonprofits to GDP），100（表）；企业资助的非营利组织（corporate-sponsored nonprofits），62；民主与市民社会（democracy and civil society），38；新兴民主国家的非营利部门发展（nonprofit development in emerging democracies），122。另见金砖国家（BRICs）

布伦特·史帕尔（Brent, Spar），243（专栏）

布雷顿森林体系（Bretton Woods institutions），217。另见世界银行（World Bank）

金砖国家（巴西，俄罗斯，印度和中国）（BRICs）(Brazil, Russia, India, and China)：作为援助接受国和援助捐赠国（as aid recipients and aid donors），85；中国的援助、救助和发展战略（China's aid, relief, and development strategies），217；新开发银行

（New Development Bank），285

不列颠：废奴国际（Britain：Antislavery International），17（专栏）

维也纳会议（Congress of Vienna），278（专栏）

布鲁金斯学会（Brookings Institution），245

巴菲特，沃伦（Buffett，Warren），208（专栏），296（专栏）

布洛克，史蒂夫（Bullock，Steve），231（专栏）

布隆迪：公民参与世界联盟市民社会指数（Burundi：CIVICUS civil society index），102

釜山援助有效性论坛（Busan Forum on Aid Effectiveness），229-230（专栏）

布什，劳拉（Bush，Laura），232

商业部门（Business sector）。另见企业部门：以营利为目的的部门（Corporate sector：For-profit sector）

布克斯顿，多萝西（Buxton，Dorothy），171

"买一送一"（B1G1）事业 ["Buy one, give one"（B1G1）causes]，61

柬埔寨：儿童基金会（Cambodia：children's foundation），198

卡梅伦，戴维（Cameron，David），40，140

坎帕纳里奥，加布里埃尔（Campanario，Gabriel），249（专栏）

加拿大（Canada）：公民参与世界联盟市民社会指数（CIVICUS civil society index），102；社区组织（community-based organizations），42；非营利组织对GDP的贡献（contribution of nonprofits to GDP），100（表）；非营利组织的文化框架（cultural frame of nonprofits），89（专栏）；协商关系（deliberate relations），150（表）；美国非营利模式的全球趋同（global convergence of the US nonprofit model），140；网络域名扩展（Internet domain extensions），165（专栏）；第三部门术语（third sector nomenclature），46

癌症治疗（Cancer treatment），19（专栏）

资本主义（Capitalism）：基于市场的发展（market based development），225-226；非营利组织巩固统治阶级的统治权（nonprofits entrenching dominant class hegemony），29；美国非营利模式（US nonprofit model），134

卡多佐报告（Cardoso Report），282-283

CARE（援助与救济合作社）（Cooperative for Assistance and Relief Everywhere），196（表），198，264

凯瑞，凯文（Carey，Kevin），43

卡耐基公司（Carnegie Corporation），171，173，207

卡耐基国际和平基金会（Carnegie Endowment for International Peace），299

卡萨，阿米加（Casa Amiga），200-201

Q类组织（NTEE）（Category Q organizations），174-175，189，240

天主教救济服务（Catholic Relief Services），196（表），202-203

公益营销（Cause marketing），61

345

公益名人（Celantropists），64，221

名人公益（Celebrity philanthropy）：名人公益的优势与劣势（benefits and drawbacks of），62；拯救生命（Live Aid），218；玩泵（PlayPump），232；青年参与慈善工作（youth involvement in charitable work），141-142

全球繁荣中心（Center for Global Prosperity），111

国际私营企业中心（Center for International Private Enterprise），277（专栏）

中亚研究所（Central Asia Institute），231（专栏）

中央公园保护协会（Central Park Conservancy），50（专栏），300

集权-分权治理结构（Centralization-decentralization of governance structures），190，192，214-215

环境责任经济联盟（Ceres），198

CETUSA，251（专栏）

Change.org，158，164-165（专栏），236，301

英国慈善救助基金会（英国）[Charities Aid Foundation（UK）]，109-111

慈善（Charity）：界定（defining），42-43；非营利组织国际化的驱动因素（driving internationalization of nonprofits），177；纳粹党慈善运动（Nazi Party charity campaigns），57（专栏）；从"慈善"演变为"权利"框架（"rights" framework evolving from），218；社会企业替代（social enterprise replacing），157-158，219（专栏）。另见公益（Philanthropy）

慈善委员会（英国）[Charity Commission（UK）]，175，206

慈善导航（Charity Navigator），270

骗子：葛瑞格·摩顿森的《三杯茶》（Charlatans：Greg Mortenson's Three Cups of Tea），231（专栏）

查韦斯主义（Chavismo），228

支票簿组织（Checkbook organizations），75

化学经济公司（Chemonics），223（表），224

童工（Child labor），17（专栏）

儿童（Children）：阿育王项目（Ashoka projects），160（专栏）；柬埔寨的新家庭（Cambodia's Krousar Thmey），198；癌症治疗（cancer treatment），19（专栏）；围绕孤儿院的争议（controversy surrounding orphanages），230；国际非营利组织的兴起（emergence of international nonprofits），171；全球儿童之心破产清算（liquidation of Global Hearts for Children），265（专栏）；国际计划（Plan International），211，213（专栏）；国际非营利组织的税收地位（tax status of international nonprofits），174；中国：救助，援助和发展战略（China：aid, relief, and development strategies），217；市民社会推动（civil society promotion），39；企业资助的非营利组织（corporate-sponsored nonprofits），62；香港大学ExCEL3项目（ExCEL3 at Hong Kong University），23（专栏）；美国非营利模式的全球趋同（global convergence of the US nonprofit model），141-142；非营利部门的增长（growth of the nonprofit sector），295-296（专栏）；市民社会赋权索罗斯基金会（Soros Foundation empowering civil society），65（专栏）；交易发展方式（transactional development approach），226。另见金砖国家（BRICs）

选择理论（Choice theories），52

《慈善纪事》（*Chronicle of Philanthropy*），45

慈善抢劫者（Chuggers），272

英格兰教会教堂委员会（Church Commissioners, Church of England），197（表）

花旗单车（Citi Bike），300（专栏）

公民身份：不同体制的非营利部门角色（Citizenship status: nonprofit roles by regime type），80-81，80（表）

城市传教运动（City Mission movement），16-17

作为非营利组织的公民参与行动（Civic action as nonprofit function），28-29

市民参与指数（Civic Engagement Index），109-110

公民参与世界联盟（CIVICUS）：市民社会指数（Civil Society Index），96（图），101-102，105，107（专栏）；市民社会的界定（defining civil society），183；民主项目（democracy projects），122；公民参与世界联盟的成立和目标（founding and objectives of）211（专栏）；向全球南方国家转移（moving to the global South），262；政权更迭期间支持非营利部门增长（supporting nonprofit growth during regime change），65；透明度措施（transparency measures），268

民法（Civil law），85-87

市民服务（Civil service），200（专栏）

市民社会（Civil society）：公民参与世界联盟指数（CIVICUS index），96（图），101-102，103（专栏）；欧洲委员会的非营利组织咨商地位（Council of Europe's consultative status to nonprofits），283-284；非营利部门文化框架（cultural frames of the nonprofit sector），114-115；市民社会的界定（defining），41；市民社会的界定和特点（defining and characterizing），36-40；欧盟能力建设（EU capacity building），59；香港大学ExCEL3项目（ExCEL3 at Hong Kong University），23（专栏）；脆弱的和受冲突影响的国家（FRACAS），115；非营利部门发展模式的全球趋同（global convergence of nonprofit development models），132；中国非营利部门的增长（growth of the nonprofit sector in China），295-296（专栏）；国际非营利法律中心（ICNL），106（专栏）；与政府机构的整体作用（integral role with government institutions），280；国内非营利组织之间的国际交流与合作（international contact and cooperation between domestic nonprofits），199-200；国际术语（international nomenclature），181-183；国际非营利组织

347

和全球市民社会（international nonprofits and global civil society），184-188；新兴民主国家的非营利部门发展（nonprofit development in emerging democracies），120-122；哈萨克斯坦的非营利部门发展（nonprofit development in Kazakhstan），123（专栏）；社会媒体（social media），300-301；市民社会的"袜子傀儡"版本（"sock puppet" version of），26（专栏）；索罗斯基金会（Soros Foundation empowering），65（专栏）；非营利组织的理论框架（theoretical frameworks of nonprofits），11；国际非营利组织的透明度措施（transparency measures for international nonprofits），268；联合国非政府组织咨商地位（UN consultative status on NGOs），280-283；美国国际开发署市民社会组织可持续发展指数（USAID CSO Sustainability Index），102-104；志愿服务（volunteering），69；世界社会论坛、非政府组织和市民社会（World Social Forums, NGOs, and），188（专栏）

市民社会钻石（Civil society diamond），102（图）

市民社会指数（Civil Society Index, CSI），211（专栏）

市民社会组织（Civil society organizations），39-40

阶层体系（Class systems），54，83

经典自由主义理论（Classical liberal theory），10

非营利组织分类（Classifying nonprofits），30-34，189-193

洁净水战略（Clean water strategies），230-233

克林顿，希拉里（Clinton, Hillary），67

俱乐部会所国际（Clubhouse International），205（专栏）

精神疾病治疗俱乐部会所模式（Clubhouse model for mental illness treatment），205（专栏）

联盟（Coalitions），201-202

阿拉伯市民社会组织行为准则（Code of Conduct for Arab Civil Society Organizations），269

胁迫：志愿服务的维度（Coercion: dimensions of volunteering），70

冷战（Cold War）：扩大非营利部门议程（broadening the nonprofit agenda），178；援助救济组织的兴起（emergence of aid relief organizations），212，214；基金会不断发展的作用（evolving role of foundations），207；非营利组织活动（NGO activity），279；国际非营利部门的政治化（politicization of the international nonprofit sector），180；联合国咨商地位（UN consultative status），281

合作（Collaboration），201-201；世界性的领导力（cosmopolitan leadership），258-259；政府与非营利部门的相互依赖要素（elements of government-nonprofit interdependency），58-59；欧式英语（Euringlish），261（专栏）；营利组织与非营利组织之间的合作（between forprofits and nonprofits），224；

全球倡导活动（global advocacy activities），239-240

集体行动（Collective action），53

集体社会事业（Collective social endeavors），15-17

集体结构（Collective structures），91-92

殖民主义（Colonialism）：对发展援助的批评（critiques of development aid），226-227；国际非营利组织的宗教起源和增长（religious origins and growth of international nonprofits），170；体育协会（sports associations），247

.com 域名扩展（.com domain extention），165（专栏）

委托（Commissioning），89（专栏）

鼓励企业公益委员会（Committee Encouraging Corporate Philanthropy，CECP），62

公共善（Common good），64（专栏）

共同点（Common Ground），198-199

共同兴趣网络（Common interest networks），248-250

普通法（Common law），85-87

共有（Commons），45

沟通技巧（Communication skills）：倡导活动（advocacy activities），238（表）；世界性的领导力（cosmopolitan leadership），259；欧式英语（Euringlish），261（专栏）

通信技术（Communications technology）：公司化与企业（corporatization and enterprise），72-73；推动非营利组织国际化（driving internationalization of nonprofits），177-178；全球倡导活动（global advocacy activities），236；全球化的历史（history of globalization），172；面临危险的非营利组织（threatening nonprofits），57

社群主义公民身份（Communitarian citizenship），80（表）

社区（Community）：作为第四部门的社区（as fourth sector），34-35；全球倡导活动（global advocacy activities），236；全球共同体（global communities），244-252；日本的邻里协会（Japanese neighborhood associations），93（专栏）；非营利认知共同体（nonprofit epistemic communities），248-250；体育协会（sports associations），246-248；青年交换项目与志愿主义（youth exchange programs and voluntourism），250-252

社区利益公司（英国）[Community Interest companies (UK)]，155

社区解决方案（Community Solutions），199

社区组织界定（Community-based organizations: defining），42

英格兰政府与志愿及社区部门关系框架协议（1998）[Compact on Relations Between Government and the Voluntary and Community Sector in England (1998)]，145

框架协议（Compacts），145-147，149-153，145-147，149-153

比较研究项目（Comparative research projects），95-96；分析社会企业（analyzing social enterprise），159-160；公

349

民参与世界联盟市民社会指数（CIVICUS Civil Society Index），101-102；国际非营利法律中心（International Center for Not-for-Profit Law），105；约翰·霍普金斯大学非营利部门比较项目（Johns Hopkins University Comparative Nonprofit Sector Project），96-98，111；国家卫星账户（National Satellite Accounts），98-101；比较研究（study comparison），105-109；美国国际开发署市民社会组织可持续发展指数（USAID CSO Sustainability Index），102-104

国际慈善组织（Compassion International），165（专栏），174，196（表）

非营利组织之间的竞争（Competition among nonprofits），29

政府与非营利部门关系的互补模式（Complementary mode of government-nonprofit relations），143-144，274，276-277

联合会结构（Confederation structure），192-193

国际非政府组织大会（Conference of International Non-Governmental Organisations），284

联合国咨商关系非政府组织大会（Conference of NGOs in Consultative Relationship with the United Nations, CONGO），281

可持续发展大会（2012）[Conference on Sustainable Development（2012）]，282

《微金融异见者自白：小额借贷是如何迷失并背叛穷人的》（辛克莱）[Confessions of a Microfinance Heretic: How Microlending Lost Its Way and Betrayed the Poor（Sinclair）]，220（专栏）

非营利组织间的冲突（Conflict within nonprofits），71

冲突地带：对发展援助的批评（Conflict zones: critiques of development aid），227

倡导团体的对抗（Confrontation by advocacy groups），239

政府与非营利部门关系的对抗方式（Confrontational approach to government-nonprofit relations），143-144

维也纳会议（Congress of Vienna），278（专栏）

保护国际（Conservation International），288（专栏）

保守主义（Conservatism）：市民社会中的保守主义（in civil society），40；非营利部门发展的新自由主义框架（neoliberal frame of nonprofit development），116-117；非政府组织观察（NGO Watch），267；阻碍独立非营利组织（pushback against independent nonprofits），292；美国非营利模式（US nonprofit model），137

保守党-自由民主党联盟（英国）[Conservative Party-Liberal Democrat coalition（UK）]，40

非营利组织咨商（Consultation in nonprofits），71

咨商地位（Consultative status）：欧洲委员会（Council of Europe），283-284；

联合国非政府组织咨商地位的建立及其详述（establishment and specifications for UN），280-283；国际刑警委员会（International Criminal Police Commission），186；国际术语（international nomenclature），181-183；国际计划（Plan International），213（专栏）；各洲人口及其咨商地位（population and consultative status by continent），181（表）；联合国宪章中有关非政府组织条款（UN Charter provision for NGOs），173

消费者公民身份（Consumer citizenship），80（表）

消费者/社群主义公民身份（Consumer/communitarian citizenship），80（表）

契约失灵（Contract failure），52

外包（Contracting），71-72

政府与非营利部门关系的合作模式（Cooperative mode of government-nonprofit relations），143-144

协调机构（Coordinating bodies），45

科比特，泰德（Corbitt, Ted），76（专栏）

企业公民身份项目（Corporate citizenship programs），60-61

企业非营利组织（Corporate nonprofits），71，73-74，76（专栏）

企业部门（Corporate sector）：市民社会与企业部门（civil society and），37；企业部门、政府部门与非营利组织的关系（corporate and government sector relations with nonprofits），272-289；环境非营利组织全球环境管理倡议组织（environmental nonprofit GEMI），287（专栏）；非营利组织的全球扩展（global expansion of nonprofits），4；测量公共信任（measuring public trust），112；跨国公司与非营利组织的关系（multinational corporations'relationships with nonprofits），285-289；非营利组织资助（sponsorship of nonprofits），60-63；国际非营利组织管理（stewardship of international nonprofits），255；非营利组织的税收优惠（tax advantages of nonprofits），9；第三部门概念（third sector concept），34-36。另见营利部门（For-profit sector）

企业社会责任（Corporate social responsibility），60-63，164

企业志愿者（Corporate volunteers），69-70

社团主义框架（Corporatist frame），119-120，142

企业化（Corporatization），72-73

腐败（Corruption）：发展中国家的腐败（in developing countries），122-123；新兴民主国家的腐败（in emerging democracies），121；五月广场母亲协会的欺诈行为（fraud in Madres de Plaza de Mayo），95（专栏）；人道援助的丑闻和失败（scandals and failures in humanitarian aid），230-234；传统关系网络（traditional relationship networks），92；志愿主义（voluntourism），251-252

世界性的领导力（Cosmopolitan leadership），257-260；世界组织：界定

（Cosmopolitan organizations: defining），6；Cotton On 基金会（Cotton On Foundation），205-206；

国际开发公司理事会（Council for International Development Companies, CIDC），224

欧洲委员会（Council of Europe），283-284

Craigslist. org, 164（专栏）

《科伦纽约商务》（Crain's New York Business），66

克罗地亚：可持续发展指数（Croatia: Sustainability Index），104（图）

跨境组织：界定（Cross-border organizations: defining），6

市民社会组织网络（CSO Net），282-283

文化资本（Cultural capital），11

文化差异（Cultural differences）：国际非营利组织的世界领导力（cosmopolitan leadership of international nonprofits），257-260；捐赠承诺，对捐赠承诺的批评（criticism of the Giving Pledge），208（专栏）；文化知识与领导力战略（cultural knowledge as leadership strategy），259；影响非营利部门增长的文化转变（cultural shifts influencing nonprofit growth），294；社会运动的增长（growth of social movements），54；国际博物馆理事会（International Council of Museums），168（专栏）；国内非营利组织的国际化（internationalization of domestic nonprofits），206；新的非营利组织文化（new nonprofit culture），65-68；市民社会的角色（role of civil society），37；英语国家非营利部门的独特性（sector quirks in English-speaking countries），89（专栏）；形塑非营利组织的社会文化规范（sociocultural norms shaping nonprofits），87-89；国际非营利组织特定领域的管理能力（spherespecific stewardship capacities for international nonprofits），254（表）；城市写生者（Urban Sketchers），249（专栏）；世界价值观调查（World Values Survey），112；另见国际非营利组织管理（International nonprofit sector Stewardship）

文化外交（Cultural diplomacy），139（专栏）

非营利部门发展的文化框架（Cultural frames in nonprofit development）：移民社群的使者组织（ambassador organizations in the diaspora），59-60；威权体制（authoritarian regimes），126-128；社团主义（corporatism），119-120；新兴民主国家（emerging democracies），120-122；非营利组织的演变（evolution of nonprofits），128-129；美国非营利模式的全球趋同（global convergence of the US nonprofit model），142；日本的邻里协会（Japan's jichikai），93（专栏）；五月广场母亲（Madres de Plaza de Mayo），94-95（专栏）；新自由主义（neoliberalism），116-117；发展中国家的非营利部门发展（nonprofit development in developing countries），122-126；政治

经济和社会制度的多样性（political, economic and social regime diversity），113-116；社会民主（social democratic），117-119

文化主义（Culturalism），54

治愈暴力（Cure Violence），198

捷克共和国：非营利组织对GDP的贡献（Czech Republic: contribution of nonprofits to GDP），100（表）

丹麦难民理事会（Danish Refugee Council），195，198

但丁学会（Dante Alighieri Society），60

非营利组织数据收集（Data collection on nonprofits），91

取消债务（Debt cancellation），235

界定（Definitions），参见术语（Nomenclature）

协商关系（Deliberate relations），144-153

民主国家（Democracy）：协会（associations），43；市民社会国际（Civil Society International），211（专栏）；市民社会在民主国家中的作用（civil society role in），37-40；框架协议（compacts），145-146；企业非营利组织的贡献（contribution of corporate nonprofits），75；社团主义（corporatism），119-120；全球市民社会（global civil society），184-188；美国非营利模式的全球趋同（global convergence of the US nonprofit model），142；非营利组织的政府资助（government sponsorship of nonprofits），59；发展中国家的非营利部门发展（nonprofit development in developing countries），124-125；新兴民主国家的非营利部门发展（nonprofit development in emerging democracies），120-122；非营利组织巩固统治阶级的统治权（nonprofits entrenching dominant class hegemony），29；非营利组织的角色和功能（nonprofits' roles and functions），28-29。另见工业化民主国家（Industrial democracies）

《论美国的民主》（德·托克维尔）（Democracy in America）（de Tocqueville），77-78，131-132，

民主赤字（Democratic deficit），54

刚果民主共和国：公民参与世界联盟市民社会指数（Democratic Republic of Congo: CIVICUS civil society index），102；匈牙利非洲基金会（Hungary's Afrikáért Alapítvány），133（专栏）

人口变化（Demographic shifts）：形塑非营利组织的国家特征（shaping national characteristics of nonprofits），82-83；非营利部门增长趋势（trends in nonprofit growth），294

丹麦：公民参与世界联盟市民社会指数（Denmark: CIVICUS civil society index），102

发展中国家（Developing countries）：比较研究项目（comparative research projects），98；非营利部门发展的文化框架（cultural frames of nonprofit development），115-116，122-126；非营利组织的未来（future of nonprofits），

293-294；社团结构的历史（history of associate structures），92-95；缺乏资金（lack of funding），83-85；流向发展中国家的净资金（net financial flows to），222（表）；减贫战略文件（reduction strategy papers），218；非营利组织员工（staffing nonprofits），263-264。另见具体国家（specific countries）

发展，社会与经济（Development, social and economic）：孟加拉国复兴援助委员会的国际化（BRAC internationalization），182（专栏）；非营利组织的分类（classification of nonprofits），30；非营利部门的文化框架（cultural frames of the nonprofit sector），114-115；早期的人道干预（early generations of humanitarian intervention），215-216；小额信贷（microfinance），1，156，182（专栏），219，220（专栏）；非营利部门的各国差异（national differences in nonprofit sectors），85；全球南方国家非营利部门的增长（nonprofit growth in the global South），297-299；基于权利的援助方法（rights-based approach to aid），219（专栏）；社会企业替代（social enterprise replacing），219（专栏）；美国国际开发署市民社会组织可持续发展指数（USAID CSO Sustainability Index），102-104；世界银行（World Bank），284-285。另见人道援助，救助和发展（Humanitarian aid, relief, and development）

杜威十进制分类系统（Dewey Decimal Classification System），172

侨民发展（Diaspora development）：使节组织（ambassador organizations），59-60；"作坊式"国际非营利组织（"boutique" international nonprofits），175；美国非营利模式的流动性（mobility of the US nonprofit model），132-133；来自威权国家的难民（refugees from authoritarian regimes），127-128；汇款和家乡协会（remittances and hometown associations），234-235

数字市民社会（Digital civil society），301

数字非营利组织（Digital nonprofits），177-178

丹麦反酷刑研究所（Danish Institute Against Torture, DIGNITY），201（专栏）

直接救助（Direct Relief），196（表）

灾害经济（Disaster economies），231-234

分歧，市民社会的作用（Dissidence, role of civil society in），37-41

多样性：界定（Diversity: defining），6；领导力竞争与战略（leadership competencies and strategies），258

国内组织（Domestic organizations）：问责实践（accountability practices），266；界定（defining），7；国际平行部门的增长（growth of the international sector paralleling），173；国内非营利组织的国际交流与合作（international contact and cooperation between domestic nonprofits），199-201；国内组织之间

的国际交流（international contacts between），175-176；国际网络，运动，联盟与合作（international networks, movements, coalitions, and collaborations），201-202；基金会的国际拓展（the international reach of foundations），206-208；国内组织的国际化（internationalization of），199-208；领导力竞争与战略（leadership competencies and strategies），258；形塑援助战略和方法（shaping aid strategies and approaches），217

《别慌》杂志（*Don't Panic* magazine），288（专栏）

下游（Downstreaming），218

非营利部门增长的推动因素：经济（Drivers for nonprofit growth: economic），51-53；非营利部门增长的推动因素：社会和政治（social and political），53-56

溺水宝宝比喻（Drowning babies metaphor），219（专栏）

德鲁克，彼得（Drucker, Peter），55-56, 291

涂尔干，埃米尔（Durkheim, Émile），35

地球峰会（1992）（Earth Summit）（1992），202, 282

东欧（Eastern Europe）：爱沙尼亚的协商关系（deliberate relations in Estonia），151（表）；匈牙利非洲基金会（Hungary's Afrikáért Alapítvány），133（专栏）；新兴民主国家的非营利部门发展（nonprofit development in emerging democracies），121；爱沙尼亚可持续发展指数（Sustainability Index for Estonia），104（图）

经济条件（Economic conditions）：威权体制国家非营利部门增长的障碍因素（barriers to nonprofit growth in authoritarian regimes），127；非营利组织分类（classifying nonprofits），33-34；比较研究数据（comparative research data），100-101；非营利组织对GDP的贡献（contribution of nonprofits to GDP by country），100（表）；全球化与非营利组织（globalization and nonprofits），3-4；改善会员结果（improving member outcomes），26-27；现代非营利组织的力量不断增长，范围不断扩大（increasing power and scope of modern nonprofits），18-20；发展中国家的非营利部门发展（nonprofit development in developing countries），122-126；形塑国内非营利部门特征（shaping national nonprofit characteristics），83-87；美国非营利模式（US nonprofit model），134-135；世界银行问责（World Bank accountability），285

经济危机（2008）（Economic crisis）（2008）：对社会企业的影响（impact on social enterprise），156；非营利组织在服务提供方面的作用越来越大（nonprofits' increasing role in service delivery），20；服务提供私有化（privatization of service delivery following），141；美国关于减税的辩论（US debate over tax reduction），64（专栏）

非营利组织的经济驱动因素（Economic drivers of nonprofits），51–53

爱德曼信任度调查报告（Edelman Trust Barometer），66，112

教育（Education）：倡导活动（advocacy activities），238（表）；阿育王项目（Ashoka projects），160–161，160（专栏）；孟加拉国复兴援助委员会的国际化（BRAC internationalization），182（专栏）；非营利组织分类（classifying nonprofits），31；非营利组织的经济驱动因素（economic drivers for nonprofits），52；香港大学 ExCEL3 项目（ExCEL3 at Hong Kong University），23（专栏）；全球公民共享（Global Civic Sharing），129（专栏）；全球依赖性（global interdependence），245；全球非营利部门（global nonprofit sector），2；匈牙利非洲基金会（Hungary's Afrikáért Alapítvány），133（专栏）；国际工人教育协会联合会（International Federation of Workers' Education Associations），32（专栏）；国际非营利组织（international nonprofits），174；国际化认证（internationalization of accreditation），203；领导力理论（leadership theories），258；利比里亚援助项目（Liberian Assistance Program），212（专栏）；非营利组织管理（nonprofit management），22–23；非营利组织会员资格（nonprofit membership），26–27；服务学习（service learning），69–70；国际非营利组织管理（stewardship of international nonprofits），256；学生纠察工厂（students picketing a factory），251（专栏）；城市写生者（Urban Sketchers），249（专栏）；美国非营利议题的教育与研究（US teaching and research in nonprofit issues），136–137；志愿服务和社会服务课程（volunteering and social service curricula），66–67；青年交换项目（youth exchange programs），250–252

有效发展集团（Effective Development Group），224

有效性过程（Effectiveness processes），268–269；有效性测量（measures of），56；倡导影响力测量（measuring the impact of advocacy），241–242

埃及：国家资助的非营利组织（Egypt: state-sponsored nonprofits），277（专栏）

艾森伯格，帕布洛（Eisenberg, Pablo），64（专栏）

老年人口：形塑非营利组织国家特征的人口变化（Elderly populations: demographic shifts shaping national characteristics of nonprofits），82；志愿服务（volunteering），69

作为领导力战略的情感优势（Emotional strength as leadership strategy），259

雇佣（Employment）。另见工作（Jobs）

有利环境指数（Enabling Environment Index），102，211（专栏）

再生职业生涯（Encore careers），67

《世界问题和人类潜能百科全书》（The

Encyclopedia of World Problems and Human Potential），189

《慈善的终结》（弗朗西斯）（The End of Charity）（Frances），158-159

实行捐赠的基金会（Endowed foundations），197（表）

捐赠基金（Endowments），43-44，109（专栏）

无国界工程师组织（Engineers Without Borders），272

英国济贫法（1597年和1601年）（English Poor Laws）（1597 and 1601），15

启蒙运动（Enlightenment），16

创业家精神（Entrepreneurship）：社会企业的学术话语（academic discourses on social enterprise），154-156；非营利组织评估流程（evaluation processes for nonprofits），269-270；美国模式的全球趋同（global convergence of the US model），137-143；非营利组织，营利企业和政府的跨部门模糊（intersectoral blurring of nonprofits, for-profit corporations, and governments），299-301；生活方式非营利组织和再生职业生涯（lifestyle nonprofits and encore careers），67；美国非营利模式的流动性（mobility of the US nonprofit model），132-133；新兴民主国家的非营利部门发展（nonprofit development in emerging democracies），121；丑闻和失败（scandals and failures），231（专栏）；社会企业（social enterprise），153。另见社会企业（Social enterprise），153

环境行动（Environmental action）：布伦特·史帕尔（Brent Spar），243（专栏）；非营利组织的分类（classification of nonprofits），30；保护国际（Conservation International），288（专栏）；最大的国际非营利组织（largest international nonprofits），197；针对跨国公司的非营利倡导方法（nonprofit advocacy approaches with multinational corporations），286-287

不定期志愿者（Episodic volunteers），69

认知社区（Epistemic communities），248-250

间谍：维基解密（Espionage：WikiLeaks），209-210

爱沙尼亚（Estonia）：协商关系（deliberate relations），151（表）；可持续发展指数（Sustainability Index），104（图）

道德全球化（Ethical globalization），273

组织的民族中心结构（Ethnocentric structures of organization），190

欧式英语（Euringlish），260，261（专栏）

欧洲（Europe）：援助，救济和发展策略（aid, relief, and development strategies），217；社团主义（corporatism），119-120；援助型非营利组织的出现（emergence of aid nonprofits），211-212；非营利组织的政府资助（government sponsorship of nonprofits），59；匈牙利非洲基金会（Hungary's Afrikáért Alapítvány），133（专栏）；国际计划扩张（Plan International expansion），213（专栏）；各洲人口及其咨商地位（population and consultative status by continent），181（表）；罗马尼亚可持续发展指数（Sustainability Index for Romania），104（图）。另见东欧；法国；德国；西班牙（Eastern Europe; France; Germany; Spain）

欧洲基金会中心（European Foundation Center），204（专栏）

欧洲社会调查（European Social Survey），112

欧洲价值观调查（European Values Survey），112

评估流程（Evaluation processes），269–272，269（表）

ExCEL3项目（ExCEL3），23（专栏）

外籍员工（Expatriate employees），233–234，263–264

《探索市民社会：政治和文化背景》（Glasius, Lewis and Seckinelgin）（Exploring Civil Society: Political and Cultural Contexts）（Glasius, Lewis, and Seckinelgin），38

表达组织（Expressive organizations），75，99（图），236

埃克森美孚（ExxonMobil），4

脸书（Facebook），300

失败前行组织（Fail Forward organization），272

非营利组织失灵（Failure of nonprofits），52，54，264，265（专栏），272；社会企业项目（social enterprise projects），159–163

信仰组织（Faith-based organizations）：国际非营利组织分类（classifying international nonprofits），189；匈牙利非洲基金会（Hungary's Afrikáért Alapítvány），133（专栏）；识别最大的国际非营利组织（identifying the largest international nonprofits），194–195；非营利活动指标（indicators of nonprofit activity），112–113；国内非营利组织的国际化（internationalization of domestic nonprofits），202–203；最大的美国国际援助和救济组织（largest US international aid and relief organizations），196（表）；国际非营利组织的起源和增长（origins and growth of international nonprofits），170–171，173–174。另见宗教与宗教组织（Religion and religious organizations）

伪慈善机构（Fake charities），26（专栏）

家族基金会（Family foundations），207

家庭健康国际（Family Health International），223（表）

饥荒救济（Famine relief），214

国际足球联合会（Fédération Internationale de Football Association）（FIFA），195，244–245

联合会结构（Federation structure），192–193

喂养孩子（Feed the Children），196（表）

奖学金：全球公民共享（Fellowship: Global Civic Sharing），129（专栏）

玛丽亚·特蕾莎·费尔南德斯·德拉维加（Fernández de la Vega, María Teresa），67（专栏）

五十年足够运动（Fifty Years Is Enough campaign），285

法勒委员会（Filer Commission），36，148

为穷人提供的金融服务（Financial services for the poor），219

火狐浏览器（Firefox browser），70

第一届预防和制止犯罪国际大会（First International Congress on the Prevention and Repression of Crime）（1872），278-279

第一届世界妇女大会（First World Conference on Women）（1975），282

穷人的食物（Food for the Poor），196（表）

食物项目（Food programs），63（专栏），214

强迫劳动（Forced labor），17（专栏）

福特基金会（Ford Foundation），13，197（表），207

《对外援助法》（Assistance Act）（1961年），200（专栏）

营利部门（For-profit sector）：流向发展中国家的援助（aid flows to developing countries），223-224；共享单车系统（bicycle-sharing systems），300（专栏）；孟加拉国复兴援助委员会的国际扩张（BRAC international expansion），182（专栏）；市民社会与营利部门（civil society and），37；非营利组织的经济驱动因素（economic drivers for nonprofits），52；全球企业基金会（global corporate foundations），207；网络域名扩展（Internet domain extensions），164-165（专栏）；非营利组织，营利企业和政府的跨部门模糊（intersectoral blurring of nonprofits, for-profit corporations and governments），299-301；人道援助，救助和发展的市场化（marketization of humanitarian aid, relief, and development），219-221；援助发展中国家的净资金流（net financial flows to developing countries），222（表）；非营利援助和救济部门（nonprofit aid and relief sector），215；国际非营利组织的组织结构（organizational structure of international nonprofits），193；非营利组织的零售和服务（retail and services for nonprofits），51；非营利组织的角色和功能（roles and functions of nonprofits），27-28；社会企业与营利部门（social enterprise and），154，163-165；科技公司（technology companies），57-58；美国非营利模式（US nonprofit model），134。另见企业部门（Corporate sector）

基金会中心（Foundation Center），13

基金会（Foundations）：界定（defining），43-44；捐赠基金超过70亿美元的基金会（endowments of more than ＄7 billion），197（表）；基金会的国际拓展（the international reach of），206-208；索罗斯基金会（Soros Foundation），65（专栏）；西班牙非洲妇

女基金会（Spain's Fundación Mujeres porÁfrica），67（专栏）

喷泉之家（Fountain House），204，205（专栏）

第四部门（Fourth sector），34-35

脆弱的和受冲突影响的国家（fragile and conflict-affected states, FRACAS），114-116

框架协议（Framework agreements），147-148

法国（France）：法国非营利组织对GDP的贡献（contribution of nonprofits to GDP），100（表）；非营利组织的文化框架（cultural frame of nonprofits），89（专栏）；协商关系（deliberate relations），151（表）；美国非营利模式的全球趋同（global convergence of the US nonprofit model），140；国际博物馆理事会（International Council of Museums），168（专栏）；国际刑警委员会（International Criminal Police Commission），186；圣公会团体（mission societies），15-17；非营利部门的各国差异（national differences in nonprofit Sectors），77-78

特许经营组织模式（Franchising of organizational models），192-193

兄弟会（Fraternal societies），92

搭便车者（Free riders），52-53

结社自由（Freedom of association），18，37，78，86，101，105，116-117

自由市场的发展方式（Free-market approach to development），226

法国大革命（French Revolution），77-78，278（专栏）

岘港之友（Friends of Danang），2

组织之友（"Friends of" organizations），2，58，168

巴塞罗那商业基金会（Fundació Barcelona Comerç），141

非洲妇女基金会（Fundación Mujeres por África）（Women for Africa Foundation），67（专栏）

原教旨主义团体（Fundamentalist groups），29，273

资金（Funding）：问责措施（accountability measures），272；政府与非营利部门关系的对抗性模式（adversarial mode of government-nonprofit relations），274；单车共享系统（bicycle-sharing systems），300（专栏）；以色列政府限制非营利部门融资（Israel's government limits on nonprofit financing），275（专栏）；肯尼迪中心的文化外交（Kennedy Center's cultural diplomacy），139（专栏）；信仰组织的可持续发展（sustainability of faith-based organizations），255-256；国际组织的可持续发展（sustainability of international organizations），265；非营利部门增长趋势（trends in nonprofit growth），294；美国的非营利模式（US model），135-137

非营利组织的未来（Future of nonprofits），293-294

杰富仕（G4S），4

冈比亚：公民参与世界联盟市民社会指

数（The Gambia：CIVICUS civil society index），102；游戏（Gaming），89（专栏）

盖茨，比尔（Gates，Bill），208（专栏），289，296（专栏）

性别平等：援助有效性流程（Gender equality：aid effectiveness Processes），268

联合国一般咨商地位（General consultation，UN），280-283。另见咨商地位（Consultative status），280-283

通用磨坊（General Mills），63（专栏）

人道干预的代际割裂（Generational divisions of humanitarian intervention），215-217

德国（Germany）：公民参与世界联盟市民社会指数结果（CIVICUS CSI results），107（专栏）；社团主义（corporatism），119；纳粹党慈善运动（Nazi Party charity campaigns），57（专栏）；国家资助的非营利组织（state-sponsored nonprofits），277（专栏）；美国非营利模式（US nonprofit model），138-139

盖蒂信托基金（Getty Trust），197（表）

戈兹，赛义德（Ghods，Saideh），19（专栏）

吉沙（Gisha），275（专栏）

智慧捐赠（Give Well organization），271（专栏）

捐赠我们所能（Give What We Can），271（专栏）

捐赠承诺（Giving Pledge），85，207，208（专栏），296（专栏）

全球社团革命（Global associational revolution），97

全球品牌（Global brands），203-206

全球公民项目（Global Citizen project），206

全球公民共享（Global Civic Sharing）（GCS），129（专栏）

全球公民学院（Global Civics Academy），245

《全球市民社会：非营利部门的视界》（*Global Civil Society：Dimensions of the Nonprofit Sector*），98

全球共同体（Global communities），244-252

全球企业基金会（Global corporate foundations），207

环境非营利组织全球环境管理倡议组织（Global Environmental Management Initiative）（GEMI），286，287（专栏）

全球政府（Global government），184-188

全球儿童之心（Global Hearts for Children），265（专栏）

《全球期刊》（*Global Journal*），198

全球组织：界定（Global organizations：defining），6

全球有效发展合作伙伴关系（Global Partnership for Effective Development Cooperation），230（专栏）

全球报告倡议（Global Reporting Initiative），298（专栏）

全球化（Globalization）：契约（compacts），145-147；国际非营利组织全球化的结果和驱动因素（consequence

361

and driver of international nonprofits as),173;界定(defining),6;美国非营利模式的全球趋同(global convergence of the US model),137-143;历史(history of),172;非营利组织的全球兼并(incorporation of nonprofits),261-262;非营利组织对跨国公司"文明"的影响(nonprofits' "civilizing" effect on multinational corporations),286

歌德学院(Goethe Institute),59-60

官办非政府组织(GONGOs)(government-organized nongovernment organizations),25,39,273,277;中国的官办非政府组织(China),295-296(专栏)

Good360/实物捐赠国际培训企业(Good 360/Gifts in Kind International),196(表)

善意行业(Goodwill Industries),33

谷歌(Google),289

治理(Governance):国际非营利组织的分类(classifying international nonprofits),190;国际非营利组织和全球市民社会(international nonprofits and global civil society),184-188;人道干预的专业化(professionalization of humanitarian intervention),216-217。另见威权体制;民主;政权类型(Authoritarian regimes;Democracy;Regime type)

政府,与非营利组织(Government, nonprofits and):癌症儿童治疗(cancer treatment for children),19(专栏);企业、政府部门与非营利组织的关系(corporate and government sector relations with nonprofits),272-289;土耳其法人治理协会(Corporate Governance Association of Turkey),298(专栏);企业非营利组织(corporate nonprofits),73;非营利部门文化框架(cultural frames of the nonprofit sector),114-115;政府在提供服务方面的作用不断减少(decreasing role in service delivery),20;非营利组织界定(defining nonprofits),24;非营利组织的经济驱动因素(economic drivers for nonprofits),52;相互依赖要素(elements of interdependency),58-60;非营利组织再生职业生涯(encore careers in nonprofits),67-68;鼓励志愿服务(encouraging volunteering),70;非营利组织扩展到政府和企业(expansion of nonprofits into government and business),51;法国非营利部门(French nonprofit sector),78;全球对非营利部门的控制增加(global increase in nonprofit control),292;政府基金会(government foundations),207;各种类型的政府裁员(government retrenchment in various regime types),294;非政府组织统治的海地政府(Haiti's government by NGOs),276(专栏);老乡会(hometown associations),235;人道救助流(humanitarian relief flows),221-224;政府与非营利组织的相互依赖(interdependence of governments and nonprofits),

143-145；政府间组织（intergovernmental organizations），278-285；非营利组织，营利企业和政府的跨部门模糊（intersectoral blurring of nonprofits, for-profit corporations and governments），299-301；日本的邻里协会（Japan's jichikai），93（专栏）；非营利部门发展的各国差异（national differences in nonprofit development），79-81；新自由主义框架（neoliberal frame），116-117；援助发展中国家的净资金流（net financial flows to developing countries），222（表）；新的非营利部门文化（new nonprofit culture），66-67；非营利组织的非营利部门资助（nonprofit sponsorship of nonprofits），64；美国非营利部门内的党派关系（partisanship in the US nonprofit sector），136-137；政治、经济和社会制度多样性（political, economic, and social regime diversity），113-116；阻碍非营利部门增长（pushback against nonprofit growth），21；政权资助的市民空间（regime-sponsored civil space in），39-40；监管和制度环境（regulatory and institutional environments），85-87；非营利组织的角色和功能（roles and functions of nonprofits），27-28；政府与非营利组织关系的变化（shifting relationships with nonprofits），71；社会民主框架（social democratic frame），117-119；国家资助的非营利组织（state-sponsored nonprofits），277（专栏）；国际非营利组织管理（stewardship of international nonprofits），273-277；第三部门概念（third sector concept），34-36；三部门框架（three-sector framework），10；联合国咨商地位（United Nations consultative status），280-283；美国非营利模式（US nonprofit model），134。另见政府与非营利组织相互依赖；决策；提供服务（Interdependence of governments and nonprofits; Policymaking; Service delivery）

政府失灵（Government failure），52

格莱珉银行（Grameen Bank），219，276（专栏）

葛兰西，安东尼奥（Gramsci, Antonio），11

资助之道（GrantCraft），203，204（专栏）

资助（Grantmaking），179（专栏），222（表）

基层部门（Grassroots sector），20，33，125，183，188（专栏）；卢旺达的基层部门（in Rwanda），106（专栏）

大社会项目（Great Society programs），71

绿湾包装工队（Green Bay Packers），247

绿色和平组织（Greenpeace Organization），31，243（专栏），261

洗绿（Greenwashing），288（专栏）

GRM期货集团（GRM Futures Group），224

增长纪事（Growth narratives），22（表）

关系（中国关系网络）（Guanxi）（Chinese relationship networks），92

导星国际（GuideStar International），175，206

商业和人权指导原则（Guiding Principles on Business and Human Rights），289

公会（Guilds），92

几内亚（Guinea）：公民参与世界联盟市民社会指数结果（CIVICUS CSI results），107（专栏）；捐赠指数（Giving Index），110

哈贝马斯，尤尔根（Habermas，Jürgen），11

仁人家园（Habitat for Humanity），193，195，196（表）

惯习（Habitus），11

海地（Haiti）：非政府组织统治的海地政府（government by NGOs），276（专栏）；作为准国家的非营利组织（nonprofits as quasi state），274-275

《国民账户体系中的非营利机构手册》（Handbook on Nonprofit Institutions in the System of National Accounts），100

硬实力（Hard power），126-127

哈珀，斯蒂芬（Harper，Stephen），140

豪泽社会研究所（Hauser Institute for Civil Society），256（专栏）

医疗保健（Health care）：阿育王项目（Ashoka projects），160（专栏）；儿童癌症治疗（cancer treatment for children），19（专栏）；非营利组织的分类（classification of nonprofits），30；孟加拉国的非政府组织（NGOs in Bangladesh），276（专栏）

非营利组织的异质性（Heterogeneity of nonprofits），20

援助有效性高级别论坛（High Level Forums on Aid Effectiveness），228

历史背景（Historical context）：集体社会事业（collective social endeavors），15-17；非营利组织比较（comparisons of nonprofits），92-95；非营利组织界定（defining nonprofits），41；非营利组织国际化驱动因素（factors driving internationalization of nonprofits），131-133；全球化的历史（history of globalization），172；现代非营利组织的力量不断增长，范围不断扩大（increasing power and scope of modern nonprofits），18-20；工业革命与全球化的兴起（Industrial Revolution and the rise of globalization），3；伊斯兰慈善机构化（Islamic institutionalization of charity），108-109；非营利部门的各国差异（national differences in nonprofit sectors），77；第三部门概念（third sector concept），34-36

霍尔德里奇，大卫（Holdridge，David），200（专栏）

无家可归者人口（Homeless population），199

香港大学（Hong Kong University），23（专栏）

住房（Housing）：五月广场母亲（Madres de Plaza de Mayo），95（专栏）；城市贫民（urban poor），2

《如何改变世界》（伯恩斯坦）（How to

Change the World)(Bornstein),157

霍华德·休斯医学研究所(Howard Hughes Medical Institute),197(表)

霍华德刑罚改革联盟(Howard League for Penal Reform),173

人权:援助有效性流程(Human rights: aid effectiveness processes),268

人权观察(Human Rights Watch),267

人道援助,救助和发展(Humanitarian aid, relief, and development):问责实践(accountability practices),266-267,270-272;釜山援助有效性论坛(Busan Forum on Aid Effectiveness),229-230(专栏);企业专长(corporate expertise),225(专栏);批评(critiques of),225-229,226(专栏);侨民发展和移民老乡会(diaspora development and immigrant hometown associations),234-235;数字援助和倡导组织(digital aid and advocacy organizations),177-178;国际非营利组织的国内员工配置(domestic staffing of international nonprofits),264;国际非营利组织的兴起(emergence of international nonprofits),171;四代非营利组织(four generations of nonprofits),215-218;岘港之友(Friends of Danang),2;资金来源和各国经济实力(funding sources and economic strength of countries),85;全球倡导(global advocacy),235-236;全球化(globalization and),3-4;非营利组织的政府资助(government sponsorship of nonprofits),59;非政府组织统治的海地政府(Haiti's government by NGOs),276(专栏);国际非营利部门增长(international nonprofit sector growth),173;国内非营利组织的国际化(internationalization of domestic nonprofits),202-203;全球儿童之心破产清算(liquidation of Global Hearts for Children),265(专栏);市场化(marketization of),219-221;全球南方国家非营利部门的增长(nonprofit growth in the global South),297-299;国际非营利部门的政治化(politicization of the international nonprofit sector),180;非营利援助的相对规模(relative size of nonprofit aid),221-224;丑闻与失败(scandals and failures),230-234;规模,范围和目标(size, scope, and objectives of),210-211;小型援助非营利组织(small aid nonprofits),210-211;社会民主框架(social democratic frame),118;员工结构(staffing structures),263。另见发展,社会和经济(Development, social and economic)

匈牙利(Hungary):匈牙利非洲基金会(Afrikáért Alapítvány),133(专栏);可持续发展指数(Sustainability Index),104(图)

饥饿组织(Hunger organizations),255-256

混合型组织(Hybrid organizations),154-155,167-169,168(专栏),273

易卜拉欣，穆罕默德（Ibrahim, Mohamed），208（专栏）

理想主义，国际化（Idealism, internationalization of），171

宜家（IKEA），197（表）

不自由的政权（Illiberal regimes），126，142，298

问责机制（*Imihigo*）（accountability mechanism），228

移民（Immigrants）："作坊式"国际非营利组织（"boutique" international nonprofits），175；集体社会事业受益（collective social endeavors benefiting），16；同乡会（hometown associations），234-235；美国非营利模式的流动性（mobility of the US nonprofit model），132-133；汇款至发展中国家（remittances to developing countries），222，222（专栏）

帝国主义：援助，救济和发展策略（Imperialism: aid, relief, and development strategies），217

非营利组织的重要性（Importance of nonprofits），8-10，291-292。另见提供服务（Service delivery）

非营利组织兼并（Incorporation of nonprofits），23-25，261-262。另见注册（Registration）

印度（India）：非营利组织增长纪事（growth narratives of nonprofits），22（表）；第三部门术语（third sector nomenclature），46；美国非营利模式（US nonprofit model），138。另见金砖国家（BRICs）

土著组织和人民（Indigenous organizations and peoples）：集体社会事业（collective social endeavors），17，17（专栏）；界定（defining），7；解放发展（emancipatory development），228；全球南方国家非营利部门的增长（nonprofit growth in the global South），298-299；对北方偏见的反应（response to the Northern bias），180-181

个人基金会（Individual foundations），207

印度尼西亚（Indonesia）：企业资助的非营利组织（corporate-sponsored nonprofits），62

工业化民主国家（Industrial democracies）：比较研究项目（comparative research projects），98；界定（defining），7；非营利组织的扩张（expansion of the nonprofits），49-50；非营利组织的未来（future of nonprofits），293-294；美国非营利模式的全球趋同（global convergence of the US nonprofit model），139-140；国际非营利组织的起源（origins of international nonprofits），209-210；社会议题取代物质需求（social issues replacing material needs），54；志愿服务（volunteering），69

工业革命（Industrial Revolution），3，16

不平等，社会和经济（Inequality, social and economic）：援助与救济组织处理（aid and relief organizations addressing），214；非营利组织的未来（future of nonprofits），293-294

非正式组成部分（Informal components），24-25，33-34，175

基础设施发展：营利发展潮流（Infrastructure development: for-profit development flows），224

国际非政府组织问责宪章（INGO Accountability Charter），270-272

非营利组织作为创新者（Innovator, nonprofit as），27-28

局内人-局外人概念（Insider-outsider concept），34，147，239-240，280，286

局内人（Insiders），239

制度框架（Institutional framework），10-11，292-293

塞万提斯学院（Instituto Cervantes），60

集成商（Integrators），239

政府与非营利组织的相互依赖（Interdependence of governments and nonprofits）：类型（categories of），143-145；框架协议（compacts），145-147；要素（elements of），58-59；契约协商关系（impact of deliberate relations），147-149；社会企业（social enterprise），153-165。另见政府，非营利组织和利益集团（Government, nonprofits and Interest groups），45，55

利益调停（Interest mediation），119

政府间组织（Intergoverment organizations）：维也纳会议（Congress of Vienna），278（专栏）；欧洲委员会（Council of Europe），283-284；混合型非营利组织（hybrid nonprofits），167-168；国际非政府组织问责宪章（INGO Accountability Charter），272；国际工人教育协会联合会（International Federation of Workers' Education Associations），32（专栏）；国际非营利组织数量超过政府间组织（international nonprofits outnumbering），169-170；跨国公司（multinational corporations），285-289；国际非营利组织的监管（regulatory role of international nonprofits），185-188；联合国咨商地位（United Nations' consultative status），280-283；世界银行（World Bank），284-285。另见联合国（United Nations）

国际空中交通协会（International Air Traffic Association），173，186

国际航空运输协会（International Air Transport Association）（IATA），186

技术交流学生国际协会（International Association for the Exchange of Students for Technical Experience），250

社会工作院系国际协会（International Association of Schools of Social Work），173

国际青年、家庭法官和裁判官协会（International Association of Youth and Family Judges and Magistrates），245，246（专栏）

国际律师协会（International Bar Association），173

国际禁止地雷运动（International Campaign to Ban Landmines），235，237

国际非营利法律中心（International Center for Not-for-Profit Law）（ICNL），

65, 97（图），105, 126-127

国际民航组织（International Civil Aviation Organization），186

非营利组织国际分类（International Classification of Nonprofit Organizations），30-31

红十字国际委员会（International Committee of the Red Cross）（ICRC），191（专栏）。另见红十字（Red Cross）

国际博物馆理事会（International Council of Museums），168（专栏）

国际刑警委员会（国际刑警组织）（International Criminal Police Commission）（Interpol），186

国际艺术理事会联合会（International Federation of Arts Councils），1-2

国际工人教育协会联合会（International Federation of Workers' Education Associations）（IFWEA），32（专栏）

市民社会组织发展有效性国际框架（International Framework for CSO Development Effectiveness），268

国际人权基金（International Funding for Human Rights），13

国际劳工组织（International Labour Organization）（ILO），100, 111

国际子午线会议（International Meridian Conference）（1884），172

国际货币基金组织（International Monetary Fund）（IMF），218, 284-285

国际非政府组织问责宪章［International Non-Governmental Organisations（INGO）Accountability Charter］，268

国际非营利部门（International nonprofit sector）：国际非营利组织（classifying international nonprofits），189-193；界定（defining），6；增长推动因素（drivers of growth），177-181；捐赠基金超过70亿美元的基金会（foundations with endowments of more than $7 billion），197（表）；全球倡导（global advocacy），235-244；全球市民社会（global civil society），184-188；1909-2010年国际组织增长（growth in international organizations, 1909-2010），170（图）；人道援助，救助和发展（humanitarian aid, relief, and development），210-235；国内非营利组织之间的国际交流与合作（international contact and cooperation between domestic nonprofits），199-201；基金会的国际拓展（the international reach of foundations），206-208；国内非营利组织的国际化（internationalization of domestic nonprofits），199-208；最大的非营利组织（largest nonprofits），198；最大的美国国际援助和救济组织（largest US international aid and relief organizations），196（表）；网络，运动，联盟和合作（networks, movements, coalitions, and collaborations），201-202；术语（nomenclature），181-183；国际非营利部门的起源与增长（origins and growth of），169-177, 209-210；红十字会（Red Cross），191（专栏）；百强非营利组织（Top 100 nonprofits），198-199。另见人道援助，救助和发展；管理

（Humanitarian aid, relief, and development; Stewardship）

国际奥委会（International Olympic Committee）（IOC），195，245，247

国际标准化组织（International Organization for Standardization）（ISO），186，187（专栏），197-198

国际被子协会（International Quilt Association），244

国际酷刑受害者康复理事会（International Rehabilitation Council for Torture Victims）（IRCT），201（专栏）

国际关系（International relations），8，173，187-188，260-261，272-273，279-280

国际救援委员会（International Rescue Committee），196（表）

国际癌症儿童协会（International Society for Children with Cancer），19（专栏）

国际第三部门研究协会（International Society for Third-Sector Research），23

国际电报联盟（International Telegraph Union），172

国际志愿行动和志愿协会研究组织（International Voluntary Action and Voluntary Associations Research Organization），23

国际窗膜协会（International Window Film Association），169（专栏）

国际工人联合会（International Workingmen's Association），171

国内非营利组织的国际化（Internationalization of domestic nonprofits）：非营利组织的理事会成员（board membership of nonprofits），262-263；中国（China），295-296（专栏）；术语界定（defining terms），5-8；要素与模型驱动（factors and models driving），131-133；非营利部门的全球扩展（global reach of the nonprofit sector），1；领导力竞争与战略（leadership competencies and strategies），258-259；全球南方国家非营利部门的增长（nonprofit growth in the global South），297-299；美国影响（US influence），13-14

网络域名扩展（Internet domain extensions），164-165（专栏）

实习（Internships），69

伊朗：公民参与世界联盟市民社会指数（Iran：CIVICUS civil society index），102

爱尔兰工人发展协会（Irish Association of Development Workers），252

伊斯兰教（Islam）：非营利部门的发展模式（models of nonprofit development），115-116；公益理念（philanthropic concepts），109（专栏）；红新月（Red Crescent），191（专栏）；国际非营利组织的宗教起源及其增长（religious origins and growth of international nonprofits），170

伊斯兰开发银行（Islamic Development Bank），18-19

伊斯兰救济（Islamic Relief），195

以色列（Israel）：以色列非营利组织对GDP的贡献（contribution of nonprofits to GDP），100（表）；以色列政府限制非营利部门融资（government limits on nonprofit financing），275（专栏）；非政府组织监视（NGO Monitor），267

伊斯坦布尔原则（Istanbul Principles），268

Janaagraha. org，165（专栏）

日本（Japan）：日本非营利部门的变革（changes in the nonprofit sector），84（专栏）；日本非营利组织对GDP的贡献（contribution of nonprofits to GDP），100（表）；美国非营利模式的全球趋同（global convergence of the US nonprofit model），140；日本的邻里协会（jichikai），93（专栏）；日本对公益的规制激励（regulatory incentives for philanthropy），86-87

杰布，伊格兰蒂尼（Jebb, Eglantyne），171

犹太共同基金（Jewish Communal Fund），195

拉姆森基金会（Jewlett Foundation），197（表）

邻里协会（Jichikai）（Japanese neighborhood associations），93（专栏）

工作（Jobs）：塑造非营利组织特征的人口变化（demographic shifts shaping nonprofit characteristics），82；非营利部门的女性就业（female employment in the nonprofit sector），74（专栏）

约翰，塞西莉亚·安妮（John, Cecilia Annie），171

约翰·斯诺公司（John Snow, Inc.），223（表）

约翰·霍普金斯大学非营利部门比较项目（Johns Hopkins University Comparative Nonprofit Sector Project），96-98，96（图），100，108，111，113-114

约旦：美国国际开发署发展项目（Jordan: USAID development programs），223（表）

凯撒，迈克尔（Kaiser, Michael），139（专栏）

卡米哈米哈学校（Kamehameha Schools），197（表）

哈萨克斯坦（Kazakhstan）：非营利部门的发展（nonprofit development），123（专栏）；可持续发展指数（Sustainability Index），104（图）

肯尼迪，杰奎琳（Kennedy, Jacqueline），213（专栏）

肯尼迪艺术表演中心（Kennedy Center performing arts center），138，139（专栏）

克诺特，谢丽尔（Kernot, Cheryl），157-158

众筹网（Kickstarter），300-301

京士威慈善会（Kingsway Charities），196（表）

德基什内尔，克里斯蒂娜·费尔南德斯（Kirchner, Cristina Fernández de），95（专栏）

基什内尔，内斯托尔（Kirchner, Néstor），95（专栏）

基瓦尼斯俱乐部（Kiwanis Club），171，197

盗窃者统治（Kleptocracies），122-123

知识经济（Knowledge economy），291

康拉德·阿登纳基金会（Konrad Adenauer Foundation），277（专栏）

寇尔坦，戴维（Korten, David），215-216

（新家庭）Krousar（Thmey），198

库兹涅茨曲线理论（Kuznets curve theory），85

吉尔吉斯斯坦（Kyrgyzstan）：非营利组织对GDP的贡献（contribution of nonprofits to GDP），100（表）；可持续发展指数（Sustainability Index），104（图）

劳工运动（Labor movement）：非营利组织再生职业生涯（encore careers in nonprofits），67；劳工运动的全球化（globalization of），171；国际工人教育协会联合会（International Federation of Workers' Education Associations），32（专栏）。另见联盟（Unions）

兰登-戴维斯，约翰（Langdon-Davis, John），213（专栏）

语言（Language）：世界性的领导力（cosmopolitan leadership），259；欧式英语（Euringlish），261（专栏）；非营利研究（nonprofit research），92；英语国家的非营利组织（nonprofits in English-speaking countries），89（专栏）；第三部门术语（third sector nomenclature），46

最大的非营利组织（Largest nonprofits），197（表），198

拉丁美洲（Latin America）：对发展援助的批评（critiques of development aid），227；小额信贷项目（microfinance programs），1，219；国际计划扩张（Plan International expansion），213（专栏）；各洲人口及其咨商地位（population and consultative status by continent），181（表）；美国非营利模式（US nonprofit model），138。另见巴西；墨西哥（Brazil; Mexico）

拉脱维亚：美国非营利模式（Latvia: US nonprofit model），138

领导力（Leadership）：大人物方法（Big Man approach），125，258；世界性的领导力（cosmopolitan），257-260；领导力的管理维度（dimensions of stewardship），253（图）；穆罕默德·易卜拉欣非洲领导力成就奖（Mo Ibrahim Prize for Achievement in African Leadership），208（专栏）；领导人更迭（shift in the profiles of leaders），74；特定领域能力（sphere-specific capacities），254（表）；转型领导力（transformational），74；女性领导力（women），74

国际联盟（League of Nations），279

倡导团体的法律职能（Legal function of advocacy groups），238（表）

非营利组织的法律身份（Legal identity of nonprofit organizations）：非营利组织转向全球南方国家（nonprofits moving to the global South），262；国际非营利组织与各国政府之间的关系（relations between international nonprofits and national governments），274；无国籍组织

(stateless organizations), 209-210; 两步流程 (two-step process), 8-9; 维基解密的虚拟身份 (virtual identity of WikiLeaks), 209-210

法律资源: 国际非营利法律中心 (Legal resources: ICNL), 105

合法性 (Legitimacy): 援助和扶贫战略 (aid and poverty-relief strategies), 214-215; 维持障碍 (obstacles to maintaining), 296-297; 透明度 (transparency), 267-269

李维斯公司 (Levi's Corporation), 61

李嘉诚基金会 (Li Ka Shing Foundation), 197 (表)

自由主义 (Liberalism): 各派之间的冲突 (conflict between factions), 55; 界定 (defining), 7; 自由主义框架 (liberal frame), 116-117; 福利制度 (welfare regime), 79 (表)

自由党 (澳大利亚) (Liberal Party) (Australia), 7, 40

解放运动 (Liberation movements), 214

利比里亚援助方案 (Liberian Assistance Program) (LAP), 212 (专栏)

图书馆分类系统 (Library classification systems), 169-170, 172, 187 (专栏)

利比亚: 解放区的非营利组织 (Libya: nonprofits in liberated zones), 39

生活方式非营利组织 (Lifestyle nonprofits), 67-68

礼来基金会 (Lilly Endowment), 197 (表)

有限责任公司 (美国) (Limited Liability companies) (US), 155

Linux 基金会 (Linux Foundation), 51, 70

国际狮子会 (Lions Clubs International), 197, 295 (专栏)

拯救生命音乐会 (Live Aid concerts), 214, 218

洛克希德·马丁 (Lockheed Martin), 288 (专栏)

逻辑结构矩阵 (LogFrame Matrix), 269-270, 269 (表)

《集体行动的逻辑》(奥尔森) (*The Logic of Collective Action*) (Olson), 52-53

《孤独星球指南》 (*The Lonely Planet guidebooks*), 251-252

马其顿: 可持续发展指数 (Macedonia: Sustainability Index), 104 (图)

五月广场母亲 (Madres de Plaza de Mayo), 94-95 (专栏)

马哈克组织 (Mahak organization), 19 (专栏)

马来西亚: 非营利部门发展的文化框架 (Malaysia: cultural frames of nonprofit development), 115

非营利组织管理 (Management of nonprofits): 问责实践 (accountability practices), 266-273; 理事会成员 (board membership), 262-263; 评估流程 (evaluation processes), 269-272; 兼并 (incorporation), 261-262; 非营利部门研究与教学 (nonprofit research and teaching), 22-23; 员工结构

（staffing structures），263-264；可持续性发展（sustainability），264-265；透明度（transparency），267-269。另见管理（Stewardship）

管理主义（Managerialism），73-75

芒果（Mango），256（专栏）

《志愿者工作测量手册》（Manual of the Measurement of Volunteer Work），100，111-112

出生缺陷基金会（March of Dimes），165（专栏）

市场失灵（Market failure），52

基于市场的发展（Market-based development），219-221

市场化公益（Marketized philanthropy），61

麦凯恩，约翰（McCain, John），277（专栏）

世界医师协会（Médecins du Monde），239

无国界医生（Médecins Sans Frontières）（Doctors Without Borders），193，195，198，203-204，239

媒体（Media）：超越传统商业模式的非营利组织（nonprofit form overtaking traditional business models），291；媒体中的非营利组织（nonprofits in），51；汤姆森路透社基金会（Thomson Reuters Foundation），61（专栏）；美国非营利模式（US nonprofit model），136-137

医疗保健：早期的人道干预（Medical care: early generations of humanitarian intervention），215-216

非营利组织的大趋势（Megatrends for nonprofits），294-296

会员组织（Member organizations）：基于会员的（member-based），43；会员拥有的组织（member-owned），190；为会员服务的组织（member-serving），30，118，244-245；会员支持的组织（member-supported），190

男士棚屋（Men's Sheds），192

精神疾病：喷泉之家模型（Mental illness: Fountain House model），205（专栏）

美慈组织（Mercy Corps），198

墨西哥（Mexico）：非营利组织对GDP的贡献（contribution of nonprofits to GDP），100（表）；慈善文化（culture of giving），87-88；国内非营利组织的国际拓展（international outreach of domestic nonprofits），200-201；美国非营利模式（US nonprofit model），138

小额信贷（Microfinance）：孟加拉国复兴援助委员会的国际化（BRAC internationalization），182（专栏）；有争议的环境（controversy surrounding），220（专栏）；全球拓展：援助市场化（global reach of: marketization of aid），219；社会企业（social enterprise），156

微软公司（Microsoft Corporation），265

中产阶层（Middle class）：中国的非营利部门增长（China's nonprofit growth），295-296（专栏）；非营利部门增长趋势（trends in nonprofit growth），294

中东：比较研究（Middle East: comparative research），108-109

澳大利亚传教（Mission Australia），16

圣公会团体（Mission Societies），16-17

穆罕默德·易卜拉欣非洲领导力成就奖（Mo Ibrahim Prize for Achievement in African Leadership），208（专栏）

穆罕默德·本·拉希德·阿勒·马克图姆基金会（Mohammed bin Rashid Al Maktoum Foundation），197（表）

摩尔多瓦：可持续发展指数（Moldova: Sustainability Index），104（图）

蒙泰罗，海伦娜（Monteiro, Helena），179（专栏）

道德生态学（Moral ecology），87-88

摩顿森，葛瑞格（Mortenson, Greg），157，230，231（专栏）

MoveOn. org，135

莫扎·宾特·纳赛尔·米斯奈德（Mozah bint Nasser Al Missned），2

莫桑比克（Mozambique）：市民社会指数（Civil Society Index），105-107；非营利组织对GDP的贡献（contribution of nonprofits to GDP），100（表）

谋智基金会（Mozilla），57，70

埃里克·马格里奇（Muggeridge, Eric），213（专栏）

跨国公司（Multinational corporations）：发展服务（development delivery），224，225（专栏）；环境非营利组织全球环境管理倡议组织（environmental nonprofit GEMI），287（专栏）；全球化和服务提供公共管理（globalization and public management of service delivery），4；与国际非营利组织的关系（relationship with international nonprofits），285-289。另见企业部门；营利部门（Corporate sector; For-profit sector）

肌肉萎缩症协会（Muscular Dystrophy Association），202

肌肉公益（Muscular philanthropy），62

博物馆（Museums），51，168（专栏）

相互义务要求（Mutual obligation requirements），69-70

《市民社会的迷思》（The Myth of Civil Society）（Encarnación），38

拿破仑战争（Napoleonic Wars）：维也纳会议（Congress of Vienna），278（专栏）

《小小差异的自恋：美国和欧洲如何相似》（鲍德温）（The Narcissism of Minor Differences: How America and Europe Are Alike）（Baldwin），113-114

纳斯密斯，大卫（Nasmith, David），16

全美公共事务和行政学院协会（National Association of Schools of Public Affairs）（NASPAA），203

国家协会（National associations），45-46

非营利组织的各国特征（National characteristics of nonprofits）：国际非营利组织的倡导战略（advocacy strategies of international nonprofits），241；各国非营利组织形成的经济条件（economic conditions shaping），83-87；全球化和国家政治实体（globalization and national political entities），3-4；非营利组织的制度框架（institutional framework of nonprofits），292-293；日本的非营利组织（Japan），84（专栏）；自然灾害形塑非营利组织（natural disasters shaping），83；各国非营利部门增长与发展的相似之处（similarities in nonprofit growth and development），131-133

国家民主基金会（National Endowment for Democracy），277（专栏）

国家卫星账户（National Satellite Accounts），96（图），98-101

国家免税实体分类（National Taxonomy of Exempt Entities）（NTEE），174-175，189，240

自然灾害（Natural disasters）：中国的非营利部门增长（China's nonprofit growth），295（专栏）；国际非营利组织的国内员工配置（domestic staffing of international nonprofits），264；非政府组织统治的海地政府（Haiti's government by NGOs），276（专栏）；自然灾害形塑非营利部门角色（shaping nonprofit roles），83，84（专栏）

自然资源保护理事会（Natural Resources Defense Council），75

纳粹党慈善运动（Nazi Party charity campaigns），57（专栏）

邻里协会（Neighborhood associations），93（专栏）

新殖民主义（Neocolonialism）：市民社会在新殖民主义中的角色（civil society role in），38；发展援助（development aid as），226-227

新社团主义（Neocorporatism），142

新自由主义（Neoliberalism）：非营利组织的文化框架（cultural frames of nonprofits），116-117；界定（defining），7-8；非营利部门发展模式的全球趋同（global convergence of nonprofit development models），132；基于市场的发展（market-based development），225-226

新纳粹团体（Neo-Nazi groups），27，29

尼泊尔：第三部门术语（Nepal：third sector nomenclature），46

网络学习（Network Learning），256（专栏）

网络（Networks）：倡导网络（advocacy），242-244；认知社区（epistemic communities），248-250；人道干预的代际割裂（generational divisions of humanitarian intervention），216；全球倡导活动（global advocacy activities），236；国际非营利组织（international nonprofits），190；国内非营利组织的国际化（internationalization of domestic nonprofits），200-202；红十字会（Red Cross as），191（专栏）

新开发银行（New Development Bank），285

新英雄（PBS系列）（The New Heroes）（PBS series），157

纽约市传教会（New York City Mission Society），16

纽约宗教学会（New York Religious Tract Society），16

纽约公路跑步者（New York Road Runners），75，76专栏

新西兰（New Zealand）：公民参与世界联盟市民社会指数（CIVICUS civil society index），102；社区组织（community-based organizations），42；非营利组织对GDP的贡献（contribution of nonprofits to GDP），100（表）

纽曼斯奥（Newman's Own），61-62

.ngo域名扩展（.ngo domain extension），165（专栏）

"非政府组织"一代（NGO generation），141-142

非营利组织管理协会（NGO Management Association），256（专栏）

非营利组织观察（NGO Watch），267

诺贝尔和平奖（Nobel Peace Prize），191（专栏）

术语（Nomenclature）：援助和救济战略（aid and relief strategies），218，219（专栏）；市民社会（civil society），36-40；非政府组织失灵和腐败（failed and corrupt NGOs），233；全球共同体（for global communities），244-245；利益集团（interest groups），55；国际非营利部门（international nonprofit sector），181-183；非营利部门（nonprofit sector），4-8，40-46；对第三部门存在的质疑（questioning the existence of the third sector），46-48；非营利组织的结构和功能特点（structural and functional characteristics of nonprofits），23-27；志愿服务（volunteering），68

非营利组织的非强制性（Noncompulsory nature of nonprofits），26-27

非分配限制（Nondistribution restriction），40-41

非政府组织（Nongovernmental organizations）（NGOs）：土耳其法人治理协会（Corporate Governance Association of Turkey），298（专栏）；界定（defining），42；由非政府组织统治的政府（government by），276（专栏）；政府间组织与非政府组织（intergovernmental organizations and），278-279；国际命名法（international nomenclature），181-183；社会运动组织（social movement organizations），55；世界社会论坛、市民社会与非政府组织（World Social Forums, civil society, and），188专栏

非营利部门：界定（Nonprofit: defining），4-5

非营利世纪（Nonprofit Century），291

非营利部门和社区解决方案法案（Nonprofit Sector and Community Solutions Act），149

无国籍组织：界定（Nonstate organizations: defining），40-41，44

北方（North）：非营利部门领导力的偏见（bias in nonprofit leadership），257-258；界定（defining），7；塑造援助战略和方法的国内模式（domestic models shaping aid strategies and approaches），217；早期人道主义干预（arly generations of humanitarian intervention），215-216

北美：各洲人口及其咨商地位（North

America: population and consultative status by continent), 181（表）

南北维度（North-South dimensions）：对发展援助的批评（critiques of development aid), 228; 国内非营利组织的国际网络（international networks of domestic nonprofits), 202

挪威（Norway）：公民参与世界联盟市民社会指数（CIVICUS civil society index), 102; 比较研究（comparative research), 106-108; 非营利组织对GDP的贡献（contribution of nonprofits to GDP), 100（表）; 捐赠率（rate of giving), 111

奥巴马, 贝拉克（Obama, Barack), 64（专栏）, 148-149

大洋洲：各洲人口及其咨商地位（Oceania: population and consultative status by continent), 181（表）

石油生产（Oil production), 243（专栏）

奥尔森, 曼瑟尔（Olson, Mancur), 52-53

奥林匹克体育组织（Olympic sports organizations), 174-175

奥米迪亚网络（Omidyar Network), 163-164

寰宇信托（One World Trust), 269

在线捐赠（Online giving), 215

开放社会基金会（Open Society Foundation), 13, 122

开放社会研究所（Open Society Institutes), 65（专栏）

领导力策略的开放性（Openness as leadership strategy), 259

开源软件（Open-source software), 51, 70

机遇街（Opportunity Streets), 161 专栏）

圣巴西命令（Order of Saint Basil), 179

有机团结（Organic solidarity), 35

组织：界定（Organization: defining), 5

组织动力学（Organizational dynamics）：国际非营利组织分类（classifying international nonprofits), 190-191; 非营利组织的法人结构（corporate structures in nonprofits), 299-301; 混合型营利和非营利组织（hybrid for-profit and nonprofit organizations), 154-155; 非营利组织的兼并和登记（incorporation and registration of nonprofits), 8-10; 信仰组织的可持续性（sustainability of faith-based organizations), 256

组织结构：多学科路径（Organizational structures: multidisciplinary approach), 55-56

有组织犯罪（Organized crime）：发展中国家中的有组织犯罪（in developing countries), 125-126

有组织的非营利组织：界定（Organized nonprofits: defining), 23-24.

.org 域名扩展（.org domain extension), 165（专栏）

孤儿院（Orphanages), 230

奥尔特加·高娜, 阿曼西奥（Ortega Gaona, Amancio), 207

局外人（Outsiders），239

外包（Outsourcing），51。另见提供服务（delivery Service）

监督系统（Oversight systems），13，266；倡导活动（advocacy activities），238（表）；政府系统（government systems），58

《非营利组织与慈善部门概述》（An Overview of the Nonprofit and Charitable Sector），148-149

乐施会（Oxfam），175-176，192，195，209

巴基斯坦（Pakistan）：援助丑闻（aid scandals），231（专栏）；美国国际开发署开发项目份额最大的合同方（top vendors for USAID development programs），223（表）

巴勒斯坦（Palestine），267，275（专栏）

潘格拉集团（Pangora Group），165（专栏）

Pantouflage，140

特殊主义（Particularism），52

食品解决方案伙伴（Partnership for Supply Chain Management），63（专栏）

健康伙伴（Partners in Health），198，225（专栏）

供应链管理伙伴关系（Partnership for Supply Chain Management），223（表）

伙伴关系（Partnerships）：基于权利的援助方法（rights-based approach to aid），218

家长作风：非营利失灵（Paternalism: nonprofit failure），52

资助：发展中国家的非营利部门发展（Patronage: nonprofit development in developing countries），125

罗马和平（Pax Romana），173

援助人员（People in Aid），256（专栏）

佩尔森，斯蒂芬（Persson, Stefan），207

皮尤慈善信托（Pew Charitable Trust），205（专栏）

公益资本主义（Philanthrocapitalism），62，156

公益（Philanthropy）：非营利组织的商业部门资助（business sector sponsorship of nonprofits），60；公益名人品牌（celebrity branding），62；非营利活动比较指数（comparative indexes of nonprofit activity），109-113；企业非营利组织（corporate nonprofits），73-75；界定（defining），44；部门间协商关系（deliberate relations among sector），147-148；员工志愿项目（employee volunteer programs），63（专栏）；公益捐赠承诺（Giving Pledge），208（专栏）；市场化公益（marketized），61；捐赠率（rates of giving），111；监管激励措施（regulatory incentives），86-87；财富积累与公益（wealth accumulation and），85；全球资助者支持倡议（Worldwide Initiatives for Grantmaker Support）（WINGS），179（专栏）。另见慈善机构（Charity）

国际计划（Plan International），193，195，211-212，213（专栏）

玩泵（PlayPump），231-232

多元主义（Pluralism），55-56

波兰（Poland）：可持续发展指数（Sustainability Index），104（图）；第三部门术语（third sector nomenclature），46

极化（Polarizers），239

警察组织（Police organizations），186

政策对话（Policy dialogues），71

政策合作文件（Policy document for cooperation），145

政策文件（Policy documents），124

政策窗口（Policywindows），83

政策制定（Policymaking）：国际非营利部门增长驱动力（driving international sector growth），177；协商关系的兴起（emergence of deliberate relations），149；伪慈善（fake charities），26（专栏）；政府-非营利部门跨部门动力学（government-nonprofit intersectoral dynamics），144-145；非营利组织在政策制定方面日益增多的参与（growing involvement of nonprofits in），18；国际艺术理事会联合会（International Federation of Arts Councils），1-2；大型非营利组织主导（large nonprofits dominating），33-34；非营利组织的非营利部门资助（nonprofit sponsorship of nonprofits），63-64；威胁政治精英的非营利组织（nonprofits threatening political elites），21；志愿服务的作用（role of volunteering），69-70；索罗斯基金会（Soros Foundation），65（专栏）。另见政府、非营利组织和政治分析：基于权利的援助方法（Government, nonprofits and Political analysis: rights-based approach to aid），218

政治谈判（Political bargaining），51-53

政治气候：美国非营利部门伙伴关系（Political climate: partisanship in the US nonprofit sector），136

非营利部门增长的政治驱动因素（Political drivers for nonprofit growth），53-56

政治型国际非营利组织（Political international nonprofits），236

政治领域（Political sphere）：援助和扶贫战略（aid and poverty-relief strategies），214-215；Change.org，301；市民社会运动（civil society movements），37-39；全球倡导活动（global advocacy activities），236-237；人道干预（humanitarian intervention），216-217；现代非营利组织日益增长的力量和领域（increasing power and scope of modern nonprofits），18-20；非营利部门发展的各国差异（national differences in nonprofit development），78-79；作为政党和工会的非营利组织（nonprofits as political parties and labor unions），135；非营利组织的角色和功能（nonprofits' roles and functions），28-29；国际非营利部门的政治化（politicization of the international nonprofit sector），180；国际非营利组织特定领域的管理能力（sphere-specific stewardship capacities for international nonprofits），254（表）；国际非

营利组织管理（stewardship of international nonprofits），254-255；美国非营利模式（US nonprofit model），134-135。另见倡导（Advocacy）

服务提供的政治-行政传统（Political-administrative traditions in service delivery），81

人口生态（Population ecology），49

葡萄牙：非营利组织对 GDP 的贡献（Portugal：contribution of nonprofits to GDP），100（表）

后工业主义（Postindustrialism），54

后物质主义（Postmaterialism），54

超新自由主义框架（Postneoliberal frameworks），142

贫穷贵族（Poverty lords），27

减贫战略文件（Poverty reduction strategy papers），218

市民社会组织（CSO）发展有效性原则［Principles for CSO (Civil Society Organization) Development Effectiveness］，268

良心犯（Prisoners of conscience），243-244

良心犯上诉基金（Prisoners of Conscience Appeal Fund），244

私人物品，非营利组织经济理论（Private goods：economic theories of nonprofits），51-53

私人非营利组织：界定（Private nonprofits：defining），24

私人组织：界定（Private organization：defining），5

私营部门：三部门框架（Private sector：three-sector framework），10

私有化（Privatization）：服务提供缔约方法（contracting approach to service delivery），72；美国非营利模式的全球趋同（global convergence of the US nonprofit model），141；服务提供的全球化和公共管理（globalization and public management of service delivery），4；放任自由主义（laissez-fare liberalism），55；社会民主框架（social democratic frame），118-119；非营利部门增长趋势（trends in nonprofit growth），294；美国非营利模式（US nonprofit model），136-137

专业和商业协会（Professional and trade associations）：对美国模式的趋同（convergence to the US model），137；术语界定（defining terms），43-44；盈余分配（distribution of surpluses），25-26；新兴民主国家中的专业和商业协会（in emerging democracies），120-122；全球共同体（global communities），244-245；国际监督和认证职能（international oversight and accreditation function），186；国际部门（international sector），169；国际窗膜协会（International Window Film Association），169（专栏）

专业服务理事会（Professional Serviced Council），224

非营利组织的专业化和企业化（Professionalization and corporatization of nonprofits）：全球倡导活动（global advocacy activities），236；人道干预（humanitarian intervention），216-217；对非营利部门日益增长的影响（increasing influence on the nonprofit sector），72-73；人员配置结构（staffing structures），263-264；国际非营利组织管理（stewardship of international nonprofits），255；美国非营利模式（US nonprofit model），136

改革派（Progressivism）：对发展援助的批评（critiques of development aid），226-227；伦理全球化（ethical globalization），273；新自由主义框架（neoliberal frame），117；阻碍独立非营利组织（pushback against independent nonprofits），292；美国非营利模式（US nonprofit model），137

项目开发（Project development），28

普龙托（单车共享系统）（Pronto）（bicyclesharing systems），300（专栏）

抗议型业务组织（Protest business），75-76，285

抗议团体：世界银行对经济影响的责任（Protest groups：World Bank accountability for economic impact），285

公共利益：界定（Public benefit：defining），44

公共广播服务（Public Broadcasting Service）（PBS），157

公共选择（Public choice），52

公共物品：非营利组织经济理论（Public goods：economic theories of nonprofits），51-53

公共组织：界定（Public organization：defining），5

公共服务教育（Public service education），203

公共领域（Public sphere），11

公共福利基金会（Public Welfare Foundation），205（专栏）

卡扎菲政权（Qaddafi regime），39

卡塔尔基金会（Qatar Foundation），2

欧洲委员会四方会议（Quadrilogue of the Council of Europe），283-284

贵格会社区（Quaker communities），17，171，176（专栏）

铁路：全球化历史（Railroads：history of globalization），172

捐赠率（Rates of giving），109-111

理性选择（Rational choice），52-53

红新月会（Red Crescent），191（专栏）

红十字会（Red Cross）：非营利组织分类（classifying nonprofits），33；红十字会的成立和历史（formation and history of），17，171；最大的国际非营利组织（largest international nonprofits），195；美国最大的国际援助和救济组织（largest US international aid and relief organizations），196（表）；红十字会的目标和国际领域（objectives and international scope of），191（专栏）；组织结构（organizational structure），190；无国籍组织（stateless organizations），209

红水晶（Red Crystal），191（专栏）

大卫红星（Red Star of David），191（专栏）

381

雷德，朱迪（Reed, Judy），212（专栏）

改革：国际非营利组织管理（Reforms: stewardship of international nonprofits），254-255

难民组织（Refugee organizations），127-128，195，196（表）

政权更迭（Regime change），120-122，128-129，153

体制类型（Regime type）：非营利部门的文化框架（cultural frames of the nonprofit sector），114-115；非营利部门发展的各国差异（national differences in nonprofit development），79-81。另见威权体制；民主制；工业化民主国家（Authoritarian regimes; Democracy; Industrial democracies）

登记（Registration）：识别全球实体基本注册表（Basic Registry of Identified Global Entities），174；中国放宽登记政策（China's easing of），296（专栏）；非营利组织界定（defining nonprofits），40；网络域名展（Internet domain extensions），164-165（专栏）；美国登记注册的非营利组织（registered nonprofits in the United States），21（图）；美国非营利模式（US nonprofit model），134

监管系统（Regulatory systems）：全球市民社会（global civil society），184-188；非营利组织注册（incorporation of nonprofits），261-262；非营利组织的各国特征（national characteristics of nonprofits），85-87；美国资源（US resources），13

宗教和宗教组织（Religion and religious organizations）：反奴隶制国际（Anti-slavery International），17（专栏）；维也纳会议（Congress of Vienna），278（专栏）；非营利部门发展的文化框架（cultural frames of nonprofit development），115-116；塑造非营利组织各国特征的人口迁移（demographic shifts shaping national characteristics of nonprofits），82；集体社会奋斗史（history of collective social endeavors），15-17；伊斯兰教慈善机构化（Islamic institutionalization of charity），108-109；非营利部门发展的各国差异（national differences in nonprofit development），78；非营利组织占领政治和社会空间（nonprofits occupying political and social space），81-82；全球市民社会的规制和倡导（regulation and advocacy of global civil society），185-186；作为服务提供者的救世军（Salvation Army as service provider），31；社会民主框架（social democratic frame），118；国际非营利组织管理（stewardship of international nonprofits），255。另见信仰组织（Faithbased organizations）

宗教法（Religious law），85-87

侨汇（Remittances），222，222（表），234-235

寻租个人（Rent-seeking individuals），27

维修咖啡馆（Repair Cafés），192，203

《私人慈善和公共需求委员会报告》（Report of the Commission on Private

Philanthropy and Public Needs), 34

研究方法论（Research methodology），91，95-109

资源依赖理论（Resource dependency theory），56-57

资源动员理论（Resource mobilization theory），56-58，75-76

资源（Resources）：国际非营利组织管理的在线资源（online resources on stewardship of international nonprofits），256（专栏）；资金周转（rotation of funds），25-26；信仰组织的可持续性（sustainability of faith-based organizations），255-256

逆帝国主义（Reverseimperialism），181

基于权利的援助方法（Rights-based approach to aid），218

权利人组织（Rights-holders organization），46

仪式和等级、尊崇（Rituals and hierarchies, respect for），259-260

罗伯特·伍德·约翰逊基金会（Robert Wood Johnson Foundation）197（表），205（专栏）

洛克菲勒基金会（Rockefeller Foundations），173，207

非营利组织的角色和功能（Roles and functions of nonprofits），27-30

罗马尼亚：可持续发展指数（Romania: Sustainability Index），104（图）

阅读空间（Room to Read），265

联合国名册咨商（Roster consultation, UN），280-283

扶轮社（Rotary Club），171，197，207-208

轮值信贷俱乐部（Rotating credit clubs），25

跑步俱乐部（Running clubs），76（专栏）

城乡差距（Rural-urban divide），83

俄罗斯：市民社会提升（Russia: civil society promotion），39；企业资助的非营利组织（corporate-sponsored nonprofits），62；可持续发展指数（Sustainability Index），104（图）；捐赠税收减免（tax deductible donations），88（专栏）。另见金砖国家（BRICs）

俄罗斯革命（Russian Revolution），171

卢旺达：国际非营利法律中心（Rwanda: ICNL），106（专栏）

赛德盖（慈善机构）（*Sadaqah*）(charity)，108，109（专栏）

《安保手册》（CARE 国际）(*Safety and Security Handbook*) (CARE International)，264

萨拉蒙，莱斯特（Salamon, Lester），1，28，52，77，97，291

圣文森特德保罗学会（St. Vincent de Paul, Society of），16-17，195

圣-西蒙，克劳德·亨利·德（Saint-Simon, Claude Henri de），35

救世军（Salvation Army），31

《乐善好施者》（伪纪录片系列）(*The Samaritans*) (mockumentary series)，234

撒玛利亚救援会（Samaritan's Purse），

196（表）

开悟世界（Satori Worldwide），234

沙特阿拉伯（Saudi Arabia）：增长纪事（growth narratives），22（表）；国际非营利法中心（ICNL），106（专栏）

儿童救助会（Save the Children），171，193，195，196（表）

斯堪的纳维亚国家：社会民主框架（Scandinavian countries: social democratic frame），117-118

沙尔，简（Scharer, Jane），212（专栏）

施罗德，格哈德（Schroeder, Gerhard），138

科学与研究：卡塔尔基金会（Science and research: Qatar Foundation），2

童子军运动（Scout Movement），8-9，197，206

华盛顿州西雅图：自行车共享系统（Seattle, Washington: bicycle-sharing systems），300（专栏）

部门：界定（Sector: defining），5-6

世俗组织（Secular organizations），18

安全化（Securitization），220-221

安保（Security and safety）：国际非营利组织国内人员配置（domestic staffing of international nonprofits），264；脆弱和受冲突影响国家（FRACAS），115；韩国非营利部门的发展（states of nonprofit sector evolution in South Korea），128-129

意会（Sensemaking），263

2001年9·11事件（September 11, 2001），220-221

服务俱乐部（Service clubs），171，173，197，206

服务提供（Service delivery）：倡导活动（advocacy activities），238（表）；中国非营利部门增长（China's nonprofit growth），295-296（表）；非营利组织分类（classifying nonprofits），30；政府-非营利部门关系的互补模式（complementary mode of government-nonprofit relations），276-277；企业非营利组织（corporate nonprofits），73；组织界定（defining organizations），42；志愿服务维度（dimensions of volunteering），68-70；国际非营利部门增长驱动因素（driving international sector growth），177；援助组织的兴起（emergence of aid organizations），212，214；全球化和公共管理（globalization and public management），4；在国家失灵时由非政府组织统治的政府（government by NGOs in failing states），276（专栏）；发展中国家的草根部门（grassroots sectors in developing countries），125；国际非营利部门增长（growth of the international nonprofit sector），173；非营利组织在服务提供方面的作用日益重要（increasing importance of nonprofits for），19-20；政府和非营利组织相互依赖（interdependence of governments and nonprofits），143-145；非营利组织的国际化（internationalization of nonprofits），179-180；日本的邻里协会（Japan's jichikai），93（专栏）；非营利失灵

（nonprofit failure），52；非营利组织惠及中产和上层阶级（nonprofits benefiting middle and upper classes），27；政治－行政传统（political-administrative traditions），81；公共管理方法（public management approach），72；阻碍非营利部门增长（pushback against nonprofit growth），21；转型国家中政权资助的市民空间（regime-sponsored civil space in transitional regimes），39－40；非营利组织的角色和功能（roles and functions of nonprofits），27－30；社会民主框架（social democratic frame），118-119；政府－非营利部门关系的互补模式（supplementary mode of government-nonprofit relations），274-275；美国非营利模式（US nonprofit model），136－143；志愿服务（volunteering），70

服务功能（Service functions），99（图）

服务学习（Service learning），69

服务主导型组织（Service-dominant organizations），236

娱乐、教育和社会中心（Settlement houses），73

性交易（Sex trafficking），17（专栏）

棚屋/贫民窟居民国际（Shack/Slum Dwellers International），2

壳牌石油公司（Shell Oil），243（专栏）

暹粒共识（Siem Reap Consensus），268

塞拉利昂（Sierra Leone）：公民参与世界联盟市民社会指数（CIVICUS Civil Society Index），101－102，103（专栏）；塞拉利昂的市民社会钻石（civil society diamond）102（图）；塞拉利昂的赠与指数（Giving Index），110

单议题组织（Single-issue organizations），55

一党统治（Single-party rule），127，295-296（专栏）

《60分钟》（电视节目）（60 *Minutes*）（television program），231（专栏）

"六十年足够"运动（Sixty Years Is Enough campaign），285

斯劳特，安－玛丽（Slaughter, Ann-Marie），131

奴隶制：反奴隶制和原住民保护组织（Slavery：antislavery and aboriginal protection organizations），17，17（专栏）

斯洛文尼亚：可持续发展指数（Slovenia：Sustainability Index），104（图）

小型援助组织（Small aid organizations），210-211，212（专栏）

社会资本（Social capital），11，37；非西方概念（non-Western concepts），92；后现代福利体制（postmodern welfare regimes），80（表）；社会创业家（social entrpreneurs），112；社会资本调查（surveys of），112；志愿服务（volunteering），69

社会选择（Social choice），52

非营利部门发展的社会民主框架（Social democratic frame of nonprofit development），117-119，138-139

非营利部门增长的社会驱动因素（Social drivers for nonprofit growth），53－56

社会经济：界定（Social economy：defi-

385

ning），44

社会企业（Social enterprise）：学术话语（academic discourses），62，154-156；阿育王（Ashoka），159，160（专栏）；界定（defining），42-44；"硬"话语（"hard" discourses），157-158；机遇街（Opportunity Streets），161（专栏）；重建现有非营利部门形式（recreating existing nonprofit forms），163-165；社会企业替代慈善和发展（replacing charity and development），219（专栏）；"软"话语（"soft" discourses），158-159；社会企业的战略和实践（strategies and praxis），159-163。另见创业精神（Entrepreneurship）

社会调查（Social inquiry），10

社交媒体（Social media）：绕过非营利组织的中介职能（bypassing intermediary function of nonprofits），299-301；非营利组织国际化的驱动因素（driving internationalization of nonprofits），177-178；城市写生者（Urban Sketchers），249（专栏）

社会运动组织（Social movement organizations），55-58

社会运动（Social movements）：界定（defining），45；与国际非营利组织互动的国内非营利组织（domestic nonprofits interacting with international nonprofits），201-202；社会运动的驱动因素（drivers for），54；社会运动的制度化（institutionalization of），188-189；组织形态（organizational forms），54-55；社会运动转型为行动主义组织（transformation into activist organizations），71；世界社会论坛、市民社会和非政府组织（World Social Forums, civil society, and NGOs），188（专栏）

社会起源：非营利部门发展的各国差异（Social origins: national differences in nonprofit development），77-81

社会营利组织（Social profit organizations），44

社会服务：非营利组织分类（Social services: classification of nonprofits），30

社会福利（Social welfare）。见发展、社会和经济；人道援助、救济和发展；服务提供（Development, social and economic; Humanitarian aid, relief, and development; Service delivery）

社会文化规范（Social-cultural norms），87-89

社会责任商业实践（Socially responsible business practices），287-288

社会/学会/社团：界定（Society: defining），44-45。另见市民社会（Civil society）

圣文森特德保罗学会（Society of St. Vincent de Paul），16-17，195

社会经济地位（Socioeconomic status）：术语界定（defining terms），7；非营利组织泽被中产阶级和上层阶级（nonprofits benefiting middle and upper classes），27

傀儡（Sock puppets），26（专栏）

软实力控制（Soft power controls），126-

127

劳工团结中心（Solidarity Center），277（专栏）

索罗斯，乔治（Soros, George），65（专栏），289

索罗斯基金会（Soros Foundation），65（专栏）

南方（South）：援助和扶贫战略（aid and poverty-relief strategies），214-215；界定（defining），7；非营利组织注册（incorporation of nonprofits），261-262；非营利部门增长（nonprofit growth），297-299；国际非营利部门的政治化（politicization of the international nonprofit sector），180-181；世界银行对经济影响的责任（World Bank accountability for economic impact），285

南非（South Africa）：公民参与世界联盟市民社会指数（CIVICUS Civil Society Index），101-102；国际工人教育社团联合会（International Federation of Workers' Education Associations），32（专栏）；投资社团（stokvel），25

韩国（South Korea）：作为援助接受者和援助捐助者（as aid recipient and aid donor），85；增长纪事（growth narratives），22（表）；非营利部门发展模式（models of nonprofit development），115-116；非营利部门的演变（states of nonprofit sector evolution），128-129

南南合作（South-South cooperation），217

君士坦丁主权命令（Sovereign Constantinian Order），179

主权（Sovereignty）：界定（defining），7；全球规制和监督（global regulation and oversight），184-188；全球化和国家政治实体（globalization and national political entities），3-4；政府间和多边机构支持（intergovernmental and multilateral institutions supporting），280；混合型跨国组织回避问题（THOs sidestepping issues of），168-169

前苏联集团：市民社会的兴起（Soviet Bloc countries: rise of civil society），37-38

西班牙（Spain）：单车共享系统（bicycle-sharing systems），300（专栏）；非营利组织数据收集（data collection on nonprofits），91；协商关系（deliberate relations），152（表）；民主与市民社会（democracy and civil society），38；再生职业生涯（encore careers），67（专栏）；美国非营利模式的全球趋同（global convergence of the US nonprofit model），141；增长纪事（growth narratives），22（表）；第三部门术语（third sector nomenclature），46

西班牙内战（Spanish Civil War），213（专栏）

资助：非营利组织的非营利部门资助（Sponsorship: nonprofit sponsorship of nonprofits），63-65

体育协会（Sports associations），246-248

人员配置结构（Staffing structures），

263-264

标准化（Standardization）：比较数据库建设（comparative database construction），100；全球化历史（history of globalization），172；国际标准化组织（International Organization for Standardization），186，187（专栏）；国际组织改革（reforms for international organizations），255

《斯坦福社会创新评论：市民社会博客》（Stanford Social Innovation Review: Civil Society Blog），200（专栏）

美国国务院（State Department，US），251（专栏）

国家失灵：非营利组织作为准国家（State failure: nonprofits as quasi state），274-275

《市民社会现状》（State of Civil Society），101-102

无国籍组织（Stateless organizations），209-210

国家资助的非营利组织（State-sponsored nonprofits），277（专栏）

慈善用途法（Statute of Charitable Uses）（1601），42

国际非营利组织管理（Stewardship of international nonprofits）：问责实践（accountability practices），266-273；理事会成员（board membership），262-263；企业、政府部门与非营利组织的关系（corporate and government sector relations with nonprofits），272-289；全球性的领导力（cosmopolitan leadership），257-260；欧洲联盟（Council of Europe），283-284；非营利组织界定（defining nonprofits），40；志愿服务维度（dimensions of volunteering），68-70；评估流程（evaluation processes），269-272；治理和管理（governance and management），260-272；经由政府（by governments），273-277；非营利组织兼并（incorporation of nonprofits），261-262；政府间组织（intergovernmental organizations），278-285；国际维度（interrelated dimensions of），253（图）；跨国企业（multinational corporations），285-289；特定领域管理能力（sphere-specific stewardship capacities），254（表）；人员配置结构（staffing structures），263-264；可持续性（sustainability），264-265；透明度（transparency），267-269

斯地廷·英格卡基金会（Stichting INGKA Foundation），197（表）

施蒂夫通·墨卡托（Stiftung Mercator）（德国基金会），245

毒刺行动：保护国际（Sting operation: Conservation International），288（专栏）

投资社团（信贷俱乐部）（Stokvel）（credit clubs），25

《石头入学》（Stones into Schools）（摩顿森）（Mortenson），231（专栏）

街头邀捐者（Street solicitors），272

结构功能主义（Structural functionalism），97

共同梦想（Sueños Compartidos），95

（专栏）

爱丁堡，约翰（Sugden, John），245

政府-非营利部门关系互补模式（Supplementary mode of government–nonprofit relations），143-144，274-275

供给侧动力学（Supply-side dynamics），53

超国家组织：界定（Supranational organizations: defining），6

可持续性（Sustainability）：第四代人道主义干预（fourth generation of humanitarian intervention），215-216；社会企业项目（social enterprise projects），162；管理（stewardship），253；美国国际开发署市民社会组织可持续性发展指数（USAID CSO Sustainability Index），102-104

瑞典（Sweden）：协商关系（deliberate relations），152（表）；美国非营利模式的全球趋同（global convergence of the American nonprofit model），140；社会民主框架（social democratic frame），117-118

作为领导力战略的协同（Synergy as leadership strategy），259

系统动力学（System dynamics），53-56

塔吉克斯坦：可持续发展指数（Tajikistan: Sustainability Index），104（图）

税收优惠和减免（Tax advantages and exemptions）：非营利组织的商业部门资助（business sector sponsorship of nonprofits），60；非营利组织界定（defining nonprofits），40-41；术语界定（defining terms），43；非营利组织的经济驱动因素（economic drivers for nonprofits），52；信仰组织（faith-based organizations），16；国际非营利组织的税收优惠和减免（for international nonprofits），174；日本的非营利部门（Japan's nonprofit sector），84（专栏）；合法身份（legal identity），8-9；新的非营利文化（new nonprofit culture），66；作为政党和工会的非营利组织（nonprofits as political parties and labor unions），135；公益规制激励措施（regulatory incentives for philanthropy），86-87；俄罗斯的非营利组织（Russian nonprofits），88（专栏）；社会民主框架（social democratic frame），117-118；对税收优惠和减免的社会态度（societal attitudes toward），88；美国税收减免辩论（US debate over tax reduction），64（专栏）；美国非营利模式（US nonprofit model），134

非营利组织功能分类（Taxonomies of nonprofit functions），30-31，189-193

茶党（Tea Party），135

全球教育行动（Teach for All），174

美国教育行动/全球教育行动（Teach for America/Teach for All），203

技术性管理能力（Technical stewardship capacity），254-255，254（表）

技术进步（Technological advancements）：企业化与社会企业（corporatization and enterprise），72-73；与国际非营利组织合作的国内非营利组织（domestic nonprofits partnering with international nonprofits），200（专栏）；全球化历史（history of globalization），172；志愿服务影响力（impact on volunteering），70；非营利组织与企业（nonprofits and corporations），57-58；资源动员理论（resource mobilization theory），56-58；非营利部门增长趋势（trends in nonprofit growth），294

见证（Témoignage）（witnessing），239

对恐怖主义的战争：对援助和发展的影响（Terror, war on: effect on aid and development），220-221

恐怖组织（Terrorist groups），27

泰国：非营利组织对 GDP 的贡献（Thailand: contribution of nonprofits to GDP），100（表）

IDL 集团（The IDL group），224

非营利组织理论框架（Theoretical frameworks of nonprofits），10-11

作为第三部门的非营利组织（Third sector, nonprofits as）：市民社会与第三部门（civil society and），37；界定（defining），41；第三部门的兴起和代表（emergence and representation of），34-36；跨部门模糊（intersectoral blurring），299-301；质疑第三部门的存在（questioning the existence of），46-48；三部门框架（Three-sector framework），10

第三条道路/新中间路线宣言（Third Way/Die Neue Mitte manifesto），138-139

汤姆森路透社基金会（Thomson Reuters Foundation），61（专栏）

《三杯茶》（摩顿森）（Three Cups of Tea）（Mortenson），157，231（专栏）

三部门框架（Three-sector framework），10

国际演讲会（Toastmasters International），171，190

德·托克维尔，亚历克西斯（de Tocqueville, Alexis），77-78，131-132

汤姆林森，艾伦（Tomlinson, Alan），245

非营利组织"100强"（Top 100 nonprofits），13，198-199，265

酷刑受害者（Torture victims），201（专栏）

交易成本（Transaction costs），56-57

体制转型（Transitional regimes）：市民社会和异议（civil society and dissidence），38-40；市民社会组织（civil society organizations），39-40；全球南方非营利部门增长（nonprofit growth in the global South），299

混合型跨国组织（Transnational hybrid organizations）（THOs），168-169，273

跨国组织：界定（Transnational organizations: defining），6

跨国主义（Transnationalism），参见国际非营利部门（International nonprofit sector）

透明度（Transparency）：问责宪章和行为准则（accountability charters and codes of conduct），267-269；发展中国家的透明度（in developing countries），125－126；导星（GuideStar），206；透明度作为领导力战略（as leadership strategy），259；权利援助方法（rights-based approach to aid），218；美国非营利模式（US nonprofit model），134

透明国际（Transparency International），75，209，287－288

交通运输：全球化历史（Transportation: history of globalization），172

吉维纳，弗朗斯·穆托姆博（Tshimuanga, France Mutombo），133（专栏）

土耳其（Turkey）：法人治理协会（Corporate Governance Association），298（专栏）；，欧盟市民社会能力建设（EU capacity building for civil society），59；红新月（Red Crescent），191（专栏）；透明倡议（transparency initiatives），268

土库曼斯坦：可持续发展指数（Turkmenistan: Sustainability Index），104（图）

特纳，泰德（Turner, Ted），168

乌班图（集体责任）（Ubuntu）（collective responsibility），228

联合国宪章（UN Charter）：非政府组织引入（introduction of NGOs），173；非政府组织活动（NGO activity），279

联合国经社理事会（UN Economic and Social Council）（ECOSOC），279，281

联合国基金会（UN Foundation），168

联合国全球契约（UN Global Compact），287－289，298（专栏）

联合国千年发展目标（UN Millennium Development Goals），178，218，227

联合国统计司（UN Statistics Division），100

联合国国民核算体系（UN System of National Accounts），100，108

联合国世界粮食计划署（UN World Food Programme），223（表），225（专栏）

联合国教科文组织：国际博物馆理事会（UNESCO: International Council of Museums），168（专栏）

联合国儿童基金会（UNICEF），167－168，195，196（表）

非法人团体（Unincorporated groups），24－25，33－34

国际社团联盟（Union of International Associations），169－170，174，189－190

工会（Unions）：交换生纠察（exchange students picketing），251（专栏）；非营利组织占领政治和社会空间（nonprofits occupying political and social space），81－82，135；非国家组织（nonstate organizations），44；纠察国际大赦组织（picketing Amnesty International），263；社会民主框架（social democratic frame），118；传统关系网络（traditional relationship networks），92；联合国咨商地位（UN consultative status），280－283

单一组织（Unitary organizations），192－193

英国（United Kingdom）：英国对发展中国家的援助（aid flows to developing countries），223－224；国际非营利组织分类（classifying international nonprofits），175；英国的社区组织（community-based organizations），42；框架协议（compacts），146；非营利活动比较指数（comparative indexes of nonprofit activity），109-111；市民社会中的保守主义（conservatism in civil society），40；协商关系（deliberate relations），150（表）；形塑援助战略和方法的英国模式（domestic models shaping aid strategies and approaches），217；捐赠者评估（evaluation for donors），271（专栏）；官办非政府组织（GONGOs），25；导星（GuideStar），206；集体社会奋斗史（history of collective social endeavors），15-17；国际工人教育社团联合会（International Federation of Workers' Education Associations），32（专栏）；非营利组织的法定法人结构（legal corporate structure of nonprofits），9；全球儿童之心清算（liquidation of Global Hearts for Children），265（专栏）；全国性社团（national associations），45-46；乐施会成立（Oxfam founding），176（专栏）；国际计划（Plan International），213（专栏）；童子军运动（Scout Movement），8-9；汤姆森路透社基金会（Thomson Reuters Foundation），61（专栏）；美国非营利模式（US nonprofit model），138-139

联合国（United Nations）：援助有效性进程（aid effectiveness processes），268；釜山援助有效性论坛（Busan Forum on Aid Effectiveness），229-230（专栏）；协商关系（deliberate relations），152（表）；全球规制和监督（regulation and oversight），184-188；混合型非营利组织（hybrid nonprofits），167-168；国际航空航运协会和国际民用航空组织（IATA and the International Civil Aviation Organization），186；国际非政府组织与政府的关系（INGO-government relations），280-283；国际非政府组织分类（International Classification of Nonprofit Organizations），30-31；发展中国家对非营利组织的规制（regulating nonprofits in developing nations），124

联合包裹服务（United Parcel Service）（UPS），225（专栏）

美国（United States）：倡导活动（advocacy activities），240；国际非营利组织分类（classifying international nonprofits），190；非营利组织对GDP的贡献（contribution of nonprofits to GDP），100（表）；社团主义（corporatism），119；捐赠文化（culture of giving），87-88；协商关系（deliberate relations），147-148，151（表）；民主与市民社会（democracy and civil society），38；非营利组织的经济光谱（economic spectrum of nonprofits），32-33；评估方法（evaluation approaches），270；捐赠者评估（evaluation for donors），271（专栏）；信仰组织（faith-based organizations），113；捐赠承诺（Giving Pledge）208（专栏）；非营利部门的全球影响力（global influence of the nonprofit sector），13-14；伟大社会项目（Great Society programs），71；导星（GuideStar），206；非正式的非法人组织（informal and unincorporated organizations），33-34；国内非营利组织的国际化（internationalization of domestic nonprofits），202-206；伊朗马哈克组织（Iran's Mahak organization），19（专栏）；最大的援助和救济组织（largest aid and relief organizations），195，196（表）；微金融项目（microfinance programs），1；全国性社团（national associations），45-46；非营利组织的各国差异（national differences in nonprofits），77；新的非营利文化（new nonprofit culture），66-67；捐赠率（rates of giving），111；注册非营利组织（registered nonprofits），21（图）；公益规制激励措施（regulatory incentives for philanthropy），86-87；基金会作用（role of foundations），207；社会企业项目（social enterprise projects），160-161；体育协会（sports associations），248；国家资助的非营利组织（state-sponsored nonprofits），277（专栏）；税收优惠和减免（tax advantages and exemptions），43，64（专栏），174；第三部门概念（third sector concept），36，46；汤姆森路透社基金会（Thomson Reuters Foundation），61（专栏）；美国国际开发署市民社会组织可持续发展指数（USAID CSO Sustainability Index），102-104；财富积累与公益（wealth accumulation and philanthropy），85。另见"美国"模式（"American" model）

联合之路（United Way），206

通用十进制分类系统（Universal Decimal Classification system），169-170，172

世界工人阶级重要性提升联盟（Universal League for the Material Elevation of the Industrial Classes），171

上游（Upstreaming），218

城市文化：自行车共享系统（Urban culture：bicycle-sharing systems），300（专栏）

城市贫民（Urban poor），2；集体社会奋斗史（history of collective social endeavors），15；"贫穷贵族"（"poverty lords"），27

城市贫民基金国际（Urban Poor Fund International），2

城市写生者（Urban Sketchers），249（专栏）

美国基金会中心（US Foundation Center），204（专栏）

美国国际开发署市民社会组织可持续发展指数（USAID CSO Sustainability Index），102-104，108

美国国际开发署开发项目（USAID Development Programs），59，223（表）；玩泵（PlayPump），232

美国国际开发署中东欧和欧亚大陆可持续发展指数（USAID NOG Sustainability Index for Central and Eastern Europe and Eurasia），97（图）

乌兹别克斯坦：公民参与世界联盟市民

393

社会指数（Uzbekistan：CIVICUS civil society index），102

价值观（Values）：环保非营利组织全球环境管理倡议（environmental nonprofit GEMI），287（专栏）；全球市民社会（global civil society），184-185；美国非营利模式的全球趋同（global convergence of the US nonprofit model），142-143；政府间和多边机构支持（intergovernmental and multilateral institutions supporting），279-280；作为监管者的非营利组织（nonprofits as guardians of），27-29；社会运动组织（social movement organizations），55；形塑非营利组织的社会文化规范（sociocultural norms shaping nonprofits），87-89；汤姆森路透社基金会（Thomson Reuters Foundation），61（专栏）；世界价值观调查（World Values Survey），112

委内瑞拉：国际非营利法律中心（Venezuela：ICNL），106（专栏）

退伍军人组织（Veterans organizations），2，248

维埃拉德梅洛，塞尔吉奥（Vieira de Mello, Sérgio），264

越南战争：岘港之友（Vietnam War: Friends of Danang），2

暴力：国际非营利组织人员配置（Violence: staffing of international nonprofits），264

虚拟身份：维基解密（Virtual identity: WikiLeaks），209-210

虚拟志愿服务（Virtual volunteering），57

职业培训（Vocational training），129（专栏）

唯意志论（Voluntaristics），45

志愿行动（Voluntary action），42

志愿组织（Voluntary organizations），41；界定（defining），42

志愿服务（Volunteering）：非营利活动比较指数（comparative indexes of nonprofit activity），109-113；比较研究数据（comparative research data），100；志愿服务的维度（dimensions of），68-70；志愿服务的经济影响力（economic impact of），100-101；员工志愿者项目（employee volunteer programs），63（专栏）；全球公民共享（Global Civic Sharing），129（专栏）；非营利组织的国际化（internationalization of nonprofits），179-180；新的非营利文化（new nonprofit culture），66-67；老年人口（older populations），82；小型援助非营利组织（small aid nonprofits,）210-211；虚拟（virtual），57；青年交流项目（youth exchange programs），250-252

志愿旅游（Voluntourism），250-252

瓦克夫（慈善捐赠）（*Waqf*）(charitable endowment)，108，109（专栏）

威尔士，吉米（Wales, Jimmy），177-178

沃尔玛（Walmart），4，225（专栏）

曼拓思（关系网）（*Wantok*）(relationship networks)，92

华盛顿共识（Washington Consensus），214

弱伞结构（Weak umbrella structure），190，192-193

财富差距：美国非营利模式（Wealth disparity: US nonprofit model），134

韦伯，马克斯（Weber, Max），11

福利体制与非营利部门的作用（Welfare regimes and nonprofit roles），79（表）；法国提供的物品和服务（French provision of goods and services），77-78；非营利部门发展的各国差异（national differences in nonprofit development），78-81；非营利组织在服务提供方面日益增强的作用（nonprofits' increasing role in service delivery），20。另见服务提供（Service delivery）

维康信托（Wellcome Trust），197（表）

西方：界定（West: defining），7

白宫社会创新和公民参与办公室（White House Office on Social Innovation and Civic Participation），148

白宫项目（White House Project），74（专栏）

白色救世主产业联合体（White savior industrial complex），225

维基解密（WikiLeaks），209-210

维基百科/维基传媒（Wikipedia/Wikimedia），57，177-178，178（专栏），188，198

窗膜（Window film），169（专栏）

寒冬赈济（Winterhilfswerk），57（专栏）

智捐联盟（Wise Giving Alliance），270

威滕伯格，玛丽（Wittenberg, Mary），76（专栏）

W. K. 凯洛格基金会（W. K. Kellogg Foundation），197（表），207

女性（Women）：阿育王项目（Ashoka projects），160（专栏）；威权体制的慈善傀儡（as charity figureheads in authoritarian regimes），127；形塑非营利特征的人口迁移（demographic shifts shaping nonprofit characteristics），82；非营利部门的女性就业（female employment in the nonprofit sector），74（专栏）；非营利部门的性别维度（gendered dimension of the nonprofit sector），29-30；志愿服务史（history of volunteering），69；妇女权利的国际化（internationalization of women's rights），171；伊朗非营利组织首席执行官（Iranian nonprofit CEO），19（专栏）；五月广场母亲（Madres de Plaza de Mayo），94-95（专栏）；纽约公路跑步者（New York Road Runners），76（专栏）；妇女运动的"非政府组织化"（"NGOization" of the women's movement），183；世界妇女大会（World Conferences），282

伍德，约翰（Wood, John），265

世界银行（World Bank）：经济发展分类（classifying economic development），114；世界银行的建立和功能（establishment and function of），284-285；政府-国际政府组织权力差异（government-IGO power differentials），280；世界银行的贷款条件（loan conditionality），218；群众游行（mass demonstrations），185；玩泵灾难（PlayPump disaster），232；美国国际开发署开发项目高份额供应商（top vendors for USAID development programs），223（表）

世界赠与指数（World Giving Index），109-110

世界人道日（World Humanitarian Day），264

世界童子军运动组织（World Organization of the Scout Movement），8

世界社会论坛（World Social Forums），188

世界贸易组织（World Trade Organization）（WTO），185，188

世界价值观调查（World Values Survey），112

世界宣明会（World Vision International），4，193，195，196（表）

第一次世界大战：援助性非营利组织的兴起（World War I: emergence of aid nonprofits），211-212

第二次世界大战（World War II）：天主教救济服务（Catholic Relief Services），203；儿童资助项目（child sponsorship programs），213（专栏）；援助型非营利组织的兴起（emergence of aid nonprofits），211-212；国际刑警组织（International Criminal Police Commission），186；日本的邻里组织（Japan's *jichikai*），93（专栏）；纳粹党（Nazi Party）

慈善运动（charity campaigns），57（专栏）；非政府组织活动（NGO activity），279；乐施会成立（Oxfam founding），176（专栏）

全球资助者支持倡议（Worldwide Initiatives for Grantmaker Support）（WINGS），179（专栏）

基督教男/女青年会（YMCA/YWCA）（Young Men's/Women's Christian Association），171，174，194，197

青年（Youth）：阿育王项目（Ashoka projects），160（专栏）；交换生纠察（exchange students picketing），251（专栏）；国际青年、家庭法官和裁判官协会（International Association of Youth and Family Judges and Magistrates），245；最大的国际非营利组织（largest international nonprofits），197；纳粹党慈善运动（Nazi Party charity campaigns），57（专栏）；新的非营利文化（new nonprofit culture），66-67；纽约公路跑步者组织（New York Road Runners），76（专栏）；童子军运动（Scout Movement），8-9；青年交换项目（youth exchange programs），250-252

尤努斯，穆罕默德（Yunus, Muhammad），219

天课（慈善机构）（*Zakat*）（charity），108，109（专栏）

扎帕斯，埃万耶洛斯（Zappas, Evangelos），247

扎克伯格，马克（Zuckerberg, Mark），62

图书在版编目（CIP）数据

非营利世界：市民社会与非营利部门的兴起 /（美）约翰·凯西（John Casey）著；杨丽，游斐译. -- 北京：社会科学文献出版社，2020.3
（非营利管理译丛）
书名原文：The Nonprofit World：Civil Society and the Rise of the Nonprofit Sector
ISBN 978-7-5201-6343-9

Ⅰ.①非… Ⅱ.①约… ②杨… ③游… Ⅲ.①非营利组织-研究-世界 Ⅳ.①C912.21

中国版本图书馆 CIP 数据核字（2020）第 036597 号

· 非营利管理译丛 ·

非营利世界：市民社会与非营利部门的兴起

著　　者 ／ ［美］约翰·凯西（John Casey）
译　　者 ／ 杨　丽　游　斐

出 版 人 ／ 谢寿光
责任编辑 ／ 黄金平

出　　版 ／ 社会科学文献出版社·政法传媒分社（010）59367156
　　　　　　地址：北京市北三环中路甲 29 号院华龙大厦　邮编：100029
　　　　　　网址：www.ssap.com.cn

发　　行 ／ 市场营销中心（010）59367081　59367083
印　　装 ／ 三河市龙林印务有限公司

规　　格 ／ 开　本：787mm×1092mm　1/16
　　　　　　印　张：26.25　字　数：412 千字

版　　次 ／ 2020 年 3 月第 1 版　2020 年 3 月第 1 次印刷
书　　号 ／ ISBN 978-7-5201-6343-9
著作权合同登 记 号 ／ 图字 01-2019-1979 号
定　　价 ／ 128.00 元

本书如有印装质量问题，请与读者服务中心（010-59367028）联系

版权所有 翻印必究